Allitera Verlag

Hermann Glaser, geboren 1928 in Nürnberg, studierte 1947 bis 1952 Germanistik, Anglistik, Geschichte und Philosophie in Erlangen und Bristol. Nach der Promotion 1952 legte er das Lehramtsexamen ab und trat in den Schuldienst ein. Von 1964 bis 1990 arbeitete Glaser als Schul- und Kulturdezernent der Stadt Nürnberg. Er ist Autor zahlreicher Bücher und Aufsätze zu pädagogischen, sozialwissenschaftlichen, kulturgeschichtlichen und kulturpolitischen Themen. Hermann Glaser wurde mit dem Waldemar-von-Knoeringen-Preis, dem Schubart-Literatur-Preis und dem Großen Kulturpreis der Stadt Nürnberg ausgezeichnet.

Hermann Glaser

Adolf Hitlers Hetzschrift »Mein Kampf«

Ein Beitrag zur
Mentalitätsgeschichte des Nationalsozialismus

Allitera Verlag

Weitere Informationen über den Verlag und sein Programm unter:
www.allitera.de

3. Auflage Oktober 2015
Allitera Verlag
Ein Verlag der Buch&media GmbH, München

Umschlaggestaltung Dietlind Pedarnig/Alexander Strathern
Foto Hermann Glaser Umschlagklappe © fotura.de
Herstellung: Kay Fretwurst, Freienbrink
Printed in Europe · ISBN 978-3-86906-622-6

Inhalt

Einleitung: Anliegen des Buchs[1]

Nach einem Wort von Albert Camus entmutigt Dummheit und Gemeinheit empört. Betrachtet man die deutsche Geistes- und Kulturgeschichte des 19. wie des 20. Jahrhunderts, vor allem die dadurch mitbewirkte Realgeschichte, ist man entmutigt über die in diesem Volk angehäufte ideologische Verblendung und entsetzt über die dann im »Dritten Reich« sich zeigende abgründige Gemeinheit der an die Macht gekommenen Massenmörder, die sich einer meist begeistert zustimmenden Bevölkerung sicher sein konnten.

Die stets drängende Frage ist – und dies beschäftigt oder sollte auch die Nachgeborenen beschäftigen –: Wie konnte es dazu kommen, dass Franz Grillparzers dunkle Vision von 1849 bittere Wirklichkeit wurde, dass nämlich der deutsche geschichtliche Weg von der »Humanität durch Nationalität zur Bestialität« (sic!) führe, dass ein Volk, das auf allen Gebieten der Kultur, vor allem seit der Aufklärung und Klassik, so viele wertvolle Beiträge zur Entwicklung der Weltkultur geleistet hatte, auf einen Zustand regredierte, der »deutsch« mit den schändlichsten Verbrechen verband. Das Wort von Karl Kraus, dass aus dem Volk der Dichter und Denker eines der Richter und Henker geworden sei, stimmt zwar so nicht – denn die Deutschen waren als Gesamtheit nicht herausragende Kulturbürger und nicht alle Deutschen waren in den Verbrecherstaat involviert –, ist aber in der Tendenz richtig: Es ereignete sich in Deutschland ein »Zivilisationsbruch«, der selbst von größten Kulturpessimisten etwa jüdischer Provenienz für unmöglich erachtet wurde: die Mutation des Bildungsbürgers zum Untertan und schließlich zum »Volksgenossen«.

Am 13. September 1936 rief Adolf Hitler auf dem Nürnberger Reichsparteitag unter dem Jubel der aufmarschierten Kampfformation der Partei aus: »Das ist das Wunder unserer Zeit, daß ihr mich gefunden habt unter so vielen Millionen! Und daß ich euch gefunden habe, ist Deutschlands Glück!«[2] Als er dergestalt im Stil des Johannes-Evangeliums die *unio mystica* von Volk und Führer pries, sagte er – abgesehen davon, dass diese nicht Glück, sondern Unheil brachte – eine bittere Wahrheit: Hitler und der Nationalsozialismus, mit »Mein Kampf« als weltanschaulicher Grundlage, konnten nur deshalb so erfolgreich sein, weil das Volk seit Jahrzehnten für die Herrschaft der »niederen Dämonen« (Ernst Niekisch) vorbereitet, vorbestimmt worden war (oder wie man die mentalitätsgeschichtlich genau belegbare kollektive ideologische Verdummung nennen will). Das war das Werk der »Agenturen« des Staates und der Gesellschaft (Universität, Militär, Verwaltung, Kirche, Parteien, Organisationen, Vereine, Verbände, vor allem der die Schulen bestimmenden »schwarzen Pädagogik«). Sie zerstörten den deutschen Geist beziehungsweise »entkernten« ihn und füllten die verbleibenden leeren Hülsen mit gegenteiligen »verkehrten« Inhalten.

Wohin man auch schaut: Der Aufstieg des Nationalsozialismus vollzog sich auf der Grundlage einer zerstörten (pervertierten) Kultur. Hitler war als Inkarnation bourgeoiser Durchschnittlichkeit nicht ein raffinierter Verführer, sondern – und das wird in diesem Buch aufgezeigt – vor allem schon mit seinem Buch »Mein Kampf«[3], der deutsche abgründige Spießer.[4] Man hat die Meinung vertreten, Bedeutung und Einfluss von »Mein Kampf« dürften nicht zu hoch eingeschätzt werden, da das Buch zwar weit verbreitet, aber kaum gelesen wurde. Das mag stimmen; doch kann man daraus auch eine zunächst paradox klingende Folgerung ziehen: Das Buch war so erfolgreich, weil es überhaupt nicht mehr gelesen werden musste. Lebensgefühl und Weltanschauung eines Großteils der deutschen Bevölkerung stimmten mit dem überein, was in »Mein Kampf« dargeboten und propagiert wurde. Der Inhalt des Buchs[5] – zudem in Tausenden von Broschüren, in vielen Zeitungen, Zeitschriften und jeglichen Propagandamaterialien, besonders auch durch die Reden Hitlers und seiner Gefolgsleute unters Volk gebracht – enthielt all das, was des »Spießers Wunderhorn« (Gustav Meyrink), die Pandorabüchse kleinbürgerlicher Traktätchenverfasser, bereithielt: abgründige Gemeinheiten, in schiefe Metaphern geschlagene Ressentiments, endlose Tiraden, rhetorisch aufgeschminkte Plattitüden.

So wurde Hitlers Mediokrität zum Schicksal eines Volks, das sich Schritt um Schritt von Humanität und Kultur hatte abbringen lassen. Für den Aufstieg der Nationalsozialisten bedurfte es (und das machte die große Stunde des Kleinbürgertums aus) keiner geschickten Verführung, keiner raffinierten Dämonie oder Verlogenheit. Hitler musste nur er selbst sein: das war sein Erfolg. Er musste nur Spießer sein, mittelmäßig, primitiv, ohne Vorzüge und Meriten: das war sein »Verdienst«.[6]

Neben der Mentalitätsgeschichte von Hitlers weltanschaulichen Hetzschrift – jeweils mit Textauszügen und folgender Herkunftsgeschichte – wird in diesem Buch endlich wieder das umfangreiche Schrifttum (einschließlich empirischer Studien, etwa zum deutschen Lese- und Geschichtsbuch sowie zur autoritären Pädagogik), das aus früheren Jahren vorliegt, aber (mit wenigen Ausnahmen) heute bei den Werken über Hitler und den Nationalsozialismus nicht mehr beachtet wird, gewürdigt. Auch finden an einigen Beispielen (etwa Heinrich Mann und Ödön von Horváth) die aufschlussreichen belletristischen beziehungsweise dramatischen Analysen Beachtung, die oft mehr als Historiografie Antwort auf die Frage nach dem Erfolg des Faschismus geben.

Das Wissenschaftsparadigma, das heute für die NS-Forschung vorherrschend ist, bedarf dringend eines Gegenmodells oder zumindest einer Ergänzung. Auch weil dieses Buch die Vermittlung umfangreichen mentalitätsgeschichtlichen Materials konkret vornimmt, will es anregen, die Forschungsziele wieder auf eine Thematik zu richten, die durch die Frage: »Wie konnte es dazu kommen?« bestimmt ist. »Seelenbilder« können den Menschen als Leitbilder vor Dummheit und Gemeinheit schützen und sie können, wenn sie von ideologischen Betrügern manipuliert und verfälscht werden, schreckliche Folgen haben.

Wird das deutsche Volk aus der Kollektivschuld entlassen, weil es »falsch« erzogen und in seinen Strebungen pervertiert wurde? Oder wird es besonders belastet, weil ihm jede Kraft, vor allem jeder Mut fehlte, der nationalsozialistischen Allianz von Ignoranz und Bösartigkeit entgegenzutreten? Diesem Buch ist jedenfalls, indem es das »Lehrstück« von Hitlers Nationalsozialismus mentalitätsgeschichtlich aufrollt, die Mahnung für Gegenwart und Zukunft eingeschrieben: Wehret den Anfängen! Wer in der Demokratie schläft, erwacht in der Diktatur!

Hermann Glaser *Roßtal, März 2014*

[1] Das vorliegende Buch war nur möglich, weil der Verfasser auf viele, in Jahrzehnten entstandene, inzwischen vergriffene eigene Arbeiten zum Nationalsozialismus – nachfolgend aufgeführt – zurückgreifen konnte (die, soweit es sich um Bücher handelt, meist in mehreren Auflagen und auch Übersetzungen herauskamen). Zum Abschluss dieser Studien wird nun der Blick auf Adolf Hitlers Hetzschrift »Mein Kampf« fokussiert.

Glaser, Hermann: Das Dritte Reich. Anspruch und Wirklichkeit, Freiburg im Breisgau 1979; Erstausgabe 1961.
Glaser, Hermann/Straube, Harald (Hg.): Wohnungen des Todes. Jüdisches Schicksal im Dritten Reich, Bamberg 1961.
Glaser, Hermann/Straube, Harald (Hg.): Nationalsozialismus und Demokratie, München 1961.
Glaser, Hermann: Spießer-Ideologie. Von der Zerstörung des deutschen Geistes im 19. und 20. Jahrhundert und dem Aufstieg des Nationalsozialismus, Frankfurt am Main 1985; Erstausgabe 1964.
Glaser, Hermann (Hg.): Das Nürnberger Gespräch. Haltungen und Fehlhaltungen in Deutschland, Freiburg im Breisgau 1965.
Glaser, Hermann: Der sadistische Staat. Sozialpathologische Aspekte der modernen Gesellschaft, Frankfurt am Main 1985.
Glaser, Hermann/Altrichter, Helmut (Hg.): Geschichtliches Werden, Band 4, Bamberg 1968.
Glaser, Hermann: Kleinstadt-Ideologie. Zwischen Furchenglück und Sphärenflug, Freiburg im Breisgau 1969.
Glaser, Hermann/Silenius, Axel (Hg.): Jugend im Dritten Reich, Frankfurt am Main 1975.
Glaser, Hermann: Sigmund Freuds zwanzigstes Jahrhundert. Seelenbilder einer Epoche, München 1979.
Glaser, Hermann: Bildungsbürgertum und Nationalismus. Politik und Kultur im Wilhelminischen Deutschland, München 1993.
Glaser, Hermann: 1945. Beginn einer Zukunft. Bericht und Dokumentation, Frankfurt am Main 2005.
Glaser, Hermann: Kleine deutsche Kulturgeschichte des 20. Jahrhunderts, München 2002.
Koch, Hans Jürgen/Glaser, Hermann: Ganz Ohr. Eine Kulturgeschichte des Radios in Deutschland, Köln/Weimar/Wien 2005.
Glaser, Hermann: Die Ursachen der Machtergreifung, in: Bundeszentrale für

Heimatdienst (Hg.): Politische Bildung in der Höheren Schule, Düsseldorf 1961.
Glaser, Hermann: Massenbildung und Sündenbock-Fixierung. Sozialpsychologische Bemerkungen zum Entstehen von Vorurteilen, in: Axel Silenius (Hg.): Vorurteile in der Gegenwart, Frankfurt am Main 1966.
Glaser, Hermann: Das deutsche Mädel und sein Held, in: Demosthenes Savramis (Hg.): Das sogenannte schwache Geschlecht, München 1972.
Glaser, Hermann: Aspekte der Aggressivität, in: Axel Silenius (Hg.): Antisemitismus. Antizionismus. Analyse, Funktionen, Wirkung, Schriften der Bundeszentrale für politische Bildung, Frankfurt am Main 1973.
Glaser, Hermann: Wie kam es dazu, dass es dazu kam? Stichworte zu den Ursachen der »Machtergreifung«, in: Wieland Eschenhagen (Hg.): Die »Machtergreifung«. Tagebuch einer Wende nach Presseberichten vom 1. Januar bis 6. März 1933, Darmstadt/Neuwied 1982.
Glaser, Hermann: Das Exil fand nicht statt. Schulwirklichkeit im Deutschunterricht 1945–1965, in: Ulrich Walberer (Hg.): 10. Mai 1933. Bücherverbrennung in Deutschland und die Folgen, Frankfurt am Main 1983.
Glaser, Hermann: Ab mit ihr. Ehe die toten Seelen töteten. Zur deutschen »Spießer-Ideologie«, in: Traugott Krischke (Hg.): Horváths Geschichten aus dem Wiener Wald, Frankfurt am Main 1983.
Glaser, Hermann: Die Entstehung des »Volksgenossen«, in: Volker Rittberger (Hg.): 1933. Wie die Republik der Diktatur erlag, Stuttgart/Berlin/Köln/Mainz 1983.
Glaser, Hermann: Die Weimarer Republik und die nationalsozialistische Machtergreifung, in: Herder-Buchgemeinde (Hg.): Siegreich bis zum Untergang. Anfang und Ende des Dritten Reiches in Augenzeugenberichten, Freiburg im Breisgau/Basel/Wien 1983.
Glaser, Hermann: Die »Goldenen Zwanziger«, in: Grube, Frank/Richter, Gerhard (Hg.): Epochen deutscher Geschichte. Die Weimarer Republik, Hamburg 1983.
Glaser, Hermann: Deutschunterricht in finsterer Zeit. Seine geistesgeschichtlichen Perspektiven im Zweiten und Dritten Reich, in: Horst Claussen/Norbert Oellers (Hg.): Beschädigtes Erbe. Beiträge zur Klassikerrezeption in finsterer Zeit. Schriften des Arbeitskreises selbstständiger Kultur-Institute, Bonn 1984.
Glaser, Hermann: Erziehung – »Hoch schießt empor die Saat«, in: Hilmar Hoffmann/Heinrich Klotz (Hg.): Die Kultur unseres Jahrhunderts, Band 3, Düsseldorf/Wien/New York/Moskau 1991.
Glaser, Hermann: Orientkomplex, in: Sievernich, Gereon/Budde, Hendrik (Hg.): Europa und der Orient. 800–1900. Ein Lesebuch, Berlin 1989.
Glaser, Hermann: Die Mehrheit hätte ohne Gefahr von Repressionen fernbleiben können, in: Jörg Wollenberg (Hg.): »Niemand war dabei und keiner hat's gewusst«. Die deutsche Öffentlichkeit und die Judenverfolgung 1933–1945, München 1989.
Glaser, Hermann: Nürnberg: eine Stadt wie jede andere? Die Last, als Sym-

bol des Nationalsozialismus zu gelten, in: Bernd Ogan/Wolfgang W. Weiß (Hg.): Faszination und Gewalt. Zur politischen Ästhetik des Nationalsozialismus, Nürnberg 1992.

Glaser, Hermann: Literatur und Theater, in: Wolfgang Benz/Hermann Graml/Hermann Weiß (Hg.): Enzyklopädie des Nationalsozialismus, Stuttgart 1997.

Glaser, Hermann: Wie Hitler den deutschen Geist zerstörte. Kulturpolitik im Dritten Reich, Hamburg 2005.

2 Domarus, Max: Hitler. Reden und Proklamationen 1932–1945, Band 1, Würzburg 1962, S. 643.

3 Hitler, Adolf: Mein Kampf. Zwei Bände in einem Band (Band 1: Eine Abrechnung; Band 2: Die nationalsozialistische Bewegung), München 1934. Im Folgenden abgekürzt als MK, Seitenzahl zitiert.

4 Mit der Formulierung »Banalität des Bösen« hat Hannah Arendt eine sehr richtige Charakterisierung des nationalsozialistischen Führertyps, damit auch Hitlers, gefunden. Vgl. Arendt, Hannah: Eichmann in Jerusalem. Ein Bericht von der Banalität des Bösen, München 1964. Was den Charakter Eichmanns betrifft, so ist Arendts Entdeckung die, dass er kein Ungeheuer, kein Sadist, nicht einmal ein fanatischer Judenhasser war, sondern ein sehr gewöhnlicher Mensch, ehrgeizig wie die anderen, gehorsam, schlau und dumm wie die anderen. Den Gebildeten gegenüber von einer Mischung aus Bewunderung und Ressentiments beseelt, der etwas heruntergekommene Sohn aus guter Familie, den es in die SS trieb, weil er hier Möglichkeiten zu neuem Aufstieg witterte, begierig, die große Mordaufgabe so pünktlich durchzuführen, wie er jede andere ihm gestellte Aufgabe durchgeführt hätte. Ferner: Smelser, Ronald/Zitelmann, Rainer (Hg.): Die braune Elite, Band 1, Darmstadt 1993. Hitler sind wenige originelle Gedanken zuzuschreiben; er verfügte indes über die plakative Wirksamkeit, bereits Gesagtes und Gedachtes zu vereinfachen. Er war eben einer von jenen, von denen Jacob Burckhardt schon zuvor gewarnt hatte: »Terrible simplifikateurs.«

5 Dazu Podak, Klaus: »Spiegel des Unheils. Hitlers ›Mein Kampf‹: Annäherung an ein Buch, das es nicht gibt«, in: Süddeutsche Zeitung, 5./6. Januar 1990:

»Die Techniken der Unterdrückung, der Organisation von Gewalt werden exhibitionistisch ausgesprochen. Und dies geschieht unter Berufung auf ein ewig waltendes Naturgesetz. ›Die letzte Erkenntnis, aber ist immer das Verstehen der Instinktursachen – das heißt: Der Mensch darf niemals in den Irrsinn verfallen, zu glauben, daß er wirklich zum Herrn und Meister der Natur aufgerückt sei – wie der Dünkel einer Halbbildung dies so leicht vermittelt –, sondern er muß die fundamentale Notwendigkeit des Waltens der Natur verstehen und begreifen, wie sehr auch sein Dasein diesen Gesetzen des ewigen Kampfes und Ringens nach oben unterworfen ist. Er wird dann fühlen, daß in einer Welt, in der Planeten um Sonnen kreisen, Monde um Planeten ziehen, in der immer nur die Kraft Herrin der Schwäche ist und sie zum gehorsamen Diener zwingt oder zerbricht, für den Menschen nicht Sondergesetze gelten können. Auch für ihn walten die ewigen Grundsätze dieser letzten Weisheit. Er kann sie zu erfassen versuchen – sich von ihnen zu lösen, vermag er niemals.‹ – Seltsames Gemisch aus Unterwerfung und Überheblichkeit. Am Ende ist es nicht der Führer, der spricht, sondern Mutter Natur. Ihr verdankt er die letzte Einsicht in das Walten der ewigen Gesetze. Weil er sich ihnen unterwirft, also Weltanschauung hat, muß er sich die anderen unterwerfen. Im Hochmut versteckt sich Kleinmut. Er kann gar nicht anders, weil er alles durchschaut. Dieses Buch, das es bei uns nicht geben darf, dieses Negativ-Lehrbuch, erzählt schnöde viel von der Geschichte unserer möglichen Denkverfehlungen. Deshalb müssen wir es studieren. [...] ›Mein Kampf‹ ist das Lehrbuch der Massengesellschaft, der Manipulation dieser Gesellschaften. Es macht Kompliziertes einfach. Es bringt Vielfältiges auf das Schema von Gut und Böse, von Ja und Nein, von Schön und Häßlich, von Wahr und Falsch. Das nennt man binäres Schematisieren – dieses Aufteilen der Welt, dieser komplizierten, in jeweils nur zwei Größen: Ja und Nein: Und selbstverständlich gewinnt immer nur eine Dimension. Eine Lehre, mindestens, folgt aus der Lektüre: Mißtrauen wir allen Vereinfachern, erhalten wir uns die Lust an der Komplexität lebendig. Wer irgendwo das Reich des Bösen statuiert, der sollte unserer Skepsis sicher sein. Wer uns irgendwie in das Reich des Guten hineinpeitschen möchte, er sollte unseres Spotts gewiß sein. Der Grundzug von ›Mein Kampf‹ ist Verachtung des Denkens. Das Buch spekuliert darauf, daß wir uns verhalten wie Pawlowsche Hunde – wir sind konditioniert, die Glocke bimmelt, wir sondern automatisch Speichel ab, als ob es zum Fressen ginge. [...] Dieses lügenhafte Buch ist auf eine unverschämte Art wahr. Es ist skrupellos offen. Es ist genau wie eine präzise Gebrauchsanweisung, ein Lehrbuch der Manipulation und des Selbstbetrugs. Dieser Spiegel lehrt sehen. Und weil wir heute, in ganz unterschiedlichen, oft verdeckten, oft in die Harmlosigkeit transformierten Formen, diesen dreisten, im Buch klar ausgesprochenen Techniken ausgesetzt sind, ist es nötig, genau zu studieren, wie das alles anfing.«

Ferner: Klemperer, Victor: LTI – Notizbuch eines Philologen, Berlin 1947. »Es wird mir immer das größte Rätsel des Dritten Reichs bleiben, wie dieses Buch in voller Öffentlichkeit verbreitet werden durfte, ja mußte, und wie es dennoch zur Herrschaft Hitlers und zu zwölf jähriger Dauer dieser Herrschaft kommen konnte, obwohl die Bibel des Nationalsozialismus schon Jahre vor der Machtübernahme kursierte.«

Fest, Joachim C.: Hitler, Berlin 1973. »Ein merkwürdiger Geruch schlägt dem Leser aus den Seiten entgegen, am spürbarsten aus dem Kapitel über die Syphilis, aber darüber hinaus auch aus dem vielfach schmuddeligen Jargon, den abgestandenen Bildern, dem schwer beschreibbaren, aber unverwechselbaren Armeleutegeruch seiner Stilhaltung im ganzen. [...] Alle Vorstellungen von Geschichte, Politik, Natur oder Menschenleben bewahren die Ängste und Begierden des einstigen Männerheiminsassen: den stimulierenden Walpurgisnachtstraum einer Dauerpubertät, der die Welt in Bildern von Paarung, Unzucht, Perversion, Schändung, Blutverpestung erscheint.«

Frank Schirrmacher zu Joachim C. Fest: Zeitgenosse Hitler. Versuch, das Unbegreifliche begreifbar zu machen, in: Frankfurter Allgemeine Zeitung, 7. Oktober 1995. »Was als Lebensbeschreibung Adolf Hitlers begann, wuchs unter den Händen des Autors zu einem Bewußtseinsroman der Deutschen. Joachim C. Fest, bis 1993 einer der Herausgeber dieser Zeitung, erzählte von den gedanklichen Exaltationen eines Jahrhunderts, von den versteinerten Atavismen einer zutiefst verängstigten Gesellschaft und den radikalen Utopien, die eine Antwort auf die ermüdend wirkende Gegenwart geben sollten. Und inmitten dieser Gedanken, Träume und Schriften beschreibt Joachim C. Fest die Inkubation des Adolf Hitler, jenes jungen, mit Ressentiments beladenen Mannes, der all das buchstäblich nahm und aus der Summe der Phrasen und Entwürfe seine Lehre zog. Dieses Grundverständnis seiner Figur hat das Werk weit über das bloß Historische hinaus bedeutend gemacht. Fest hat die Geschichte des deutschen Bildungsromans zu Ende geschrieben und das heißt: zurückgenommen. Er hat, in einer zweiten Ebene, die Träger des institutionell gewordenen Bildungsgedankens, die deutschen Eliten, einer unbarmherzigen Kritik unterzogen. Ihren nur schlecht verheimlichten Vergeltungswillen gegenüber der Wirklichkeit, den bloß. ›fiktiven Charakter ihres politischen Denkens‹, ihren jedes Maß verleugnenden Glauben an Systeme – dies alles ist radikaler und düsterer analysiert als in jeder vergleichbaren Schrift der gängigen Gesellschaftskritik.«

Rudolf Radler in Kindlers Literaturlexikon, Band IX, Zürich 1965, S. 2320f. »Das in weiten Passagen von unerträglicher Banalität erfüllte Buch, in dessen monströsem Stil die barbarische Mentalität Hitlers unmittelbaren Ausdruck findet, ist vor allem der hemmungslose Erguß eines hypertrophen Selbstbewußtseins, das alle Möglichkeiten menschlichen Zusammenlebens unter dem Zwang seiner äußerst begrenzten Erkenntnismöglichkeiten sieht und daraus die vehementen Forderungen nach einer neuen Gesellschafts- und Staatsform ableitet. Die verkrampfte und gewalttätige Kleinbürgergesinnung Hitlers äußert sich darin, daß er alle Phänomene des politischen Lebens auf einige wenige, von ihm selbst für wahr gehaltene Grundsätze reduziert und sie damit für die undifferenzierte Aggressivität seiner Kritik verfügbar macht.«

Hitler entwarf schon seit seiner Schulzeit Buchtitel und gab 1909 als 20-Jähriger bei einer Anmeldung als Untermieter in Wien den Beruf »Schriftsteller« an. Einmal erwähnte er in einem seltenen Augenblick der Selbsterkenntnis, dass er eigentlich ein solcher nicht sei. »Welch schönes Italienisch spricht und schreibt Mussolini! Ich kann nicht dasselbe auf Deutsch. Die Gedanken gehen mir durch beim Schreiben. ›Mein Kampf‹ ist eine Aneinanderreihung von Leitartikeln für den ›Völkischen Beobachter‹, und ich glaube, selbst dort würde man sie aus sprachlichen Gründen nur ungern annehmen. Inhaltlich möchte ich nichts ändern. Wenn es schon ›Phantasien zwischen Gittern‹ sind, die ich da dem Hess diktiert habe: es gibt auch eine Logik des Traumes.« Werner Maser kommentiert diese Selbstaussage in seiner kenntnisreichen Studie »Hitlers Mein Kampf«, München/Esslingen 1964, S. 43f., mit der Feststellung: »Hätten Mitarbeiter des Verlages Franz Eher Nachfolger oder Freunde Hitlers versucht, Hitlers Stil wirklich lesbar zu machen oder gar literarisch zu gestalten, wäre es nötig gewesen, ›Mein Kampf‹ völlig umzuschreiben. Dann aber wäre ›Mein Kampf‹ nicht mehr Hitlers Werk geblieben. Vieles von dem, was Hitler äußerte, erschien zahlreichen Anhängern auch nur in Hitlers Sprachregelung glaubhaft. Seine lärmende Aufrichtigkeit und die bedenkenlos vorgetragenen apodiktischen Behauptungen wären durch sachliche Formulierungen um ihre Wirkungsmöglichkeit gebracht worden. Wo immer die schwülstigen Berichte Hitlers und seine schmuddelige Prosa nachträglich gediegen formuliert werden, wird die Hohlheit des verwaschenen, meist präzisionslosen, wortreichen Hitler-Stiles offenbar. Geradezu absurd ist daher Hitlers Feststellung in ›Mein Kampf‹, daß er die große Wiener Presse nach 1908 zwar ›wegen ihres vornehmen‹ Tones gewürdigt, jedoch wegen der ›Überschwenglichkeit des Stils‹ abgelehnt habe.«

Werner Maser, der akribisch auch die im Manuskript und bei den jeweiligen Neuausgaben (von 1928, 1930, 1933, 1939) vorgenommenen Korrekturen und Änderungen untersucht hat, resümiert: »Hitlers Versuch, die in ›Mein Kampf‹ dargelegte ›Weltanschauung‹ praktisch umzusetzen, hatte das Reich total zerstört und rund 35 Millionen Menschen nahezu in der ganzen Welt das Leben gekostet. Die am 3. Oktober 1941 von Hitler formulierte Erklärung, ›Es gibt in der Geschichte keine Entschuldigung für ein Versehen – eine Entschuldigung, die etwa darin besteht, daß man nachträglich erklärt, ich habe das nicht gemerkt, oder ich habe nicht daran geglaubt‹, kann indes nicht ihm allein vorgehalten werden. Der erste Band seines Buches ›Mein Kampf‹ erschien am 18. Juli 1925, der zweite am 11. Dezember 1926. Seitdem waren seine ›Weltanschauung‹ und seine Politik eindeutig bekannt und vorgezeichnet.«

Mit großer Wahrscheinlichkeit stieß Hitler in Wien (in der Zeitschrift »Ostara« von Lanz von Liebenfels) auf das Hakenkreuz. In »Mein Kampf« nimmt er selbst die Urheberschaft in Anspruch:

> *Ich selbst trat immer für die Beibehaltung der alten Farben ein, nicht nur weil sie mir als Soldat das Heiligste sind, das ich kenne, sondern weil sie auch in ihrer ästhetischen Wirkung meinem Gefühl weitaus am meisten entsprechen. Dennoch mußte ich die zahllosen Entwürfe, die damals aus den Kreisen der jungen Bewegung einliefen, und die meistens das Hakenkreuz in die alte Fahne hineingezeichnet hatten, ausnahmslos ablehnen. Ich selbst – als Führer – wollte nicht sofort mit meinem eigenen Entwurf an die Öffentlichkeit treten, da es ja möglich war, daß ein anderer einen ebenso guten oder vielleicht auch besseren bringen würde. Tatsächlich hat ein Zahnarzt aus Starnberg auch einen gar nicht schlechten Entwurf geliefert, der übrigens dem meinen ziemlich nahekam, nur den einen Fehler hatte, daß das Hakenkreuz mit gebogenen Haken in eine weiße Scheibe hineinkomponiert war.*
>
> *Ich selbst hatte unterdes nach unzähligen Versuchen eine endgültige Form niedergelegt; eine Fahne aus rotem Grundtuch mit einer weißen*

Scheibe und in deren Mitte ein schwarzes Hakenkreuz. Nach langen Versuchen fand ich auch ein bestimmtes Verhältnis zwischen der Größe der Fahne und der Größe der weißen Scheibe sowie der Form und Stärke des Hakenkreuzes.
Und dabei ist es dann geblieben.
In gleichem Sinne wurden nun sofort Armbinden für die Ordnungsmannschaften in Auftrag gegeben, und zwar eine rote Binde, auf der sich ebenfalls die weiße Scheibe mit schwarzem Hakenkreuz befindet.
Auch das Parteiabzeichen wurde nach gleichen Richtlinien entworfen: eine weiße Scheibe auf rotem Felde und in der Mitte das Hakenkreuz. Ein Münchner Goldschmied, Füß, lieferte den ersten verwendbaren und dann auch beibehaltenen Entwurf.
Im Hochsommer 1920 kam zum ersten Male die neue Flagge vor die Öffentlichkeit. Sie paßte vorzüglich zu unserer jungen Bewegung. So wie diese jung und neu war, war sie es auch. Kein Mensch hatte sie vorher je gesehen; sie wirkte damals wie eine Brandfackel. Wir selber empfanden alle eine fast kindliche Freude, als eine treue Parteigenossin den Entwurf zum ersten Male ausgeführt und die Fahne abgeliefert hatte. Schon einige Monate später besaßen wir in München ein halbes Dutzend davon, und die immer mehr und mehr um sich greifende Ordnertruppe besonders trug dazu bei, das neue Symbol der Bewegung zu verbreiten.
Und ein Symbol ist dies wahrlich! Nicht nur, daß durch die einzigen, von uns allen heißgeliebten Farben, die einst dem deutschen Volke soviel Ehre errungen hatten, unsere Ehrfurcht vor der Vergangenheit bezeugt wird, sie war auch die beste Verkörperung des Wollens der Bewegung. Als nationale Sozialisten sehen wir in unserer Flagge unser Programm. Im Rot sehen wir den sozialen Gedanken der Bewegung, im Weiß den nationalistischen, im Hakenkreuz die Mission des Kampfes für den Sieg des arischen Menschen und zugleich mit ihm auch den Sieg des Gedankens der schaffenden Arbeit, die selbst ewig antisemitisch war und antisemitisch sein wird.
Zwei Jahre später, als aus der Ordnertruppe schon längst eine viel tausend Mann umfassende Sturmabteilung geworden war, schien es nötig, dieser Wehrorganisation der jungen Weltanschauung noch ein besonderes Symbol des Sieges zu geben: die Standarte. Auch sie habe ich selbst entworfen und dann einem alten, treuen Parteigenossen, dem Goldschmiedemeister Gahr, zur Ausführung übergeben. Seitdem gehört die Standarte zu den Wahr- und Feldzeichen des nationalsozialistischen Kampfes. (MK, S. 555ff.)

Faser, Peter: Netzwerk des Wahns, in: Die Zeit, 7. November 2013. Der Holocaust hatte viele Wegbereiter: Professoren, Priester, Journalisten, Ärzte, Offiziere. Sie alle trieben im 19. und frühen 20. Jahrhundert die antisemitische Bewegung voran. [Über den Publizisten Theodor Fritzsch. »Sie kannte nur eine Mission: Den Juden zu zertreten.«]

[6] Aufschlussreich in diesem Zusammenhang: Ryback, Timothy W.: Hitlers Bücher. Seine Bibliothek – sein Denken, Köln 2010. Hitlers Denken war aus Groschenheften und esoterischen Büchern zusammengeschustert.

I Hitler und die Deutschen

Der spätere »Führer des Volkes«, als nach Großdeutschland sich sehnender Österreicher, trug – wie sein Buch »Mein Kampf« deutlich macht – auf seinen Lippen das »Sedanlächeln«, das nach Benedetto Croce die chauvinistische Hybris des Philisters, der eine tiefe Abneigung gegenüber französischer (»welscher«) Lebens- und Denkart empfindet, charakterisiert. Die Ideen der Französischen Revolution konnte der deutsche Untertanengeist nicht akzeptieren und so blieb ihre Wirksamkeit auf eine liberale Minderheit beschränkt, zu welcher der Historiker Theodor Mommsen gehörte. In seinem »Politischen Testament« schrieb er: »In meinem innersten Wesen, und ich meine, mit dem Besten, was in mir ist, bin ich stets ein animal politicum gewesen und wünschte ein Bürger zu sein. Das ist nicht möglich in unserer Nation, bei der der Einzelne, auch der Beste, über den Dienst im Gliede und politischen Fetischismus nicht hinauskommt. Diese innere Entzweiung mit dem Volke, dem ich angehöre, hat mich durchaus bestimmt, mit meiner Persönlichkeit, soweit mir das irgend möglich war, nicht vor das deutsche Publikum zu treten, vor dem mir die Achtung fehlt.«[7] Die Identifikation der Deutschen mit Hitler musste er nicht mehr erleben.

Beim Durchstöbern der väterlichen Bibliothek war ich über verschiedene Bücher militärischen Inhalts gekommen, darunter eine Volksausgabe des Deutsch-Französischen Krieges 1870/71. Es waren zwei Bände einer illustrierten Zeitschrift aus diesen Jahren, die nun meine Lieblingslektüre wurden. Nicht lange dauerte es, und der große Heldenkampf war mir zum größten inneren Erlebnis geworden. Von nun an schwärmte ich mehr und mehr für alles, was irgendwie mit Krieg oder doch mit Soldatentum zusammenhing.

Aber auch in anderer Hinsicht sollte dies von Bedeutung für mich werden. Zum ersten Male wurde mir, wenn auch in noch so unklarer Vorstellung, die Frage aufgedrängt, ob und welch ein Unterschied denn zwischen den diese Schlachten schlagenden Deutschen und den anderen sei? Warum hat denn nicht auch Österreich mitgekämpft in diesem Kriege, warum nicht der Vater und nicht all die anderen auch?

Sind wir denn nicht auch dasselbe wie eben alle anderen Deutschen?

Gehören wir denn nicht alle zusammen? Dieses Problem begann zum ersten Male in meinem kleinen Gehirn zu wühlen. Mit innerem Neide mußte ich auf vorsichtige Fragen die Antwort vernehmen, daß nicht jeder Deutsche das Glück besitze, dem Reich Bismarcks anzugehören.

Ich konnte dies nicht begreifen. [...]

Die Tiefe des Falles irgendeines Körpers ist immer das Maß der Entfernung seiner augenblicklichen Lage von der ursprünglich eingenommenen. Dasselbe gilt auch über den Sturz von Völkern und Staaten. Damit aber kommt der vorherigen Lage oder besser Höhe eine ausschlaggebende Bedeutung zu. Nur was sich über die allgemeine Grenze zu heben pflegt, kann auch ersichtlich tief fallen und stürzen. Das macht für jeden Denkenden und Fühlenden den Zusammenbruch des Reiches so schwer und entsetzlich, daß er den Sturz aus einer Höhe brachte, die heute, angesichts des Jammers der jetzigen Erniedrigung, kaum mehr vorstellbar ist.

Schon die Begründung des Reiches schien umgoldet vom Zauber eines die ganze Nation erhebenden Geschehens. Nach einem Siegeslauf ohnegleichen erwächst endlich als Lohn unsterblichen Heldentums den Söhnen und Enkeln ein Reich. Ob bewußt oder unbewußt, ganz einerlei, die Deutschen hatten alle das Gefühl, daß dieses Reich, das sein Dasein nicht dem Gemogel parlamentarischer Fraktionen verdankte, eben schon durch die erhabene Art der Gründung über das Maß sonstiger Staaten emporragte; denn nicht im Geschnatter einer parlamentarischen Redeschlacht, sondern im Donner und Dröhnen der Pariser Einschließungsfront vollzog sich der feierliche

Akt einer Willensbekundung, daß die Deutschen, Fürsten und Volk, entschlossen seien, in Zukunft ein Reich zu bilden und aufs neue die Kaiserkrone zum Symbol zu erheben. Und nicht durch Meuchelmord war es geschehen, nicht Deserteure und Drückeberger waren die Begründer des Bismarckschen Staates, sondern die Regimenter der Front.
Diese einzige Geburt und feurige Taufe allein schon umwoben das Reich mit dem Schimmer eines historischen Ruhmes, wie er nur den ältesten Staaten – selten – zuteil zu werden vermochte.
Und welch ein Aufstieg setzte nun ein!
Die Freiheit nach Außen gab das tägliche Brot im Innern. Die Nation wurde reich an Zahl und irdischen Gütern. Die Ehre des Staates aber und mit ihr die des ganzen Volkes war gehütet und beschirmt durch ein Heer, das am sichtbarsten den Unterschied zum einstigen deutschen Bunde aufzuzeigen vermochte.
So tief ist der Sturz, der das Reich und das deutsche Volk trifft, daß alles, wie vom Schwindel erfaßt, zunächst Gefühl und Besinnung verloren zu haben scheint; man kann sich kaum mehr der früheren Höhe erinnern, so traumhaft unwirklich gegenüber dem heutigen Elend erscheint die damalige Größe und Herrlichkeit.[8]

Unabhängig von dem steten Diskurs in der Philosophie und Anthropologie seit der Antike über die Seele – die Fragwürdigkeit ihrer Existenz, die Art ihres Wesens, ihre Flüchtig- oder Beständigkeit oder was auch immer – ist das Seelenbild ein brauchbares Konstrukt, wenn man die kommunikativen Bezüge und Verläufe zwischen Menschen, vor allem von Gesellschaften und Gesellschaftssystemen zu beschreiben versucht. Welches Bild man sich vom anderen macht, wie er im Inneren und Innersten strukturiert ist (was man Psychogramm nennt), entscheidet über die Art und Weise, wie der eine den anderen anspricht und wie der andere auf diese verbale oder non-verbale Ansprache reagiert beziehungsweise wie er sie rezipiert.

In einem knapp fünf Seiten umfassenden Aufsatz aus dem Jahr 1924 vergleicht Sigmund Freud, den damaligen Stand seiner Psychoanalyse illustrierend, die seelische Rezeption mit dem damals aufkommenden »Wunderblock«, dessen technische Eigenschaft mit Hilfe von verschiedenen Schichten (aus Wachs und Zelluloid) es ermögliche, darauf zu schreiben, aber auch das Geschriebene wieder zu löschen.[9] Heutzutage würde Freud wahrscheinlich von einer »Wunder-Computer-Festplatte« sprechen, der auch das Gelöschte bleibt und durch eine bestimmte technische Manipulation aus dem Unsichtbaren zurückgeholt, also reaktiviert werden kann.

Der Freudsche »Wunderblock« zeigt – ob es ein schlüssiger Vergleich ist, sei dahingestellt –, dass dem Bewusstsein als dem Lesbaren eine unbewusste Schicht zugrunde liegt, die heraufgeholt dann dieses Bewusstsein bestimmt. Besonders geeignet für diesen Reanimationsprozess – das Ingangsetzen scheinbar erloschener Vorstellungen – sind Bilder als einprägsam kompakte und anschauliche Eindrücke (Einprägungen), die als Seelenbilder, aus dem Unbewussten geholt, ins Bewusstsein eindringen, dieses und damit ein bestimmtes Agieren bestimmen.

Wenn eine dominante, herrschende beziehungsweise vorherrschende Person Seelenbilder in sich trägt, die auch diejenigen der anderen sind, entsteht rasch und geradezu naturhaft eine enge Verbindung, eine bis jenseits rationaler Überprüfung und Kritik stehende Solidarität und kollektive Identität – eine *unio mystica*, etwa zwischen »Führer« und Gefährten.

Das Zusammenspiel der Obsessionen einer Einzelperson, des »Führers«, dann einer Gefolgschaft von »niederen Dämonen«, Psychopathen, die mit ihm die Macht ergriffen und die er um sich scharte, mit den kollektiven Obsessionen eines ideologisch präparierten und so für die nationalsozialistische Indoktrination prädestinierten Volkes ist der Forschungskern der Psychohistorie des »Dritten Reichs«, der dem »Warum« nachspürt: Warum kam es zu diesem Gleichklang, diesem »Wunder« des Zusammenfindens, das dann nicht nur eine deutsche, sondern eine Weltkatastrophe zur Folge hatte? Warum erfolgte die Exstirpation des deutschen Geistes zugunsten des deutschen Reiches?[10] Warum versanken – bildlich gesprochen – die fruchtbaren Gefilde der deutschen Kulturlandschaft, die doch wichtige und schöne Blüten in allen Bereichen zur Weltkultur beigesteuert hatte,[11] in einer Kloake des Ungeistes? Warum wurden aus Bildungsbürgern die Gefolgsleute einer menschenverachtenden Weltanschauung?

Die Geschichte der Seelenbilder, die letztlich das Menschenbild konturieren, zeigt, dass ein fataler Wandlungsprozess sich vollzog, der den Untertan und dann den Volksgenossen (männlich wie weiblich) zur Folge hatte. Die »schöne Seele« – das Leitbild der Kultur der Aufklärung, Klassik und Romantik und der darauf aufbauenden Strömungen – wurde vernichtet und an ihrer Stelle verblieben tote Seelen, die dann in leiblichen Gestalten töteten und mordeten. Der humane und humanistische Hochstand der Deutschen konnte den Absturz in schlimmste Unmenschlichkeit nicht verhindern.

Es zeigte sich – um auf Sigmund Freuds »Wunderblock« zurückzukommen –, dass eben das einst kulturell »Eingeschriebene« den Ungeist und die Gefühllosigkeit nicht verhindern konnte. Edel sei der Mensch, hilfreich und gut – »gelöscht«! Oder vielmehr: die rudimentär noch vorhandenen humanen Spuren wurden für die Perversion genutzt, die »schönen Seelen« verdreht, umgedreht und damit abgetötet. Die entleerten Hülsen gegenteilig genutzt. Das meint Herbert Marcuse, wenn er von der »affirmativen Kultur« als geistig-seelischem Vakuum spricht, das eine unheilvolle Auffüllung erfuhr: »Unter affirmativer Kultur sei jene der bürgerlichen Epoche angehörige Kultur verstanden, welche im Laufe ihrer eigenen Entwicklung dazu geführt hat, die geistig-seelische Welt als ein selbstständiges Wertreich von der Zivilisation abzulösen und über sie zu erhöhen. Ihr entscheidender Zug ist die Behauptung einer allgemein verpflichtenden, unbedingt zu bejahenden, ewig besseren, wertvolleren Welt, welche von der tatsächlichen Welt des alltäglichen Daseinskampfes wesentlich verschieden ist, die aber jedes Individuum, ›von innen‹ her, ohne jene Tatsächlichkeiten zu verändern, für sich realisieren kann. Erst in dieser Kultur gewinnen die kulturellen Tätigkeiten und Gegenstände ihre hoch über den Alltag emporgesteigerte Würde: ihre Rezeption wird zu einem Akt der Feierstunde und der Erhebung.« Die affirmative Kultur ist in ihren Grundzügen idealistisch: »Auf die Not des isolierten Individuums antwortet sie mit der allgemeinen Menschlichkeit, auf das leibliche Elend mit der Schönheit der Seele, auf die äußere Knechtschaft mit der inneren Freiheit, auf den brutalen Egoismus mit dem Tugendreich der Pflicht. Hatten zur Zeit des kämpferischen Aufstiegs der neuen Gesellschaft alle diese Ideen einen fortschrittlichen, über die erreichte

Organisation des Daseins hinausweisenden Charakter, so treten sie in steigendem Maße mit der sich stabilisierenden Herrschaft des Bürgertums in den Dienst der Niederhaltung unzufriedener Massen und der bloßen rechtfertigenden Selbsterhebung: sie verdecken die leibliche und psychische Verkümmerung des Individuums.«[12]

Besonders drastische Beispiele für die Perversion leitbildgebender kultureller Maximen sind die Zitatfälschungen. Geflügelte Worte, die ein auf den Begriff gebrachtes Lebensideal signalisierten, wurden, wie das trojanische Pferd als Vehikel der Zerstörung ihres Sinnes genutzt, aber vom äußeren Anschein her beibehalten. Das Streben des Menschen nach körperlich-geistig-seelischer Vollkommenheit, der seit der Antike anzutreffende humane Wunsch der Kalokagathie wurde aus dem Optativ (der Wunschform) in den Indikativ (Wirklichkeitsform) als normsetzendes Faktum bei der gesellschaftlich einflussreichen Turnerbewegung verschoben, was schlimme Folgen für die Vorstellung vom Menschen hatte. *Mens sana in corpore sano*: das hieß nun (bald rassistisch dekretiert): Ein gesunder Geist ist identisch mit einem gesunden Körper und nur ein gesunder Körper kann einen gesunden Geist haben.

> *Und so wie im allgemeinen die Voraussetzung geistiger Leistungsfähigkeit in der rassischen Qualität des gegebenen Menschenmaterials liegt, so muß auch im einzelnen die Erziehung zuallererst die körperliche Gesundheit ins Auge fassen und fördern; denn in der Masse genommen wird sich ein gesunder, kraftvoller Geist auch nur in einem gesunden und kraftvollen Körper finden. Die Tatsache, daß Genies manches Mal körperlich wenig gutgebildete, ja sogar kranke Wesen sind, hat nichts dagegen zu sagen. Hier handelt es sich um Ausnahmen, die – wie überall – die Regel nur bestätigen. Wenn ein Volk aber in seiner Masse aus körperlichen Degeneraten besteht, so wird sich aus diesem Sumpf nur höchst selten ein wirklich großer Geist erheben. Seinem Wirken aber wird wohl auf keinen Fall mehr ein großer Erfolg beschieden sein. Das heruntergekommene Pack wird ihn entweder überhaupt nicht verstehen, oder es wird willensmäßig so geschwächt sein, daß es dem Höhenflug eines solchen Adlers nicht mehr zu folgen vermag.*

Der völkische Staat hat in dieser Erkenntnis seine gesamte Erziehungsarbeit in erster Linie nicht auf das Einpumpen bloßen Wissens einzustellen, sondern auf das Heranzüchten kerngesunder Körperbildung der geistigen Fähigkeiten. Hier aber wieder an der Spitze die Entwicklung des Charakters, besonders die Förderung der Willens- und Entschlußkraft, verbunden mit der Erziehung zur Verantwortungsfreudigkeit, und erst als letztes die wissenschaftliche Schulung.
Der völkische Staat muß dabei von der Voraussetzung ausgehen, daß ein zwar wissenschaftlich wenig gebildeter, aber körperlich gesunder Mensch mit gutem, festem Charakter, erfüllt von Entschlußfreudigkeit und Willenskraft, für die Volksgemeinschaft wertvoller ist als ein geistreicher Schwächling. Ein Volk von Gelehrten wird, wenn diese dabei körperlich degenerierte, willensschwache und feige Pazifisten sind, den Himmel nicht zu erobern, ja nicht einmal auf dieser Erde sich das Dasein zu sichern vermögen. Im schweren Schicksalskampf unterliegt selten der, der am wenigsten weiß, sondern immer derjenige, der aus seinem Wissen die schwächsten Konsequenzen zieht und sie am kläglichsten in die Tat umsetzt. Endlich muß auch hier eine bestimmte Harmonie vorhanden sein. Ein verfaulter Körper wird durch einen strahlenden Geist nicht im geringsten ästhetischer gemacht, ja, es ließe sich höchste Geistesbildung gar nicht rechtfertigen, wenn ihre Träger gleichzeitig körperlich verkommene und verkrüppelte, im Charakter willensschwache, schwankende und feige Subjekte wären. Was das griechische Schönheitsideal unsterblich sein läßt, ist die wundervolle Verbindung herrlichster körperlicher Schönheit mit strahlendem Geist und edelster Seele. Wenn der Moltkesche Ausspruch: »Glück hat auf die Dauer doch nur der Tüchtige« Geltung besitzt, so sicherlich für das Verhältnis von Körper und Geist: Auch der Geist wird, wenn er gesund ist, in der Regel und auf die Dauer nur in gesundem Körper wohnen.[13]

Der römische Satiriker Decimus Junius Juvenalis (gestorben nach 127) hat aber nie die menschenverachtende (den Kranken verachtende) Parole vom *mens sana in corpore sano* ausgegeben. In seiner zehnten Satire heißt es: *Orandum est ut sit mens sana in corpore sano.* (Mit Opfern bei den Göttern sollst du gesunden Geist in gesundem Leib erflehen.)[14]

Und was die deutschen Gesangsvereine im 19. und 20. Jahrhundert betrifft – Hitler sprach von einem Volk der Dichter und Sänger[15] –, so verfielen sie einem absurden Reim, der ihr Auserwähltsein intonierte: »Wo man singt, da laß' dich ruhig nieder, / böse Menschen haben keine Lieder.« Das solcher Hybris zugrunde liegende Gedicht von Johann Gottfried Seume aber lautete, unverkürzt: »Wo man singet, laß dich ruhig nieder, / ohne Furcht, was man im Lande glaubt, / wo man singet, wird kein Mensch beraubt, / Bösewichter haben keine Lieder.« Die etwas umständlich formulierte Feststellung, dass Diebe und Räuber bei ihrem Tun nicht singen, diente dazu, den singenden Menschen schlechthin zum guten Menschen zu erheben, was dann der Totalitarismus sehr nützte und zugleich widerlegte: Mord und Musik sind keine Gegensätze.

Auf aphoristische Weise sollen die beiden Beispiele deutlich machen, dass die kulturelle Perversion häufig deshalb so erfolgreich war, weil die Verpackung sehr vertraut schien, während der Inhalt ein ganz anderer geworden war.

Hitler und sein Volk fanden sich in Seelenbildern zusammen, die gleiche Wurzeln hatten, nämlich aus der von den »Agenturen« des Staates und der Gesellschaft oktroyierten affirmativen Kultur stammten. Sie überlagerten und zersetzten die humanen Seelenbilder, die das Bild vom Menschen als eines menschlichen Menschen zeigten. Aus der Pamphlet- und Traktätchenliteratur des 19. Jahrhunderts stammte der Stoff, der dann zum Gewand verwoben wurde, das der deutsche Spießer trug und damit protzte. Die Spießer-Ideologie machte nieder, was deutsche Geist- und Seelenhaftigkeit für die Enkulturation – die kulturelle Erziehung des Menschen – bereitgestellt hatte: ein Kahlschlag von Moral und Ethik, wie ihn die Menschheitsgeschichte noch nicht erlebt hatte.

Adolf Hitler ist die Inkarnation des oft in seiner Abgründigkeit nicht erkannten oder verharmlosten Phänotyps des Kleinbürgers gewesen. Er traf auf ein Volk, das »verspießert« war; ein Verschmelzen war die sozialpsychologische Folge.

»Spießer« als anthropologischer und sozialpsychologischer beziehungsweise kulturhistorischer Schlüsselbegriff steht für ein Mentalitätsmuster und für Seelenbilder, die den Niedergang und die Perversion humaner Bildung aufzeigen und im Ersterben jeder Seelenhaftigkeit enden. Als Begriff ist er insofern nicht unproblematisch, da er, häufig umgangssprachlich gebraucht, der begrifflichen Trennschärfe entbehrt, auch verniedlichend wirken mag. Als Terminus, als wissenschaftlich fundierter Fachausdruck, ist er jedoch – freilich, indem man ihn definitorisch auffächert und beschreibt – eine gute klassifikatorische Bestimmung.[16]

Spießbürger ist seit dem 17. Jahrhundert als Schelte für den Städter bezeugt. Er wird seit dem 19. Jahrhundert zu Spießer verkürzt und fast nur noch spöttisch und abwertend gebraucht. Vor allem im letzten Drittel des 19. Jahrhundert und im ersten Drittel des 20. Jahrhundert entdecken Autoren wie Frank Wedekind, Heinrich Mann, Carl Sternheim, Bertolt Brecht, Hermann Broch, Marieluise Fleißer, Ödön von Horváth und viele andere die dämonischen Abgründe des Spießers und sehen darin vor allem die Ursache für den Untergang des bürgerlichen Zeitalters. Heinrich Mann und Ödön von Horváth sind im Besonderen Autoren, in deren Werken man Einblick ins Wesen des Spießers erhält.

Klarer als die Historiografie oder Soziologie hat etwa Heinrich Mann, eben in romanhafter Farbigkeit (also erzählend und nicht mit begrifflicher Abstraktion) das Erscheinungsbild des Spießers als Untertan gezeichnet. Bürgerliche Humanität schlägt um in bürgerlichen stiernackigen Nationalismus. Kurt Tucholsky nannte den Roman »Der Untertan« (1918) ein »Herbarium des deutschen Mannes« und einen »Anatomie-Atlas des Reichs«. Die Grundlagen des Staates – »eine einflußreiche Kirche, ein handfester Säbel, strikter Gehorsam und starre Sitten« – werden mit aller Schärfe aufgedeckt.[17]

Der Roman schildert den unaufhaltsamen Aufstieg des getretenen Schwächlings zu kleinstädtischem Ansehen und provinzieller Macht. »Wer treten wollte, mußte sich treten lassen, das war das eherne Gesetz der Macht.« Kommt Diederich als Kind nach einer Abstrafung durch den autoritären Vater mit gedunsenem Gesicht und unter Geheul an der Werkstätte vorbei, dann lachen die Arbeiter. »Sofort aber streckte Diederich nach ihnen die Zunge aus und stampfte. Er war sich bewußt: ›Ich habe Prügel bekommen, aber von meinem Papa. Ihr wäret froh, wenn ihr auch Prügel von ihm bekommen könntet. Aber dafür seid ihr viel zu wenig.‹«

In Kompensation seiner Minderwertigkeitskomplexes dient sich Diederich Heßling nach oben: über die studentische Korporation in Berlin, mit dem Eintauchen in die national-konservative Volksstimmung, zum Fabrikherrn, Familienpatriarchen, Stadtverordneten. Seitdem er vermittels einer Bartbinde seinen Schnurbart in zwei rechten Winkeln hinaufgeführt hat, ist er auch äußerlich zum Mann gereift. Als Unternehmer weiß er, wie man die Proleten anpackt – deutsche Zucht und Sitte verlangend. Seinem Gott schuldet er immer Rechenschaft; aber solches »Wertbewusstsein« hindert ihn nicht, Profitmaximierung intensiv zu betreiben – wobei er mit Hochmut auf die Liberalen und die Juden herabschaut; der jüdische Liberalismus gilt ihm als die Vorfrucht der Sozialdemokratie, die Juden stehen für das Prinzip der Unordnung und Auflösung, des Durcheinanderwerfens, der Respektlosigkeit, des Prinzip des Bösen selbst. Als wahrhaft Deutscher ist er immer für das Gute, Schöne und Wahre zu haben; diese Trias gipfelt in der Nation. Als Popanz macht sie die Unterscheidung von Gut und Böse unwichtig. Als bei einer Demonstration ein Arbeiter erschossen wird, meint Heßling: »›Für mich‹, sagte er, schnaufend vor innerer Bewegung, ›hat der Vorgang etwas direkt Großartiges, sozusagen Majestätisches. Daß da einer, der frech wird, einfach abgeschossen werden kann, ohne Urteil, auf offener Straße! Bedenken Sie: mitten in unserem bürgerlichen Stumpfsinn kommt so was Heroisches vor! Da sieht man doch, was Macht heißt!‹« – Seine geradlinige Deutschheit kennt keine Kompromisse. In Berlin gibt er der Geliebten den Laufpass, weil sein moralisches Empfinden es ihm verbietet, ein Mädchen zu heiraten, das mir seine Reinheit nicht mit in die Ehe bringt. Die Hochzeitsnacht mit einer geldschweren Bürgerstochter steht unter nationalem Vorzeichen, auf der Hochzeitsreise folgt er den Spuren des Kaisers, der in Rom Aufenthalt genommen hat; bei jeder Gelegenheit betätigt er sich als Hurra-Rufer.

Der Spießer idyllisiert im Lesebuchstil – der wurde von »schwarzer Pädagogik« anerzogen – seine Heimat. Diese ist vor allem die kleine saubere gesittete Kleinstadt, in der die gute deutsche Familie zu Hause ist. Dementsprechend beginnt auch Hitlers »Mein Kampf«:

Als glückliche Bestimmung gilt es mir heute, daß das Schicksal mir zum Geburtsort gerade Braunau am Inn zuwies. Liegt doch dieses Städtchen an der Grenze jener zwei deutschen Staaten, deren Wiedervereinigung mindestens uns Jüngeren als eine mit allen Mitteln durchzuführende Lebensaufgabe erscheint! Deutschösterreich muß wieder zurück zum großen deutschen Mutterlande, und zwar nicht aus Gründen irgendwelcher wirtschaftlichen Erwägungen heraus. Nein, nein: Auch wenn diese Vereinigung, wirtschaftlich gedacht, gleichgültig, ja selbst wenn sie schädlich wäre, sie möchte dennoch stattfinden. Gleiches Blut gehört in ein gemeinsames Reich. Das deutsche Volk besitzt so lange kein moralisches Recht zu kolonialpolitischer Tätigkeit, solange es nicht einmal seine eigenen Söhne in einen gemeinsamen Staat zu fassen vermag. Erst wenn des Reiches Grenze auch den letzten Deutschen umschließt, ohne mehr die Sicherheit seiner Ernährung bieten zu können, ersteht aus der Not des eigenen Volkes das moralische Recht zur Erwerbung fremden Grund und Bodens. Der Pflug ist dann das Schwert, und aus den Tränen des Krieges erwächst für die Nachwelt das tägliche Brot. So scheint mir dieses kleine Grenzstädtchen das Symbol einer großen Aufgabe zu sein. Allein auch noch in einer anderen Hinsicht ragt es mahnend in unsere heutige Zeit. Vor mehr als hundert Jahren hatte dieses unscheinbare Nest, als Schauplatz eines die ganze deutsche Nation ergreifenden tragischen Unglücks, den Vorzug, für immer in den Annalen wenigstens der deutschen Geschichte verewigt zu werden. In der Zeit der tiefsten Erniedrigung unseres Vaterlandes fiel dort für sein auch im Unglück heißgeliebtes Deutschland der Nürnberger Johannes Palm, bürgerlicher Buchhändler, verstockter »Nationalist« und Franzosenfeind. Hartnäckig hatte er sich geweigert, seine Mit-, besser Hauptschuldigen anzugeben. Also wie Leo Schla-

geter. Er wurde allerdings auch, genau wie dieser, durch einen Regierungsvertreter an Frankreich denunziert. Ein Augsburger Polizeidirektor erwarb sich diesen traurigen Ruhm und gab so das Vorbild neudeutscher Behörden im Reiche des Herrn Severing.

In diesem von den Strahlen deutschen Märtyrertums vergoldeten Innstädtchen, bayerisch dem Blute, österreichisch dem Staate nach, wohnten am Ende der achtziger Jahre des vergangenen Jahrhunderts meine Eltern; der Vater als pflichtgetreuer Staatsbeamter, die Mutter im Haushalt aufgehend und vor allem uns Kindern in ewig gleicher liebevoller Sorge zugetan. Nur wenig haftet aus dieser Zeit noch in meiner Erinnerung, denn schon nach wenigen Jahren mußte der Vater das liebgewonnene Grenzstädtchen wieder verlassen, um innabwärts zu gehen und in Passau eine neue Stelle zu beziehen; also in Deutschland selber.[18]

Hier ist bereits alles enthalten, was einem in der Enge seiner freiwilligen oder aufgezwungenen Unbildung verkümmerten Kleinbürger ans Herz gehen musste: die in breiten Sentenzen heranrollende wehmütige Erinnerung an die gute alte Zeit, die Idyllik des Familienlebens, die Mutterliebe, das Vaterglück, der Sohnesdank, der Anklang patriotischer Feierlichkeit. Das Ganze ist im Stil schief, voller sentimentaler Metaphern und Klischees – einschließlich äußerlich wirkungsvoller Partizipien.[19]

Auch wenn Hitler wahrscheinlich Goethes Werk »Hermann und Dorothea« nicht kannte, ist das »klassische« Bild der deutschen Kleinstadt, vor allem durch dieses Epos in den Gymnasien zelebriert, präsent.[20] Wie viele andere literarische Ikonen ist es freilich ins Triviale und Nationalistische uminterpretiert und damit Teil der deutschen Ideologie geworden.

Schon 1836 sprach Wolfgang Menzel deshalb von einer »Huldigung aufs Spießbürgertum«. Rezeptionsgeschichtlich hatte er damit recht: wie Schillers »Lied von der Glocke« wurde im Laufe des 19. Jahrhunderts das Epos, ursprünglich bestimmt von der Intention, »unter dem modernen Kostüm die wahre, echte Menschenproportion« abzubilden, zu einem bevorzugtem Lehrstück deutschtümelnder Germanistik. Als pädagogisches Exempel sollte es vornehmlich die Schülerschaft der Gymnasien in den Ideenhimmel versetzen, der immer weniger von alles versöhnender Menschlichkeit kündete, sondern zunehmend mit nationalen und nationalistischen Symbolen ausstaffiert wurde. Aus »Hermann und Dorothea« spreche, meinte Heinrich Düntzer[21], der seine »Erläuterungen zu den deutschen Klassikern« »dem deutschen Volk darbrachte«, »echt deutsche Tüchtigkeit und Innigkeit, ein schlichter, gerader, auf Recht und Billigkeit haltender Sinn, ruhige Verständlichkeit, reine Gemütlichkeit, behagliche Häuslichkeit«. Hermanns Eltern stünden für die »echt deutsche, auf Tüchtigkeit und Innigkeit beruhende Häuslichkeit«, dem Vater gehe als einem »echten Deutschen« das Herz beim Weine auf, er habe eine tüchtige, kernhafte Natur. Hermann sei aus dem »häuslichen deutschen Leben hervorgegangen«, er verkörpere »echt tüchtiges und redliches Wesen«, er beharre »fest auf dem Bestehenden, das er mit aller männlichen Kraft zu bewahren sich gerüstet fühlt; als echter ruhiger Deutscher will er nicht jener ungeheuren Bewegung, welche alles vernichtet hat, sich schwärmerisch anschließen, sondern fest auf deutschem Sinne und deutschem Boden jedem Feind zum Trotz beharren«. Der Pfarrer sei der Inbegriff der »reinen auf edler Bildung ruhenden deutschen Humanität, welche über alle Beschränkungen des Lebens erhaben, unverrückt dem Wahren und Guten zugewandt bleibt, die immer auf den Kern dringt, sich nicht vom oberflächlichen Schein täuschen läßt«. Dorothea sei eine linksrheinische Deutsche mit einem »höheren, dem Leben mit entschiedenem Bewußtsein und freiem Mut zugewandten Sinn«. In den ausführlichen Erläuterungen, die Schulrat Dr. A. Funke, Seminardirektor in Warendorf, dem für den Schulgebrauch und Privatstudium eingerichteten Epos zuteilwerden lässt, wird sogar die Frage aufgeworfen, warum die Trinkszene des ersten Gesanges einen »echt deutschen Charakter an sich trage«.

Nach der Beantwortung der Frage, warum »in der Erwähnung des Mondes, dessen Klarheit und herrlichen Schein Dorothea preist, ein deutscher Zug« hervortrete, wird schließlich im patriotischen Rundumschlag »Hermann und Dorothea« als echt-deutsches Epos definiert:

»1. Es spielt auf deutschem Boden, und zwar
   a) in der Nähe des echt deutschen Rheinstromes,
   b) in einem anmutigen deutschen Städtchen mit seinem geweißten Kirchturm, seinen reinlichen Straßen, geraden Kanälen, dem ›Goldenen Löwen‹, der Engelapotheke usw.
2. Es spielt in einer echt deutschen Familie
   a) mit ihrer Sittlichkeit und strengen Ordnung, die sich zeigt in der Verteilung der Beschäftigung (Hermann: Feld und Stallung; Vater: Gastwirtschaft; Mutter: Hauswesen) und im Gegensatz zum welschen Nachbar (dem Sitte, Zucht und Achtung vor der Ehe abgehen),
   b) überhaupt alle Hauptpersonen sind Deutsche: der Löwenwirt (sorgt hausväterlich für die Stadt und die Seinen), die Wirtin (fleißig, gemütvoll, liebevoll), Hermann (Anhänglichkeit an den deutschen Boden, Zartheit seines Benehmens gegen Dorothea), Dorothea (Reinheit bei der Verteidigung der Unschuld ihrer Gespielinnen; Zurückhaltung gegen Hermann, dem sie notgedrungen ihre Liebe verrät).
3. Deutsch sind auch einzelne kleine Züge, namentlich die Trinkszene.«[22]

Kleinbürger Hitler hat im Lesebuchstil nicht nur seinen Geburtsort, sondern auch seine Familie idyllisiert:

> *Allein das Los eines österreichischen Zollbeamten hieß damals häufig »wandern«. Schon kurze Zeit später kam der Vater nach Linz und ging endlich dort auch in Pension. Freilich »Ruhe« sollte dies für den alten Herrn nicht bedeuten. Als Sohn eines armen, kleinen Häuslers hatte es ihn schon einst nicht zu Hause gelitten. Mit noch nicht einmal dreizehn Jahren schnürte der damalige kleine Junge sein Ränzlein und lief aus der Heimat, dem Waldviertel, fort. Trotz des Abratens »erfahrener« Dorfinsassen war er nach Wien gewandert, um dort ein Handwerk zu lernen. Das war in den fünfziger Jahren des vergangenen Jahrhunderts. Ein bitterer Entschluß, sich mit drei Gulden Wegzehrung so auf die Straße zu machen ins Ungewisse hinein. Als der Dreizehnjährige aber siebzehn alt geworden war,*

hatte er seine Gesellenprüfung abgelegt, jedoch nicht die Zufriedenheit gewonnen. Eher das Gegenteil. Die lange Zeit der damaligen Not, des ewigen Elends und Jammers festigte den Entschluß, das Handwerk nun doch wieder aufzugeben, um etwas »Höheres« zu werden. Wenn einst dem armen Jungen im Dorfe der Herr Pfarrer als Inbegriff aller menschlich erreichbaren Höhe erschien, so nun in der den Gesichtskreis mächtig erweiternden Großstadt die Würde eines Staatsbeamten. Mit der ganzen Zähigkeit eines durch Not und Harm schon in halber Kindheit »alt« Gewordenen verbohrte sich der Siebzehnjährige in seinen neuen Entschluß – und wurde Beamter. Nach fast dreiundzwanzig Jahren, glaube ich, war das Ziel erreicht. Nun schien auch die Voraussetzung zu einem Gelübde erfüllt, das sich der arme Junge einst gelobt hatte, nämlich nicht eher in das liebe väterliche Dorf zurückzukehren, als bis er etwas geworden wäre.

Jetzt war das Ziel erreicht, allein aus dem Dorfe konnte sich niemand mehr des einstigen kleinen Knaben erinnern, und ihm selber war das Dorf fremd geworden.

Da er endlich als Sechsundfünfzigjähriger in den Ruhestand ging, hätte er doch diese Ruhe keinen Tag als »Nichtstuer« zu ertragen vermocht. Er kaufte in der Nähe des ober-österreichischen Marktfleckens Lambach ein Gut, bewirtschaftete es und kehrte so im Kreislauf eines langen, arbeitsreichen Lebens wieder zum Ursprung seiner Väter zurück.

In dieser Zeit bildeten sich mir wohl die ersten Ideale. Das viele Herumtollen im Freien, der weite Weg zur Schule, sowie ein besonders die Mutter manchmal mit bitterer Sorge erfüllender Umgang mit äußerst robusten Jungen, ließ mich zu allem anderen eher werden als zu einem Stubenhocker. Wenn ich mir also auch damals kaum ernstliche Gedanken über meinen einstigen Lebensberuf machte, so lag doch von vornherein meine Sympathie auf keinen Fall in der Linie des Lebenslaufes meines Vaters. Ich glaube, daß schon damals mein rednerisches Talent sich in Form mehr oder minder eindringlicher Auseinandersetzungen mit meinen Kameraden schulte. Ich war ein kleiner Rädelsführer geworden, der in der Schule leicht und damals auch sehr gut lernte, sonst aber ziemlich schwierig zu behandeln war. Da ich in meiner freien Zeit im Chorherrenstift zu Lambach Gesangsunterricht erhielt, hatte ich beste Gelegenheit, mich oft und oft am feierlichen Prunke der äußerst glanzvollen kirchlichen Feste zu berauschen. Was war natürlicher, als daß, genau so wie einst dem Vater der kleine Herr Dorfpfarrer nun mir der Herr Abt als höchst erstrebenswertes Ideal erschien. Wenigstens zeitweise war dies der Fall. Nachdem aber der Herr Vater bei seinem streitsüchtigen Jungen die rednerischen Talente aus begreiflichen Gründen nicht so zu schätzen vermochte, um aus ihnen etwas günstige Schlüsse für die Zukunft seines Sprößlings zu ziehen, konnte er natürlich auch ein Verständnis für solche Jugendgedanken nicht gewinnen. Besorgt beobachtete er wohl diesen Zwiespalt der Natur. Tatsächlich verlor sich denn auch die zeitweilige Sehnsucht nach diesem Berufe sehr bald, um nun meinem Temperamente besser entsprechenden Hoffnungen Platz zu machen.[23]

Nach Alan Bullock, der aufgrund umfangreicher Untersuchungen Hitlers Biografie geschrieben hat,[24] war der mutmaßliche Großvater des späteren »Führers«, Johann Georg Hiedler, ein österreichischer Vagant, der 1842 die Bauerntochter Maria Anna Schicklgruber aus dem Dorf Strones heiratete. Bereits 1837 hatte sie einen unehelichen Sohn geboren (Alois), von dem freilich nicht feststeht, wer sein Vater war. Er wuchs auch nach der Heirat unter dem Namen seiner Mutter auf – und zwar im Hause Johann Nepomuk Hiedlers, Bruder des Johann Georg, der in Spital wohnte. 1877 bekam Alois Schicklgruber aufgrund der Bemühungen seines mutmaßlichen Onkels den Namen Hitler. Alois Hitler, der mit 13 Jahren das Haus seines Pflegevaters verlassen hatte, trat nach einer Schuhmacherlehre mit 18 Jahren in den Zollwachtdienst ein, 1895 ließ er sich pensionieren. – Dieser Alois Hitler hatte 1864 Anna Glasl geheiratet. Die Ehe war unglücklich und kinderlos, früh erfolgte die Trennung. Nach dem Tod der Frau schloss Hitler eine zweite Ehe mit der jungen Franziska Matzelsberger, die ihm schon vor der Heirat zwei Kinder geboren hatte und an Tuberkulose starb. Hitler heiratete ein halbes Jahr später zum dritten Mal: Klara Pölzl war 23 Jahre jünger und zudem mit Hitler direkt verwandt, sodass ein kirchlicher Dispens beschafft werden musste. Adolf war das dritte Kind dieser Ehe. Von den vier Geschwistern starben drei im Kindesalter.

Warum wuchs Alois Schicklgruber im Haus von Johann Nepomuk Hiedlers auf? »War dieser vielleicht selbst, wie manche Historiker vermuten, der Vater? Dafür könnte sprechen, dass die Initiative zur Namensänderung offenbar von Nepomuk und nicht von Alois selbst ausgegangen war. Aber warum hat er sich dann nicht als leiblicher Vater bekannt, sondern seinen Bruder, der schon lange tot war, vorgeschoben? Wollte er einen geheimen Familienskandal vertuschen? Oder ging es ihm darum, seinen Ziehsohn, auf dessen Aufstieg er stolz war, vom Makel der unehelichen Geburt zu befreien? Dagegen spricht allerdings der späte Zeitpunkt der Legalisierung, denn in all den Jahren zuvor hatte dieser Makel den beruflichen Erfolg von Alois Schicklgruber nicht behindert. Manches deutet darauf hin, dass der geschäftstüchtige Landwirt sein Erbe vor dem Zugriff des Fiskus bewahren wollte. Denn als amtlich anerkanntes Geschwisterkind musste Alois, der Haupterbe des Vermögens, eine niedrigere Erbschaftssteuer entrichten, als er es im anderen Falle hätte tun müssen.

Wie auch immer: Fest steht, dass die Identität von Adolf Hitlers Großvater väterlicherseits unsicher ist. Es entbehrt nicht der Ironie, dass der spätere Diktator, der jedem Deutschen einen Nachweis über seine ›arische Abstammung‹ abverlangte, strenggenommen diesen Nachweis selbst nicht erbringen konnte, auch wenn die offizielle Ahnentafel des ›Führers‹ einen gegenteiligen Eindruck zu erwecken suchte. Es müsse ›sonderbar berühren‹, schrieb der ›Bayerische Kurier‹ am 12. März 1932, einen Tag vor dem ersten Wahlgang zur Reichspräsidentenwahl, in der Hitler gegen Hindenburg antrat, dass ›der gesprächige Adolf Hitler über seine Ahnenreihe und über das Alter seines Familiennamens so schweigsam sich zeigt‹. Kurz zuvor hatte die ›Wiener Sonn- und Montagszeitung‹ in sensationeller Aufmachung enthüllt, dass Hitlers Vater eigentlich ›Schücklgruber‹ [sic!] geheißen habe und die Namensänderung wegen der Erbschaft erfolgt sei.

Gerüchte über eine mögliche jüdische Abstammung Hitlers haben sich nicht bestätigt. Sie machten bereits seit den zwanziger Jahren die Runde, und sie erhielten später scheinbar eine Beglaubigung aus zuverlässiger Quelle: In seinen vor der Hinrichtung in Nürnberg 1946 geschriebenen Erinnerungen behauptete Hans Frank, Hitlers Generalgouverneur im besetzten Polen, der Vater des Diktators sei vom jüdischen Kaufmann Frankenberger in Graz gezeugt worden, in dessen Haushalt Maria Anna Schicklgruber gearbeitet habe. Eingehende Nachforschungen haben freilich ergeben, dass eine jüdische Familie Frankenberger zum damaligen Zeitpunkt weder in Graz noch in der gesamten Steiermark gelebt hatte. Belege dafür, dass Hitler Spekulationen über den angeblichen jüdischen Großvater ernst genommen oder sie gar als bedrohlich empfunden habe, existieren nicht.

Man könnte also die Namensmanipulation von 1876 als eine bizarre Episode auf sich beruhen lassen, wenn sie sich nicht doch für die spätere Karriere Hitlers als folgenreich erwiesen hätte. ›Keine Maßnahme seines ›alten Herrn‹ befriedigte ihn so vollkommen wie diese‹, erinnerte sich Hitlers Jugendfreund August Kubizek, denn ›Schicklgruber‹ erschien ihm so derb, zu bäurisch und außerdem zu umständlich, unpraktisch. ›Hiedler‹ war ihm zu langweilig, zu weich. Aber ›Hitler‹ hörte sich gut an und ließ sich leicht einprägen. In der Tat kann man bezweifeln, ob ein Mann mit dem Namen Schicklgruber sich den Deutschen als politischer Messias hätte empfehlen können. Der Gruß ›Heil Schicklgruber‹ jedenfalls hätte wohl nur erheiterte Reaktionen hervorgerufen.«[25]

In der Tat war »Hitler« besser geeignet – und damit werden die nachfolgenden Ausführungen dieses Buchs zusammengefasst –, als Name und Person den Inbegriff des deutschen Kleinbürgers zu verkörpern – einen Spießer par excellence, der, die Mentaltiät seines Volkes in sich tragend, zum Amokläufer (mit blindwütigem Hass) wurde.

In Hinblick auf sein typisches Deutschtum liegt es nahe, die eigenwillige Formulierung des Aufsatzes »Bruder Hitler« von Thomas Mann zu reflektieren.[26] Trotz der bei diesem Dichter und Essayisten seltenen, aber bei diesem Beitrag anzutreffenden ziemlich fahrigen, wenig stringenten, ja konfusen Argumentation, die auch für den Titel zunächst zuzutreffen scheint, dürfte die Platzierung eines Unholds (»dieser Bursch ist eine Katastrophe«) in verwandtschaftliche Nähe (Bruder) ein kollektives psychohistorisches Faktum aussprechen, das zum deutsches Schicksal geworden ist: Nämlich die erschütternde Tatsache, dass der aller Aufklärung und der aus dieser entstammenden Humanität hohnsprechende Terrorist – ein Massenmörder, der Millionen Menschen auf dem Gewissen hat (eben ein Amokläufer) – in inniger deutscher Familiennähe zu sehen ist. »Ein Bruder ... Ein etwas unangenehmer und beschämender Bruder; er geht einem auf die Nerven, es ist eine reichlich peinliche Verwandtschaft. Ich will trotzdem die Augen nicht davor schließen, denn: besser, aufrichtiger, heiterer und produktiver als der Haß ist das Sich-wieder-Erkennen, die Bereitschaft zur Selbstvereinigung mit dem Hassenswerten, möge sie auch die moralische Gefahr mit sich bringen, das Neinsagen zu verlernen.« – Als Thomas Mann dies 1939 schrieb, konnte man die familiäre identifikatorische Gemeinschaft von Volk und »Führer«, Gesellschaft und Regime vielleicht noch »unangenehm« nennen. Die gewaltige Last der Schuld wurde dann im Krieg mit der Massenvernichtung der Juden und anderer unsäglicher Verbrechen erst voll manifest. Deutschland war Kain und Abel zugleich: Brudermord als gewaltiger Suizid. »Bruder Hitler« war der ungeheuer-ungeheuerliche Vollstrecker des deutschen apokalyptischen Schicksals, der Untergang jeder Moral, Sittlichkeit und Humanität.

[7] Zitiert nach: Wucher, Albert: Theodor Mommsen. Geschichtsschreibung und Politik, Göttingen/Berlin/Frankfurt am Main o.J.

Vgl. dazu auch Lasky, Melvin J.: Warum schrieb Mommsen nicht weiter? In: Der Monat, Heft 19/1950, S. 63ff.

[8] MK, S. 4f., 245f.

[9] Freud, Sigmund: Notiz über den Wunderblock, in: Alexander Mitscherlich/Angela Richards/James Strachey (Hg.): Sigmund Freud Studienausgabe. Psychologie des Unbewussten, Band 3, Frankfurt am Main 1975, S. 365ff.

[10] Nietzsche, Friedrich: Die Gefährdung der deutschen Kultur. Unzeitgemäße Betrachtungen, in: Karl Schlechta (Hg.): Friedrich Nietzsche. Werke in 3 Bänden, Band 1, München 1954, S. 137ff.

[11] Vgl. Glaser, Hermann (Hg.): Soviel Anfang war nie. Deutscher Geist im 19. Jahrhundert. Ein Lesebuch, München 1981.

[12] Marcuse, Herbert: Über den affirmativen Charakter der Kultur, in: Kultur und Gesellschaft I, Frankfurt am Main 1965, S. 63, 66. Anmerkung: Zugunsten einer besseren Lesbarkeit werden im Texte hintereinandergefügte Zitate eines Autors nicht jedes Mal gesondert mit einer Fußnote ausgewiesen, sondern immer am Ende einer solchen Zitatabfolge.

Vgl. auch Winkler, Heinrich August: Auf ewig in Hitlers Schatten, München 2007. Im Mittelpunkt der »Grundfragen der deutschen Geschichte«: Preußen, die sperrige Revolution von 1848 – Das Erbe Bismarcks – Die gescheiterte Revolution von 1918 – Die abwendbare Katastrophe der Machtergreifung.

[13] MK, S. 451ff.

[14] Beutler, Rudolf (Hg.): Das Wort der Antike, Band 2, München 1951, S. 104, 114.

[15] Vgl. Rede 1. Mai 1933; Domarus, Max, a.a.O., S. 259.

[16] Dazu Stein, Gerd: Philister – Kleinbürger – Spießer. Normalität und Selbstbehauptung. Kulturfiguren und Sozialcharaktere des 19. und 20. Jahrhunderts, Frankfurt am Main 1985.

Marcus, Hermann: Der Spießerstaat, Hamburg 1977.

Müller-Meiningen, Ernst jr.: Orden, Spießer, Pfeffersäcke. Ein liberaler Streiter erinnert sich, Zürich 1989.

Amery, Carl (Hg.): Die Provinz. Kritik einer Lebensform, München 1964.

Benjamin, Walter: Erfahrung [über den Philister], in ders.: Gesammelte Schriften, Band 2, Frankfurt am Main 1972, S. 54f.

Arendt, Dieter: Das Philistertum des 19. Jahrhunderts, in: Monat, Heft 248/1969, S. 33ff.

Berend, Alice: Die gute alte Zeit. Bürger und Spießbürger um 19. Jahrhundert, Hamburg 1962.

Beyerlein, Franz Adam: Der Philister, Leipzig-Gaschwitz 1920.

Braatz, Thea: Das Kleinbürgertum in München und seine Öffentlichkeit von 1830–1870. Ein Beitrag zur Mentalitätsforschung, München 1977.

Schilling, Heinz: Kleinbürger. Mentalität und Lebensstil, Frankfurt am Main 2003.

Broch, Hermann: Philistrosität, Realismus, Idealismus der Kunst, in: Der Brenner. Halbmonatsschrift für Kunst und Kultur. Heft 9/1913, S. 399ff.

Harprecht, Klaus: Spießer, Antispießer, Philister und Antiphilister, in: Monat, Heft 248/1969, S. 28f.

Heisig, Karl: Deutscher Philister = Spießbürger, in: Zeitschrift für deutsche Philologie, Band 83/1964, Heft 3, S. 345ff.

Horváth, Ödön von: Der ewige Spießer. Erbaulicher Roman in drei Teilen (1930), Frankfurt am Main 1970.

Meyrink, Gustav: Des deutschen Spießers Wunderhorn, München 1913.

Saß, Friedrich: Naturgeschichte des deutschen Philisters, in: Die Aktion, 2. Jg. 1912, S. 67ff.

Siefken, Hinrich: Heinrich Manns »Der Untertan« und Hermann Brochs »Die Schuldlosen«. Zu Satire und Analyse des »Spießers« als »Untertan«, in: Zeitschrift für Philologie, Nr. 93/1974, Heft 2, S. 186ff.

[17] Vgl. Schoeller, Wilfried F.: Heinrich Manns Roman »Der Untertan«, in: Kindlers Literatur-Lexikon, Band 7, Zürich 1965, S. 191.

Mann, Heinrich: Der Untertan. München 1964, S. 5ff.

[18] MK, S. 1f.

[19] Vgl. auch Scholdt, Günter: Autoren über Hitler, Bonn 1993.

[20] Goethe, Johann Wolfgang: Hermann und Dorothea. Elegie, in: Goethes »Hermann und Dorothea«. Mit ausführlichen Erläuterungen für den Schulgebrauch und das Privatstudium von Schulrat Dr. A. Funke, Paderborn 1907, S. 7, 15. Im Kontext der in diesem Kapitel angesprochenen bildungsbürgerlichen Rezeption von Goethes Werk kann die Schulausgabe von A. Funke exemplarisch die Ideologisierung des deutschen Geistes (der deutschen Klassik) belegen; nach ihr wird im Folgenden zitiert.

[21] Düntzer, Heinrich: Erläuterungen zu den deutschen Klassikern. Hermann und Dorothea, Jena 1855, S. 131, 25, 33, 37, 41, 56, 70, 103, 131.

[22] Funke, A., a.a.O., S. 137.

[23] Für Alice Miller (Miller, Alice: Die Kindheit Adolf Hitlers. Vom verborgenen zum manifesten Grauen, in: »Am Anfang war Erziehung«, Frankfurt am Main 1983, S. 169ff.) ist Hitler nicht nur ein »bestialischer« (sic!) Täter, sondern auch Opfer der Fehlerziehung, wie sie die in seiner Familie besonders ausgeprägte »schwarze Pädagogik« bewirkte. Er war einem Vater ausgeliefert (Alois), der die Frustrationen seiner eigenen Jugend (Schmach der Armut, uneheliche Geburt, Gerücht eines jüdischen Vaters, Trennung von der leiblichen Mutter), »die blinde Wut über die Erniedrigungen seiner Kindheit immer wieder in seinen Sohn hineingeschlagen hat«. Was hat dieses Kind empfunden, »was hat es in sich gespeichert, als es von klein auf täglich von seinem Vater geschlagen und erniedrigt wurde?« Die Antwort gab Adolf Hitler später, als er sein Bild der neuen Jugend beschwor: »Es darf nichts Schwaches, Zärtliches an ihr sein. Das freie herrliche Raubtier muß erst wieder aus ihren Augen blitzen.« Eine »verbogene Seele« entwickelte kompensatorisch einen lebenslangen, unerbittlichen Hass auf Schwache, zu denen sie selbst gehört hatte. Nur die »Aktion Vatermord« hätte Befreiung aus versklavender Tyrannei bringen können – lediglich wenige wagten sie.

[24] Vgl. Bullock, Alan: Hitler. Eine Studie über Tyrannei, Düsseldorf 1959.

[25] Ullrich, Volker: Adolf Hitler. Biographie, Band 1, Frankfurt am Main 2013, S. 24f.

[26] Thomas Mann: Bruder Hitler, in: An die gesittete Welt. Politische Schriften und Reden im Exil, Frankfurt am Main 1986.

II Seelenbild des Mädels

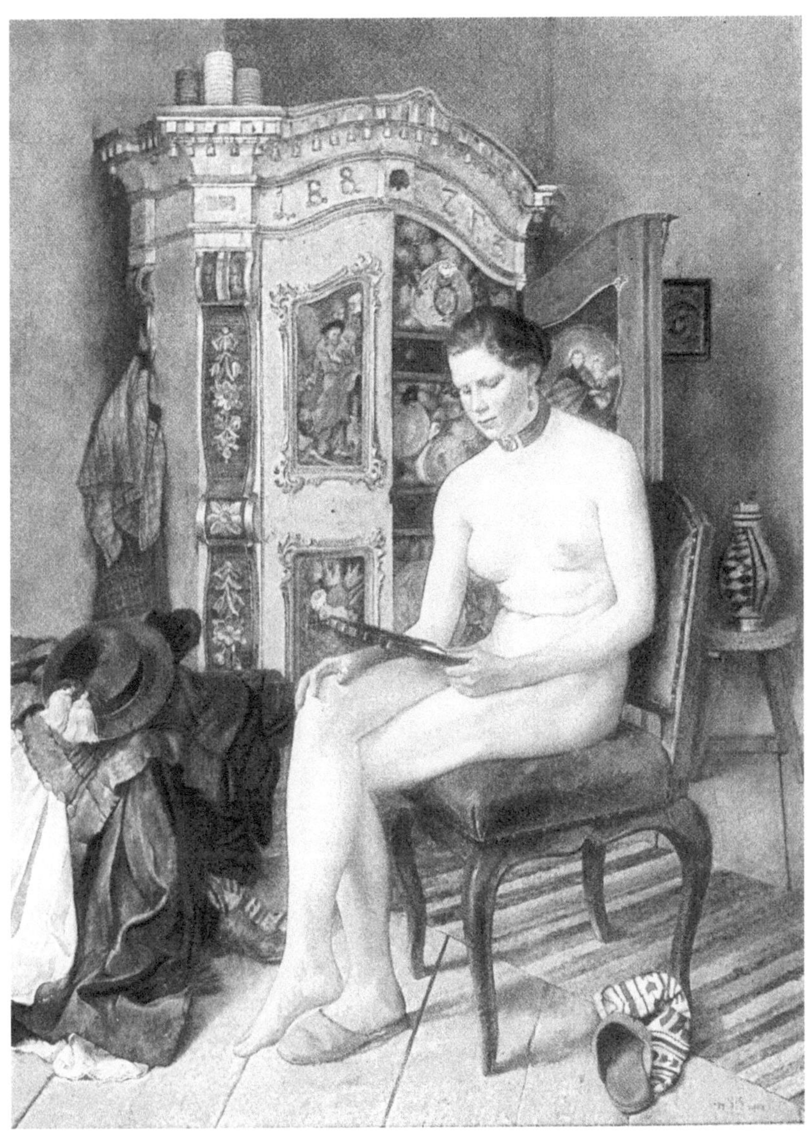

Der dem Volk suggerierte Status des Junggesellen Hitler machte deutlich – wie beim katholischen Priester –, dass das Wesen des »Führers« nur vom Wohl des Volkes bestimmt war und jede Liebesstrebung allein diesem Volk galt. Aber die Wirklichkeit sah anders aus: Nicht nur, weil er ein »süßes Mädel« (Eva Braun) zur Geliebten hatte,[27] die er auf dem Obersalzberg in Verborgenheit hielt, sondern weil sein Frauenbild ganz vom »Mädel«, wie es seit Beginn des 19. Jahrhunderts zur deutschen Sexualikonografie gehörte, bestimmt war:

Die Ehe kann nicht Selbstzweck sein, sondern muss dem einen großen Ziel, der Vermehrung und Erhaltung der Art und Rasse dienen. Nur das ist ihr Sinn und ihre Aufgabe. Unter diesen Voraussetzungen aber kann ihre Richtigkeit nur an der Art gemessen werden, in der sie diese Aufgabe erfüllt. Daher schon ist die frühe Heirat richtig, gibt sie doch der jungen Ehe noch jene Kraft, aus der allein ein gesunder und widerstandsfähiger Nachwuchs zu kommen vermag. Freilich ist zu ihrer Ermöglichung eine ganze Reihe von sozialen Voraussetzungen nötig, ohne die an eine frühe Verehelichung gar nicht zu denken ist. ...
Es gibt nur ein heiligstes Menschenrecht, und dieses Recht ist zugleich die heiligste Verpflichtung, nämlich: zu sorgen, daß das Blut rein erhalten bleibt, um durch die Bewahrung des besten Menschentums die Möglichkeit einer edleren Entwicklung dieser Wesen zu geben. Ein völkischer Staat wird damit in erster Linie die Ehe aus dem Niveau einer dauernden Rassenschande herauszuheben haben, um ihr die Weihe jener Institution zu geben, die berufen ist, Ebenbilder des Herrn zu zeugen und nicht Mißgeburten zwischen Mensch und Affe ...

Die Psyche der breiten Masse ist nicht empfänglich für alles Halbe und Schwache.

Gleich dem Weibe, dessen seelisches Empfinden weniger durch Gründe abstrakter Vernunft bestimmt wird als durch solche einer undefinierbaren, gefühlsmäßigen Sehnsucht nach ergänzender Kraft, und das sich deshalb lieber dem Starken beugt als den Schwächling beherrscht, liebt auch die Masse mehr den Herrscher als den Bittenden und fühlt sich im inneren mehr befriedigt durch eine Lehre, die keine andere neben sich duldet, als durch die Genehmigung liberaler Freiheit.[28]

Das in verschiedenen Zusammenhängen in Erscheinung tretende Frauenbild des Kleinbürgers Hitler ist, typisch geprägt durch die seit der Spätromantik ideologisch »eingeschliffene« Vorstellung vom »Mädel«, das dem Manne liebevoll unterwürfig zu sein hat. (BDM = »Bund deutscher Mädel« hieß dann auch die NS-Organisation für die weibliche Jugend.) Das Mädel, so Hitler, will einen Ritter kennenlernen, es ziehe den Soldaten stets dem Nichtsoldaten vor. Das Mädchen ist in Gefahr, vom Juden verführt zu werden.

Würde nicht die körperliche Schönheit heute völlig in den Hintergrund gedrängt durch unser laffiges Modewesen, wäre die Verführung von Hunderttausenden von Mädchen durch krummbeinige, widerwärtige Judenbankerte gar nicht möglich. Auch dies ist im Interesse der Nation, daß sich die schönsten Körper finden und so mithelfen, dem Volkstum neue Schönheit zu schenken.[29]

Die tief greifenden Ansätze zur Emanzipation der Frau im Gefolge der Aufklärung werden vom Spießbürgertum rückgängig gemacht. Das Rokoko wird von ihm reanimiert. Da war das Mädel zwar keck, burschikos, ziemlich freizügig, aber auch rührend naiv, verängstigt, bekümmert und somit gut zu »gebrauchen«. Der Reiz des sexuellen Abenteuers wurde dadurch erhöht: die Verführung der Unschuld galt als erotische Pikanterie. Die gesellschaftlich engagierten Dichter des Sturm und Drang haben dann mit ihren Werken – getragen von humanitärem Interesse – das Mädel aus seiner geistig verkümmerten, verdumpft häuslichen Welt in den Raum der Bildung und geistigen Mündigkeit überführen wollen; viele Dramen sind Versuche, die Möglichkeiten einer sozialen Emanzipation beziehungsweise die Gründe für den Mangel an Emanzipation aufzuzeigen. Die Romantik und Klassik sind auf diesem Wege fortgeschritten und haben in Dichtung und Wirklichkeit die geistig souveräne Frauengestalt zum Ideal erhoben. Helena und Iphigenie sind Gipfelpunkte solcher Entwicklung. Im deutschen Bewusstsein verblieb jedoch das Bild des Gretchens. Goethe war zu der Naivität eines solchen Wesens durchaus hingezogen, zugleich aber war diese Gestalt ein Protest gegen die geistige Verkümmerung der Frau, die – in Unbildung und »sauberer Häuslichkeit« festgehalten – zum leicht verführbaren Objekt gewissenloser Kavaliere wurde. Der Prototyp des Mädels im 19. Jahrhundert ist das »saubere Mädel« (Gretchen) in einem »sauberen Stübchen« mit einem »schneeweißen Bettchen«, vor dem Faust »heiliger Wonnegraus« erfasst. »Gretchens Seele«, meinte Heinrich Düntzer, »erschließt sich dem geliebten Manne in aller Herzensgüte, Reinheit und Unschuld, ihre Liebe ist gleichsam der Duft aller ihrer Tugenden.«[30] Sie war nun nicht mehr Objekt des Mitleids, aus dem sich die Impulse für eine gesellschaftliche Umwandlung hätten ergeben können, sondern Objekt »reiner Verehrung«: ein Jahrhundert der sorgsamen Gattinnen, treuen Mütter, frommen und keuschen Töchter (wie sie zum Grundsatzprogramm der meisten Zeitschriften gehörten) brach an, ein Jahrhundert der Keuschheitsideologie, die nicht die Reinheit als solche hoch schätzte, sondern die Reinheit des »Mädels«, die der Mann »genoss«. Dementsprechend war die Ehe Patriarchat: Gretchen nun unter der Haube. Über Dichtungen, in denen die Ebenbürtigkeit der Frau, der Partnerschaftsgedanke, das geistige Miteinander oder auch Gegeneinander (auf gleicher Ebene) dargestellt wurden, ging man hinweg; die »Wahlverwandtschaften«, der »Wilhelm Meister« oder die »Iphigenie« konnten so nie zu Hausbüchern der deutschen Seele werden. Dort, wo die Dinge nicht so ganz »eindeutig« lagen, bemühte man sich eifrig um Uminterpretation: besonders die »Glocke« hat dieses Schicksal erlitten und eben »Hermann und Dorothea«.

In »Hermann und Dorothea« verehrte man die streng patriarchalische Ordnung des Hauswesens. Kummer bereitete die Tatsache, dass Dorothea schon einmal verlobt gewesen war – also nicht mehr das naiv süße »Mädel« sein konnte, das man sich als Frau eines deutschen Hermann wünschte. Immerhin ist sie »sauber« gekleidet. »Aber ich geb euch noch die Zeichen der reinlichen Kleider:/Denn der rote Latz erhebt den gewölbeten Busen,/Schön geschnürt, und es liegt das schwarze Mieder ihr knapp an;/Sauber hat sie den Saum des Hemdes zur Krause gefaltet,/Die ihr das Kinn umgibt, das runde, mit reinlicher Anmut;/Frei und heiter zeigt sich des Kopfes zierliches Eirund;/Stark sind vielmal die Zöpfe um silberne Nadeln gewickelt;/Vielgefaltet und blau fängt unter dem Latze der Rock an/Und umschlägt ihr im Gehn die wohlgebildeten Knöchel.«[31] – Auch sprach Dorothea die der herrschenden Gesellschaftsform angemessenen Sätze vom Dienen als Aufgabe des Weibes. In »Hermann und Dorothea« fanden sich jedoch an entscheidender Stelle Gedanken, die der »Mädel-Ideologie« zutiefst entgegengesetzt waren; sie wurden freilich selten erkannt; man versuchte sie dem Mädel-Keuschheitsideal zu subsumieren, obwohl aus ihnen die gegenseitige Achtung sprach: die Würde der Frau und die Würde des Mannes. Als im Mondlicht auf dem Heimweg Dorothea »unkundig des Steigs und der roheren Stufen« zu fallen droht, streckt gewandt der »sinnige Jüngling« den Arm aus: »Hielt empor die Geliebte; sie sank ihm leis auf die Schulter,/Brust war gesenkt an Brust und Wang' an Wange. So stand er,/Starr wie ein Marmorbild, vom ernsten Willen gebändigt,/Drückte nicht fester sie an, er stemmte sich gegen die Schwere./Und so fühlt' er die herrliche Last, die Wärme des Herzens/Und den Balsam des Atems, an seinen Lippen verhauchet,/Trug mit Mannesgefühl die Heldengröße des Weibes.«[32]

Die Mädelgenerationen fielen in die nervigen, festen Arme ihrer Geliebten, die sie an die breite, hochgewölbte Brust ihrer kräftigen Mannesgestalt »unbändig« drückten. Als holdselige Geschöpfe, deren Reize man mit glühenden Blicken verschlang, als Mädel mit dem Liliensammet der Wangen, den Schwanenhänden, dem Lilienbusen, dem lockigen Haar mit den flatternden Bändern, der freudetrunkenen Seele mit dem Gott der Träume darinnen, waren sie in stummem Entzücken ihm ganz hingegeben.

Das Mädchen- und Frauenbild des Biedermeier[33] stand bereits an der Grenze zwischen verinnerlichter Idyllik wie Wahrhaftigkeit und kitschiger Süße und betulicher Verstiegenheit. »Edles, deutsches, frommes Gesicht, tiefblaue Augen mit unbeschreiblichem Liebreiz der Brauen, besonders aber ist die Stirne kindlich frommgütig und doch so geistig« – so beschreibt Nikolaus Lenau sein Idol. Heinrich Heine charakterisierte den biedermeierlichen Frauentyp mit den Worten: »Du bist wie eine Blume/so hold und schön und rein.« Die Werbung traf das Mädchen beschämt und verschämt an. »Ich habe eine innige Sehnsucht, es immer wieder von Dir zu hören, daß Du mich liebst – liebst im ganzen Umfange des Wortes –, denn ich kann es immer noch nicht fassen, Du Herrlicher und ich Armselige«, schrieb die Braut Friedrich Schleiermachers an den Verlobten. Nachtigallen singen, Rosen springen auf – in »Hall und Widerhall« – wenn die Liebe das Mädel ergreift: »Sie war dich sonst ein wildes Blut;/nun geht sie tief in Sinnen,/trägt in der Hand den Sommerhut/und duldet still der Sonne Glut/und weiß nicht, was beginnen.« (Theodor Storm)

Bei der Eheschließung wanden die Freundinnen der Braut den »Jungfernkranz« und ein Stück Leben ging zu Ende, ein neues, das wichtigste, begann. All das war nicht ohne Poesie, oft Zeugnis unverfälschter romantischer Verklärung. Die Ehen waren glücklich oder nicht glücklich, je nachdem, ob die gefühlsinnigen Worte wahre Gefühle wiedergaben oder nur die Metaphern des Briefstellers und ob sie nach der Heirat noch beachtet wurden. Die Realität (die gerade Schiller in seiner »Glocke« ansprach) blieb in dieser Vorstellungswelt ausgeklammert. Als dann die Wirklichkeit des Lebens begann, zeigten diese sphärischen Naturen oft viel Tapferkeit.

Das politische Verhängnis setzte ein, als die wirklichkeitsfremde Idealisierung der Frau als Fassade beibehalten, dem nationalen Leitbildkatalog eingefügt wurde und der Mädelkult schließlich politische Brutalität mit abdecken half. Zwar hatte schon zu allen Zeiten eine unausgegorene, nicht oder noch nicht bewältigte Pubertät die Dichter und Sänger ästhetisch unerträgliche Liebeslieder leiern lassen. Politisch gefährlich wurde dieser schlechte Geschmack, als er das Bild der deutschen Frau nach seinen Vorstellungen prägen wollte. Die literarischen Jugendsünden Goethes mit seinem Mädelgeflüster waren etwas anderes als die Lieder Theodor Körners.

Wenn dieser seine »süße Braut« andichtete, so war dies – zumindest nach dem Urteil seiner späteren Interpreten – der Gesang eines vaterländischen Helden und Götterjünglings an sein deutsches Mädel. Wenn Adelbert von Chamisso das poetische Liebesleben des Mädel ausbreitete – »Ich werd ihm dienen, ihm leben/ihm angehören ganz,/hin selber mich geben und finden/verklärt mich in seinem Glanz;/du Ring an meinem Finger?/mein goldenes Ringelein,/ich drücke dich fromm an die Lippen,/dich fromm an das Herze mein« –, so war diese lyrische Emanation gewissermaßen ästhetische Privatsache. Als diese Strophen jedoch über die »Gartenlaube« ins gesamtdeutsche Gemüt eingingen, ließen sie das Herz des deutschen Mannes ideologisch höher schlagen. So denkt und fühlt ein deutsches Mädel, eine deutsche Frau – sagte sich der Untertan-Spießer und forderte bedingungslose Hingabe von seiner Anverlobten.

Die »Gartenlaube«[34] war überhaupt an der Entwürdigung und Verdummung der deutschen Frau maßgeblich beteiligt. Als Familienzeitschrift für das deutsche Haus und die deutsche Familie schob sie auf scheinbar unpolitische Weise (durch die Hintertür des Gemüts) Schritt um Schritt soziale und ethische Fehlvorstellungen ins deutsche Bewusstsein.

In der »Gartenlaube« und anderer Trivialliteratur verstärkte sich mit jedem Jahre der bereits zu Beginn des 19. Jahrhunderts erkennbare ästhetische Schmelz, mit dem Mädel und Frau glasiert wurden. Heiße süße Freude durchschauerte die Vogelherzchen, wenn man küsste und halste, wenn die Hände des Geliebten (immer noch keusch) dem Bau des Rückens, »der wunderbaren Linie von der Armhöhle über die sanftgeschwungene Hüfte« herunter folgten. Diese deutschen Mädel und Jünglinge schritten Hand in Hand durch Parkanlagen, saßen in Lauben, wandelten über Bergeshöhen. »Es winkte von spaltiger Felsenwand/ein Alpenröslein im Moose /ich habe es gepflückt/und damit geschmückt/die allerschönste Rose.« Dem holden Mädel, das vor kurzem noch ein Kind war, erging es wie der Knospe, von welcher der Dichter sang. Mit 18 Jahren steht es in seiner Maiden Maienblüte: »Die Welt steht in Blüten, der Himmel hängt voll von Rosenkränzen, alles, alles ringsumher im Festtagskleide – 18 Jahre! Wie die Augen neugierig sinnend zu fragen scheinen, was wohl das neue Lebensjahr bringen möge! O gewiß nur einen ganzen Berg voll lauter Schönem! Wie könnt' es anders sein. In einem jungen Mädchenherzen, wenn's richtig damit bestellt ist, ist's ja wie im Himmel, und die Engel musizieren eines auf mit Flöten und Schalmeien, daß es eitel Lust und Jubel ist, und aus den Augen guckt ein kleiner lustiger Kobold, und in den Grübchen der vollen roten Wangen, da huscht ein anderer neckischer Kobold aus und ein und spielt mit dem Kameraden, der oben hereinguckt, Versteck.«[35] Der Geliebte legt »seine Hände/betend auf das schöne Haupt« der Geliebten. Unzählige Mädchengebete und Liebesglückrhapsodien dieser Art wurden verbreitet; als nationales Sammelbecken solcher Triviallyrik erwies sich das deutsche Kommersbuch. »Mädel und Schätzel und dergleichen stand jetzt poesiefertigt dem allgemeinen Gebrauch zur Verfügung, und als Museion solchen Treibens darf man vielleicht die ›altdeutsche Bierstube‹ um 1900 ansprechen.«[36] Eine Freundin der Musik solle die Zukünftige sein, hieß es in den Klischee-Heiratsanzeigen, Sehnsucht nach Goethe und Schiller und Rückert empfinden, dem Schönen aufgetan sein, Bismarck verehren, aus ebenbürtiger Familie stammen, die entsprechenden »Sachen« besitzen, Hellblondine bevorzugt, in der Kochkunst perfekt, am Familienglück interessiert, zu legitimer Wollust verwertbar, deutsche Gesinnung. Die Literatur der Jahrhundertwende und der nachfolgenden Jahrzehnte hat die Fassadenwelt und Puppenwelt der Plüschära entlarvt. Sigmund Freuds Schriften zeigen die Anatomie dieser Gesellschaft mit ihren verborgenen Trieben und gekappten Lüsten. Die Kruste der Zivilisation hielt der verdrängten Triebgewalt, die keine Sublimierung erfuhr, kaum mehr stand. Dort, wo sie durchbrach, maskierte sie sich jedoch sofort wieder. Die Romantik des »süßen Mädel« war teilweise zu »eng«, um den »großen Lebensrausch«, die »große Begierde« einfangen zu können. Die Sinnenglut auf Plüsch fand Ventile im Ästhetizismus, im Exotismus, im Kult des Übermenschen. Parnass wie Montmartre, der Spießer kokettiert mit der Halb- und Lebewelt, Pläsier im Schein roter Laternen. Aber danach zieht es ihn wieder ins »Allerheiligste«, ins eheliche Schlafzimmer, zum Eheglück zurück. Der Venus von Milo im Butzenscheibenschimmer (Kopien der Statue waren ein beliebtes Repräsentationsstück der bürgerlichen Wohnungseinrichtung) entsprach im literar-soziologisch maßgebenden Schrifttum und in der »offiziellen« bildenden Kunst ein eigentümlich vertrackter Stil: eine Mischung von kleinbürgerlicher Muffigkeit und renaissancehaftem Schönheitsrausch – Gretchen und Lucrezia Borgia, Scheffel und Boccaccio zusammengemischt. »Das Weib«, so philosophierte Richard Wagner, »bekommt volle Individualität erst im Moment der Hingebung; es ist das Wellenmädchen, das seelenlos durch die Wogen seines Elementes dahinrauscht, bis es durch die Liebe eines Mannes erst die Seele empfängt«.[37] Hinter dem Tristanwahn verbarg sich rohe Sexualität, so wie in Wagners Biografie Seelenharmonie zum Alibi für Ehebruch wurde. Was für Wagner der Mythus germanischer Gottheiten, war für Wilhelm Bölsche die Mystik der Zelle. Wie jener die ekstatischen Paarungen seiner Götter und Helden bedichtet, so dieser das Liebesspiel der Ichthyosaurier, die Liebe der Mammute, die Urgeschichte des Wurms, die Liebesphilosophie des Bandwurms, den Tristanrausch der Insekten. Das sprudelt, orgelt und »orgastelt« dahin – man weiß nicht, handelt es sich beim »Opfertod einer Mutter« um eine völkische Heldin oder einen Einzeller, beim »neuen Lied« um das Ineinanderwallen rassegleicher Menschen oder um das Liebesmärchen der Bienen (nicht des Kopfbandwurms, denn diesem »ist die hohe Liebe verschlossen, ohne du und du«).[38]

Wie in einem Brennspiegel – und das beweist in ganz besonderem Maße die Fähigkeit deutscher belletristischer Literatur, faschistische beziehungsweise faschistoide Strömungen in Form narrativer Werke aufzuzeigen – vereinigt Ödön von Horváths Drama »Geschichten aus dem Wiener Wald« die Verhaltensweisen der patriarchalischen Geschlechterverhältnisse, wie sie sich im 19. Jahrhundert herausgebildet hatten, mit den daraus sich entwickelnden autoritären, vom herrischen Mann dominierten sexuellen Beziehungsstrukturen, die dann die nationalsozialistischen Gesellschaftsstrukturen bestimmten. Es ist ein Werk tief greifender historischer, sozialpathologischer Analyse und Antizipation des totalitären bürgerlichen Pandämonismus.[39]

»Dann komm«, sagt Oskar am Ende des Dramas. »Er stützt sie, gibt ihr einen Kuß auf den Mund und langsam ab mit ihr und in der Luft ist ein Klingen und Singen, als spielte ein himmlisches Streichorchester die ›Geschichten aus dem Wiener Wald‹ von Johann

Strauß.« Sicherlich einer der deprimierendsten Dramenabschlüsse der Weltliteratur; ein Mädel wird lebendigen Leibes eingesargt im trauten Heim. Der zukünftige Paterfamilias nimmt die Verlobte in seine Arme; er stützt sie, bald wird er sie mit Liebesbanden fesseln; da gibt es kein Entrinnen mehr. Der Kuss auf den Mund – Beginn von Vergewaltigung. Ab mit ihr – hinab in den Orkus der Geborgenheit. Der zukünftige Gebieter wird dafür sorgen, dass das Mädel nicht mehr auf- beziehungsweise hochkommt. Das » Klingen und Singen« in der Luft intoniert, was – so kann man vermuten – das sentimental-erotische Bild über den breiten Ehebetten mit den dicken Zudecken und den Paradekissen im zukünftigen »Allerheiligsten«, dem Schlafzimmer, visualisiert: ein Panorama des Höheren, das den männlichen Trieben, durch eheliche Pflichten sanktioniert, zur transzendierenden Weihe verhilft. Nun kann das Mädel ihrem Gemahl Kind um Kind gebären, bis sie, ausgelaugt und nicht einmal der Vorspiegelung von Sinnlichkeit mehr fähig, in ehelicher Gleichgültigkeit versinkt. Für ihn bleibt: der Seitensprung.

Marianne, denn so heißt das süße Mädel, das längst Frau ist: »Ich kann nicht mehr. Jetzt kann ich nicht mehr –.« Oskar: »Dann komm.« Die Eskapade mit dem leichtsinnigen Alfred ist zu Ende. Jungfräulich hätte Oskar sie gewollt; auf Zeit war sie ihm entkommen; nun nimmt er sie auch so noch. Ein höheres Geschick hat dafür gesorgt, dass die Störung der ursprünglichen Partnerbeziehung wieder rückgängig gemacht, Marianne zum » Ehemaligen«, nun ihr »Zukünftiger«, zurückgekehrt ist; ihr uneheliches Kind ist verstorben; die Großmutter hat sich als »Engelmacherin« betätigt.

Beinahe wäre die vorgegebene Ordnung auseinandergebrochen: Das Mädel, Tochter eines autoritären Vaters, der über sie wie über ein Stück Eigentum verfügen will, ist ausgebrochen; den Metzger Oskar mag sie nicht heiraten. Alfred, der windige Galan, bringt sie auf die schiefe Bahn, die in einem Bumskabarett bei Nacktszenen endet. »Die ›Träumerei‹ von Schumann erklingt und der Vorhang teilt sich [...] – eine Gruppe nackter Mädchen, die sich gegenseitig niedertreten, versucht einer goldenen Kugel nachzurennen, auf welcher das Glück auf einem Bein steht – das Glück ist ebenfalls unbekleidet und heißt Marianne.«

Wenn Emanzipation scheitert, ist die spießbürgerliche Theodizee wieder eingerenkt. Der Determinismus bourgeoiser Moral funktioniert, das Mädel muss dem Mann, der sie will, gehören, sie darf seiner Liebe nicht entgehen.

Die banalen Sprechtakte des Dramas sind Teile einer Partitur, die »Spießer-Ideologie« heißt. Im Überbau hochgemute Romantik, weiter drunten Triebdynamik; amalgamiert ist das Ganze durch Bewusstlosigkeit; Horváth spricht von Dummheit: die individual- wie sozialpsychologische Unfähigkeit, sich selbst erkennen, geschweige denn Gerichtstag über sich selbst halten zu können. »Wahrlich«, heißt es bei Nietzsche, »ihr könntet gar keine bessere Maske tragen, ihr Gegenwärtigen, als euer eigenes Gesicht ist! Wer könnte euch – erkennen! Vollgeschrieben mit den Zeichen der Vergangenheit, und auch diese Zeichen überpinselt mit neuen Zeichen: also habt ihr euch gut versteckt vor allen Zeichendeutern. Und wenn man auch Nierenprüfer ist: wer glaubt wohl noch, daß ihr Nieren habt? Aus Farben scheint ihr gebacken und aus geleimten Zetteln.«[40]

Das Personenarsenal der »Geschichten aus dem Wiener Wald« illustriert sozusagen die »Vorhölle« des »Reichs der niederen Dämonen«. Mit Ausnahme von Erich, dem Gast aus Deutschland, der eine eindeutige rassistische Einstellung hat und zackiges deutschnationales Preußentum verkörpert, ist die Unmenschlichkeit oder lädierte Menschlichkeit der Hauptakteure noch weitgehend auf den privaten Bereich beschränkt. Die Nationalsozialisten verstanden es, die Rieselfelder abgesunkenen Seelenlebens dem nationalen Aufbruch zu erschließen. »Der Polizeiagent, der Falschspieler, der Lügner, der Defraudant, der Hochstapler, der Geldschrankknacker, der schwere Junge, der Ordensschwindler, der Abenteurer, der Quacksalber, der Sektierer, der kitschige Gemütsathlet, der [Schmieren-] Schauspieler, der Schwätzer und Folterknecht, der Bauchaufschlitzer – das ist die Personage des Dritten Reiches.«[41]

Durchwoben ist Horváths Volksstück von Musik. Die das Drama eröffnende Szenenanweisung lautet: »In der Luft ist ein Klingen und Singen ... als verklänge irgendwo immer wieder der Walzer ›Geschichten aus dem Wiener Wald‹ von Johann Strauß. Und in der Nähe fließt die schöne blaue Donau.« Und die abschließende Szenenanweisung: »In der Luft ist ein Klingen und Singen, als spielte ein himmlisches Streichorchester die ›Geschichten aus dem Wiener

Wald‹ von Johann Strauß.« Aber nicht nur der Straußsche Walzer klingt durch das Stück. Ein Glockenspiel wird zum Klingelzeichen an der »Puppenklinik«, dem kleinen Spielwarengeschäft von Mariannes Vater, ein Reisegrammophon spielt im Wiener Wald Puccini, Marianne singt am Spinett, die Großmutter spielt die Zither, Valerie summt beim Schminken den Trauermarsch von Chopin, beim Heurigen hören wir Schrammelmusik, im Kabarett den Hoch und Deutschmeistermarsch und so weiter. »Aber auch die sogenannte ›gute Musik‹ von Strauß, Puccini, Chopin, Schumann bekommt hier Kitsch-Funktion durch den Gebrauch, der von ihr gemacht wird. Sie unterstreicht nur die der Person selbst nicht bewußte Verlogenheit in ihrem sentimentalen Gefühlsleben. Am deutlichsten wird diese negative Funktion der Musik in der Kabarettszene, in der die ›Träumerei‹ von Schumann zur Kulisse geschäftstüchtiger Grausamkeit·werden kann. Und selbstverständlich wird eben dort auch vom national und sexuell gefärbten Kitsch reichlich Gebrauch gemacht. Was die Musik an heiler, ›gemütlicher‹ Welt vortäuscht, steht in niederdrückendem Kontrast zu dem, was sich an Lieblosigkeit und brutalem Egoismus zwischen den Personen abspielt. Die Täuschungsfunktionen der Musik korrespondieren mit den Täuschungsfunktionen der Sprache.«[42]

Oskar, die »tote Seele«, singt, gerade weil er ein Bösewicht ist. Wen Gott als Spießer in die weite Welt schickte, damit er sein Lied singe, der ritt zugleich gen Frankreich oder halste und küsste sein Mägdelein, weil sie just am deutschen Rhein wohnte oder sich aus anderen Gründen als echt deutsches Mädel erwies. In der epigonalen Romantik – anhebend mit den Freiheitskriegen – wurde dem Lied eine ideologische Bedeutung (die der Deutschheit) unterlegt. Eine breite Schlammflut des Kitsches brachte heran, was dann eineinhalb Jahrhunderte lang das Herz des deutschen Bildungsphilisters erfreute: die Sentimentalität seiner Haustrost-Anthologien und »lyrischen Andachten«, der hohle Vaterlandskult und Chauvinismus seiner Kommersbücher, die verbogene Gefühlswelt seiner Gesangvereinsbücher und schulischen Liederfibeln. Es war ein unerschöpfliches Arsenal für altdeutsche Recken, frohdeutsche blondzopfige Mädel, silberfließende Wiesenbächlein, Altheidelberger Kaschemmenseligkeit, stopffreudige und mondsüchtige Idylle, rheinbewusste Franzosenwut und preußisch-kühne Morgenrot- und Morgenrittbegeisterung. All das brach hervor aus den Zirkeln und Bünden, Kneipenabenden und Fahnenweihfesten, aus den Liedertafeln und Schulstuben. Kitsch in der Kehle sorgte mit dafür, dass Aufklärung im Hirn wenig Chancen hatte. Diese singende und klingende Welt ist voller Toten-Stille. Die Großmutter bei Horváth, die dafür sorgt, dass das uneheliche Kind der Marianne stirbt, singt weiter ihre gemütvollen Weisen.

Gesichertes dokumentarisches Material über Adolf Hitlers Frauenbild und seine Liebesbeziehung zu Eva Braun[43] ist spärlich, aber die Liebesbeziehungen anderer NS-Führer lassen die prägende Kraft des in der Tradition des 19. Jahrhunderts dominanten Typs des »süßen Mädel« erkennen: abhängig, auf abgründige Weise umschwärmt, ohne wirkliche »ebenbürtige« Partnerschaft, Bettschatz und Schmuckstück, Dirndl, darunter Reizwäsche, eine veredelte Horváth-Figur, um- und versorgt. (1000 Reichsmark pro Monat hat Hitler in seinem Testament vom 2. Mai 1938 im Fall seines Ablebens für Eva Braun vorgesehen.)[44] Die Biografien vieler NS-Führer verifizieren solche Charakteristik des Liebeslebens in aufgenordeter Plüschambiente.

Hitler kommt aus einer rüden, ausschweifenden, nicht sublimierten, aber tugendreich kaschierten kleinbürgerlichen Sexualwelt. Sein »Jünglingsdasein« ist erotisch verklemmt, die pubertäre Normalkrise bleibt ungelöst. In »Mein Kampf« verherrlicht er die Brutalität der reinen »Zuchtehe«, in Wirklichkeit schwärmt er für reiche Frauen der höheren Gesellschaft. Als »heldische Natur« ist er antifeminin, ohne familiäre Geborgenheit. Ein Nest versucht er sich heimlich in der Berchtesgadener Bergwelt zu bauen. – Die physischen Mängel von Joseph Goebbels, seine Kleinheit, die Verkrüppelung seines Fußes, förderten die sexuelle Maßlosigkeit, die ihn bald nach »prächtigen Frauenzimmern« und »rassigen Weibern«, bald nach »süßen Mädel« sich sehnen ließ. »Jedes Weib reizt mich bis aufs Blut. Wie ein hungriger Wolf rase ich umher. Und dabei bin ich schüchtern wie ein Kind. Ich verstehe mich manchmal selbst kaum.«[45] »Goebbels nahm nicht nur mit, was er am Wege fand, sondern nützte auch seine Machtstellung rücksichtslos aus. Er machte gar keinen Hehl aus seinem Leben, fuhr ganz offen bei seinen Geliebten vor oder betrog sogar seine Frau unter dem gleichen Dache.«[46]

Hermann Görings erste Frau war eine »Biedermeierfigur« – als solche wurde sie zumindest von der NS-Propaganda stilisiert: »Carin lebte ihr Leben lang wie in zwei Welten. Sah man sie mit irdischen Augen an, fiel sie durch ihre königliche und doch märchenhaft biegsame Erscheinung auf. [...] Die himmlische Welt war ihr von frühester Kindheit an vertraut. Sie hatte die Gabe des innerlichen Schauens.« In ihrem Jungmädchenzimmer träumte sie der großen Ehe entgegen: »Habe ich eine kleine Ecke mit meiner Orgel, ein paar Bildern, einigen Kleinigkeiten, die mich an den Ursprung und den Himmel erinnern, nach welchem ich mich immer sehne, einen kleinen ovalen Tisch, wo ich stets eine Blume von Hermann habe, einige kleine Erinnerungen in den Schubladen.« Nach ihrem frühen Tode setzte ihr Göring ein »unsterbliches Denkmal«: »Von Berlin nach Norden zu erstreckt sich in die Weite das große Gebiet der Schorfheide. In diesem wahrhaft königlichen Walde auf dem hohen Ufer an einem seiner märchenhaft schönen, träumenden Seen hat Hermann Göring seiner toten Frau eine Stätte lebender Erinnerung von seltener Eindringlichkeit geschaffen: Carinhall.« Die Gedanken ans süße Mädel haben aber Görings Unmenschlichkeit nicht nur nicht gemildert; sie haben sie sogar beflügelt: »Hoch in der gepanzerten Faust trägt er ihre Farben!«[47]

Ein »reiner, deutscher Jüngling« war der Auschwitz-Kommandant Rudolf Höß. Im Ersten Weltkrieg, bereits als Soldat, hatte er sein erstes Liebeserlebnis: »Bis dahin war mir die Liebe zu einer Frau, zum anderen Geschlecht noch unbekannt.« Dann geriet er in den »Zauberkreis der Liebe«. »Diese Zuneigung wurde für mich ein wundersames, unerhörtes Erlebnis in allen Graden bis zur geschlechtlichen Vereinigung, zu der sie mich brachte. Ich selbst hätte nicht den Mut dazu aufgebracht. Dieses erste Liebeserlebnis in seiner ganzen Zartheit und Lieblichkeit wurde für mein ganzes ferneres Leben zur Richtschnur.« Nie konnte der Judenmörder »über diese Dinge trivial sprechen, Geschlechtsverkehr ohne innigste Zuneigung wurde für mich undenkbar«. Als er später sein Mädel heiratet, schafft er sich ein bürgerliches Idyll mit Villa und Blumen und Planschbecken für die Kinder; im Hintergrund rauchen die Schornsteine der Krematorien von Auschwitz. »Meine Familie war mein zweites Heiligtum. In ihr bin ich fest verankert. Ihr galt meine stete Sorge um ihre Zukunft. Der Bauernhof sollte die Heimstatt werden. In unseren Kindern sahen wir, meine Frau sowie ich, unseren Lebenszweck.«[48] Freilich bewegten sich die Gedanken des Rudolf Höß nicht nur um die Familie und den Dienst; er hatte auch ein ausgesprochen pathologisches Interesse an sexuellen Perversionen.

Hätte man die aufklärerischen Bemühungen um eine »bürgerliche Verbesserung der Weiber« im 19. Jahrhundert nur einigermaßen fortgeführt, um die Bildung und Erziehung der Mädchen sich bemüht und die Frau als geistig wie sozial gleichberechtigt anerkannt, hätte man sie nicht stattdessen als Erotikon, süßes Mädel, Kindergebärerin und Hausmutter geistig verdummen lassen, so wäre es wohl nicht zur »Maidenwelt« des Nationalsozialismus gekommen. Die »NS-Maid« zeigte einen hohlen Idealismus mit dem Pathos völkischer Aufgeblasenheit, das sich vor allem in sentimentalem Liedkitsch niederschlug. Sportmädelhafte Muskelstählung und Fruchtbarkeitserziehung, kerniges Kameradschaftsglück und hysterische Führerverehrung, »Sehnsucht nach dem Schönen«, Dienstwilligkeit, Einsatzbereitschaft prägten sie. Diese »Sinnerfülltheit« war die Auffüllung der geistigen und seelischen Leere mit dem Stroh der Ideologie. Die Jungmädelführerin war ein Obergretchen mit Amazonenallüren beziehungsweise eine Amazone mit Gretelzöpfen. – »Glaube und Schönheit« hieß die Parole. In den vielen Bildbänden zur Förderung der rassischen Reinheit, den Zeitungen und Zeitschriften und sonstigen propagandistischen Publikationen wurde dieses Motto vielfach illustriert: gutgewachsene Mädel tanzten und hüpften barfuß auf Dünensand oder Wiesengrün der Sonne entgegen; Trachtenmädel saßen sinnend auf einem Stein, blond-haarig und blauäugig; Kameradinnen im Ernteeinsatz, die Hakenkreuznadel am Busen, die Ährenbündel auf der Forke, Bergmädel vor Alpenkreuz auf froher Wanderfahrt, aber auch Aristokraten-Mädel auf Rappen über die Heide (Gewitterwolken im Hintergrund) tobend, blonde Mutter mit blondem Kind am Klavier mit Leuchter und aufgenordetem Plüsch. Der Blick auf das Mädel und die Frau war der Blick des rassischen Züchters: »Züchten heißt: mit Überlegung und unter planmäßiger Anwendung der zur Verfügung stehenden Hilfsmittel eine Nachkommenschaft zu erzeugen, deren Wert mindestens nicht unter dem ihrer Erzeuger steht, wenn möglich aber den Wert der Anfangsgeschlechter im Laufe der Zeit steigert.« Die Frau, meinte Walther Darré, sei Blutträgerin; das hieß »Geschlechtstier«. »Die Geschlechtsdrüsen mit ihrer Einwirkung auf Wunsch und Willen sorgen schon dafür, daß in einer Ehe, wo der Mann Mann und die Frau Frau ist und beide der gleichen Rasse angehören, jeder von beiden auf seine Rechnung kommt.« Strebt das Weib darüber hinaus, zeige etwa gar Emanzipationsgelüste, so spricht das »gegen ihre eigentliche weibliche Anlage«. »Man kann in solchem Falle, falls nicht offensichtlich ungermanisches Blut der Grund ist, sagen [...], daß es mit der Drüsentätigkeit der betreffenden Frau irgendwie hapert.« Nach dem Herdbuchverfahren teilte Darré die Mädchen in vier Klassen: solche, die für die Fortpflanzung gut geeignet, solche, die weniger geeignet, solche, die kaum geeignet, und solche, die nicht geeignet seien. »Wie im einzelnen die Zuteilung der Mädchen ehelicher Abkunft und der unehelichen Mädchen bekannter Abkunft in die vier Klassen durchgeführt werden soll, braucht hier nicht entschieden zu werden. Es widerspricht wohl durchaus nicht der menschlichen Würde, wenn man in dieser Hinsicht Tierzucht und Menschenzucht ebenfalls vergleicht. Die richtige Klasseneinteilung des Nachwuchses im Hinblick auf seinen Zuchtwert ist auch in der Tierzucht eine der schwierigsten Aufgaben. Aber Schwierigkeiten sind dazu da, um überwunden zu werden, und außerdem sieht der Verfasser keinen anderen Weg als diese Klasseneinteilung, unserem besten Mädchennachwuchs wirklich zur Ehe zu verhelfen. [...] Zur Mädelelite gehörten die Edelfrauen, die einen Hegehof bekommen und ein Hegehofgeschlecht begründen sollten; wertvolle Erbmasse wurde so erhalten: Es ist ihre vornehmste Art, Mutter zu sein.«[49]

Als seelenlose und geistfeindliche Bewegung konnte der Nationalsozialismus Liebe nur als Wollust oder Fortpflanzungsmechanismus begreifen. So war es konsequent, dass man für die Zeit nach dem Kriege, da nun »viel Erbmasse verlorengegangen war«, eine Art nationales Fruchtbarkeitsbordell plante. »Zukunft, Leben eines Volkes sind desto gesicherter, je zahlreicher die Geburten dieses Volkes sind. [...] Nun können die Frauen, die nach diesem Weltkrieg nicht mit einem Mann verheiratet sind oder werden, ihre Kinder ja nicht vom heiligen Geist bekommen. [...] Wir müssen wünschen, daß die Frauen, die nach diesem Krieg keinen Ehemann mehr haben oder bekommen, mit möglichst einem Mann ein eheähnliches Verhältnis, aus dem möglichst viele Kinder erwachsen, eingehen. Wir müssen – um der Zukunft unseres Volkes willen – geradezu einen Mutterkult treiben. [...] Auf besonderen Antrag sollen Männer nicht nur mit einer Frau, sondern mit einer weiteren ein festes Eheverhältnis eingehen können, in dem die Frau dann ohne weiteres den Namen erhält, die Kinder ohne weiteres den Namen des Vaters.«[50]

[27] Börtemaker, Heike B.: Eva Braun. Leben mit Hitler, München 2010. Eva Braun war aus kleinbürgerlichen Verhältnissen aufgestiegen, dann lebte sie meist im Berchtesgadener Berghof. Hitler sah es nicht gern, dass Eva Braun ihre politischen Auffassungen kund tat, sie sollte sich lieber weiblich verhalten, »das darf sie mit aller Macht«.

[28] MK, S. 275f., 444f., 44.

[29] MK, S. 458.

[30] Düntzer, Heinrich: Erläuterungen zu den deutschen Klassikern. Faust 1. Teil, Jena 1859, S. 113.

[31] Vgl. etwa: Ferdinand Schöninghs Ausgaben deutscher Klassiker. Goethes Hermann und Dorothea. Mit ausführlichen Erläuterungen von A. Funke, Paderborn 1907, S.137.

[32] Zitiert nach: Funke, A., a.a.O., S. 77, 85.

[33] Vgl. Kalkschmidt, Eugen: Biedermeiers Glück und Ende, o. O., o. J., S.149. Zu Kleists Käthchen von Heilbronn: Lion, Ferdinand: Romantik als deutsches Schicksal, Stuttgart 1963, S. 83.

[34] Die Gartenlaube, Jahrgang 1879, S. 780.

[35] Zitiert nach: Wachtel, Joachim: Heißgeliebte Gartenlaube, Feldafing o. J., S. 28; vgl. auch S. 26.
Über den Stil der Liebesromane vgl. Killy, Walter: Deutscher Kitsch, Göttingen 1961, zum Beispiel S. 37, 40f., 43, 45, 48.

[36] Sternberger, Dolf/Storz, Gerhard/Südkind, Wilhelm E.: Aus dem Wörterbuch des Unmenschen, Hamburg 1957, S. 71.

[37] Zitiert nach: Marcuse, Ludwig: Das denkwürdige Leben des Richard Wagner, München 1963, S. 124.

[38] Bölsche, Wilhelm: Das Liebesleben in der Natur. Eine Entwicklungsgeschichte der Liebe, Leipzig 1901, S. 13 (Über die Eintagsfliegen); ferner S. 243.

[39] Vgl. Krischke, Traugott (Hg.): Horváths »Geschichten aus dem Wiener Wald«, Frankfurt am Main 1983.

Horváth, Ödön von: Geschichten aus dem Wienerwald, Berlin 1931.

Glaser, Hermann: Ab mit ihr. Ehe die toten Seelen töteten. Zur deutschen »Spießer-Ideologie«, in: Krischke, Traugott, a.a.O., S. 68ff.

[40] Nietzsche, Friedrich: Also sprach Zarathustra. Vom Lande der Bildung, in: Karl Schlechta (Hg.): Friedrich Nietzsche. Werke in 3 Bänden, Band 2, München 1954, S. 375f.

[41] Niekisch, Ernst: Das Reich. der niederen Dämonen, Hamburg 1953, S. 111.

[42] Benno von Wiese in: Traugott Krischke (Hg.): Ödön von Horváth, Frankfurt am Main 1981, S. 21.

[43] »Eva Braun war warmherzig und impulsiv und erhob keineswegs den Anspruch, geistige Gaben oder Verständnis für Politik zu besitzen. Sie war eine anziehende, nicht gerade kluge Blondine. Ihre einzigen Interessen waren der Sport – sie leistete Ausgezeichnetes als Schiläuferin und Schwimmerin –, Tiere, Kino, Liebe und Kleider. Ihre Gedanken bezog sie aus billigen Unterhaltungsromanen und abgedroschenen Filmthemen, in denen sich alles um die Liebe drehte. [...] Nur heimlich wagte sie zu tanzen oder zu rauchen, da der Führer beides mißbilligte; sie lebte in der beständigen Sorge, daß irgendeine Äußerung über andere Männer oder eine Zufallsaufnahme, die sie mit andern zeigte, Hitlers Zorn erregen könnte, litt aber selbst Qualen der Eifersucht, wenn Hitler sich für andere Frauen interessierte [...].« (Bullock, Alan, a.a.O., S. 394.)

[44] Vgl. Ullrich, Volker, a.a.O., S. 320ff., 680ff.

[45] Goebbels, Joseph: Tagebuch 15. Juli 1926, zitiert nach: Heiber, Hans: Joseph Goebbels, Berlin 1962, S. 273.

[46] Heiber, Hans, a.a.O., S. 274; dort ausführlich über die Liebesaffären des Propagandaministers.

[47] Wilamowitz-Moellendorff, Fanny von: Carin Göring, Berlin 1934, S. 6, 125, 156, 5.

[48] Broszat, Martin (Hg.): Kommandant in Auschwitz. Autobiographische Aufzeichnungen des Rudolf Höß, München 1963, S. 32f., 134, 155.

[49] Darré, Walther: Neuadel aus Blut und Boden, München 1930, S. 144, 150, 170, 172f. Vgl. auch Blüher, Hans: Werke und Tage, München 1953, S. 305: »Die tiefste Intimität des Weibes, ich meine das Verlangen, vergewaltigt zu werden, wird natürlich von der Ethik verdrängt, aber dadurch wird der Tatbestand nicht aufgehoben. Es wirft vielmehr ein Licht auf Dinge wie Frauenstimmrecht, Frauenbewegung, Mutterrecht, Frauenstaaten, die so, wie sie gewöhnlich gesehen werden, unhaltbar sind; denn das Weib ist immer Succubus.«

[50] Aktenvermerk Martin Bormanns über ein Gespräch mit dem Führer vom 29. Januar 1944. Zitiert nach: Jacobsen, Hans-Adolf/Jochmann, Werner (Hg.): Ausgewählte Dokumente zur Geschichte des Nationalsozialismus 1933–1945, Bielefeld 1961.

III Erziehungsdressur

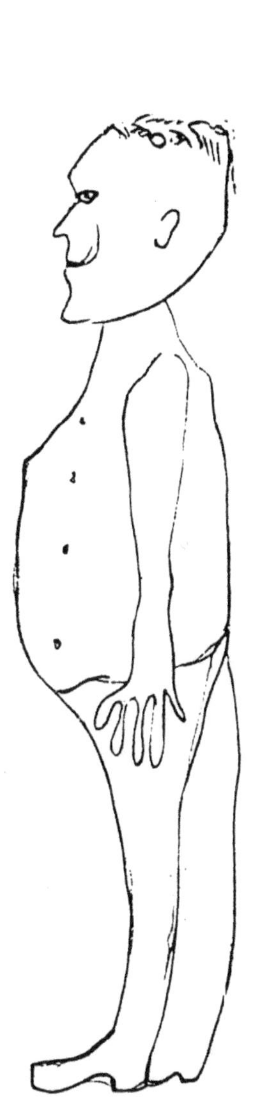

Dass das Kind »geschunden« werden muss, damit aus ihm »etwas wird« – Erziehung durch Repression –, kennzeichnet die deutsche »schwarze Pädagogik«, die das klassische Ideal der Schöngutheit (Kalokagathia) verachtet. Der Spartaner, von dem man sagte, dass er es als süß und ehrenvoll empfunden hatte, fürs Vaterland zu sterben, wird Idol einer »Zurichtung« junger Menschen zu »Menschenmaterial«.

> *Die deutsche Erziehung vor dem Kriege war mit außerordentlich vielen Schwächen behaftet. Sie war in sehr einseitiger Weise auf die Anzüchtung von reinem »Wissen« zugeschnitten und weniger auf das »Können« eingestellt. Noch weniger Wert wurde auf die Ausbildung des Charakters des einzelnen gelegt – soweit diese überhaupt möglich –, ganz wenig auf die Förderung der Verantwortungsfreudigkeit und gar nicht auf die Erziehung des Willens und der Entschlußkraft. Ihre Ergebnisse waren wirklich nicht die starken Menschen, sondern vielmehr die gefügigen »Vielwisser«, als die wir Deutsche vor dem Kriege ja allgemein galten und demgemäß auch eingeschätzt wurden. Man liebte den Deutschen, da er sehr gut zu verwenden war, allein man achtete ihn wenig, gerade infolge seiner willensmäßigen Schwäche. Nicht umsonst verlor gerade er am leichtesten unter fast allen Völkern Nationalität und Vaterland. Das schöne Sprichwort »Mit dem Hute in der Hand kommt man durch das ganze Land« besagt alles.* […] *Schule als solche muß in einem völkischen Staat unendlich mehr Zeit frei machen für die körperliche Ertüchtigung. Es geht nicht an, die jungen Gehirne mit einem Ballast zu beladen, den sie erfahrungsgemäß nur zu einem Bruchteil behalten, wobei zu-*

dem meist anstatt des Wesentlichen die unnötigen Nebensächlichkeiten hängenbleiben, da das junge Menschenkind eine vernünftige Siebung des ihm eingetrichterten Stoffes gar nicht vorzunehmen vermag. Wenn heute, selbst im Lehrplan der Mittelschulen, Turnen in einer Woche mit knappen zwei Stunden bedacht und die Teilnahme daran sogar als nicht obligatorisch dem einzelnen freigegeben wird, so ist dies, verglichen zur rein geistigen Ausbildung, ein krasses Mißverhältnis. Es dürfte kein Tag vergehen, an dem der junge Mensch nicht mindestens vormittags und abends je eine Stunde lang körperlich geschult wird, und zwar in jeder Art von Sport und Turnen. Hierbei darf besonders ein Sport nicht vergessen werden, der in den Augen von gerade sehr vielen »Völkischen« als roh und unwürdig gilt: das Boxen. Es ist unglaublich, was für falsche Meinungen darüber in den »Gebildeten«-kreisen verbreitet sind. Daß der junge Mensch fechten lernt und sich dann herumpaukt, gilt als selbstverständlich und ehrenwert, daß er aber boxt, das soll roh sein! Warum? Es gibt keinen Sport, der wie dieser den Angriffsgeist in gleichem Maße fördert, blitzschnelle Entschlußkraft verlangt, den Körper zu stählerner Geschmeidigkeit erzieht. Es ist nicht roher, wenn zwei junge Menschen eine Meinungsverschiedenheit mit den Fäusten ausfechten als mit einem geschliffenen Stück Eisen. Es ist auch nicht unedler, wenn ein Angegriffener sich seines Angreifers mit der Faust erwehrt, statt davonzulaufen und nach einem Schutzmann zu schreien. Vor allem aber, der junge, gesunde Knabe soll auch Schläge ertragen lernen. Das mag in den Augen unserer heutigen Geisteskämpfer natürlich als wild erscheinen. Doch hat der völkische Staat eben nicht die Aufgabe, eine Kolonie friedsamer Ästheten und körperlicher Degeneraten aufzuzüchten. Nicht im ehrbaren Spießbürger oder der tugendsamen alten Jungfer sieht er sein Menschheitsideal, sondern in der trotzigen Verkörperung männlicher Kraft und in Weibern, die wieder Männer zur Welt zu bringen vermögen. So ist überhaupt der Sport nicht nur dazu da, den einzelnen stark, gewandt und kühn zu machen, sondern er soll auch abhärten und lehren, Unbilden zu ertragen. [...]

Es ist im übrigen die Aufgabe eines völkischen Staates, dafür zu sorgen, daß endlich eine Weltgeschichte geschrieben wird, in der die Rassenfrage zur dominierenden Stellung erhoben wird.
Zusammenfassend: Der völkische Staat wird den allgemeinen wissenschaftlichen Unterricht auf eine gekürzte, das Wesentliche umschließende Form zu bringen haben. Darüber hinaus soll die Möglichkeit einer gründlichsten fachwissenschaftlichen Ausbildung geboten werden. Es genügt, wenn der einzelne Mensch ein allgemeines, in großen Zügen gehaltenes Wissen als Grundlage erhält, und nur auf dem Gebiet, welches dasjenige seines späteren Lebens wird, gründlichste Fach- und Einzelausbildung genießt. Die allgemeine Bildung müßte hierbei in allen Fächern obligatorisch sein, die besondere Wahl dem einzelnen überlassen bleiben.
Die hierdurch erreichte Kürzung des Lehrplans und der Stundenzahl kommt der Ausbildung des Körpers, des Charakters, der Willens- und Entschlußkraft zugute.
Wie belanglos unser heutiger Schulunterricht, besonders der Mittelschulen, für den Beruf des späteren Lebens ist, wird am besten durch die Tatsache bewiesen, daß heute in eine gleiche Stellung Menschen aus drei ganz verschieden gearteten Schulen kommen können. Ausschlaggebend ist eben wirklich nur die allgemeine Bildung und nicht das eingetrichterte Spezialwissen. Dort aber, wo – wie schon gesagt – wirklich ein Spezialwissen notwendig ist, kann es innerhalb der Lehrpläne unserer heutigen Mittelschulen selbstverständlich nicht erworben werden.
Mit solchen Halbheiten muß deshalb der völkische Staat einst aufräumen. Die zweite Änderung im wissenschaftlichen Lehrplan muß für den völkischen Staat folgende sein:
Es liegt im Zuge unserer heutigen materialisierten Zeit, daß unsere wissenschaftliche Ausbildung sich immer mehr den nur realen Fächern zuwendet, also der Mathematik, Physik, Chemie usw. So nötig dies für eine Zeit auch ist, in welcher Technik und Chemie regieren und deren wenigstens äußerlich sichtbarste Merkmale im täglichen Leben sie darstellen, so gefährlich ist es aber auch, wenn die allgemeine Bildung einer Nation immer ausschließlich darauf eingestellt wird. Diese muß

im Gegenteil stets eine ideale sein. Sie soll mehr den humanistischen Fächern entsprechen und nur die Grundlagen für eine spätere fachwissenschaftliche Weiterbildung bieten. Im anderen Fall verzichtet man auf Kräfte, welche für die Erhaltung der Nation immer noch wichtiger als alles technische und sonstige Können. Insbesondere soll man im Geschichtsunterricht sich nicht vom Studium der Antike abbringen lassen. Römische Geschichte, in ganz großen Linien richtig aufgefaßt, ist und bleibt die beste Lehrmeisterin nicht nur für heute, sondern wohl für alle Zeiten. Auch das hellenische Kulturideal soll uns in seiner vorbildlichen Schönheit erhalten bleiben. Man darf sich nicht durch Verschiedenheiten der einzelnen Völker die größere Rassegemeinschaft zerreißen lassen. Der Kampf, der heute tobt, geht um ganz große Ziele: eine Kultur kämpft um ihr Dasein, die Jahrtausende in sich verbindet und Griechen- und Germanentum gemeinsam umschließt.

Es soll ein scharfer Unterschied zwischen allgemeiner Bildung und besonderem Fachwissen bestehen. Da letzteres gerade heute immer mehr in den Dienst des reinen Mammons zu sinken droht, muß die allgemeine Bildung, wenigstens in ihrer mehr idealen Einstellung, als Gegengewicht erhalten bleiben. Auch hier muß man unentwegt den Grundsatz einprägen, daß Industrie und Technik, Handel und Gewerbe immer nur zu blühen vermögen, solange eine idealistisch veranlagte Volksgemeinschaft die notwendigen Voraussetzungen bietet. Diese aber liegen nicht in materiellem Egoismus, sondern in verzichtfreudiger Opferbereitschaft. […]

Damit das Nationalgefühl von Anfang an echt sei und nicht bloß in hohlem Schein bestehe, muß schon in der Jugend ein eiserner Grundsatz in die noch bildungsfähigen Köpfe hineingehämmert werden: Wer sein Volk liebt, beweist es einzig durch die Opfer, die er für dieses zu bringen bereit ist. Nationalgefühl, das nur auf Gewinn ausgeht, gibt es nicht. Nationalismus, der nur Klassen umschließt, gibt es ebensowenig. Hurraschreien bezeugt nichts und gibt kein Recht, sich national zu nennen, wenn dahinter nicht die große liebende Sorge für die Erhaltung eines allgemeinen, gesunden Volkstums steht. Ein Grund zum Stolz auf sein Volk ist erst dann vorhanden, wenn man sich keines Standes mehr zu schämen braucht. Ein Volk aber, von dem die eine Hälfte elend und abgehärmt oder gar verkommen ist, gibt ein so schlechtes Bild, daß niemand Stolz darüber empfinden soll. Erst wenn ein Volkstum in allen seinen Gliedern, an Leib und Seele gesund ist, kann sich die Freude, ihm anzugehören, bei allen mit Recht zu jenem hohen Gefühl steigern, das wir mit Nationalstolz bezeichnen. Diesen höchsten Stolz aber wird auch nur der empfinden, der eben die Größe seines Volkstums kennt. Die innige Vermählung von Nationalismus und sozialem Gerechtigkeitssinn ist schon in das junge Herz hineinzupflanzen. Dann wird dereinst ein Volk von Staatsbürgern erstehen, miteinander verbunden und zusammengeschmiedet durch eine gemeinsame Liebe und einen gemeinsamen Stolz, unerschütterlich und unbesiegbar für immer.

Die Angst unserer Zeit vor Chauvinismus ist das Zeichen ihrer Impotenz. Da ihr jede überschäumende Kraft nicht nur fehlt, sondern sogar unangenehm erscheint, ist sie auch für eine große Tat vom Schicksal nicht mehr ausersehen. Denn die größten Umwälzungen auf dieser Erde wären nicht denkbar gewesen, wenn ihre Triebkraft statt fanatischer, ja hysterischer Leidenschaften nur die bürgerlichen Tugenden der Ruhe und Ordnung gewesen wären.

Sicher aber geht diese Welt einer großen Umwälzung entgegen. Und es kann nur die eine Frage sein, ob sie zum Heil der arischen Menschheit oder zum Nutzen des ewigen Juden ausschlägt.

Der völkische Staat wird dafür sorgen müssen, durch eine passende Erziehung der Jugend dereinst das für die letzten und größten Entscheidungen auf diesem Erdball reife Geschlecht zu erhalten.

Das Volk aber, das diesen Weg zuerst betritt, wird siegen.

Die gesamte Bildungs- und Erziehungsarbeit des völkischen Staates muß ihre Krönung darin finden, daß sie den Rassesinn und das Rassegefühl instinkt- und verstandesmäßig in Herz und Gehirn der ihr anvertrauten Jugend hineinbrennt. Es soll kein Knabe und kein Mädchen die Schule verlassen, ohne zur letzten Erkenntnis über die Notwendigkeit und das Wesen der Blut-

reinheit geführt worden zu sein. Damit wird die Voraussetzung geschaffen für die Erhaltung der rassenmäßigen Grundlagen unseres Volkstums und durch sie wiederum die Sicherung der Vorbedingungen für die spätere kulturelle Weiterentwicklung.[51]

Hitlers Vorstellungen von Erziehung (im »völkischen Staat«), den Wert und Unwert der Fächer, ihrer Stoffe und der Lehrziele sind diffus. Aus der »Verschwommenheit« treten jedoch einige klare Tendenzen hervor: Ziel von Erziehung ist der soldatische Mensch, wobei die Frauen vor allem als Mütter durch die Beschaffung von Nachwuchs für die völkische Verstärkung sorgen. Seine Heranzüchtung wird, da ganz auf körperliche Stärke ausgerichtet, durch zu viel Geist und Intellekt nur gestört, bestimmte Curricula (wie etwa Geschichte) können freilich, wenn national-patriotisch ausgerichtet, den Wehrwillen stärken. Grundlage jeder Erziehung ist die Ausrichtung auf rassische Reinheit. Gelegentliche Anspielungen auf »Geistesheroen« erfolgen besonders unter dem Aspekt des Antisemitismus – immer gilt (freilich nicht expressiv verbis) die kulturtopografische Maxime, dass deutsche Erziehung nicht in Weimar, sondern in Potsdam wurzeln sollte.

Die Herabwürdigung der (klassischen) Kultur zur Fassade, das Praktizieren eines entleerten Pathos, epigonal-romantische Sentimentalität, Abwendung vom Logos, Perhorreszieren des Judentums (Antisemitismus und korrespondierenden arischer Rassismus) und eine den Menschen als aggressives Triebwesen einschätzende Anthropologie haben eine lange Vorgeschichte.

Die Rezeption der deutschen Klassik zeigt, dass ihre herausragendsten Vertreter zu Ausstellungsstücken eines Wachsfigurenkabinetts wurden; ihre Kanonisierung zum weltanschaulichen Über-Ich geht Hand in Hand mit der Ausgrenzung vieler konkurrierender und rivalisierender Strömungen und Bewegungen. Das Bürgertum verwendete Bildung als Machtinstrument im Kampf gegen Minderheiten. Der Vor-Schein der Ideen, die den Weg der Gesellschaft zur spirituellen Autonomie und Emanzipation einst erhellen sollten, verwandelte sich in die Fata Morgana geflügelter Worte, die rhetorisch aufgeladen wurden. Der Zitatenschatz des deutschen Volkes ähnelte einem Mausoleum mit eingesargten Dichtern und Denkern.

»Altmeister Goethe« war neben Schiller einer der »hohlen Gipsköpfe«, die (um einen Ausspruch des Kulturhistorikers Egon Friedell zu gebrauchen) der deutsche Bürger seit der Mitte des 19. Jahrhunderts voller Andacht auf seine Konsole stellte. Nicht um Wahrnehmung seiner humanen und humanitären Botschaft ging es dem Spießer, sondern um dekorative Beweihräucherung und affirmatives Ritual. Man blickte zu Goethe auf und seine Büste gehörte zum Inventar eines vorbildlichen Hausstandes. Darüber hinaus wurde er zum nationalen Götzen, in dessen Namen man sich stolz ein Volk der »Dichter und Denker« nannte. Hermann Hesse hat ein solches Goethebild später im »Steppenwolf« beschrieben: »Einen charaktervollen, genial frisierten Greis mit schön modelliertem Gesicht, in welchem weder das berühmte Feuerauge fehlte noch der Zug von leicht hofmännisch übertünchter Einsamkeit und Tragik.«[52] – Das 19. Jahrhundert hat aus dem universalen Menschen Goethe einen nationalen Geistesheroen gemacht. Im Verlauf dieses Ideologisierungsprozesses wurden die wichtigsten Züge des Goetheschen Werks – das Humanitätsstreben, der Vorrang der Idee bei allem Wirklichkeitsbezug, sein Kosmopolitismus – ins Kraftvoll-Brutale, schließlich Rassisch-Völkische verbogen. Was klassisches Menschentum beinhaltete, welche sittlichen und idealen Ziele es sich setzte, war der offiziellen Interpretation des 19. Jahrhunderts, wie sie sich in den Literaturgeschichten, Schulbüchern und Festreden manifestierte, kaum zugänglich. Ihr Goethe war »erzdeutsch« und »faustisch«. An den Faust klammerte man sich besonders, weil man hier das höchste Symbol seiner selbst »stets strebend bemüht«, tatkräftig und landrodend zu erkennen glaubte (das »faustische« Zweiflertum und Schuldbewusstsein wurden im Zeichen nationalen Aufbruchs wegretuschiert) – bis hin zu Oswald Spenglers Gleichsetzung des Faustischen mit dem Nordisch-Deutschen schlechthin.[53]

In Hinblick auf die anderen Werke war die Fehlinterpretation schwerer vorzunehmen, die Iphigenie kaum in eine germanisch-wagnerianische Speerjungfrau umzuformen, wenn sie auch in der bildenden Kunst – durch Anselm Feuerbach etwa – in sentimentalen Kitsch überführt wurde. Zwar hatte die »Gartenlaube« 1879 in Erinnerung an »jene« Zeit (eben »jene Zeit« Goethescher aufgeklärter Humanität) in ihrer tränenseligen Sprache einen ihrer »Möge«-

Wünsche angebracht: »Möge Goethes reine, edle ›Iphigenie‹ auch im neu beginnenden Jahrhundert über deutsche Kunst und Literatur ihre Segnungen ergießen«[54] (der Wunsch kam immerhin von einem altliberalen, dem Herausgeber und Begründer der Zeitschrift, Robert Keil). Doch die wahre Situation der Zeit traf Julius Langbehn besser, wenn er beanstandete, dass sich Goethe hier den »Mantel eines fremden Stils« übergeworfen habe. Die »Iphigenie« sei zudem ein »Greisenprodukt«, die Heldin gebärde sich griechisch – »sie würde besser tun, sich deutsch zu gebärden«.[55]

Stefan George und sein Kreis, in erster Linie der Literarhistoriker Friedrich Gundolf, haben dann den Weltbürger Goethe für die konservative Gegenrevolution erneut umgeprägt. Nun ist er der amoralische Heros, Angehöriger der Elite, Mitglied eines esoterischen Männerbundes (die Frauen gelegentlich fürs Lager!), Wegbereiter eines kommenden Reichs des Adels. Goethes Freundschaft mit Schiller wurde mystifiziert oder gar homosexualisiert.

Reichspräsident und Reichsregierung missbrauchten am 16. März 1932 Goethes 100. Todestag – wahrhaftig nicht um einen Goethe »von innen bittend«, wie es Ortega y Gassets Festvortrag wollte – »als Weckruf für das Einheitsbekenntnis des über die ganze Erde verstreuten Deutschtums«.[56] Das 1933 »erwachende« Deutschland brachte »Goethe und kein Ende« – während in Wirklichkeit, um ein Wort Max Kommerells zu verwenden, die »Jugend ohne Goethe« aufwuchs. Der Rosenbergsche »Kampfbund für deutsche Kultur« hatte bezeichnenderweise seine erste große Tagung (Pfingsten 1930) in Weimar abgehalten und damit »an das Erbe des unsterblichen Geistesheroen angeknüpft«.[57] So stark wäre Goethes »menschliche, seine urdeutsche, seine erzdeutsche Natur« gewesen, »daß er alles verdeutschte, was er einatmete«, meinte Hermann Burte, physiologisch unscharf, aber ideologisch konsequent. »Wie wäre Schiller aufgeflammt, wie würde sich Goethe empört abgewendet haben«, stellt Hitler fest, als er die Ursachen des Zusammenbruchs von 1918 (unter anderem den »Bolschewismus der Kunst«, ihre »krankhaften Auswüchse«, ihre »Prostituierung«) beschreibt.[58] Im Zeichen des sieghaften Nationalsozialismus hatte sich die Verschmelzung des deutschen »Geistes« und des deutschen Kampfes vollzogen: »Zwischen uns sei Wahrheit«,

»die Stimme der Wahrheit und der Menschlichkeit [...] es hört sie jeder« waren nun – im neuen »Büchmann« – mit den NS-geflügelten Worten: »Wer auf Hitlers Fahne schwört, hat nichts mehr, was ihm selber gehört«, »Vorsicht Gummiknüppel«, »Blut ist mehr als Gold«, volksgemeinschaftlich vereint.[59]

Für Hitler ist (in »Mein Kampf«) Goethe nur beiläufig Erwähnungen wert. Vor allem wird er zum Zeugen bei der hasserfüllten Schilderung des »jüdischen Werdegangs«:

> *Noch in der Zeit Friedrich des Großen fällt es keinem Menschen ein, in den Juden etwas anderes als das »fremde« Volk zu sehen, und noch Goethe ist entsetzt bei dem Gedanken, daß künftig die Ehe zwischen Christen und Juden nicht mehr gesetzlich verboten sein soll. Goethe aber war denn doch, wahrhaftiger Gott, kein Rückschrittler oder gar Helot; was aus ihm sprach, war nichts anderes als die Stimme des Blutes und der Vernunft. So erblickte – trotz aller schamvollen Handlungen der Höfe – das Volk im Juden instinktiv den fremden Körper im eigenen Leibe und stellte sich demgemäß auch zu ihm ein.*[60]

Die revolutionären Schöpfer deutscher Demokratie nach 1918 hatten eine andere Vorstellung von der klassischen Geisteswelt als die offiziellen Traditionalisten: die Niederlage hatte auch eine Revision ästhetischer Urteile und Vorurteile nahegelegt, die Fehlinterpretation der Klassik sollte rückgängig gemacht werden. Indem man Weimar zum Sitz der Nationalversammlung erkor, bezog man sich zurück auf den Geist der Aufklärung und einer unverfälschten humanitären Klassik. Für einige Jahre war so Weimar wieder zu Weimar geworden – doch nur für eine Minderzahl. Die reaktionäre »Blüte des deutschen Geistes« sehnte sich nach der bewährten Allianz von Weimar und Potsdam, von Klassik und Preußentum – oder besser, da die beiden Geistes- und Lebenshaltungen nicht in ihrer originellen, sondern umgedeuteten Form amalgamiert werden sollten, nach einer Verbindung von Klassizismus und Preußismus. Der schöne Schein und die chauvinistische Härte waren seit längerem für den deutschen Bürger eine natürliche Einheit.

Hitler und Goebbels, die ein besonderes Gespür für »archetypische« deutsche Bewusstseinshaltungen hatten, arrangierten dementsprechend den Tag von Potsdam (21. März 1933) als große »Weimar«-Schau: neben dem Paradeaufmarsch der nationalen Verbände zeigte man patriarchalische Würde (im greisen »Altmeister« Hindenburg verkörpert), bürgerliche Honorigkeit (mit Hitlers Frack), religiös-ethische Gesinnung (durch Glockengeläut und das Glockenspiel »Üb immer Treu' und Redlichkeit«). Man erinnerte sich der großen Meister – von Kant über Goethe und Schiller zu Dietrich Eckart. Jeder nationale Deutsche merkte zudem, dass Hitler sich des »edlen, erhabenen klassischen Sprachguts« zu bedienen wusste.

Am gleichen Tag noch – wenige Stunden später – gefährdete freilich Reichstagspräsident Hermann Göring in einer Parlamentssitzung die schöne kulturphraseologische Fassade, hinter der Hitler die anlaufenden Terrormaßnahmen vor seinen kleinbürgerlichen und bürgerlichen Anhängern zu verbergen suchte. Göring führte aus, dass der »Führer« mit Potsdam den »Anbruch einer neuen Zeit« herbeigeführt habe: »Nun ist Weimar überwunden« – gemeint war das politische Weimar. Doch schloss die Formulierung die Zerstörung des »falschen« kulturellen Weimar (welches das echte war) und die mit Potsdam vollzogene Umkreierung des »echten Weimar« (welches das falsche war) mit ein.[61]

Vor 1918 hatte hinsichtlich dieser symbolträchtigen Örtlichkeiten, die bald gegeneinander, bald miteinander standen, Werner Sombart seiner Zeit das Stichwort zugerufen: »Militarismus ist der zum kriegerischen Geist hinaufgesteigerte heldische Geist. Er ist Potsdam und Weimar in höchster Vereinigung. Er ist ›Faust‹ und ›Zarathustra‹ und Beethoven-Partitur im Schützengraben. Denn auch die Eroika und die Egmont-Ouvertüre sind doch wohl echtester Militarismus.«[62]

Es lohnt sich, einen Augenblick bei solcher Kunstkritik zu verweilen, da sie (abgesehen von dieser »prominenten« Stelle, der man angesichts des üblichen »geistigen Waffendienstes« deutscher Professoren, Dichter und Denker und der damit verbundenen Exaltiertheit verminderte Zurechnungsfähigkeit zubilligen könnte) in ähnlich militaristischer Form seit längerer Zeit im Schwange war.

Klassik wurde gleichgesetzt mit spektakulärer Pose, mit Gliederung, Organisation – galt als Bewältigung chaotischer Stoffe und undisziplinierter Menschen durch Schliff und Drill. Klassik war ästhetische Strategie und damit als eine Abart der Kriegskunst zu interpretieren, woraus dann folgerte, dass Kriegskunst Ausdruck klassischer Haltung wäre. So wird etwa Moltke als der große Künstler des Kriegs, als der große Krieger unter den Künstlern gepriesen: »Dem Krieg wird ein künstlerischer Charakter nicht fehlen, solange er von Leuten wie Moltke geleitet wird.«[63] Das Volk der Dichter und Denker habe sich – Langbehn stellt dies mit Aufatmen fest – in ein Volk der Krieger und Künstler verwandelt: »Krieg und Kunst ist eine griechische, eine deutsche, eine arische Losung.« Das Klassische sei dem Preußischen und damit dem Parademäßigen verwandt: »Der Liniensoldat hat seinen Namen von den großen und einheitlichen Linien, in welche sich die Truppen unter normalen Verhältnissen formieren; das klassische Kunstwerk führt seinen Namen mit Recht, wenn es seinen individuellen Charakter zur großen und einheitlichen Linienführung, in materieller und geistiger Hinsicht, erweitert.«[64] Die Wilhelminische Ära glaubte damit das Erbe antiker und deutscher Klassik anzutreten: die griechische Athene war Göttin des Kriegs und der Kunst, Goethe und Schiller waren »germanische Heldengestalten«! Ein solches Erbe wurde weitergereicht von deutsch-bewussten Hochschulprofessoren, Lehrern, Schriftstellern, Verlegern, Pfarrern, bis die Reichsparteitagsaufmärsche die Langbehnschen Fantasien über Parade und Kunstwerk zu »gigantischer« Wirklichkeit werden ließen. »Die Fahne hoch, die Reihen dicht geschlossen« – so marschierte man nun auch für die deutsche Kultur. Dem Schöpfer des Lieds, Horst Wessel, legte denn auch der Goebbels-Biograf Wilfried Bade die für die NS-Kulturpolitik sehr aufschlussreichen und sinnigen Worte in den Mund: »Die SA marschiert nämlich für Goethe, für Schiller, für Kant, für Bach, für den Kölner Dom und den Bamberger Reiter. [...] Wir müssen jetzt für Goethe mit Bierkrügen und Stuhlbeinen arbeiten. Und wenn wir gewonnen haben, nun, dann werden wir wieder die Arme ausbreiten und unsere geistigen Güter an unser Herz drücken.«[65]

51 MK, S. 258, 454ff., 468ff.

52 Hesse, Hermann: Der Steppenwolf, Frankfurt am Main 1961, S. 75f.

53 Vgl. Schwerte, Hans: Faust und das Faustische. Ein Kapitel deutscher Ideologie, Stuttgart 1962.

54 Die Gartenlaube, Jahrgang 1879, S. 252.

55 Langbehn, Julius: Rembrandt als Erzieher. Von einem Deutschen, Leipzig 1891, S. 30.

56 Zitiert nach: Pross, Harry: Die Zerstörung der deutschen Politik. Dokumente 1871–1933, Frankfurt am Main 1959, S. 305.

57 Zitiert nach: Brenner, Hildegard: Die Kunstpolitik des Nationalsozialismus, Reinbek 1963, S. 17.

58 MK, S. 283f.

59 Büchmann, Georg: Geflügelte Worte – Der Zitatenschatz des deutschen Volkes, Volksausgabe Berlin 1941, S. 244, 410, 413.

60 MK, S. 341f.

61 Vgl. Bracher, Karl Dietrich/Sauer, Wolfgang/Schulz, Gerhard: Die nationalsozialistische Machtergreifung, Köln/Opladen 1960, S. 153.

Bollenbeck, Georg: Bildung und Kultur. Glanz und Elend eines deutschen Deutungsmusters, Frankfurt am Main 1994. »Gerade in Weimar wird deutlich, wie das Bildungsbürgertum, verunsichert durch die kulturelle Moderne, dem Nationalsozialismus als dem selbsternannten Retter der deutschen Kultur entgegenkam. Der thüringische Provinzort als Herzstück der deutschen Kultur deklariert, wird zum repräsentativen Ort für die Selbstaufgabe des deutschen Bildungsbürgertums.« Nach einem Besuch bei Elisabeth Förster-Nietzsche schreibt Harry Graf Kessler 1932 in sein Tagebuch: »Kurz, diese ganze Schicht des intellektuellen Deutschlands, das in der mehr goetheschen, romantischen Periode seine Wurzeln hat, ist ganz nazi-verseucht, ohne zu wissen, warum.«

62 Sombart, Werner: Händler und Helden, München 1915, S. 85.

63 Langbehn, Julius, a.a.O., S. 203.

64 Langbehn, Julius, a.a.O., S. 211, 216.

65 Zitiert nach: Heiber, Hans, a.a.O., Berlin 1962, S. 84.

OSTARA

Nr. 1

Die Ostara und das Reich der Blonden

Von J. Lanz-Liebenfels

Als Handschrift gedruckt in 2. Auflage, Wien 1930
Copyright by J. Lanz v. Liebenfels, Wien 1922

Was wäre gewesen, wenn ... Wenn Hitler nicht Österreicher gewesen wäre, nicht nach Wien gekommen und nicht dort an der Kunstakademie abgewiesen worden wäre? Jedenfalls – das zeigt die Untersuchung seiner österreichischen Herkunft und Wiener Lebensphase – ist durch diese Tatsache sein Leben wesentlich, und zwar traumatisch, bestimmt worden.

Als die Mutter starb, hatte das Schicksal in einer Hinsicht bereits seine Entscheidung getroffen.
In deren letzten Leidensmonaten war ich nach Wien gefahren, um die Aufnahmeprüfung in die Akademie zu machen. Ausgerüstet mit einem dicken Pack von Zeichnungen, hatte ich mich damals auf den Weg gemacht, überzeugt, die Prüfung spielend leicht bestehen zu können. In der Realschule war ich schon weitaus der beste Zeichner meiner Klasse gewesen; seitdem war meine Fähigkeit noch ganz außerordentlich weiter entwickelt worden, so daß meine eigene Zufriedenheit mich stolz und glücklich das Beste hoffen ließ.
Eine einzige Trübung trat manchmal ein: mein malerisches Talent schien übertroffen zu werden von meinem zeichnerischen, besonders auf fast allen Gebieten der Architektur. Ebenso aber wuchs auch mein Interesse für die Baukunst an und für sich immer mehr. Beschleunigt wurde dies noch, seit ich, noch nicht 16 Jahre alt, zum ersten Male zu einem Besuche auf zwei Wochen nach Wien fahren durfte. Ich fuhr hin, um die Gemäldegalerie des Hofmuseums zu studieren, hatte aber fast nur Augen für das Museum selber. Ich lief die Tage vom frühen Morgen bis in die späte Nacht von einer Sehenswürdigkeit zu anderen, allein es waren immer nur Bauten, die mich in erster

Linie fesselten. Stundenlang konnte ich so vor der Oper stehen, stundenlang das Parlament bewundern; die ganze Ringstraße wirkte auf mich wie ein Zauber aus Tausendundeiner Nacht.
Nun also war ich zum zweiten Male in der schönen Stadt und wartete mit brennender Ungeduld, aber auch stolzer Zuversicht auf das Ergebnis meiner Aufnahmeprüfung. Ich war vom Erfolge so überzeugt, daß die mir verkündete Ablehnung mich wie ein jäher Schlag aus heiterem Himmel traf. Und doch war es so. Als ich mich dem Rektor vorstellen ließ und die Bitte um Erklärung der Gründe wegen meiner Nichtaufnahme in die allgemeine Malerschule der Akademie vorbrachte, versicherte mir der Herr, daß aus meinen mitgebrachten Zeichnungen einwandfrei meine Nichteignung zum Maler hervorgehe, sondern meine Fähigkeit doch ersichtlich auf dem Gebiete der Architektur liege; für mich käme niemals die Malerschule, sondern nur die Architekturschule der Akademie in Frage. Daß ich bisher weder eine Bauschule besucht noch sonst einen Unterricht in Architektur erhalten hatte, konnte man zunächst gar nicht verstehen.
Geschlagen verließ ich den Hansenschen Prachtbau am Schillerplatz, zum ersten Male in meinem jungen Leben uneins mit mir selber. Denn was ich über meine Fähigkeit gehört hatte, schien mir nun auf einmal wie ein greller Blitz einen Zwiespalt aufzudecken, unter dem ich schon längst gelitten hatte, ohne bisher mir eine klare Rechenschaft über das Warum und Weshalb geben zu können.
In wenigen Tagen wußte ich nun auch selber, daß ich einst Baumeister werden würde. Freilich war der Weg unerhört schwer; denn was ich bisher aus Trotz in der Realschule versäumt hatte, sollte sich nun bitter rächen. Der Besuch der Architekturschule der Akademie war abhängig vom Besuch der Bauschule der Technik, und den Eintritt in diese bedingte eine vorher abgelegte Matura an einer Mittelschule. Dieses alles fehlte mir vollständig. Nach menschlichem Ermessen also war eine Erfüllung meines Künstlertraumes nicht mehr möglich.
Als ich nun nach dem Tode der Mutter zum dritten Male nach Wien und dieses Mal für viele Jahre zog, war bei mir mit der unterdessen verstrichenen Zeit Ruhe und Entschlossenheit zurück-

gekehrt. Der frühere Trotz war wieder gekommen, und mein Ziel endgültig ins Auge gefaßt. Ich wollte Baumeister werden, und Widerstände sind nicht da, daß man vor ihnen kapituliert, sondern daß man sie bricht. Und brechen wollte ich diese Widerstände, immer das Bild des Vaters vor Augen, der sich einst vom armen Dorf- und Schusterjungen zum Staatsbeamten emporgerungen hatte. Da war mein Boden doch schon besser, die Möglichkeit des Kampfes um so viel leichter; und was damals mir als Härte des Schicksals erschien, preise ich heute als Weisheit der Vorsehung. Indem mich die Göttin der Not in ihre Arme nahm und mich oft zu zerbrechen drohte, wuchs der Wille zum Widerstand, und endlich blieb der Wille Sieger.

Das danke ich der damaligen Zeit, daß ich hart geworden bin und hart sein kann. Und mehr noch als dieses preise ich sie dafür, daß sie mich losriß von der Hohlheit des gemächlichen Lebens, daß sie das Muttersöhnchen aus den weichen Daunen zog und ihm Frau Sorge zur neuen Mutter gab, daß sie den Widerstrebenden hineinwarf in die Welt des Elends und der Armut und ihn so die kennenlernen ließ, für die er später kämpfen sollte.

In dieser Zeit sollte mir auch das Auge geöffnet werden für zwei Gefahren, die ich beide vordem kaum dem Namen nach kannte, auf keinen Fall aber in ihrer entsetzlichen Bedeutung für die Existenz des deutschen Volkes begriff: Marxismus und Judentum.

Wien, die Stadt, die so vielen als Inbegriff harmloser Fröhlichkeit gilt, als festlicher Raum vergnügter Menschen, ist für mich leider nur die lebendige Erinnerung an die traurigste Zeit meines Lebens.

Auch heute noch kann diese Stadt nur trübe Gedanken in mir erwecken. Fünf Jahre Elend und Jammer sind im Namen dieser Phäakenstadt für mich enthalten. Fünf Jahre, in denen ich erst als Hilfsarbeiter, dann als kleiner Maler mir mein Brot verdienen mußte; mein wahrhaft kärglich Brot, das doch nie langte, um auch nur den gewöhnlichen Hunger zu stillen. Er war damals mein getreuer Wächter, der mich als einziger fast nie verließ, der in allem redlich mit mir teilte. Jedes Buch, das ich mir erwarb, erregte seine Teilnahme; ein Besuch der Oper ließ ihn mir dann wieder Gesellschaft leisten auf Tage hinaus; es war

ein dauernder Kampf mit meinem mitleidslosen Freunde. Und doch habe ich in dieser Zeit gelernt, wie nie zuvor. Außer meiner Baukunst, dem seltenen, vom Munde abgesparten Besuch der Oper, hatte ich als einzige Freude nur mehr Bücher.
Ich las damals unendlich viel, und zwar gründlich. Was mir so an freier Zeit von meiner Arbeit übrig blieb, ging restlos für mein Studium auf. In wenigen Jahren schuf ich mir damit die Grundlagen meines Wissens, von denen ich auch heute noch zehre.
Aber mehr noch als dieses.
In dieser Zeit bildete sich mir ein Weltbild und eine Weltanschauung, die zum granitenen Fundament meines derzeitigen Handelns wurden. Ich habe zu dem, was ich mir so einst schuf, nur weniges hinzulernen müssen, zu ändern brauchte ich nichts.
[…]
Das allgemeine politische Denken in der alten Donaumonarchie war zunächst seinem Umfange nach größer und umspannender als im alten Deutschland der gleichen Zeit – Teile von Preußen, Hamburg und die Küste der Nordsee ausgenommen. Ich verstehe nun allerdings unter der Bezeichnung »Österreich« in diesem Falle jenes Gebiet des großen Habsburgerreiches, das infolge seiner deutschen Besiedelung in jeglicher Hinsicht nicht nur die historische Veranlassung der Bildung dieses Staates überhaupt war, sondern das in seiner Bevölkerung auch ausschließlich jene Kraft aufwies, die diesem politisch so künstlichen Gebilde das innere kulturelle Leben auf viele Jahrhunderte zu schenken vermochte. Je mehr die Zeit fortschritt, um so mehr war Bestand und Zukunft dieses Staates gerade von der Erhaltung dieser Keimzelle des Reiches abhängig.
Waren die alten Erblande das Herz des Reiches, das immer wieder frisches Blut in den Kreislauf des staatlichen und kulturellen Lebens trieb, dann aber war Wien Gehirn und Wille zugleich.
Schon in ihrer äußeren Aufmachung durfte man dieser Stadt die Kraft zusprechen, in einem solchen Völkerkonglomerat als einigende Königin zu thronen, um so durch die Pracht der eigenen Schönheit die bösen Alterserscheinungen des Gesamten vergessen zu lassen.
Mochte das Reich in seinem Inneren noch so heftig zucken unter

den blutigen Kämpfen der einzelnen Nationalitäten, das Ausland, und besonders Deutschland, sah nur das liebenswürdige Bild dieser Stadt. Die Täuschung war um so größer, als Wien in dieser Zeit vielleicht den letzten und größten sichtbaren Aufschwung zu nehmen schien. Unter der Herrschaft eines wahrhaft genialen Bürgermeisters erwachte die ehrwürdige Residenz der Kaiser des alten Reiches noch einmal zu einem wundersamen jungen Leben. Der letzte große Deutsche, den das Kolonistenvolk der Ostmark aus seinen Reihen gebar, zählte offiziell nicht zu den sogenannten »Staatsmännern«; aber indem dieser Dr. Lueger als Bürgermeister der »Reichshaupt- und Residenzstadt« Wien eine unerhörte Leistung nach der anderen auf, man darf sagen, allen Gebieten kommunaler Wirtschafts- und Kulturpolitik hervorzauberte, stärkte er das Herz des gesamten Reiches und wurde über diesen Umweg zum größeren Staatsmann, als die sogenannten »Diplomaten« es alle zusammen damals waren. Wenn das Völkergebilde, »Österreich« genannt, endlich dennoch zugrunde ging, dann spricht dies nicht im geringsten gegen die politische Fähigkeit des Deutschtums in der alten Ostmark, sondern war das zwangsläufige Ergebnis der Unmöglichkeit, mit zehn Millionen Menschen einen Fünfzig-Millionen-Staat von verschiedenen Nationen auf die Dauer halten zu können, wenn eben nicht ganz bestimmte Voraussetzungen rechtzeitig gegeben wurden.

Der Deutschösterreicher dachte mehr als groß.

Er war immer gewohnt, im Rahmen eines großen Reiches zu leben und hatte das Gefühl für die damit verbundenen Aufgaben nie verloren. Er war der einzige in diesem Staate, der über die Grenzen des engeren Kronlaubes hinaus noch die Reichsgrenze sah; ja, als das Schicksal ihn schließlich vom gemeinsamen Vaterlande trennen sollte, da versuchte er immer noch der ungeheuren Aufgabe Herr zu werden und dem Deutschtum zu erhalten, was die Väter in unendlichen Kämpfen dem Osten einst abgerungen hatten. Wobei noch zu bedenken ist, daß dies nur noch mit geteilter Kraft geschehen konnte; denn Herz und Erinnerung der Besten hörten niemals auf, für das gemeinsame Mutterland zu empfinden, und nur ein Rest blieb der Heimat. [...]

Als nun durch Europa die ersten revolutionären Wetterzeichen einer neuen Zeit flammten, da begann auch Österreich langsam nach und nach Feuer zu fangen. Allein als der Brand endlich ausbrach, da wurde die Glut schon weniger durch soziale, gesellschaftliche oder auch allgemeine politische Ursachen angefacht als vielmehr durch Triebkräfte völkischen Ursprungs.
Die Revolution des Jahres 1848 konnte überall Klassenkampf sein, in Österreich jedoch war sie schon der Beginn eines neuen Rassenstreites. Indem damals der Deutsche, diesen Ursprung vergessend oder nicht erkennend, sich in den Dienst der revolutionären Erhebung stellte, besiegelte er damit sein eigenes Los. Er half mit, den Geist der westlichen Demokratie zu erwecken, der in kurzer Zeit ihm die Grundlagen der eigenen Existenz entzog.
Mit der Bildung eines parlamentarischen Vertretungskörpers ohne die vorhergehende Niederlegung und Festigung einer gemeinsamen Staatssprache war der Grundstein zum Ende der Vorherrschaft des Deutschtums in der Monarchie gelegt worden. Von diesem Augenblick an war damit aber auch der Staat selber verloren. Alles, was nun noch folgte, war nur die historische Abwicklung eines Reiches.
Diese Auflösung zu verfolgen, war ebenso erschütternd wie lehrreich. In tausend und aber tausend Formen vollzog sich im einzelnen diese Vollstreckung eines geschichtlichen Urteils. Daß ein großer Teil der Menschen blind durch die Erscheinungen des Zerfalls wandelte, bewies nur den Willen der Götter zu Österreichs Vernichtung.[66]

Für den jungen Hitler war zweifellos das künstlerische Scheitern in Wien ein Schlüsselerlebnis, doch erweist sich diese Erfahrung nur als ein, wenn auch wesentliches Element in einem traumatischen Syndrom, das die Zeit Hitlers in Österreich bestimmte. Das waren: die Geburt in der Kleinstadt Braunau am Inn und die verworrenen Familienverhältnisse, die vor allem dann in den Jugendjahren unter anderem in Linz sich auswirkenden katholischen Einflüsse, die Krankheit der Mutter und ihr Tod in Linz, die Wiener Jahre mit den nach der Abweisung vom Kunststudium folgenden Jahren der Arbeitslosigkeit und Gelegenheitsarbeit.

Hitlers Jugend verlief ganz anders, als er es in »Mein Kampf« schildert: Es herrschten weder Armut noch Entbehrungen, der Vater hatte eine ausreichende Pension. Nach dem Besuch der Volksschule ging Hitler auf die Mittelschule nach Linz, dann nach Steyr. Er konnte die mittlere Reife nicht erlangen, da seine Leistungen ungewöhnlich schlecht waren. Die Mutter war 1905 nach Linz gezogen und Hitler wohnte dann bei ihr, ohne sich für irgendeinen praktischen Beruf zu interessieren – er wollte Künstler oder Architekt werden. Theaterbesuche begeisterten ihn für Richard Wagner.

Der bedeutende und streitbare österreichische Historiker Friedrich Heer hat aufgezeigt, wie der Katholik Hitler für irrwitzige Gläubigkeit präpariert und prädestiniert war. Seine Zeit sei die des Zerfalls, wie er den mitteleuropäischen Katholizismus erfasst hatte, gewesen. Der »Glaube des Adolf Hitler vermochte sich propagandistisch sehr geschickt den Glaubensformen gerade auch ›streng erzogener‹ Katholiken anzuempfinden, da er mit jenen mehr gemeinsam hatte, als er, Hitler, und als die kirchlichen Gläubigen wissen mochten. Diesem Glauben und vor allem dem Handeln des Adolf Hitler erstanden in dem Nuntius Pacelli, dem Papst Pius XII. und seinem Freunde, dem Kirchenrechtler Kaas als Führer des deutschen Zentrums, keine geschichtsmächtigen Gegenspieler. Das ›Jenseits‹, das diese Gegenspieler verhießen, war farblos trotz aller barocken Rhetorik, in die Pius XII. die Madonna, seine Heiligen und seine Verheißungen gewandete. Dieser Himmel war so fade, so langweilig, wie es ein französischer Jesuit in den Himmelsvorstellungen französischer Katholiken aufgezeigt hat. Und dieses Rom war in der harten Realität jenes Rom, wie es Mgr. Purdy architektonisch schildert: ›Vielleicht ist es bezeichnend, daß gerade Rom in der vergangenen Generation das Langweiligste, Unentschlossenste, ja Abstoßendste an Kirchenbauten hervorgebracht hat, was in der ganzen Welt zu finden ist.‹ Der Bau der Kirche faszinierte nicht mehr. Die Himmel, die er vorstellte, verblaßten hinter den ›Lichterdomen‹ der Scheinwerfer der Wehrmacht auf den Nürnberger Reichsparteitagen. Das ›Diesseits‹ aber, das diese Festungskirche präsentierte, war kirchlicherseits geprägt durch ein autoritäres System, das täglich Opfer der Menschenwürde erzwingt. Das erörtert ausführlich Donald P. Warwick (Harvard) 1967 auf dem Kongreß der Canon

Law Society of America, der amerikanischen Gesellschaft für Kirchenrecht. Dieses autoritäre, die Menschenwürde täglich brechende System konnte sich geschichtslogisch richtig, wie führende deutsche katholische Theologen und Kirchenhistoriker zu Recht in der Hitlerzeit feststellen, mit dem System Adolf Hitlers verbinden. Adolf Hitler, Mussolini, Franco, Salazar, Pétain, Tiso in der Slowakei, Pavelić in Kroatien konnten nur in katholischen Ländern zur Macht kommen. Ante Pavelić, einer der größten Mörder unseres Jahrhunderts, ist 1954 mit dem Segen des Papstes in Madrid gestorben. In Franco-Spanien – Franco trägt den Christus-Orden – einem Diktaturstaate, der in einem Pius-Konkordat der Kirche und dem ›katholischen Staat‹ sehr weitgehende Rechte zusichert, werden in der Gegenwart unliebsame Kleriker abgeschoben, wie der Abt von Montserrat, andere eingesperrt, erhalten katholische Schriftsteller und Publizisten 1968 langfristige Gefängnis- und Kerkerstrafen für je eine Äußerung oder einen Aufsatz, den sie im Inland oder Ausland in angesehenen katholischen Organen veröffentlichten.«[67]

Von der katholischen Kirche, so Hitler in »Mein Kampf«, könne man lernen:

Obwohl ihr Lehrgebäude in manchen Punkten, und zum Teil ganz überflüssigerweise, mit der exakten Wissenschaft und der Forschung in Kollision gerät, ist sie dennoch nicht bereit, auch nur eine kleine Silbe von ihren Lehrsätzen zu opfern. Sie hat sehr richtig erkannt, daß ihre Widerstandskraft nicht in einer mehr oder minder großen Anpassung an die jeweiligen wissenschaftlichen Ergebnisse liegt, die in Wirklichkeit doch ewig schwanken, sondern vielmehr im starken Festhalten an einmal niedergelegten Dogmen, die dem Ganzen erst den Glaubenscharakter verleihen. So steht sie heute fester da als je. Man kann prophezeien, daß in eben dem Maße, in dem die Erscheinungen fliehen, sie selbst als ruhender Pol in der Erscheinungen Flucht immer mehr blinde Anhänglichkeit erringen wird.

Wer also den Sieg einer völkischen Weltanschauung wirklich und ernstlich wünscht, der muß nicht nur erkennen, daß zur Erringung eines solchen Erfolges erstens nur eine kampffähige Bewegung geeignet ist, sondern daß zweitens eine solche Bewe-

gung selbst nur standhalten wird unter Zugrundelegung einer unerschütterlichen Sicherheit und Festigkeit ihres Programms. Sie darf sich nicht unterstehen, in der Formulierung desselben dem jeweiligen Zeitgeist Konzessionen zu machen, sondern muß eine einmal als günstig befundene Form für immer beibehalten, auf alle Fälle aber so lange, bis sie der Sieg gekrönt hat.[68]

Die Irrungen und Wirrungen von Hitlers Jugend – Versagen in der Schule, Verlust des »verehrten Vaters« und der »geliebten Mutter«, unklare Zukunftsvorstellung, freilich mit dem Wunsch, Maler zu werden, größte Abneigung dem Beamtenstand gegenüber (in einem »Bureau« wollte der junge Hitler auf keinen Fall sitzen), Ablehnung des Staatsgebildes Österreich –, diese psychische Turbulenzen hervorrufenden pubertären Unsicherheiten und Versagensprobleme fanden nach Friedrich Heer in Linz ihre Lokalisation: ein Topos, in dem auch Hitlers Hassliebe zu Österreich gründete. Den Katholizismus saugt das Kind Hitler drei Jahre lang in Passau ein, wohin der Vater als Zollbeamter versetzt worden war. In der Klosterschule des alten Benediktinerstifts Lambach (bei Linz), dem Ruhesitz des Vaters, war er dann zwei Jahre, auch im Chor und als Ministrant tätig.

1902 bis 1907 ist zwar Linz der Ort eines teilweisen schulischen Versagens – für ein Jahr wird er nach Speyr abgeschoben –, aber auch die Zeit, da die Eltern sterben und sich eine Abneigung gegen Österreich entwickelt. Er wird, so heißt es in »Mein Kampf«, Nationalist und entwickelt die ersten Ansätze einer politischen Religion. Der »Glaube« des späteren »Führers« orientiert sich am Vorbild des patriarchalischen Vaters, von dem er den Grundton seiner politischen Religiosität übernimmt, einem Mann, der sich in seiner Familie bedingungslos durchsetzt. In Linz liegt auch die Wurzel von Hitlers Katholizismus, freilich einer korrumpierten, aber seine Mentalität vorprägend, die dann seinen autoritären Predigtton wie die Hochschätzung erstarrter Rituale prägt. Deshalb nimmt er auch in »Mein Kampf« höchste Rücksicht auf die katholische Kirche. Sie erscheint ihm als »vorbildliches Lehrbeispiel«:

In der Ehelosigkeit ihrer Priester liegt der Zwang begründet, den Nachwuchs für die Geistlichkeit statt aus den eigenen Rei-

hen immer wieder aus der Masse des breiten Volkes holen zu müssen. Gerade diese Bedeutung des Zölibats wird aber von den meisten gar nicht erkannt. Sie ist die Ursache der unglaublich rüstigen Kraft, die in dieser uralten Institution wohnt. Denn dadurch, daß dieses Riesenheer geistlicher Würdenträger sich ununterbrochen aus den untersten Schichten der Völker heraus ergänzt, erhält sich die Kirche nicht nur die Instinkt-Verbundenheit mit der Gefühlswelt des Volkes, sondern sichert sich auch eine Summe von Energie und Tatkraft, die in solcher Form ewig nur in der breiten Masse des Volkes vorhanden sein wird. Daher stammt die staunenswerte Jugendlichkeit dieses Riesenorganismus, die geistige Schmiegsamkeit und stählerne Willenskraft. Es wird die Aufgabe eines völkischen Staates sein, in seinem Unterrichtswesen dafür Sorge zu tragen, daß eine dauernde Erneuerung der bestehenden geistigen Schichten durch frische Blutzufuhr von unten stattfindet.[69]

Klara Hitler – ihr Sohn Adolf war der Mutter auf ungewöhnliche Weise zugetan – wurde von dem jüdischen Arzt Eduard Bloch wegen Brustkrebs 1907 behandelt; die Amputation verhinderte die Krankheit nicht, sodass sie am 21. Dezember 1907 starb. Auch wenn Hitler, der unter dem Tod der Mutter sehr litt, Bloch für die Behandlung dankte – objektiv gesehen war die ärztliche Therapie fehlerhaft –, entwickelte er im Laufe der Zeit eine Sündenbock-Fixierung: Krebs, der die Mutter vernichtet hatte, wurde als jüdisches Gift wahnhaft beschuldigt wie die Juden insgesamt. (Bloch konnte in die USA emigrieren.)[70] Der tiefenpsychologisch bekannte Komplex für Schicksalsschläge – hier die unheilbare Krankheit der Mutter –, einen in Bloch ausmachbaren konkreten Schuldigen zu suchen und zu finden, wurde eine lebenslange Obsession.

»Eine gute Einführung in Hitlers Bloch-Komplex in politischer Tarnung bietet ein Abschnitt aus ›Mein Kampf‹, in dem argumentiert wird, bereits vor dem Krieg habe die Gewinnsucht (lies: Blochs Gewinnsucht) über die Selbstaufopferung (lies: Hitlers Selbstaufopferung) gesiegt im Lebenskampf des deutschen Volkes (lies: Hitlers Mutter) gegen die ›Verfallsmomente, die in wahrhaft erschreckender Unzahl bald wie Irrlichter aufflackerten und den Volkskörper auf und ab strichen oder als giftige Geschwüre bald da, bald dort die Nation anfraßen. Es schien, als ob ein immerwährender Giftstrom bis in die äußersten Blutgefäße dieses einstigen Heldenleibes von einer geheimnisvollen Macht getrieben würde, um nun zu immer größeren Lähmungen der gesunden Vernunft, des einfachen Selbsterhaltungstriebes zu führen ... ‹ Trotz allem seien die Deutschen sich nicht ›über den Vernichter ihres Daseins klargeworden‹, nämlich die jüdische ›Weltpest‹, den Marxismus. ›Manchmal dokterte man wohl auch an der Krankheit herum, verwechselte jedoch dann die Formen der Erscheinung mit dem Erreger. Da man diesen nicht kannte oder erkennen wollte, besaß aber auch der Kampf gegen den Marxismus nur den Wert einer kurpfuscherischen Salbaderei.‹«[71]

Hitlers Leidensdruck der damaligen Zeit, der ihn weitgehend von jeder kommunikativen Beziehung (etwa zu Frauen) abhielt, verbunden mit der Projektion auf Schuldige (Juden, Marxisten) führte in »Mein Kampf« zunächst zur Erfindung eines kompensatorischen harmonischen Familienlebens, steigerte sich aber auch – an derer Stelle – zu wüsten Hassorgien. Helmut Stierlin stellt auf der Suche nach den psychischen Gründen und Motiven von Hitlers Aggressivität zu dessen Familienperspektiven die Frage, ob man Hitler nicht nur als »Delegierten« seiner Mutter, sondern der Deutschen oder vieler Deutschen schlechthin bezeichnen könne.

Zunächst sei da der Auftrag, »im Nehmen zu geben«, das bedeutete, »daß die ihm von seiner Mutter gebotenen regressiven Befriedigungen zu absorbieren und dabei diese Mutter (emotional) zu nähren und zu stärken war. Als Delegierter des deutschen Volkes machte er sich nun zu dessen Superernährer und Stärkelieferanten. In seiner mit den Deutschen reaktivierten Mutter-Kind-Symbiose versprach er diesen nicht nur Arbeit, Einkommen und Lebensraum, sondern auch Sinn, Ordnung, Struktur, alles – das heißt er versprach die Erfüllung ebenso primitiver wie totaler Abhängigkeitsbedürfnisse.« Hier fand Hitlers Anspruch, sich niemals zu irren, seine Resonanz in der Bereitwilligkeit der Deutschen, ihm blindlings zu glauben und zu gehorchen, einer Bereitwilligkeit, die in jedem tausendmal wiederholten »Führer befiehlt, wir folgen« zum Ausdruck kam und in der sich ein Mythos der Harmonie widerspiegelte.

Hitlers zweiter Auftrag lief dann darauf hinaus, der Mutter durch seine Dienste Selbstwert und Seelenfrieden zu verschaffen. Dies verlangte von ihm, dass er ihr schwerstes Trauma, den fast gleichzeitigen Tod ihrer drei ersten Kinder und die damit verbundenen Scham- und Schuldgefühle, auf sich nahm und bewältigte. »Dabei stimmte sich Hitler nun als Delegierter der Deutschen auf ein analoges Trauma ein, das der ganzen deutschen Nation widerfahren war: die plötzliche und scheinbar unerklärliche Niederlage im Ersten Weltkrieg und mit ihr der Verlust von Deutschlands Kindern – sprich seinen Provinzen und Kolonien – zu einer Zeit, als sich die Deutschen noch als Sieger und rechtmäßige Herren eroberter Landstriche, besonders im Osten fühlten.«

Solcher Auftrag verschränkte sich mit Hitlers dritter Mission, nämlich das Leben seiner Mutter stellvertretend mit Glanz, Aufregung, Macht und Wichtigkeit zu erfüllen. »Dies bedeutete, auf nationale Verhältnisse übertragen, daß Hitler Deutschland von aller Scham und Schuld zu erlösen hatte. Dabei stellte er sich auf ein Milieu ein, das ihm von Kindheit an vertraut war, das des deutschen Kleinbürgers, dessen Leben sich in geisttötender Routine, in Klatsch, Autoritätsgehorsam und Stammtischgeschwätz erschöpfte und zu jenem Leben voller Aufregung, Abenteuer, echter Kameradschaft und Kriegsheroismus kontrastierte, das Hitler – in der Realität wie in der Phantasie – anzubieten verstand. Denn Hitler vermochte, Hjalmar Schacht zufolge, wie ein Virtuose auf dem wohltemperierten Klavier kleinbürgerlicher Herzen zu spielen.«

Doch Hitler war nicht nur Delegierter des Kleinbürgertums, »die meisten Angehörigen des deutschen Volkes, nicht zuletzt die deutschen Frauen, hatten ihn nötig. Zu Hunderten und Tausenden umjubelten ihn diese Frauen als Teil der ihn umschwärmenden Menschenmassen und erklärten ihn in ihrer Phantasie zum Sohn, Geliebten, Mann oder Vater, den ihr schäbiges Routinedasein ihnen vorenthielt. Und Hitler, ob er sich nun als Charmeur oder Verächter gab, ließ sich von ihnen delegieren: Während sie sich ihm, sei es ehrfürchtig unterwürfig, sei es hysterisch aufgekratzt, als Ersatzmütter, -töchter oder -frauen anboten, und ihre ungelebten sexuellen Wünsche auf ihn richteten, verwies er sie auf den Pfad ihrer beschränkten hausfraulichen Tugend oder erregte er sie mit mächtigen und blutigen Schauspielen.«

Hitlers vierter Auftrag als Verbündeter und Rächer seiner Mutter verlangte von ihm, dass er den Vater provozierte und zerstörte, »einen Vater, dessen Macht er fürchtete und beneidete und dessen äußere Härte bei innerer Korruption und Schwäche er verachtete. Auch hier, meine ich, fand sich Hitler im Einklang mit dem, was zahllose Deutsche erlebt haben, sprach er doch ein nationales Trauma an, das den Deutschen (wie sie glaubten) durch den amerikanischen Präsidenten Wilson widerfahren war. Denn Wilson, der nach seiner kriegsentscheidenden Intervention einen gerechten Frieden versprochen hatte, schien zu fern, schwach und korrupt, um sein Versprechen halten zu können. Vielmehr ließ er das verstümmelte und hilflose Deutschland schmachvoll sterben – so wie einst Dr. Bloch die hilflose Mutter hatte sterben lassen. Hitler stimmte sich somit auf ein kollektives Gefühl erlittenen Unrechts ein, das er in kollektive Vergeltungswut umzuwandeln trachtete – eine Wut, die er in der Folge auf eine zugleich greifbare und wehrlose Ersatzperson, den korrupten internationalen, parasitären völkervergiftenden Juden verschob. In diesem Auftrag ließen sich zugleich niederste Instinkte und edelste Gefühle befriedigen und ein Entschuldigungs- und Entschädigungs-, wie auch ein Harmoniemythos zum Ausdruck bringen.«[72]

Nach Ansicht der Historikerin Brigitte Hamann vollzogen sich die entscheidenden Lehrjahre des späteren Diktators dann in Wien. Was sich in ihm dort an Erlebnissen und Erfahrungen, vor allem an Lesefrüchten bot, hat er in sein Buch einfließen lassen, besser gesagt: in ein Manuskript »vomiert«, das seinen Amoklauf zugrunde lag – aus einer geistig-seelischen Verwirrung entstehenden wilden Zerstörungswut und blindwütigen Tötungssucht. Anders als normalerweise der Begriff »Amok« beinhaltet, erweist sich Hitler nicht als Einzeltäter, sondern kann viele gleiche oder ähnliche Typen um sich scharen, die seine Wahnvorstellung mit verbreiten. Zusammen mit diesen wird die Wort-Gewalt und Wort-Verführung zur Lawine, welche die letzten Reste von individueller und kollektiver Moral und jeden Anstand unter sich begraben.

Der kulturelle Kahlschlag gelingt, da die von ihm verwendeten, den Inhalt und die Form des Buchs konstituierenden »Seelenbilder« geeignet sind, »durchschlagend« das Volk anzusprechen und mitzureißen, da dieses die gleichen oder ähnlichen Bilder in sich trägt.

Das Wien, in das Hitler kam, war nicht das künstlerisch-intellektuelle »fin de siècle Vienna«, also jenes damals schon zum Klischee erstarrte Wien, das durch Sigmund Freud, Gustav Mahler, Arthur Schnitzler oder Ludwig Wittgenstein repräsentiert wird – welch letzterer immerhin Hitlers Schulkamerad in Linz war. Hitlers Wien stellte vielmehr »ein Gegenbild zu dieser glanzvollen Kunstmetropole dar. Es ist das Wien der ›feinen‹ Leute, die der Wiener Moderne voll Unverständnis gegenüberstanden, sie als ›entartet‹, zu wenig volksverbunden, zu international, zu ›jüdisch‹, zu freigeistig ablehnten. Es ist das Wien der Einwanderer, der Zukurzgekommenen, der Männerheimbewohner, oft Menschen voller Ängste, die für alle möglichen obskuren Theorien anfällig waren, vor allem für jene, die ihnen das Gefühl vermittelten, trotz allen Elends in Wahrheit doch eine ›Elite‹, ›etwas Besseres‹ zu sein. Dieses ›Bessere‹ bestand für sie darin, im ›Rassenbabylon‹ des Vielvölkerstaates dem ›deutschen Edelvolk‹ anzugehören und eben nicht Slawe oder Jude zu sein.«[73] In Wien ist Hitler mit der Aggressivität der Antidemokraten bekannt geworden, mit dem Heil-Gruß und dem Hakenkreuz, mit dem Germanenkult und dem Zuchtgedanken.

Er lernte dort kuriose »Rassentheoretiker« mit wahnhaften Obsessionen kennen, darunter den Schriftsteller Josef Adolf Lanz, der sich 1902 eine neue Identität als Baron Jörg Lanz von Liebenfels zugelegt hatte. Er begründete den Orden »Neuer Tempel« und gab die Zeitschrift »Ostara« heraus. Durch Reinzucht, so schrieb Liebenfels, könne man alles Unnütze und Schädliche aus dem Menschheitskörper entfernen, komme man der Gottheit (Asgar) näher. Die Angehörigen der edlen Rasse nannte er Asinge, Heldlinge oder Arioheroiker, die Minderrassigen Tschandalen, Waninge, Äfflinge. Liebenfels' Theozoologie bedeute »Rassenkampf bis aufs Kastrationsmesser«. Den heroischen Menschen erkenne man unter anderem an der großen Zehe: Beim heroischen Menschen überragte die große Zehe an Länge und Stärke alle anderen Zehen. Das heroische Weib habe die »schönsten Gesichtsformen, schönen, vollen, daher zum Säugen besonders geeigneten Busen, volles Gesäß und volle Hüften, die Kennzeichen eines weiten, gebärtüchtigen Beckens«

seien. Wie in all diesen Traktätchen sind die Juden und die »Neger« das größte Unglück für die arische Rasse. – Für seine Zeitschrift warb Liebenfels mit den Worten: »Sind Sie blond? Haben Sie die Pöbelwirtschaft satt? Dann lesen Sie die Ostara-Bücherei der Blonden und Mannesrechtler. [...] Sind Sie blond? Dann sind Sie Kulturschöpfer und Kulturhalter. [...] Die ›Ostara‹ ist die erste und einzige illustrierte arisch-aristokratische Schriftensammlung, die in Wort und Bild den Nachweis erbringt, daß der blonde heldische Mensch, der schönsittliche, adelige, idealistische, geniale und religiöse Mensch, der Schöpfer und Erhalter aller Wissenschaft, Kunst und Kultur und der Hauptträger der Gottheit ist.« Alles Häßliche und Böse stammt von der Rassenmischung her, der das Weib aus physiologischen Gründen mehr ergeben ist als der Mann. Die ›Ostara‹ ist daher in einer Zeit, die das Weibische und Niederrassige sorgsam pflegt und die blonde, heldische Menschenart rücksichtslos ausrottet, der Sammelpunkt aller vornehmen, Schönheit, Wahrheit, Lebenszweck und Gott suchenden Idealisten geworden.«

»Die Blonden arisch-heroischer Rasse aller Völker müssen sich wieder vereinigen.« Der Mann ist der unbeschränkte Herr über die Frau, welche »die Natur selbst [...] als Sklavinnen bestimmt« hat. Durch den ersten Verkehr wird die Frau »imprägniert«, der erste Mann prägt gleichsam der Frau seine »Eigentumsmarke« auf. »Die dunklen Weiber sind zur Prostitution bestimmt, gegen die gar nichts einzuwenden ist, wenn diese Frauen keine Kinder bekommen. Die Dunkelmänner sollen sich an solche Frauen halten, wenn sie es tun, ist das noch rassenzüchterisch günstig, denn auf diese Weise rotten sie sich ›schmerzlos‹ aus. Man soll den Minderrassigen auch noch antikonzeptionelle Mittel anpreisen, da man auf diese Weise den gleichen Zweck erfüllt.« Die Mittel zur Kinderverhütung sind: »Präventivmittel beim Geschlechtsverkehr selbst, sei es in der Art des Verkehrs selbst (congressus interruptus), sei es durch mechanische Vorrichtungen auf seiten des Mannes oder der Frau (Condome beim Manne, Okkulusiv-Pessare bei der Frau). Dann käme in Betracht die Prostitution, ferner Verstümmelung der Genitalien (Kastration beim Manne, [...] oder Excision der Eierstöcke des Weibes). In weiterer Folge kommt dann Abtreibung der Leibesfrucht (Abortus) und zum Schluß die Kinderaussetzung (Exposition).«[74] Den sexualpathologischen Ostara-Unsinn hat Hitler dann weitgehend in »Mein Kampf« übernommen.

Zu Hitlers politisch-ideologischer »Väter«-Generation gehörten auch die österreichischen Politiker Georg Ritter von Schönerer und Karl Lueger sowie Rudolf Jung, der seinen geistigen Ursprung in dem zu Beginn des 20. Jahrhunderts vom Nationalitätenkampf erschütterten Nordböhmen hatte. (Mit seinem Hauptwerk »Der nationale Sozialismus« stellte Jung das demokratische System zugunsten eines charismatischen Führerstaates in Frage.) Die Deutsche Arbeiterpartei von Schönerer betrachtete die Ablehnung des Juden als einen Grundpfeiler des nationalen Gedankens. Sie verwob ihn zudem mit wirtschaftlichen Forderungen und der Los-von-Rom-Parole – und dies war propagandistisch äußerst wirksam bei dem sich der Kirche entfremdenden und durch Neidgefühle leicht erregbaren Arbeiter- und Kleinbürgertum. Dazu kam, dass gerade in Wien der jüdische Bevölkerungsanteil besonders groß war und Konflikte zwischen Mehrheit und Minderheit an der Tagesordnung waren. Auch die Christlich-Soziale Partei Luegers, des »gewaltigsten deutschen Bürgermeisters aller Zeiten« – wie ihn Hitler in »Mein Kampf« nennt[75] – war antisemitisch ausgerichtet. Hier flossen antisemitische und antimarxistische Strömungen zusammen – die Partei war großbürgerlich orientiert. Auch hörte für Lueger der Antisemitismus auf, wenn die Juden zum christlichen Glauben übertraten. Hitler konnte an beiden Parteien erkennen, wie erfolgreich eine antisemitische Propaganda war.

Mit den verschiedensten zusammengelesenen Bruchstücken habe Hitler dann 1913 Wien Richtung München verlassen (so Hamann), mit einem »Sammelsurium, bewahrt von einem exzellenten Gedächtnis«.[76] Erst in Deutschland hätten sich all diese Stücke wie auf einem Magnetfeld zu einer »Weltanschauung« auf der Grundlage des Antisemitismus geordnet. Ausdrücklich sei Hitler nicht mit einem Parteiprogramm, sondern als »Führer« einer »Bewegung«, als Verkünder seiner Weltanschauung in die Öffentlichkeit getreten. Er wollte »in den Herzen« seiner Anhänger »die heilige Überzeugung wecken«, dass mit seiner Bewegung »dem politischen Leben nicht eine neue Wahlperiode oktroyiert, sondern eine neue Weltanschauung von prinzipieller Bedeutung vorangestellt werden solle«. Damit machte er den Nationalsozialismus zur kämpferischen Glaubensgemeinschaft mit dem Ziel der »germanischen Weltherrschaft« auf der zu schaffenden Grundlage einer durch »Zuchtwahl« erstarkten, von »nichtdeutschen Elementen« »gereinigten« »arischen Rasse«. Die im Wien der Jahrhundertwende so belächelten wirren Ideen deutschvölkischer Sektierer hätten sich 30 Jahre später im krisengeschüttelten Deutschland mit politischer Macht verbunden und seien so zur gefährlichen Munition, die Unheil über die Welt brachte, geworden.[77]

Ernst Nolte sieht in Hitlers Entscheidung, Politiker werden zu wollen, eine Reihe von Analogien mit den Führern des italienischen Faschismus und der »Action française« (Benito Mussolini und Charles Maurras). »Wie Maurras und Mussolini stammt Hitler aus dem provinziellen Kleinbürgertum eines katholischen Landes – über ihm allein allerdings hängt aus vergangenen Geschlechtern ein Schatten des Drohend-Unbekannten. Auch bei ihm steht dem ungläubigen Vater eine gläubige und sehr geliebte Mutter gegenüber. Auch er ist mit 14 Jahren ein ›Freidenker‹, aber es bietet sich ihm nicht wie Mussolini als Ersatz ein kohärentes System politischen Glaubens. Er geht als junger Mann in die ferne Hauptstadt, um sich einem künstlerischen Beruf zu widmen, und er steht ratlos und zornig vor all dem Fremden, als dessen Paradigma ihm der Jude erscheint – ganz wie Maurras. Er lernt das Elend kennen und versucht sogar zu betteln – wie Mussolini. Aber seine Gedankenwelt entwickelt sich nicht unter dem kritischen Auge einer literarischen Öffentlichkeit wie diejenige Maurras': den Insassen von Männerheimen und Obdachlosenasylen trägt er seine ›Weltanschauung‹ vor; er erhält keine Schulung für einen bürgerlichen Beruf wie Mussolini, sondern lebt nach dem frühen Abbruch der Schulbildung zwei Jahre untätig im Hause der Mutter, dann bis zum 25. Lebensjahr, vagabundierend, durch Postkartenmalen einen kärglichen Lebensunterhalt fristend, in Wien und München. Die Affäre Dreyfus machte aus dem nicht ganz unbekannten und von weltberühmten Freunden hochgeschätzten Schriftsteller Maurras einen Politiker; der Weltkrieg stellte den bedeutenden Parteiführer Mussolini vor die wichtigste Entscheidung seiner Laufbahn; der Krieg wurde auch für Hitler zur umwälzendsten Erfahrung, aber wenn er ihn zum erstenmal in eine übermächtige und enthusiastisch bejahte Realität führte, so warf er ihn doch nur aus einem Nichts des bürgerlichen Daseins in das Nichts des unbekannten gewöhnlichen Soldaten; und als sich Hitler 1918 entschloß, Politiker zu werden, da war seine Basis, materiell gesehen, immer noch ein Nichts.«[78]

[66] MK, S. 18ff., 73ff.

[67] Heer, Friedrich: Der Glaube an Adolf Hitler. Anatomie einer politischen Religiosität, München/Esslingen 1968, S. 592f.

[68] MK, S. 512f.

[69] MK, S. 481.

[70] Hamann, Brigitte: Im Gespräch mit »Die Woche«, in: Die Woche, 15. November 1996:

HAMANN: Dr. Eduard Bloch [...] war ein Armenarzt und frommer Glaubensjude. Er zeigte eine große Anhänglichkeit für die Familie Hitler und auch für den jungen Adolf Hitler, den er aber nur bis zu dessen 18. Lebensjahr kannte. Als die Mutter krank war, kam er täglich ins Haus, und er begleitete sie bis zum Tod. In einigen Hitler-Biographien ist behauptet worden, Hitler habe seine Mutter schlecht behandelt und sei während ihrer Krankheit nicht in Linz gewesen. Das steht auch noch bei Joachim C. Fest, aber es stimmt nicht, denn die Akten des Krankenhausarchivs sind eindeutig.

DIE WOCHE: Hielt die Beziehung zwischen Hitler und Dr. Bloch auch noch nach dem Tod der Mutter?

HAMANN: Ja, Hitler hat dem Arzt zu Weihnachten Karten geschrieben und ihm ein Bild geschickt. Als er in den 30er Jahren in Linz war, noch vor dem Anschluß Österreichs, traf er einige illegale Nazis und erkundigte sich nach Dr. Bloch. Er nannte ihn einen »Edeljuden«. Dr. Bloch schrieb nach dem Anschluß in den Jahren 1938/39 einige Briefe an Hitler und bat ihn um Hilfe.

DIE WOCHE: Diese Briefe haben Hitler erreicht?

HAMANN: Ja, und Hitler hat ihn unterstützt. Dr. Bloch wurde unter den Schutz der Gestapo gestellt, bekam nicht das »J« für Juden in den Paß, erhielt daher ungekürzte Lebensmittelrationen und durfte auch sein Vermögen behalten. Als er 1941 in die USA emigrierte, konnte er sein Haus ganz normal verkaufen. Es war keine Arisierung. Als er dann 1943 seine Erinnerungen niederschrieb, zeichnete er ein sehr positives Bild von dem schüchternen, gut erzogenen Adolf Hitler, der damals 18 war und seine Mutter aufopfernd pflegte. Die These, der Antisemitismus Hitlers komme daher, daß der jüdische Arzt die Mutter falsch behandelt habe und zu teuer gewesen sei, ist nicht haltbar.

[71] Binion, Rudolph: »... daß ihr mich gefunden habt«. Hitler und die Deutschen. Eine Psychohistorie, Stuttgart 1978, S. 37ff., auch 78ff.

[72] Stierlin, Helmut: Adolf Hitler. Familienperspektiven, Frankfurt am Main 1975, S. 154ff.

[73] Hamann, Brigitte: Hitlers Wien. Lehrjahre eines Diktators. München 2000, S. 7. Vgl. auch Wladika, Michael: Hitlers Vätergeneration. Die Ursprünge des Nationalsozialismus in der k.u.k. Monarchie, Köln/Weimar/Wien 2005.

[74] Daim, Wilfried: Der Mann, der Hitler die Ideen gab, München 1958, unter anderem S. 138, 144f., 156.

[75] MK, S. 59, auch S. 133.

»Auch der alldeutsche Verband instrumentalisierte den Antisemitismus. Der gründete dann die Deutsche Arbeiterpartei, in die Hitler nach dem Ersten Weltkrieg als V-Mann des Militärs eintritt, um eine antisemitische Bewegung hochzuziehen, die der Sozialdemokratie das Wasser abgraben sollte. Dieses Modell war bei Lueger schon angelegt. Der versuchte, durch Ausspielen des Antisemitismus die kleinbürgerlichen Massen auf die Seite der Christlich-Sozialen zu bringen. Hitler ist nicht der Mann, der etwas kreiert, sondern er ist Exponent einer Strömung, und er hat eine ungeheuer große Fähigkeit, diese Bewegung als Katalysator zusammenzufassen. [...] Er war das Bindemittel der verschiedenen Ideologeme. Man kann eben antibolschewistisch und antikapitalistisch zugleich sein, wenn man Antisemit ist.« (Hans Mommsen, in: Die Woche, 15. November 1996)

[76] Hamann, Brigitte, a.a.O., S. 578.

[77] Hamann, Brigitte, a.a.O., S. 579.

[78] Nolte, Ernst: Der Faschismus in seiner Epoche, München 1963, S. 356f.

V Krieg als Lebenserfüllung

Dass der Sohn noch einen Sturmangriff erleben durfte, bevor er auf dem »Feld der Ehre« fiel, ist bei Walter Flex der Kern deutscher Mutterliebe – ein erschütterndes Zeichen für die Tatsache, dass die Erziehung des »Jünglings« auf Ausübung des »Kriegshandwerks« zielte. Erst auf dem Schlachtfeld war der Mann etwas wert und so stilisierte sich Hitler zum Helden in »feldgrauer Uniform«.

Als jungen Wildfang hatte mich in meinen ausgelassenen Jahren nichts so sehr betrübt, als gerade in einer Zeit geboren zu sein, die ersichtlich ihre Ruhmestempel nur mehr Krämern oder Staatsbeamten errichten würde. Die Wogen der geschichtlichen Ereignisse schienen sich schon so gelegt zu haben, daß wirklich nur dem »friedlichen Wettbewerb der Völker«, das heißt also einer geruhsamen gegenseitigen Begaunerung unter Ausschaltung gewaltsamer Methoden der Abwehr, die Zukunft gehören zu schien. Die einzelnen Staaten begannen immer mehr Unternehmen zu gleichen, die sich gegenseitig den Boden abgraben, die Kunden und Aufträge wegfangen und einander auf jede Weise zu übervorteilen versuchen, und dies alles unter einem ebenso großen wie harmlosen Geschrei in Szene setzen. Diese Entwicklung aber schien nicht nur anzuhalten, sondern sollte dereinst (nach allgemeiner Empfehlung) die ganze Welt zu einem einzigen großen Warenhaus ummodeln, in dessen Vorhallen dann die Büsten der geriebensten Schieber und harmlosesten Verwaltungsbeamten der Unsterblichkeit aufgespeichert würden. Die Kaufleute könnten dann die Engländer stellen, die Verwaltungsbeamten die Deutschen, zu Inhabern aber müßten sich wohl die Juden aufopfern, da sie nach eigenem Geständnis doch nie etwas verdienen, sondern ewig nur »bezahlen« und außerdem die meisten Sprachen sprechen.

Warum konnte man denn nicht hundert Jahre früher geboren sein? Etwa zur Zeit der Befreiungskriege, da der Mann wirklich, auch ohne »Geschäft«, noch etwas wert war?!

Ich hatte mir so über meine, wie mir vorkam, zu spät angetretene irdische Wanderschaft oft ärgerliche Gedanken gemacht und die mir bevorstehende Zeit »der Ruhe und Ordnung« als eine unverdiente Niedertracht des Schicksals angesehen. Ich war eben schon als Junge kein »Pazifist«, und alle erzieherischen Versuche in dieser Richtung wurden zu Nieten.

Wie ein Wetterleuchten kam mir da der Burenkrieg vor. Ich lauerte jeden Tag auf die Zeitungen und verschlang Depeschen und Berichte und war schon glücklich, Zeuge dieses Heldenkampfes wenigstens aus der Ferne sein zu dürfen.

Der Russisch-Japanische Krieg sah mich schon wesentlich reifer, allein auch aufmerksamer. Ich hatte dort bereits aus mehr nationalen Gründen Partei ergriffen und mich damals beim Austrag unserer Meinungen sofort auf Seite der Japaner gestellt. Ich sah in einer Niederlage der Russen auch eine Niederlage des österreichischen Slawentums.

Seitdem waren viele Jahre verflossen, und was mir einst als Junge wie faules Siechtum erschien, empfand ich nun als Ruhe vor dem Sturme. Schon während meiner Wiener Zeit lag über dem Balkan jene fahle Schwüle, die den Orkan anzuzeigen pflegt, und schon zuckte manchmal auch ein hellerer Lichtschein auf, um jedoch rasch in das unheimliche Dunkel sich wieder zuzückzuverlieren. Dann aber kam der Balkankrieg, und mit ihm fegte der erste Windstoß über das nervös gewordene Europa hinweg. Die nun kommende Zeit lag wie ein schwerer Alpdruck auf den Menschen, brütend wie fiebrige Tropenglut, so daß das Gefühl der herannahenden Katastrophe infolge der ewigen Sorge endlich zur Sehnsucht wurde: der Himmel möge endlich dem Schicksal, das nicht mehr zu hemmen war, den freien Lauf gewähren. Da fuhr denn auch schon der erste gewaltige Blitzstrahl auf die Erde nieder: das Wetter

brach los, und in den Donner des Himmels mengte sich das Dröhnen der Batterien des Weltkrieges.
Als die Nachricht von der Ermordung des Erzherzogs Franz Ferdinand in München eintraf (ich saß gerade zu Hause und hörte nur ungenau den Hergang der Tat), faßte mich zunächst Sorge, die Kugeln möchten vielleicht aus den Pistolen deutscher Studenten stammen, die aus Empörung über die dauernde Verslawungsarbeit des Thronfolgers das deutsche Volk von diesem inneren Feinde befreien wollten. Was die Folge davon gewesen wäre, konnte man sich sofort ausdenken: eine neue Welle von Verfolgungen, die nun vor der ganzen Welt »gerechtfertigt« und »begründet« gewesen wären. Als ich jedoch gleich darauf schon die Namen der vermutlichen Täter hörte und außerdem ihre Feststellung als Serben las, begann mich leises Grauen zu beschleichen über diese Rache des unerforschlichen Schicksals. Der größte Slawenfreund fiel unter den Kugeln slawischer Fanatiker.
Wer in den letzten Jahren das Verhältnis Österreichs zu Serbien dauernd zu beobachten Gelegenheit besaß, der konnte wohl kaum einen Augenblick darüber im Zweifel sein, daß der Stein in das Rollen gekommen war, bei dem es ein Aufhalten nicht mehr geben konnte. [...]
Der Kampf des Jahres 1914 wurde den Massen, wahrhaftiger Gott, nicht aufgezwungen, sondern von dem gesamten Volke selbst begehrt. [...]
Ich hatte einst als Junge und junger Mensch so oft den Wunsch gehabt, doch wenigstens einmal auch durch Taten bezeugen zu können, daß mir die nationale Begeisterung kein leerer Wahn sei. Mir kam es oft fast als Sünde vor, Hurra zu schreien, ohne vielleicht auch nur das innere Recht hierzu zu besitzen; denn wer durfte dieses Wort gebrauchen, ohne es einmal dort erprobt zu haben, wo alle Spielerei zu Ende ist und die unerbittliche Hand der Schicksalsgöttin Völker und Menschen zu wägen beginnt auf Wahrheit und Bestand ihrer Gesinnung? So quoll mir, wie Millionen anderen, denn auch das Herz über vor stolzem Glück, mich nun endlich von dieser lähmenden Empfindung erlösen zu können. Ich hatte so oft »Deutschland über alles« gesungen und aus voller Kehle Heil gerufen, daß es mir

fast wie eine nachträglich gewährte Gnade erschien, nun im Gottesdienst des ewigen Richters als Zeuge antreten zu dürfen zur Bekundung der Wahrhaftigkeit dieser Gesinnung. Denn es stand bei mir von der ersten Stunde an fest, daß ich im Falle eines Krieges – der mir unausbleiblich schien – so oder so die Bücher sofort verlassen würde. Ebenso aber wußte ich auch, daß mein Platz dann dort sein mußte, wo mich die innere Stimme nun einmal hinwies.

Aus politischen Gründen hatte ich Österreich in erster Linie verlassen; was war aber selbstverständlicher, als daß ich nun, da der Kampf begann, dieser Gesinnung erst recht Rechnung tragen mußte! Ich wollte nicht für den habsburgischen Staat fechten, war aber bereit, für mein Volk und das dieses verkörpernde Reich jederzeit zu sterben.

Am 3. August reichte ich ein Immediatgesuch an Seine Majestät König Ludwig III. ein mit der Bitte, in ein bayerisches Regiment eintreten zu dürfen. Die Kabinettskanzlei hatte in diesen Tagen sicherlich nicht wenig zu tun; um so größer war meine Freude, als ich schon am Tage darauf die Erledigung meines Ansuchens erhielt. Als ich mit zitternden Händen das Schreiben geöffnet hatte und die Genehmigung meiner Bitte mit der Aufforderung las, mich bei einem bayerischen Regiment zu melden, kannten Jubel und Dankbarkeit keine Grenzen. Wenige Tage später trug ich dann den Rock, den ich erst nach nahezu sechs Jahren wieder ausziehen sollte.

So, wie wohl für jeden Deutschen, begann nun auch für mich die unvergeßlichste und größte Zeit meines irdischen Lebens. Gegenüber den Ereignissen dieses gewaltigsten Ringens fiel alles Vergangene in ein schales Nichts zurück.

Mit stolzer Wehmut denke ich gerade in diesen Tagen, da sich zum zehnten Male das gewaltige Geschehen jährt, zurück an diese Wochen des beginnenden Heldenkampfes unseres Volkes, den mitzumachen mir das Schicksal gnädig erlaubte.

Wie gestern erst zieht an mir Bild um Bild vorbei, sehe ich mich im Kreise meiner lieben Kameraden eingekleidet, dann zum ersten Male ausrücken, exerzieren usw., bis endlich der Tag des Ausmarsches kam.

Eine einzige Sorge quälte mich in dieser Zeit, mich wie so viele andere auch, ob wir nicht zu spät zur Front kommen würden. Dies allein ließ mich oft und oft nicht Ruhe finden. So blieb in jedem Siegesjubel über eine neue Heldentat ein leiser Tropfen Bitternis verborgen, schien doch mit jedem neuen Siege die Gefahr unseres Zuspätkommens zu steigen.

Und so kam endlich der Tag, an dem wir München verließen, um anzutreten zur Erfüllung unserer Pflicht. Zum ersten Male sah ich so den Rhein, als wir an seinen stillen Wellen entlang dem Westen entgegenfuhren, um ihn, den deutschen Strom der Ströme, zu schirmen vor der Habgier des alten Feindes. Als durch den zarten Schleier des Frühnebels die milden Strahlen der ersten Sonne das Niederwalddenkmal auf uns herabschimmern ließen, da brauste aus dem endlos langen Transportzuge die alte Wacht am Rhein in den Morgenhimmel hinaus, und mir wollte die Brust zu enge werden.

Und dann kommt eine feuchte, kalte Nacht in Flandern, durch die wir schweigend marschieren, und als der Tag sich dann aus den Nebeln zu lösen beginnt, da zischt plötzlich ein eiserner Gruß über unsere Köpfe uns entgegen und schlägt in scharfem Knall die kleinen Kugeln zwischen unsere Reihen, den nassen Boden aufpeitschend; ehe aber die kleine Wolke sich noch verzogen, dröhnt aus zweihundert Kehlen dem ersten Boten des Todes das erste Hurra entgegen. Dann aber begann es zu knattern und zu dröhnen, zu singen und zu heulen, und mit fiebrigen Augen zog es nun jeden nach vorne, immer schneller, bis plötzlich über Rübenfelder und Hecken hinweg der Kampf einsetzte, der Kampf Mann gegen Mann. Aus der Ferne aber drangen die Klänge eines Liedes an unser Ohr und kamen immer näher und näher, sprangen über von Kompanie zu Kompanie, und da, als der Tod gerade geschäftig hineingriff in unsere Reihen, da erreichte das Lied auch uns, und wir gaben es nun wieder weiter: Deutschland, Deutschland über alles, über alles in der Welt!

Nach vier Tagen kehrten wir zurück. Selbst der Tritt war jetzt anders geworden. Siebzehnjährige Knaben sahen nun Männern ähnlich.

Die Freiwilligen des Regiments List hatten vielleicht nicht recht kämpfen gelernt, allein zu sterben wußten sie wie alte Soldaten. Das war der Beginn.
So ging es nun weiter Jahr für Jahr; an Stelle der Schlachtenromantik aber war das Grauen getreten. Die Begeisterung kühlte allmählich ab, und der überschwengliche Jubel wurde erstickt von der Todesangst. Es kam die Zeit, da jeder zu ringen hatte zwischen dem Trieb der Selbsterhaltung und dem Mahnen der Pflicht. Auch mir blieb dieser Kampf nicht erspart. Immer, wenn der Tod auf Jagd war, versuchte ein unbestimmtes Etwas zu revoltieren, war bemüht, sich als Vernunft dem schwachen Körper vorzustellen und war aber doch nur die Feigheit, die unter solchen Verkleidungen den einzelnen zu umstricken versuchte. Ein schweres Ziehen und Warnen hub dann an, und nur der letzte Rest des Gewissens gab oft noch den Ausschlag. Je mehr sich aber diese Stimme, die zur Vorsicht mahnte, mühte, je lauter und eindringlicher sie lockte, um so schärfer ward dann der Widerstand, bis endlich nach langem innerem Streite das Pflichtbewußtsein den Sieg davontrug. Schon im Winter 1915/16 war bei mir dieser Kampf entschieden. Der Wille war endlich restlos Herr geworden. Konnte ich die ersten Tage mit Jubel und Lachen mitstürmen, so war ich jetzt ruhig und entschlossen. Dieses aber war das Dauerhafte. Nun erst konnte das Schicksal zu den letzten Proben schreiten, ohne daß die Nerven rissen oder der Verstand versagte.
Aus dem jungen Kriegsfreiwilligen war ein alter Soldat geworden. [79]

Auch wenn Hitler als Arbeits- und Obdachloser der deklassierten Unterschicht angehörte, zeigte er die vor allem für das Bürgertum charakteristische Neigung zu Nationalismus und Chauvinismus. Es gehört zum deutschen »Sonderweg«, dass im Laufe des 19. Jahrhunderts, im Besonderen nach dem Sieg über Frankreich 1870/71 – Nietzsche sprach bekanntlich von der Exstirpation des deutschen Geistes zugunsten des deutschen Reiches –, soldatische Bewährung in Kampf und Krieg zum hauptsächlichen Erziehungsziel wurde. Das schloss ein, dass man, auch wenn dies eine gesamteuropäische

Erscheinung war, sich einem »Völkerkampf« geradezu gierig entgegensehnte und davon, im »Stahlbad«, geistig-seelische wie insgesamt kulturelle Erneuerung erhoffte.

Franz Marc meldete sich 1914 als Kriegsfreiwilliger. Verblendet glaubte er, dass der Krieg »den Stall des Augias«, das alte Europa, reinigen werde.[80] Idealismus in seiner tiefsten Erniedrigung? Sehnsucht nach dem Tod als vollkommener Läuterung und Übergang zum ersehnten reinen Sein? Tumbe Torheit, welche die Zeichen furchtbarer Wirklichkeit nicht erkennt und einem verlorengegangenen Paradies nachträumt? Die »Selbstreinigung«, die der Künstler mit der Abstraktion betreiben wollte, sollte der Krieg im weltgeschichtlichen Maßstab bewerkstelligen. Eine solche Wahnidee gehörte zur tragischen Hypothek des Expressionismus, denn ungewollt gab sich dessen Idealismus zur Rechtfertigung und Überhöhung eines Abenteuers her, dessen wahre Triebkräfte Machtpolitik und Nationalismus waren. Auch eine so sanfte, franziskanische Erscheinung wie Marc fieberte dem Krieg als große Läuterung entgegen, die Europa von allem »Ichtum« und Materialismus – für ihn Grundübel –, befreien und zu einer Epoche des reinen Geistes hinüberleiten sollte. Marcs Kunst griff auf die Welthaltung der Romantik zurück. Wie sich die Natur in den Augen eines Tieres spiegle, das erschien ihm als die geheimnisvollste künstlerische Idee. Einen solchen Satz hätte Novalis schreiben können. Wenn Marc das Tier als Kunstfigur zelebriert, so tut er dies im Sinne der Kleistschen Marionette: um mit Hilfe kreatürlicher Unschuld, fern von menschlicher Perversion, »von hinten« in das verlorene Paradies wieder einzutreten.

In Frankreich, einem Land, das er im Frieden oft besucht hatte und in dem ihn, wie er 1903 an seinen Bruder schrieb, die Lust zu leben ergriff, ist Franz Marc am 4. März 1916 vor Verdun gefallen.

Der Kulturweltbürger, schrieb Sigmund Freud in »Zeitgemäßes über Krieg und Tod« (1915), stehe ratlos da in der ihm fremd gewordenen Welt. »Sein großes Vaterland zerfallen, die gemeinsamen Besitztümer verwüstet, die Mitbürger entzweit und erniedrigt.« Der Krieg setze sich über alle Einschränkungen hinweg, zu denen man sich in friedlichen Zeiten verpflichtet, die man das Völkerrecht genannt habe; er werfe nieder, was ihm im Wege stehe, in blinder Wut, als solle es keine Zukunft und keinen Frieden unter den Menschen nach ihm geben. »Er zerreißt alle Bande der Gemeinschaft unter den miteinander ringenden Völkern und droht eine Erbitterung zu hinterlassen, welche eine Wiederanknüpfung derselben für lange Zeit unmöglich machen wird.«[81]

Solche Erkenntnis und Einsicht war selten und am wenigsten bei Hitler und seinem völkischen Umfeld anzutreffen. Aber auch die Arbeiterschaft (und damit die Sozialdemokraten) erfasste das Delirium des Kriegsrausches, obwohl hier das vom Friedensüberdruss bestimmte *Taedium vitae* wenig ausgeprägt war (man erhoffte den neuen Menschen auf expressiv humanitär-utopische Weise). Auf fatale Weise hatte das Bekenntnislied des Arbeiterdichters Karl Bröger recht: dass Deutschlands »ärmster Sohn auch sein getreuester war« (im Herzen immer »das Wort Deutschland« tragend).[82]

Hitlers Psychogramm des kampfbereiten, nach soldatischem Tatenruhm strebenden Jünglings ist ein Kernstück des deutschen Psychogramms, das sich besonders bei der Geschlechterbeziehung zeigt. Des Mädels Held ist eben der Soldat, den sie bei der Gattenwahl als Spezies allen anderen männlichen Typen vorzieht.

> *Das Mädchen soll seinen Ritter kennen lernen. Würde nicht die körperliche Schönheit heute vollkommen in den Hintergrund gedrängt durch unser laffiges Modewesen, wäre die Verführung von Hunderttausenden von Mädchen durch krummbeinige, widerwärtige Judenbankerte gar nicht möglich. Auch dies ist im Interesse der Nation, daß sich die schönsten Körper finden und so mithelfen, dem Volkstum neue Schönheit zu schenken.*[83]

»Ich bin ein schwaches Maidli und Ihr ein starker Mann. [...] Sie schlang ihre Linke um mich und drückte mit ihrer Rechten das eiserne Kreuz an ihre Lippen, wie eine Gläubige, im Drange der Gefahr, ihr Amulett.« So hieß es in der Unterhaltungsliteratur von Karl Henn, der sich Heinrich Clauren nannte.[84] Jahrzehntelang hämmerten patriotische Erzieher, Dichter und Denker ihr Stakkato von Vaterland, Nation, Heldentod, heiligem Krieg ins Bewusstsein des »Jünglings« ein.[85] Das Vaterland war für Klopstocks Rhetorik »mehr als Mutter und Weib und Braut« und über die Klopstock nahe stehende »Heldenjugend« spöttelte schon der 20-jährige Goethe: »Die Glut, die im Mut aus den Augen blitzt, der goldne Huf mit Blut bespritzt, der Helm mit dem Federbusch, der Speer, ein paar Dutzend ungeheure Hyperbeln – das ist zusammen nicht auszustehen.« Der vaterländische Jüngling suchte entweder sehnsüchtig den Tod auf dem heiligen Schlachtfeld, oder aber er kehrte siegreich zur enthusiastisch wartenden Braut zurück: »Hermann! Hermann! so hat dich/niemals Thusnelda geliebt.« (Klopstock) – Die Jugend der Freiheitskriege, die sich am »Gesundbrunnen des Krieges« erlabte, wollte Mann für Mann »mit Blut das Eisen röten,/mit Henkerblut, Franzosenblut –/o süßer Tag der Rache!/Das klinge allen Deutschen gut;/das ist die große Sache.« »Wir verjüngen uns in der Jugend, die uns lieben und hassen lehrt«, verkündete Turnvater Jahn und stellt fest: »[...] unser irdisches Höchste ist Volk und Vaterland, alles Hehre und Heilige erscheint in diesem Namen«.[86] Die Jugend von 1813 »lachte und scherzte nicht«, sie bestand – zumindest in der Meinung der späteren Interpreten – aus spartanischen Jünglingen, »die einherschritten in trutziger Haltung, abgehärteten Leibes, in altdeutscher Tracht, hochpathetische Worte voll sittlichen Zornes und vaterländischer Begeisterung redend«.[87] Die Turnerschaften, Burschenschaften und studentischen Corps haben vor allem nach 1848 dem heldischen Nationalismus zum Durchbruch verholfen.

Die Reichsgründung von 1871 stählte das »neue Geschlecht« im Bewusstsein, dass das Schwert behaupten müsse, was das Schwert gewonnen habe. »Mannwerdung« sei der Krieg, meinte Treitschke und fielen die Jünglinge auch, so »sagten die Väter und die Brüder: viel Trauer, viel Ehre«. »Solchem Hause gehörte dann ein Blatt im schwellenden Kranze des deutschen Ruhmes.«[88] Christentum und Kriegertum seien nun vom Deutschtum nicht mehr zu trennen, verkündete Julius Langbehn. Dokumente, die mit Blut geschrieben seien, würden sich erwiesenermaßen jahrhundertelang frisch halten. Bald pathetisch (»Blut und Eisen«)[89] bald folkloristisch (»immer feste druff«) wurde das Leitbild des jugendlich strammen Offiziers propagiert, der über die schlappen Haltung des Zivilisten unendlich erhaben war, forsches Auftreten und sittliche Reinheit, eiserne Nerven und strahlende Schönheit in sich vereine. Für die Alldeutschen war der Krieg der beste Erzieher der Jugend, ein »sorgsamer Erneuerer und Erhalter, der große Arzt und Gärtner, der die Menschheit auf ihrem Wege zur Höherentwicklung begleitete. [...] Wehe dem Volke, das längere Zeit hindurch seiner heilenden und hegenden Hand entraten muß«.[90] Von seiner Gründung bis in die Tage des Nationalsozialismus stimmte der Verband (in Enttäuschung über die unheldische Weimarer Republik) unentwegt sein Morgenrot- und Morgenritt-Bardiet an – einer trutz- und wehrhaften Jugend zum Frommen, in vielen Broschüren und Schriften verbreitet.[91] Die Jugend sollte zu den Quellen der Begeisterung, das heißt zu kriegsfreudigem Patriotismus, zurückfinden. Die Frau (deren »politische Bestrebungen als nicht berechtigt und nützlich angesehen werden können«) hatte als Mutter ihre Kinder zu zukünftigen Helden zu erziehen: »Die Stärke der Frau ist der Instinkt – die deutsche Frau wird, wenn sie ihres Volkstums bewußt ist und stolz auf seine Geschichte, seine Größe, seine Taten, aus ihrem Instinkt den Kindern nach Stimmung und Gefühl ihr Vaterland so wert machen, daß sie, zum Denken erwacht, nichts anderes können, als es lieben.«[92]

Als der Erste Weltkrieg ausbrach, standen die Herzen der Dichter und Jünglinge, wie weiland 1813, sofort in hellsten Flammen. »Nun sangen sie wie im Wettstreit den Krieg, frohlockend mit tief aufquellendem Jauchzen.«[93] Die Blüte der deutschen Jugend »zeigte sich als Meister im Draufgehen und im Sterben. [...] Morgenrot, Morgenrot [...]. Kein sel'ger Tod ist in der Welt, als wer vorm Feind erschlagen [...]«.[94] Aus den Klopstockschen papieren-romantischen Jünglingen, denen die Kampfesfreude die Wangen rötete, vom Gebet der Schlachtjungfrauen gesegnet, waren im Grabenkampf des Ersten Weltkriegs – so Ernst Jünger – »Stahlnaturen« geworden: »scharfäugig und verwittert, Landsknechte auch der Liebe. [...] Männer, wie sie bisher die Welt nie gesehen hatte. [...] Es war eine ganz neue Rasse, verkörperte Energie und mit höchster Wucht geladen. Geschmeidige, hagere, sehnige Körper, markante Gesichter, Augen in tausend Schrecken unterm Helm versteinert. Sie waren Überwinder, Stahlnaturen, eingestellt auf den Kampf in seiner gräßlichsten Form.«[95] Für Jünger hatte das Feuer der Materialschlachten die Krume des Mutterbodens wieder aufgesprengt und durch Ströme von Blut befruchtet; ein neues Verhältnis zum »Elementaren« sei so geschaffen worden.

»Wie Siegfried unter dem hinterlistigen Speerwurf des grimmigen Hagen, so stürzte die ermattete Front« – mit dieser Lüge pflanzte Hindenburg nach 1918 erneut die Hoffnung auf eine martialische Zukunft in die Herzen der deutschen Jugend: sie sollte den Verrat (und den Schandfrieden von Versailles) eines Tages wieder mit Blut auslöschen. »In dieser Zuversicht lege ich die Feder aus der Hand und baue fest auf dich, du deutsche Jugend.«[96] Das war nicht auf Sand gebaut – das antidemokratische Denken in der Weimarer Republik nährte weiter das Bewusstsein von der »Schönheit und sittlichen Kraft des Todes fürs Vaterland. [...] je heißer die Schlacht, um so näher Gott; und je näher Gott, um so schöner der Tod.« (Pastor O. Eckert) Unter dem Dreiklang von Schlacht, Gott, Tod sollte der Jüngling heranwachsen »nach Altväter Sitte«.[97] Mit dem Dritten Reich erhob sich der Heroismus »leidenschaftlich als kommender Gestalter und Führer politischer Schicksale« über die verlotterte, dekadente Demokratie. (Adolf Hitler)[98] Der NS-Heldengedenktag vereinte die »heldischen« Elemente des 19. Jahrhunderts in sich: der Kleinbürger zelebrierte den Fichteschen Idealismus vor dem Treitschkeschen Altar des Vaterlands mit der Pose des Rembrandtdeutschen im Stil eines Ganghofers.

Die Erziehung des deutschen Jünglings zum Helden vollzog sich im Zeichen bestimmter Leitbilder aus Geschichte und Literatur. Spartaner sollte man sein, sterben, »wie das Gesetz es befahl« oder, den alten Römern gleich, auf dem Schild oder mit dem Schild aus der Schlacht zurückkehren. Beliebte Gehalte des Lateinunterrichts und des durch die Altphilologie beherrschten Geschichts- und Deutschunterrichts waren die Verherrlichungen patriotischen Bauerntums (»Die Tochter des Landmannes schmückt den Altar«), chauvinistischer Moritat (»Es ist süß und ehrenvoll, fürs Vaterland zu sterben«), »ehrwürdigen Patriarchentums« (»Wenn euch, o Jünglinge, die Greise sich nähern, erhebet euch von den Sitzen«).[99] Die Darstellungen der griechischen Götterwelt, die in der Malkunst schon zu Beginn des 19. Jahrhunderts zu gigantischen Kitschpanoramen ausarteten, waren Vorstufen der späteren Schlachtenmalerei, die dann im Sinne journalistischer Geschichtsreportage und »lebendiger Bilder« das deutsche Heldentum farbenprächtig vorzeichnete.[100] Über das schulische Anschauungsmaterial von Wandtafeln, Geschichtsbuch- und Lesebuchillustrationen prägten sich solche Bilder tief im Bewusstsein der jungen Menschen ein. Die Sedan-Kunst – die Deutschen zeigten nach 1870/71 ständig ein »Sedanslächeln« (so B. Croce) fand schließlich ihre höchste Vollendung in der Blubo-Malerei der Nationalsozialisten.

»Wenn wir verlangen, daß heute das Panier des deutschen Idealismus wieder aufgepflanzt werden soll in Deutschlands Gauen, so predigen wir nicht ein Schwelgen in Gefühlen, ein tatenloses Dämmern, ein geistiges Genießen – unsere Größten waren Idealisten, aber Männer des Gedankens, des heißen Herzens und der Tat! Armin, der große Karl, Martin Luther, der Alte Fritz, Friedrich Schiller, alle die Helden der preußischen Wiedergeburt und Otto von Bismarck – alles, ihr Herren ohne Schwung und Liebe, alles Idealisten!«[101] An drei Figuren aus der deutschen Idealisten- und Heldengalerie sollen einige Aspekte solcher Nationalpädagogik aufgezeigt werden.

Der »Bamberger Reiter« galt als der biologische Inbegriff des nordisch-männlich-heldischen, echt-deutschen Wesens. Seine Gläubigkeit war säkularisierbar, mehr aufs Schwert als auf Gott beziehbar. Er war Mann durch und durch, aber man konnte annehmen, dass ihn eine keusche Frouwe in der Kemenate erwartete. Siegfried war in ihm wiedergeboren, die Krone stand ihm so zu Gesicht »wie dem deutschen Soldaten der Stahlhelm«.[102] Das deutsche Mädel, das ihren »stolzen, schönen Soldaten« immer vor sich sah, konnte mit Recht fragen: »Sieht er nicht aus wie der Reiter vom Bamberger Dom?«[103] Der »Bamberger Reiter« als Leitbild der »rassischen Auslese für jedermann«, der »in nie wiedergesehener Reinheit das Wunschbild des nordischen Helden verkörperte«, war somit zugleich eine Antizipation Hitlers: »Du Standbild, das der Nationalsozialismus durch seine Doktrin zum steinernen Testament der germanischen Rasse erhoben hat, Du ewiger Deutscher, in dem das unveränderliche Gesetz des Vaterlandes, das nur nationalsozialistisch sein kann, aus Künstlerhand erwuchs, hast einen Meister gefunden. Er trägt zwar nicht Deine Züge, aber noch mehr als Du verkörpert er die Stimme des inneren Vaterlandes, da er das erfüllte, worauf Du, Jahrhunderte auf Deinem Rosse sitzend, gewartet hast.«[104]

Auch Martin Luther wurde zum Erzdeutschen gemacht – ein

christlicher Streiter (mehr Streiter als Christ), seiner Obrigkeit stets gehorsam. Er war kein dekadenter Denker und Philosoph, kein Pazifist und Humanist, sondern einer, der mit wackeren, kernigen Fäusten dreinschlug (etwa auf die republikanisch gesinnten Bauern).[105] In seinem Kämpfertum kam – »ganz anders als etwa bei Lessing« – der ganze Mensch zur Geltung: »Der starke Haß, welchen Luther seinerzeit gegen Erasmus hegte, war keineswegs von zufälliger oder persönlicher Art; es war der Haß des Ehrenmannes gegen den zweifelhaften Charakter, des treu und schlicht empfindenden Volksmannes gegen den mit einer falschen Politur versehenen Geist; echte und unechte Größe vertragen sich nie.«[106] Luther wusste, dass der »liebe Christ keinen bittereren, giftigeren, heftigeren Feind hatte« als »einen Jüden, der mit Ernst ein Jüde sein will. Es mögen vielleicht unter ihnen sein, die da glauben, was die Kuhe oder Gans gläubet; doch hänget ihnen allen das Geblüt und die Beschneidung an«. So wurden manche Luther-Zitate und -Schriften dem Antisemiten-Katechismus der Deutschen einverleibt.[107] Der »Germane Luther« würde, wenn er im Dritten Reich gelebt hätte, auf die lichtumflutete nordische Heilbringergestalt gedeutet und abgelehnt haben, »daß der Deutsche Glaubensanleihen im Orient macht. Und er würde auf die Gott-Mensch-Rune deuten und sagen: Das ist unser, der artgerechte deutsche nordische Gott.«[108] Ein »gigantischer Luther« wies ins Dritte Reich.[109]: Hitler vollendete das Werk Luthers – sie waren »Zusammenspieler für das Heil des deutschen Volkes«.[110] (Es gab keine Geschmacklosigkeit, zu der die »deutschen Christen« nicht fähig gewesen wären.)

Der Schmied des »Deutschen Reiches Einheit« war der trutzige Bismarck. Er käme eben aus altem germanischem Bauerngeschlecht und war auch der »alten Götter Geschlecht gestorben«. Wotans Eichen rauschten für Bismarck weiter, der Glanz seines Heldentums »hat neu das alte Heiligtum geweiht«.[111] Die »strömende Fülle seiner Kräfte hatte nichts Höheres auf Erden gekannt, als Eckart seines Volkes zu werden. Er hatte die Welt mit seinem Namen erfüllt, dass in Jahrhunderten noch die Heldensage erklingen würde als Fest und Jubellied der Deutschen.«[112] Als »glorreich Vollendeter« stand er vor seinen nationalen Anbetern: »Bismarck! Dein heilger Name, nie noch stand er so groß vor deinem Volke wie heute! Unter dem Donner der Not erwuchs zu Eisen der Same, den du ahnenden Sinnes uns in die Herzen gestreut. Ehern die Kraft und der Mut und ehern zum Sieg unser Wille; ehern der Glaube in uns an die unsterbliche Tat. – Sieh, Verklärter, herab aus deiner seligen Stille, segne die Ernte der Zeit, wie du gesegnet die Saat.«[113] Bismarck war zu danken, so schrieb Hitler in »Mein Kampf«, dass nach einem Siegeslaufe ohnegleichen »als Lohn unsterblichen Heldentums« den Söhnen und Enkeln ein Reich erwuchs. »Nicht im Geschnatter einer parlamentarischen Redeschlacht, sondern im Donner und Dröhnen der Pariser Einschließungsfront vollzog sich der feierliche Akt einer Willensbekundung.« Hitler wollte sich »des großen Erbes würdig erweisen« und im Ersten Weltkrieg kämpfte er mit, Bismarcks Werk zu erhalten: »Was die Väter einst mit ihrem Heldenblute in den Schlachten von Weißenburg bis Sedan und Paris erstritten hatten, mußte nun das junge Deutschland sich aufs neue verdienen.«[114]

Der Jüngling hatte solchen und ähnlichen Leitbildern – meist Um- und Fehlinterpretationen großen Ausmaßes – nachzustreben. Es wurde ihm dann klar, »daß Luther und Bismarck, Friedrich der Große und Moltke, Goethe und Richard Wagner, Bach und Beethoven einzig Deutsche sein konnten.«[115] Held sein hieß deutsch sein, deutsch sein hieß Held sein. Wie der Ritter auf Dürers Stich »Ritter, Tod und Teufel« sollte die deutsche Jugend tapfer ihres Weges ziehn: eine nationale Burg war ihr Gott.[116]

Hitler, der Held der Helden, wurde zur Inkarnation jahrzehntelanger Heldenerziehung und später zum Idol einer Jugend, die man systematisch von Humanität, friedlicher Arbeit und Bewährung abdrängte, deren sinnlose und blinde Einsatzbereitschaft man missbrauchte und die man schließlich dem nationalen Götzen opferte. Großangelegte Heldenfriedhöfe in allen europäischen Ländern hatten die Nationalsozialisten schon vor Ausbruch des Zweiten Weltkrieges geplant. Die deutsche Jugend sollte den »Vorderaufstieg ins Pantheon« nehmen können – sie landete im nationalen Beinhaus, auf dem Schindanger einer verblendeten Nation.

In Hitlers rhapsodischer Schilderung der Fahrt der Kriegsfreiwilligen an die Front gibt es eine kurze, aber für die deutsche Mentalitätsgeschichte sehr signifikante Stelle. Da ist vom Rhein als dem deutschen Strom der Ströme die Rede, den es vor der Habgier des »alten Feindes« zu schützen gelte. Das Wort und Wesen von »deutsch«, die Überzeugung, dass alles Bedeutende und Wertvolle deutsch (oder germanisch) sei, dass die Welt am deutschen Wesen zu genesen habe, war tief im Bewusstsein des Deutschen verankert. »Deutsch« ist ein markantes Zeichen für die vor allem nach 1848 sich immer mehr ausprägenden Nationalismus. Hitler ist in diesem Sinne in seinem Buch »Mein Kampf« explizite und implizite ein Herold solcher Deutsch-Hybris, was ihm eine große Gefolgschaft sicherte.

Der Nationalismus fand seine »höchste Krönung« im Wort »deutsch«, das als Adjektiv *die* Eigenschaft bedeutete und als Substantiv *das* Hauptwort schlechthin darstellte. Was »deutsch« war, blieb unübertroffen, was unübertroffen war, nannte man »deutsch«. Der Irrationalismus, der Sturm und Drang und die Romantik hatten die deutsche Sprache, das deutsche Volkslied, die deutsche Gotik, den deutschen Wald, das deutsche Märchen in ihrer Eigenbedeutung entdeckt; sie waren sich jedoch – sieht man von einigen Exzessen ab – der Vielfalt und Vielstimmigkeit der Völker bewusst geblieben. Die deutsche Nationalliteratur galt nur als ein Zweig des großen »Weltenbaums« der Dichtung. Ab 1813 wurde in zunehmendem Maße die kosmopolitisch-gesinnte deutsche Dichtung für die »nationalen Belange« in Anspruch genommen beziehungsweise uminterpretiert. Deutsch war der Tell (denn alle Schweizer waren deutsch), deutsch war aber auch die Jungfrau von Orleans, die Maria Stuart. Deutsch waren vor allem Hermann und Dorothea, deutsch war Faust. Da der »Deutsche geboren wurde, um in der Welt der Seele zu leben« (»es gibt kein zivilisiertes Volk, welches sittlicher als das seinige«),[117] musste die Jugend an die deutsche Lektüre in deutschem Sinne herangeführt werden, damit sie erkannte, dass ihre Dichterheroen deutschen Geistes gewesen waren.

Über die »Eindeutschung« des »Faust« hat Hans Schwerte eine ausführliche Studie vorgelegt.[118] Faust »trat aus dem Bereich der Poesie in den eines nationalen Kodex«, Ästhetik wurde Weltanschauung und zog pseudoreligiöse Emotionen auf sich. Das »Faustische« wurde Propagandawort und »mythisches Kennwort« für die Weltanschauung des Nationalsozialismus und gegen die westliche Welt ausgespielt. Faust war ein Deutscher: Er erschien im Wotansmantel, im Siegfriedgewand. Faust war Arier, Bismarckgermane. Faust zog schließlich das Braunhemd an – das waren Etappen dieser (freilich nicht nur derart linear verlaufenden) Fehlentwicklung. Die Komplexität des Goetheschen Werkes wurde über den nationalen Leisten geschlagen. Die ideologische Vereinfachung ergab in Faust einen Mann, der mit zielbewusster Handlungsweise, nicht aufgehalten durch »kleinliche moralische Bedenken«, seinen Weg ging, der zur Urbarmachung von Boden und zu einer Art großdeutschem Reich führte. Der Zweifel, die Schuld, die Angst und die Blindheit des Dr. Faust sowie seine metaphysische Erlösung wurden als irrelevant oder als Zugeständnisse Goethes ans Publikum abgetan. Faust war der Mann der deutschen Tat – »Goethe kann sich nicht genugtun«, meinte später Alfred Rosenberg, »auf die belebende Tat hinzuweisen.« – »Der größte Hymnus auf menschliche Tätigkeit ist Faust. Nach Umschiffung und Durchdringung aller Wissenschaft, alles Lebens und Leidens wird Faust befreit durch die Tat. Dem immer ins Unendliche strebenden Geiste war die beschränkende Tat, das Abdämmen einer Wasserflut als Nutzdienst für den Menschen der Schlußstein des Lebens, die letzte Stufe zum Unbekannten.« Das »Allein, ich will« des Faust wurde »zum Bekenntnis der neuen Zeit, die eine neue Zukunft will und dieser Wille, das ist unser Schicksal«.[119]

Dem deutschen »Kunstsonntag« (»Wir sind das tüchtigste Volk auf allen Gebieten des Wissens und der schönen Künste!«[120]) entsprach der deutsche »Werkeltag«. Mit »deutschem Handschlag« begrüßte schon der »alte Kämpfer« Jahn seine Mitstreiter.[121] Den »deutschen, deutschen Rhein« sollten die Franzosen nimmer haben, dort stand die »deutsche Wacht«. War der »deutsche Mai« gekommen, so schlugen die »deutschen Bäume« aus. Von den »deutschen Eichen« träumten bereits die Lieddichter der Befreiungskriege (»Wollt nimmer von uns weichen,/uns immer nahe sein,/treu wie die deutschen Eichen,/wie Mond und Sonnenschein.«[122]) »Welche Nation kann solche Berggipfel aufweisen?« meinte Wilhelm Raabe 1860 angesichts des »deutschen Kyffhäuser«. Dem Volksdichter Ludwig Ganghofer glänzte eine »deutsche Sonne«. Ein »deutsches Pfingsten«[123] wünschte die »Gartenlaube« ihren Lesern (und später der »Stürmer« und der »Völkische Beobachter«): »Was treu und edel, wahr und rein,/verbinde sich dem deutschen Namen;/vernichtet sei der Feinde Spott,/in Ewigkeit, das walte Gott/am Fest der deutschen Pfingsten.«[124] Die Weihnacht war als Weihenacht deutsch, die Glocken läuteten deutsch, deutsch war die Kirche (Luther, die Potsdamer Garnisionkirche, der Choral von Leuthen), deutsch war Christus, deutsch war Gott. »Sprechen wir ruhig aus: in uns Deutschen lebt heute der tiefste religiöse Geist der Menschheit«.[125] Der neue deutsche Mensch von 1933 war im Besonderen deutsch: »echt, ganz und unbedingt«.[126] »Wer deutsch spricht und die deutsche Sprache meistern will, muß deutsch denken, und der deutsche Gedanke in der Welt heißt: deutsche Politik.«

»Was ist des Deutschen Vaterland?« hatte Ernst Moritz Arndt gefragt. »[...] wo Eide schwört der Druck der Hand,/wo Treue hell vom Auge blitzt/und Liebe warm im Herzen sitzt –/das soll es sein!/Das, wackrer Deutscher, nenne dein.« Bereits 1858 hatte Julius Fröbel vor dem Deutschheitswahn gewarnt: »Welches Volk hat wie das deutsche das Beiwort immer im Munde, welches seinen eigenen Charakter bezeichnet? ›Deutsche Kraft‹, ›deutsche Treue‹, ›deutsche Liebe‹, ›deutscher Ernst‹, ›deutscher Gesang‹, ›deutscher Wein‹, ›deutsche Tiefe‹, ›deutsche Gründlichkeit‹, ›deutscher Fleiß‹, ›deutsche Frauen‹, ›deutsche Jungfrauen‹, ›deutsche Männer‹ – welches Volk braucht solche Bezeichnungen außer das deutsche? Der Deutsche verlangt von sich ganz extra, daß er deutsch sein soll, als ob ihm freistünde, aus der Haut zu fahren, – grade wie er von seinen Männern extra verlangt ›männlich‹, von seinen Weibern ›weiblich‹, von seinen Kindern ›kindlich‹, von seinen Jungfrauen ›jungfräulich‹ zu sein. Der deutsche Geist steht gewissermaßen immer vor dem Spiegel und betrachtet sich selbst, und hat er sich hundertmal besehen und von seinen Vollkommenheiten überzeugt, so treibt ihn ein geheimer Zweifel, in welchem das innerste Geheimnis der Eitelkeit beruht, abermals davor. – Was ist dies alles anders als die Selbstquälerei eines Hypochonders, dem es an Bewegung fehlt, und dem nur durch Bewegung zu helfen ist?«[127] Für Nietzsche, zu dessen Paradoxie es gehörte, das gefördert zu haben, was er ablehnte, hieß »gut deutsch sein« »sich entdeutschen«. »Der also, welcher den Deutschen wohlwill, mag für seinen Teil zusehen, wie er immer mehr aus dem, was deutsch ist, hinauswachse. Die Wendung zum

Undeutschen ist deshalb immer das Kennzeichen der Tüchtigen unseres Volkes gewesen.«[128]

Doch solche und ähnliche Versuche, das Volk vom Wahn des Nationalismus zu heilen, waren vergeblich. Mäßigung, Vernunft und Einsicht wurden hinweggespült – »Deutschland, Deutschland über alles«. Das »schlichte innige Lied« des Hoffmann von Fallersleben besang zwar die Nation und die Freiheit (»Einigkeit und Recht und Freiheit sind des Glückes Unterpfand,/blüh im Glanze dieses Glückes, blühe deutsches Vaterland«), es bot sich jedoch vom Sprachlichen und Musikalischen her zur Pervertierung an: die Klischees der Worte und Bilder, die rhetorische Banalität der Satzfügung und des Reimes, die Primitivität der Melodie entsprachen genau der kleinbürgerlichen »Kunstsinnigkeit«. Sieht man davon ab, dass die meisten Nationalhymnen zur Triviallyrik gehören, so war gerade diese Nationalhymne ein besonderes Unglück für Deutschland, weil sie mit ihrem liberalen und humanitären Inhalt auf der einen Seite und ihrem nationalen, auch nationalistisch interpretierbaren Inhalt auf der anderen den Zustand politischer Ambivalenz erlaubte, wo eindeutige geistige Entscheidungen angebracht gewesen wären. Je nach Absicht konnte man die erste oder die dritte Strophe hervorheben (oder weglassen) beziehungsweise den Nationalismus der ersten Strophe mit dem Humanismus der dritten abschirmen.

Die Nationalsozialisten haben den Wert gerade dieser Nationalhymne voll erkannt und propagandistisch ausgenützt, obwohl das Lied als Nationalhymne der Weimarer Republik »belastet« war und zudem einen Liberalen zum Verfasser gehabt hatte. Es war eine bedauerliche ästhetische und moralische Geschmacklosigkeit, dass man nach 1945 erneut auf dieses Lied zurückgriff. Als ob ein derart schwaches Stück Gebrauchslyrik eine weitere Uminterpretation vertrüge! Das ganze Problem der bundesrepublikanischen Restauration wird daran deutlich: ein Lied, das im »Dritten Reich« derart gebraucht und verbraucht wurde, hätte man für ein demokratisches Staatswesen auch dann nicht mehr verwenden dürfen, wenn es sich vorher um einen eindeutigen Missbrauch gehandelt hätte. »Deutschland, Deutschland über alles« hatte jedoch nicht nur seit Jahrzehnten die nationalistischen Sehnsüchte und Gelüste in sich aufgenommen, dieses Lied war auch selbst

Ausdruck der völkischen Religiosität, die im Zeichen des Wortes »deutsch« zelebriert wurde.

»Unser ist noch die deutsche Treue, Redlichkeit und Kraft, unsere Sache ist Deutschlands Sache; und haben wir erst Deutschlands innere Einheit wiedergewonnen – dann kehret mit dem Frieden auch der Segen wieder, und Deutschlands Banner wird, mit dem Kreuze des Erlösers geziert, hoch und stolz prangen in Mitte der ihm zur Rechten und Linken gelagerten Völker. Amen!«[129] Solche nationalpathetischen Predigten waren Hitlers Vorbild:

> *Ich hege felsenfest die Überzeugung, daß eben doch dann einmal die Stunde kommt, in der die Millionen, die uns heute hassen, hinter uns stehen und mit uns dann begrüßen werden das gemeinsam geschaffene, mühsam erkämpfte, bitter erworbene deutsche Reich der Größe und der Ehre und der Kraft und der Herrlichkeit und der Gerechtigkeit. Amen!*[130]

[79] MK, S. 172 ff., 178ff.

[80] Marc, Franz: Briefe aus dem Feld. Berlin o.J., S. 62f.

[81] Freud, Sigmund: Zeitgemäßes über Krieg und Tod (1915), in: Mitscherlich, Alexander/Richards, Angela/Strachey, James (Hg.): Studienausgabe Band IX, Frankfurt am Main 1969, S. 38ff.

[82] Bröger, Karl: Bekenntnis, in: Conrady, Karl Otto (Hg.): Das große deutsche Gedichtbuch, München/Zürich 1992, S. 502.

[83] MK, S. 458.

[84] Clauren, Heinrich: Mimili, Berlin o.J. Zitiert nach: Killy, Walter: Deutscher Kitsch, Göttingen 1961, S.117.

[85] Kaiser, Georg: Pietismus und Patriotismus im literarischen Deutschland. Ein Beitrag zum Problem der Säkularisation, Wiesbaden 1961. In diesem Zusammenhang vor allem die Kapitel 5–9; unter anderem S. 83, 125, 135. Ferner: Muchow, Hans Heinrich: Jugend und Zeitgeist, 1. Teil, Reinbek 1962.

[86] Zitiert nach: Schuppe, Erwin: Der Burschenschaftler Wolfgang Menzel. Eine Quelle zum Verständnis des Nationalsozialismus, Frankfurt am Main 1952.

[87] Treitschke, Heinrich von: Fichte und die nationale Idee. Zitiert nach der von Heinrich von Treitschke-Auswahl, herausgegeben von Freiherr von Freytag-Loringhoven. Leipzig 1917, S. 170. Menzel, der den »scharfen und zähen Krieg« von Gott erbat, schwärmte vom Waldhorn, da es das männlichste al-

ler Instrumente sei, das »die kriegerische Lust der Männer erhöht«. (Schuppe, Erwin, a.a.O., S. 97f.)

88 Treitschke, Heinrich von: Deutsche Kämpfe, Leipzig 1935, S. 390. Hierzu auch Ritter, Gerhard: Das deutsche Problem, München 1962, S. 62ff.

89 Eine »mildernde« Deutung des Bismarck-Wortes versucht Ritter, Gerhard; a.a.O., S. 76. Selbst wenn man Ritters Interpretation zustimmt, ändert dies nichts an der Tatsache, dass der Ausdruck von Bismarcks Zeitgenossen in der »harten Form« verstanden bzw. propagiert wurde.

90 Zitiert nach: Kruck, Alfred: Geschichte des Alldeutschen Verbandes 1890–1939, Wiesbaden 1954, S. 69.

91 Vgl. Alldeutscher Verband: Grundzüge des völkischen Staatsgedankens 1923, in: Jacobsen, Hans-Adolf/Jochmann, Werner (Hg.): Ausgewählte Dokumente zur Geschichte des Nationalsozialismus 1933–1945, Bielefeld 1961.

92 Frymann, Daniel: Wenn ich der Kaiser wär'. Politische Wahrheiten und Notwendigkeiten, o. O. 1913, S. 118f. [Pseudonym für Heinrich Claß, den Vorsitzenden des Alldeutschen Verbandes].

93 Mann, Thomas: Friedrich und die Große Koalition, Berlin 1915, S. 11.

94 Beumelburg, Werner: Sperrfeuer um Deutschland, Oldenburg o. J.

95 Jünger, Ernst: Der Kampf als inneres Erlebnis, Berlin 1929, S. 33f., 47. Rosenberg, Alfred: Mythus des 20. Jahrhunderts, München 1934, S. 448. Er pries die entsprechenden Kriegerdenkmäler in den Dörfern und Städten: »Die Gesichter, die unter Stahlhelmen auf den Kriegsdenkmälern hervorschauen, sie haben fast überall eine mystisch zu nennende Ähnlichkeit. Eine steile durchfurchte Stirn, eine starke gerade Nase mit kantigem Gerüst, ein fest geschlossener schmaler Mund mit der tiefen Spalte eines angespannten Willens. Die weit geöffneten Augen blicken geradeaus vor sich hin. Bewusst in die Ferne, in die Ewigkeit.«

Über das Verhältnis Ernst Jüngers zum Krieg ausführlich: Schwarz, Hans-Peter: Der konservative Anarchist. Politik und Zeitkritik Ernst Jüngers, Freiburg 1962, unter anderem S. 67ff., 123ff. (»Jüngers Krieg ist so etwas wie eine gigantische Titanenmensur«), S. 260ff.

96 Hindenburgs Testament, 1919. Zitiert nach: Pross, Harry, a.a.O., S. 325.

97 Zitiert nach: Sontheimer, Kurt: Antidemokratisches Denken in der Weimarer Republik, München 1962, S. 137; vor allem auch S. 115ff.

98 Adolf Hitlers Regierungserklärung vom 23. März 1933. Zitiert nach: Hohlfeld, Johannes: Dokumente der Deutschen Politik und Geschichte von 1848 bis zur Gegenwart, Band 4, Berlin o. J., S. 29ff.

99 Eine Untersuchung über den Geist des Lateinunterrichts steht noch aus. Ein paar Anregungen hierzu vermittelt Snell, Bruno: Neun Tage Latein, Göttingen 1956.

100 Darüber (vor allem über Anton von Werner): Sternberger, Dolf: Panorama oder Ansichten vom 19. Jahrhundert, Hamburg 1955, S. 13ff.

101 Frymann, Daniel (= Claß), a.a.O., S. 98.

102 Paul Schultze-Naumburg in den Mitteilungen des Kampfbundes für deutsche Kultur, 1931. Zitiert nach: Brenner, Hildegard, a.a.O., S. 19; vgl. auch S. 30, 81.

103 Tremel-Eggert, Kuni: Barb. Der Roman einer deutschen Frau, München 1939, S. 208.

104 Anacker, Heinrich; zitiert nach: Grosse, Franz G.: Die falschen Götter. Vom Wesen des Nationalsozialismus, Heidelberg 1946, S. 46.

105 Vgl. Bornkamm, Heinrich: Luthers Bild in der deutschen Geistesgeschichte, Stuttgart 1958. Seidlmeyer, Michael: Das Lutherbild im Wandel der Zeiten, in: Ein Leben aus freier Mitte. Beiträge zur Geschichtsforschung. Festschrift für Ulrich Noack, von seinen Kollegen, Schülern und Freunden zum 60. Geburtstag, Göttingen 1961. Ferner Plessner, Hellmuth: Die verspätete Nation, Stuttgart 1959, unter anderem S. 65ff., 69. Ähnlich auch die Interpretation von Luthers »Kampfgefährten« Ulrich Hutten. Hierzu: Schwerte, Hans: Faust und das Faustische. Ein Kapitel deutscher Ideologie, Stuttgart 1962, S. 262.

106 Langbehn, Julius: Rembrandt als Erzieher. Von einem Deutschen, Leipzig 1891, S. 180.

107 Fritsch, Theodor: Antisemiten-Katechismus. Eine Zusammenstellung des wichtigsten Materials zum Verständnis der Judenfrage, Leipzig 1892 (23. Auflage), S. 34f. Ferner: Vogelsang, Erich: Luthers Kampf gegen die Juden. 1933. Luther, Martin: Von den Jüden und ihren Lügen. Volksausgabe, herausgegeben von H.L. Parinius, 1935. Martin Luthers Kampfschriften gegen das Judentum, herausgegeben von Linden, Walter, 1936. W. Gabriel: Martin Luther. Von den Juden-Luthers christlicher Antisemitismus, 1936. Pauls, Theodor: Luther und die Juden, o.O. 1939.

108 Bergmann, Ernst: Deutschland, das Bildungsland der neuen Menschheit, Breslau 1936. Ferner: Treitschke, Heinrich von: Luther und die deutsche Nation. 1883, in: Historische und politische Aufsätze, o.O. 1920, S. 8ff. (»Der ganze Gegensatz romantischer und germanischer Empfindung tritt uns vor Augen, wenn wir diese Seelenkämpfe Luthers vergleichen mit den inneren Anfechtungen, welche späterhin der Rittersmann der wiederhergestellten alten Kirche, Ignatius von Loyola, zu überwinden hatte.«)

109 Beumelburg, Werner in: Berliner Lokal-Anzeiger, 18. November 1933. Auch für Hitler trug Luther den »Lorbeerkranz des Helden«.

110 Vgl. auch MK, S. 232.

111 Zit. nach Wachtel, Joachim: Heißgeliebte Gartenlaube, Feldafing o.J., S. 38.

112 Herzog, Rudolf: Hanseaten, Berlin 1919, S. 329f.

113 Eckart, Dietrich. Zum Bismarck-Geburtstag am 1. April 1917. Zitiert nach: Franz-Willing, Georg: Die Hitlerbewegung. Der Ursprung 1919–1922, Hamburg/Berlin 1962, S. 75.

[114] MK, S. 245, 178.

[115] Chamberlain, Houston Stewart: Die Grundlagen des 19. Jahrhunderts, München 1909 (vgl. vor allem das 4. Kapitel: Das Völkerchaos, S. 309ff.)

[116] Hierzu Schwerte, Hans: Dürers Ritter, Tod und Teufel – eine ideologische Parallele zum Faustischen, in: Faust und das Faustische. Ein Kapitel deutscher Ideologie, a.a.O., S. 243ff., 270ff. Dürer hatte dem Stich keine Unterschrift und keine Ausdeutung gegeben. Das 19. Jahrhundert interpretierte den Ritter als eine Versinnbildlichung des deutschen Mannes. »Denken ist Krieg, Erkenntnis ein Ritt zwischen Tod und Teufel«, formulierte später Ernst Bertram. »Das Leben eine heroische Reise, der unerschrockene Dürersche Ritter zwischen Tod und Teufel, ohne Furcht und Tadel, der diese einsame Fahrt als seine ritterliche Aufgabe betrachtet, ist der in Marsch gesetzte Soldat.« (Hans Naumann) Dürer habe aus tiefster Blutsverwandtschaft heraus den germanisch-deutschen Ritter, wenn auch in christlich abgewandelter Form, verewigt (S. 270ff.) Dem Großband über die Reichstagung der NSDAP in Nürnberg 1933 – herausgegeben im Auftrage des Frankenführers Julius Streicher, Berlin 1933 – ist der Stich »Ritter, Tod und Teufel« als Eröffnungsbild beigegeben. (»Es kommt der Tag, da wird dem deutschen Volk wieder frei geworden sein die Freiheit. Und die Schöpferkraft des wieder frei gewordenen deutschen Wesens wird die Erlösung schaffen einer ganzen Menschheit.« Julius Streicher).

[117] Harms, K.: Schleswig-Holsteinischer Gnonom – Allgemeines Lesebuch, Kiel 1854.

[118] Schwerte, Hans, a.a.O., S.10, 105, 157, 161, 186, 279.

[119] Rosenberg, Alfred: Der Mythus des 20. Jahrhunderts, München 1934, S. 260, 699. Für die Nationalsozialisten und ihre nationalsozialistischen Vorläufer war Faust stets die Verkörperung des Mythos der Arbeit. Im »Dritten Reich« wurde er sogar als »Begleithymnus des Arbeitsdienstes« interpretiert (vgl. Brenner, Hildegard, a.a.O., S. 88). Über die Mythisierung der Arbeit vgl. vor allem Jünger, Ernst: Der Arbeiter, Hamburg 1932; hierzu Schwarz, Hans-Peter: Der konservative Anarchist – Politik und Zeitkritik Ernst Jüngers, Freiburg 1962, S. 87ff., auch S. 114.

[120] Bley, Fritz: Die Weltstellung des Deutschtums, o. O.1897, S. 20.

[121] Meyer, Wolfgang (Hg.): Die Briefe Friedrich Ludwig Jahns, Leipzig 1913.

[122] Schenkendorf, Max von: Wenn alle untreu werden. Später als Treuelied der SS verwendet. Vgl. auch Gamm, Hans-Jochen: Der braune Kult, Hamburg 1962, S. 82.

[123] Ganghofer, Ludwig: Die stählerne Mauer. Reise zur deutschen Front. Zwei Teile, Berlin/Wien 1915, S. 88, zitiert nach: Schwerte, Hans, a.a.O. S. 102.

[124] Die Gartenlaube, Jahrgang 1871, S. 365 (Gedicht von Albert Traeger).

[125] Bölsche, Wilhelm: Was muß der neue deutsche Mensch von Naturwissenschaft und Religion fordern? Berlin-Charlottenburg o. J., S. 47.

126 Neeße, Gottfried: Von der deutschen Erneuerung, in: Wille und Macht. Führerorgan der nationalsozialistischen Jugend, Nr. 16/1935, S. 7ff.

127 Fröbel, Julius: Kleine politische Schriften, Stuttgart 1866. Zitiert nach: Pross, Harry, a.a.O., S. 11.

128 Nietzsche, Friedrich: Menschliches, Allzumenschliches, zitiert nach: Selbstkritik der Völker, Hessische Landeszentrale für Heimatdienst, März 1959, S. 4.

129 Der Schulbuchautor Wilhelm Pütz in den Historisch-politischen Blättern für das katholische Deutschland, München 1839.

130 Der Reichskanzler Adolf Hitler in einer Wahlkundgebung der NSDAP am 10. Februar 1933 im Sportpalast Berlin. Tondokument TC 916 des Lautarchivs des deutschen Rundfunks Frankfurt am Main. Auch: Domarus, Max, 1. Band, a.a.O., S. 208.

Nicht auslassen!

Nicht müde werden, nicht die Finger lüpfen
Der Faust darf dieser Giftwurm nicht entschlüpfen
Denn besser noch man preßte ihn zu Tod
Als daß auf's Neu beginne unsre Not

Rassenwahn als wesentliches Element des Rassenstolzes, der epidemisch sich im »Abendland« ausbreitete, erfährt in Deutschland eine besondere Resonanz – wohl auch deshalb, weil zum kollektiven Minderwertigkeitsgefühl es gehörte, sich als ein Volk von »Habenichtsen« zu fühlen. Eine Besonderheit des deutschen Nationalismus und Chauvinismus ist zudem, dass sich Rassenstolz mit einer Blutmystik verbindet, die Arier- beziehungsweise Germanenblut (wie es vor allem in deutschen Adern strömte) als »besonderen Saft« begreift.

Es gibt Wahrheiten, die so sehr auf der Straße liegen, daß sie gerade deshalb von der gewöhnlichen Welt nicht gesehen oder wenigstens nicht erkannt werden. Sie geht an solchen Binsenwahrheiten manchmal wie blind vorbei und ist auf das höchste erstaunt, wenn plötzlich jemand entdeckt, was doch alle wissen müßten. Es liegen die Eier des Kolumbus zu Hunderttausenden herum, nur die Kolumbusse sind eben seltener zu treffen. So wandern die Menschen ausnahmslos im Garten der Natur umher, bilden sich ein, fast alles zu kennen und zu wissen, und gehen doch mit wenigen Ausnahmen wie blind an einem der hervorstechendsten Grundsätze ihres Waltens vorbei: der inneren Abgeschlossenheit der Arten sämtlicher Lebewesen dieser Erde. Schon die oberflächliche Betrachtung zeigt als nahezu ehernes Grundgesetz all der unzähligen Ausdrucksformen des Lebenswillens der Natur ihre in sich begrenzte Form der Fortpflanzung und Vermehrung. Jedes Tier paart sich nur mit einem Genossen der gleichen Art. Meise geht zu Meise, Fink zu Fink, der Storch zur Störchin, Feldmaus zu Feldmaus, Hausmaus zu Hausmaus, der Wolf zur Wölfin usw.

Nur außerordentliche Umstände vermögen dies zu ändern, in erster Linie der Zwang der Gefangenschaft sowie eine sonstige Unmöglichkeit der Paarung innerhalb der gleichen Art. Dann aber beginnt die Natur sich auch mit allen Mitteln dagegen zu stemmen, und ihr sichtbarster Protest besteht entweder in der Verweigerung der weiteren Zeugungsfähigkeit für die Bastarde, oder sie schränkt die Fruchtbarkeit der späteren Nachkommen ein; in den meisten Fällen aber raubt sie die Widerstandsfähigkeit gegen Krankheit oder feindliche Angriffe.

Das ist nur zu natürlich.

Jede Kreuzung zweier nicht ganz gleich hoher Wesen gibt als Produkt ein Mittelding zwischen der Höhe der beiden Eltern. Das heißt also: das Junge wird höher stehen als die rassisch niedrigere Hälfte des Elternpaares, allein nicht so hoch wie die höhere. Folglich wird es im Kampf gegen diese höhere später unterliegen. Solche Paarung widerspricht aber dem Willen der Natur zur Höherzüchtung des Lebens überhaupt. Die Voraussetzung hierzu liegt nicht im Verbinden von Höher- und Minderwertigem, sondern im restlosen Siege des ersteren. Der Stärkere hat zu herrschen und sich nicht mit dem Schwächeren zu verschmelzen, um so die eigene Größe zu opfern. Nur der geborene Schwächling kann dies als grausam empfinden, dafür aber ist er auch nur ein schwacher und beschränkter Mensch; denn würde dieses Gesetz nicht herrschen, wäre ja jede vorstellbare Höherentwicklung aller organischen Lebewesen undenkbar.

Die Folge dieses in der Natur allgemein gültigen Triebes zur Rassenreinheit ist nicht nur die scharfe Abgrenzung der einzelnen Rassen nach außen, sondern auch ihre gleichmäßige Wesensart in sich selber. Der Fuchs ist immer ein Fuchs, die Gans eine Gans, der Tiger ein Tiger usw., und der Unterschied kann höchstens im verschiedenen Maße der Kraft, der Stärke, der Klugheit, Gewandtheit, Ausdauer usw. der einzelnen Exemplare liegen. Es wird aber nie ein Fuchs zu finden sein, der seiner inneren Gesinnung nach etwa humane Anwandlungen Gänsen gegenüber haben könnte, wie es ebenso auch keine Katze gibt mit freundlicher Zuneigung zu Mäusen. ...

Daher entsteht auch hier der Kampf untereinander weniger infolge innerer Abneigung etwa als vielmehr aus Hunger und Liebe. In beiden Fällen sieht die Natur ruhig, ja befriedigt zu. Der Kampf um das tägliche Brot läßt alles Schwache und Kränkliche, weniger Entschlossene unterliegen, während der Kampf der Männchen um das Weibchen nur dem Gesündesten das Zeugungsrecht oder doch die Möglichkeit hierzu gewährt. Immer aber ist der Kampf ein Mittel zur Förderung der Gesundheit und Widerstandskraft der Art und mithin eine Ursache zur Höherentwicklung derselben.

Wäre der Vorgang ein anderer, würde jede Weiter- und Höherbildung aufhören und eher das Gegenteil eintreten. Denn da das Minderwertige der Zahl nach gegenüber dem Besten immer überwiegt, würde bei gleicher Lebenserhaltung und Fortpflanzungsmöglichkeit das Schlechtere sich so viel schneller vermehren, daß endlich das Beste zwangsläufig in den Hintergrund treten müßte. Eine Korrektur zugunsten des Besseren muß also vorgenommen werden. Diese aber besorgt die Natur, indem sie den schwächeren Teil so schweren Lebensbedingungen unterwirft, daß schon durch sie die Zahl beschränkt wird, den Überrest aber endlich nicht wahllos zur Vermehrung zuläßt, sondern hier eine neue, rücksichtslose Auswahl nach Kraft und Gesundheit trifft. So wenig sie aber schon eine Paarung von schwächeren Einzelwesen mit stärkeren wünscht, soviel weniger noch die Verschmelzung von höherer Rasse mit niederer, da ja andernfalls ihre ganze sonstige, vielleicht jahrhunderttausendelange Arbeit der Höherzüchtung mit einem Schlage wieder hinfällig wäre.

Die geschichtliche Erfahrung bietet hierfür zahllose Belege. Sie zeigt in erschreckender Deutlichkeit, daß bei jeder Blutsvermengung des Ariers mit niedrigeren Völkern als Ergebnis das Ende des Kulturträgers herauskam. Nordamerika, dessen Bevölkerung zum weitaus größten Teile aus germanischen Elementen besteht, die sich nur sehr wenig mit niedrigeren farbigen Völkern vermischten, zeigt eine andere Menschheit und Kultur als Zentral- und Südamerika, in dem die hauptsächlich romanischen Einwanderer sich in manchmal großem Umfange mit den Ureinwohnern vermengt hatten. An diesem einen Beispiele

schon vermag man die Wirkung der Rassenvermischung klar und deutlich zu erkennen. Der rassisch rein und unvermischt gebliebene Germane des amerikanischen Kontinents ist zum Herrn desselben aufgestiegen; er wird der Herr so lange bleiben, so lange nicht auch er der Blutschande zum Opfer fällt.
Das Ergebnis jeder Rassenkreuzung ist also, ganz kurz gesagt, immer folgendes:

a) Niedersenkung des Niveaus der höheren Rasse,
b) körperlicher und geistiger Rückgang und damit der Beginn eines, wenn auch langsam, so doch sicher fortschreitenden Siechtums.

Eine solche Entwicklung herbeiführen, heißt aber denn doch nichts anderes, als Sünde treiben wider den Willen des ewigen Schöpfers.
Als Sünde aber wird diese Tat auch gelohnt.
Indem der Mensch versucht, sich gegen die eiserne Logik der Natur aufzubäumen, gerät er in Kampf mit den Grundsätzen, denen auch er selber sein Dasein als Mensch allein verdankt. So muß sein Handeln gegen die Natur zu seinem eigenen Untergang führen.
Hier freilich kommt der echt judenhaft freche, aber ebenso dumme Einwand des modernen Pazifisten: »Der Mensch überwindet eben die Natur!«
Millionen plappern diesen jüdischen Unsinn gedankenlos nach und bilden sich am Ende wirklich ein, selbst eine Art von Naturüberwindern darzustellen; wobei ihnen jedoch als Waffe nichts weiter als eine Idee zur Verfügung steht, noch dazu aber eine so miserable, daß sich nach ihr wirklich keine Welt vorstellen ließe.
Allein ganz abgesehen davon, daß der Mensch die Natur noch in keiner Sache überwunden hat, sondern höchstens das eine oder andere Zipfelchen ihres ungeheuren, riesenhaften Schleiers von ewigen Rätseln und Geheimnissen erwischte und emporzuheben versuchte, daß er in Wahrheit nichts erfindet, sondern alles nur entdeckt, daß er nicht die Natur beherrscht, sondern nur auf Grund der Kenntnis einzelner Naturgesetze

und Geheimnisse zum Herrn derjenigen anderen Lebewesen aufgestiegen ist, denen dieses Wissen eben fehlt – also ganz abgesehen davon, kann eine Idee nicht die Voraussetzungen zum Werden und Sein der Menschheit überwinden, da die Idee selber ja nur vom Menschen abhängt. Ohne Menschen gibt es keine menschliche Idee auf dieser Welt, mithin ist die Idee als solche doch immer bedingt durch das Vorhandensein der Menschen und damit all der Gesetze, die zu diesem Dasein die Voraussetzung schufen.

Und nicht nur das! Bestimmte Ideen sind sogar an bestimmte Menschen gebunden. Dies gilt am allermeisten gerade für solche Gedanken, deren Inhalt nicht in einer exakten wissenschaftlichen Wahrheit, sondern in der Welt des Gefühls seinen Ursprung hat oder, wie man sich heute so schön und klar auszudrücken pflegt, ein »inneres Erleben« wiedergibt. All diese Ideen, die mit kalter Logik an sich nichts zu tun haben, sondern reine Gefühlsäußerungen, ethische Vorstellungen usw. darstellen, sind gefesselt an das Dasein der Menschen, deren geistiger Vorstellungs- und Schöpferkraft sie ihre eigene Existenz verdanken. Gerade dann aber ist doch die Erhaltung dieser bestimmten Rassen und Menschen die Vorbedingung zum Bestande dieser Ideen. Wer z. B. den Sieg des pazifistischen Gedankens in dieser Welt wirklich von Herzen wünschen wollte, müßte sich mit allen Mitteln für die Eroberung der Welt durch die Deutschen einsetzen; denn wenn es umgekehrt kommen sollte, würde sehr leicht mit dem letzten Deutschen auch der letzte Pazifist aussterben, da die andere Welt auf diesen natur- und vernunftwidrigen Unsinn kaum je so tief hereingefallen ist als leider unser eigenes Volk. Man müßte sich also wohl oder übel bei ernstem Willen entschließen, Kriege zu führen, um zum Pazifismus zu kommen. Dies und nichts anderes hatte der amerikanische Weltheiland Wilson auch beabsichtigt, so wenigstens glaubten unsere deutschen Phantasten – womit ja dann der Zweck erreicht war. [...]

Es gibt nur ein heiligstes Menschenrecht, und dieses Recht ist zugleich die heiligste Verpflichtung, nämlich: dafür zu sorgen, daß das Blut rein erhalten bleibt, um durch die Bewahrung des

besten Menschentums die Möglichkeit einer edleren Entwicklung dieser Wesen zu geben.
Ein völkischer Staat wird damit in erster Linie die Ehe aus dem Niveau einer dauernden Rassenschande herauszuheben haben, um ihr die Weihe jener Institution zu geben, die berufen ist, Ebenbilder des Herrn zu zeugen und nicht Mißgeburten zwischen Mensch und Affe. …
So glaube ich heute im Sinne des allmächtigen Schöpfers zu handeln: Indem ich mich des Juden erwehre, kämpfe ich für das Werk des Herrn.[131]

Die Rieselfelder (Weltanschauungs-Kloaken), aus denen Hitler seine mit religiösem Sendungsbewusstsein durchsetzten vulgärdarwinistischen und im Wesen wie in Einzelheiten abstrusen rassistischen »Argumente« bezieht, stammen aus der Flut einer vor allem in Traktätchen und Zeitschriften, auch Büchern anzutreffenden, im letzten Drittel des 19. Jahrhunderts immer häufiger werdenden Schundliteratur. Vor allem in Wien – das hat Brigitte Hamann akribisch aufgezeigt – schöpfe er aus solchen trüben Quellen. Dass er mit seinen wirren Theorien Erfolg hatte, war der Volksverdummung geschuldet, die teilweise epidemischen Charakter annahm, wobei etwa Richard Wagners Antisemitismus[132] und die Rassentheorien seines Schwiegersohns Houston Stewart Chamberlain eine wichtige popularisierende Rolle spielten. Die Wahrheit, schreibt Hitler, läge wie Eier des Kolumbus – offensichtlich meinte er Kolumbus habe Eier gelegt – auf der Straße. Bleibt man bei diesem lächerlich dummen Bild, so hatten sie alle verseuchte Kerne:

- die Mystifikation der arischen auch germanischen Rasse als Vorfahren der Deutschen;
- die Reinheit von deren Blut, was sie auch zum Führertum qualifizierte und legitimierte;
- der Hass auf die Juden, die zum Sündenbock allen Übels in Welt und Gesellschaft gemacht werden und als Ungeziefer auszurotten seien.

Der Begriff »Rasse« ist schon an sich problematisch, da die seit Jahrhunderten, teilweise sogar seit Jahrtausenden erfolgte Vermischung der Menschen biologische Unterscheidungsmerkmale immer mehr hat verwischen lassen (sieht man von einer ganz groben Einteilung ab; freilich unterschiedlich in den Weltteilen). Eine ernst zu nehmende Anthropologie kann somit nicht nur biologisch ausgerichtet sein, sie muss in Kulturräumen denken und psychologisch, soziologisch, ethnologisch, philologisch, mythologisch vorgehen, das heißt alle Äußerungen des menschlichen Geistes in Betracht ziehen. Die »morphologische Rassenbetrachtung« dagegen (und sie allein wurde später von den Nationalsozialisten gepflegt) nimmt – in Ermangelung einer fundierten Ausgangsposition – die Rassenaufstellung so vor, dass sie bestimmte Merkmale der Menschen herausgreift und dann dekretiert, dass diese »typisch« seien. Abgesehen von der Unwissenschaftlichkeit des Verfahrens wird so jeder Subjektivität und jedem Ressentiment Tür und Tor geöffnet. Die Rassengruppen »sind zwangsläufig willkürlich und variieren mit den einzelnen Untersuchungen«[133]

Besonders gefährlich wurde die Rassenlehre, als sie geistig-seelische Eigenschaften mit bestimmten biologischen Erscheinungsformen koppelte (etwa blond mit treu beziehungsweise nichtblond mit nichttreu). Gerade die »schreckliche Einfachheit«, die jedem Wahn eignet, fand Anklang. Ausgehend von den durch Charles Darwin aus dem Tier- und Pflanzenreich entwickelten Begriffen »Kampf ums Dasein«, »Auslese der Besten«, »Überleben der Stärkeren«, übertrugen die Anhänger des extremen wirtschaftlichen Liberalismus dessen Theorien auf die menschliche Gesellschaft, um dadurch ihre eigene inhumane Position, die auf Unterdrückung der wirtschaftlich Schwächeren hinauslief, rechtfertigen zu können. Beeinflusst von solchen sozialdarwinistischen Strömungen hatte der französische Graf Joseph Arthur von Gobineau 1855 eine Abhandlung »Über die Ungleichheit der menschlichen Rassen« verfasst, in der er die »Arier«, und unter ihnen die reinste Form: die Germanen, als wertvollste und edelste Rasse bezeichnete und ihnen die »Semiten« als Antityp, als körperlich wie geistig degenerierte Rasse, entgegenstellte. Die arische Rasse sei in Zukunft zur alleinigen Herrschaft bestimmt[134].

Doch schon der Ausdruck »arische Rasse« war ein Unsinn. Der Ausdruck ist die völlig unzulässige Übertragung eines philologischen Begriffs auf einen konstruierten biologischen Tatbestand. 1816 hatte Franz Bopp in seinem Werk »Über das Konjugationssystem der Sanskrit-Sprache in Vergleichung mit jenem der griechischen, lateinischen, persischen und germanischen Sprache« nachgewiesen, dass diese Sprachen in einem engen Verhältnis zueinander stünden und auf einen gemeinsamen Ursprung zurückzuführen seien. Dieser Ursprung wurde als »indogermanisch«, später auch als »arisch« bezeichnet. Mit anderen Worten: »arisch« ist nur brauchbar als Bezeichnung für eine Sprachfamilie und zu dieser Sprachfamilie gehören als wesentliche Träger die Slawen, Perser, Griechen, Romanen, Kelten, Germanen. 1888 erklärte Friedrich Müller, der im Besonderen den Begriff »arisch« anstelle von »indogermanisch« verwendete: »Ich habe wieder und wieder erklärt, dass, wenn ich von Ariern spreche, ich weder an Blut noch Knochen, noch Haare, noch Schädel denke; ich meine einfach die, die eine arische Sprache sprechen. Für mich ist ein Völkerkundler, der von arischer Rasse, arischem Blut, arischen Augen und arischem Haar spricht, genauso ein Sünder wie ein Sprachwissenschaftler, der von einer brachycephalischen (= rundköpfigen) Grammatik redet.«[135]

Die Thesen von Gobineau erwiesen sich als völlig haltlos. Der Begriff der »arischen Rasse« wäre wissenschaftlich erledigt gewesen und aus dem Gespräch verschwunden, wenn die damit verknüpften Wertungen nicht dem Vorurteil eines bestimmten Bevölkerungsteils entsprochen hätten. In Deutschland fanden Theorien, welche die Möglichkeit eines rassischen Übermenschen, eines »blutsmäßig« reinen Typus vertraten, unter jenen Anklang, die angesichts der politischen und wirtschaftlichen Ohnmacht des deutschen Staatengewirrs von einer neuen Zeit staatlicher und politischer Größe träumten. So sind etwa die studentischen Burschenschaften, seit Menzel, zu Trägern des »deutsch-rassischen« Gedankens geworden. Zugleich waren sie ausgesprochen antisemitisch eingestellt, da sie in den Kreisen des aufgeklärten liberalen jüdischen Bürgertums (der Jungdeutschen etwa und eines Heinrich Heine) mit Recht die erbittertsten Gegner ihrer reaktionären, undemokratischen und nationalistischen Bestrebungen sahen. Von hier aus laufen auch Verbindungslinien zu dem ·Antisemitismus der Konservativen, der in dem Hofprediger Adolf Stoecker (und dessen Christlich-Sozialer Partei), dem Historiker Heinrich von Treitschke und dem Kulturkritiker Paul de Lagarde prominente Vertreter hatte. Die seit Gobineau breit wuchernde progermanische und antisemitische Stimmung fand im Wagner-Kreis, bei Wagner selbst und besonders bei dessen Schwiegersohn Houston Stewart Chamberlain, intensive Förderung und wurde durch den Alldeutschen Verband unter der Führung des Justizrat Heinrich Class in weite Kreise des Bürgertums verpflanzt.

Gobineau stand mit Richard Wagner in persönlicher Beziehung, hat auch Friedrich Nietzsche beeinflusst, der freilich jeden Antisemitismus radikal ablehnte. Durch Wagner fanden die Rassenideen weite Verbreitung, da sie nun durch das Medium des Kunstwerkes bewusst oder unbewusst erlebt werden konnten. In den Wagnerschen Opern wandelt sich der Rassengedanke zum Mythos, zum Mythos vom germanischen Menschen. Wagners hetzende Schrift »Über das Judentum in der Musik« (1859) fand zudem innerhalb von 20 Jahren über ein Dutzend Auflagen.

Chamberlain verficht in seinem ohne wirkliche geschichtliche Kenntnisse und Einsichten, aber metaphernreich und stilistisch gewandt geschriebenen Buch »Die Grundlagen des 19. Jahrhunderts« (1899) – dessen Gedanken dann später Rosenberg in seinem »Mythus des 20. Jahrhunderts« weitgehend übernahm – die Ansicht, dass seit ältester Zeit alles Große und Kulturschöpferische von Ariern ausgegangen sei (Christus wird aus diesem Grunde germanisiert), das Schädliche und Minderwertige dagegen von den Juden abstamme.

Mit einer Dosis Mystik könne man das Leben einer Nation vergolden, meinte Julius Langbehn. Was sich im 19. Jahrhundert als Gold ausgab, war jedoch Talmi. Man wollte wieder zum »Geheimnis des Lebens« hinführen, Gott suchen, aber was man fand, waren wohlstilisierte Gottheiten heidnischen Ursprungs, die man als neue Idole an die Stelle des christlichen Glaubens setzte, zu dessen Zersetzung die Erstarrung der Kirchen, die sich mit der Macht arrangierten und vor dem Materialismus in die leere Rhetorik der Erbauungspredigt flüchteten, wesentlich beitrug. In der Kälte des Nihilismus zu leben war dem Kleinbürger bei seinem Hang zur Idyllik nicht möglich, zur Aktivität des Materialismus fehlte ihm der Elan; das Christentum aus der eigenen Existenz heraus zu erneuern, dafür ging ihm die innere Kraft und Stärke ab. Die mythologische Maskerade entsprach da besser der eigenen Mentalität, da sie die Fiktion des Als-ob (als ob man religiösen Halt hätte) aufrechterhielt, aber auf der anderen Seite kein zu starkes persönliches Engagement, dessen man sowieso nicht fähig war, erforderte. Die griechische Götterwelt war dabei mehr Angelegenheit und (seit dem Klassizismus) Mode der Künstler, die hinter dem Abklatsch antiker Figuren ihre eigene schöpferische Impotenz verbargen. Die germanische Mythologie, in Einzelheiten zwar gleichermaßen fremd und »kompliziert«, konnte besser »Volks«religion werden, da sie dem allgemeinen nationalen Sendungsbewusstsein entgegenkam und ihm die mystische Weihe gab.

Bereits im Humanismus und in der Barockzeit hatte man sich um eine Kenntnis der germanischen Mythologie bemüht. Mit dem Irrationalismus wurde – etwa im Bardenkult Klopstocks – der Versuch unternommen, den gelehrten Inhalt mit leidenschaftlichen Gefühlen zu erfüllen. Wenn auch damals schon im Sinne einer »Nationalreligion« Versuche unternommen wurden, Germanisches mit Christlichem zu verbinden, so blieb dies ohne besonderen Einfluss auf die breiteren Schichten der Bevölkerung. Anders war dies in der zweiten Hälfte des 19. Jahrhunderts, als Literatur, Kunst und Musik das Germanische erfolgreich popularisierten. Siegfried als Sonnengott, Wotan als nordischer Heilsbringer, die Germanen als der eigentliche Ursprung der Menschheit, das waren Vorstellungen, die der Seele des Kleinbürgers, der politisch und wirtschaftlich eingeengt war, Flügel wachsen ließen, mit denen er in die »deutsche Ideologie« hinausflatterte. Sie befreiten ihn von seinen individuellen wie kollektiven Minderwertigkeitskomplexen: Er, dem der Durchbruch nach oben oder draußen nicht gelungen war, der in kleinen »Nestern« oder untergeordneten Berufen zu verkümmern drohte, wurde durch die germanische Mythologie in die Lage versetzt, sich als Teil einer geheimnisvollen mystischen Größe zu fühlen – das war die »Vergoldung« der Nation, von der Langbehn sprach. »Die Deutschen sind das älteste Volk, ihr blutsverwandter König ist ein Nibelung, und an ihrer Spitze hat dieser die Weltherrschaft zu behaupten.« Richard Wagner sah die Zeichen der Zeit: mit seinem »Nibelungenring begann die mächtigste Show des neunzehnten deutschen Jahrhunderts«. (Ludwig Marcuse) Der Untertan, meinte Heinrich Mann in seinem gleichnamigen Roman, musste sich in diesen Opern sogleich wie zu Hause fühlen: »Schilder und Schwerter, viel rasselndes Blech, kaisertreue Gesinnung. Ha und Heil und hochgehaltene Banner, und die deutsche Eiche: man hätte mitspielen mögen.«[136]

Friedrich Nietzsche, der im Zustand des Zusammenbruchs seines christlichen Glaubens mit großer Wahrhaftigkeit nach »neuen Göttern« suchte und sich zunächst Wagner verschrieb (»alles erwogen, hätte ich meine Jugend nicht ausgehalten ohne Wagnersche Musik«[137]), erkannte, durch Wagners »christliche Kehre« (im »Parzival«) stutzig gemacht, dass die »Wagnerei« mit ihrem »Gehabe und Geraune« keine echte Weihe, sondern eine Maskerade (die »Maskerade von Wahnfried«) darstelle und die Wiedergeburt der germanischen Götter als Kassenschlager benutzt wurde. Wagners »Schauspielertum« mit »Dressur« und »Kostüm« müsste der deutschen Nation gerade nach der Gründung des Zweiten Reiches gefährlich werden.[138] An dem germanischen Kostüm, mit dem sich der deutsche Imperialismus nun festlich umhüllte, woben auch eifrig deutsche Professoren mit, deutschtümelnde Schöngeister mit der »vertrackten Sucht, historische Tatbestände geistesgeschichtlich zu idealisieren und zu verschleiern, sie ins Nordisch-Mythologische umzudeuten«. Diese mussten später, wie Thomas Mann seinem früheren Freund Ernst Bertram (einem Mann von naiver Charakterlosigkeit) schrieb, nicht den Mantel nach dem Wind hängen, »er hing schon immer ›richtig‹, wie ja auch der Wind schon lange ›richtig‹ ging.«[139]

Eine breite Flut pangermanischer Literatur überschwemmte gegen Ende des 19. Jahrhunderts das kleinbürgerliche Bewusstsein. Die Argumente sind wenig differenziert, sie hämmern den Mythos der Auserwähltheit mit meist stereotypen Phrasen ihrem Leserpublikum ein. Für Houston Stewart Chamberlain, Gobineau folgend, herrschte die »einfache und klare Erkenntnis« vor, »daß unsere gesamte heutige Civilisation und Kultur das Werk einer bestimmten Menschenart ist: des Germanen«. Was an dieser Zivilisation und Kultur, welche, »vom nördlichen Europa ausstrahlend, heute einen bedeutenden Teil der Welt (doch in sehr verschiedenem Grade) beherrscht, nicht germanisch ist, ist entweder noch nicht ausgeschiedener fremder Bestandteil, in früheren Zeiten gewaltsam eingetrieben und jetzt noch wie ein Krankheitsstoff im Blute kreisend, oder es ist fremde Ware, segelnd unter germanischer Flagge, unter germanischem Schutz und Vorrecht, zum Nachteil unserer Arbeit und Weiterentwicklung. [...] Dieses Werk des Germanentums ist ohne Frage das Größte, was bisher von Menschen geleistet wurde. Es wurde nicht durch Humanitätswahn, sondern durch gesunde selbstsüchtige Kraft [...] geschaffen. [...] Daß die Germanen mit ihren Tugenden allein und ohne ihre Laster, wie da sind Gier, Grausamkeit, Verrat, Mißachtung aller Rechte außer ihrem eigenen Rechte zu herrschen usw., den Sieg errungen hätten, wird keiner die Stirn haben, zu behaupten, doch wird jeder zugeben müssen, daß sie gerade dort, wo sie am grausamsten waren [...] dadurch die sicherste Grundlage zum Höchsten und Sittlichsten legten.« Die Juden als besonders minderwertige Rasse könnten Christus nicht hervorgebracht haben; Chamberlain ist zwar nicht bereit, das christliche »Kulturgut« aufzugeben; aber er macht aus Christus einen blonden Menschen mit blauen Augen, einen aus dem arischen Galiläa stammenden nordischen Lichtbringer. Der Germane sei der mystischen Erlebnisse fähig, der Jude nicht. Der Arier, der Germane, sei zwar »lustig, lebenstoll, ehrgeizig, leichtsinnig, er trinkt und er spielt, er jagt und er raucht«; plötzlich aber »besinnt er sich: das große Rätsel des Daseins nimmt ihn ganz gefangen, nicht jedoch als ein rein rationalistisches Problem, sondern als ein unmittelbares, zwingendes Lebensbedürfnis. [...] Nicht verstehen, sondern sein: das ist, wohin es ihn drängt. [...] Und damit er diesen Einklang finde, singt er selber hinaus, versucht es in allen Tönen, übt sich in allen Weisen; dann lauscht er andächtig. Nicht unbeantwortet bleibt sein Ruf: geheimnisvolle Stimmen vernimmt er; die ganze Natur belebt sich, überall regt sich in ihr das Menschenverwandte. Anbetend sinkt er auf die Knie, wähnt nicht, daß er weise sei, glaubt nicht, den Ursprung und den Endzweck der Welt zu kennen, ahnt aber eine höhere Bestimmung, entdeckt in sich den Keim zu unermeßlichen Geschicken, ›den Samen der Unsterblichkeit‹.«[140]

»Germanenbibel« nannte Wilhelm Schwaner seine Schrift, die ähnliche Vorstellungen mit stark antichristlichem Affekt zusammenfasste. Der Alldeutsche Verband förderte den Germanenkult, der angesichts der vielen Lehrer, die diesem Verband angehörten, in den Schulen besondere Verbreitung fand. (»Unsere deutsche Kultur bedeutet den idealen Kern menschlicher Denkart, und jeder Schritt, welcher für das Deutschtum errungen wird, gehört demnach der Menschheit als solcher und der Zukunft unseres Geschlechts.«[141]) Jede positive Eigenschaft wurde als Attribut des Germanentums in Anspruch genommen – die Anatomie wie die Moral, die Form des Schädels wie die Schönheit des Busens. Verübte ein »großer Völkischer« (wie Moeller van den Bruck) Selbstmord, so war selbst dies noch »germanisch«: »ein germanischer Tod«.[142]

Für die politische Anthropologie von besonderer Wichtigkeit sind die vielen kleinen Traktätchen – »Afterliteratur, die Millionen Leser fand. Sie tilgte nicht nur wie in gelasseneren Zeiten das Leserbedürfnis nach Süße und Süßigkeit, nach Grauen und Grausamkeit, nach Sentiments und billigem Glanz, sie stillte und erweckte zugleich Triebe des Hasses und Machtwillens, und sie kanalisierte die irrationalen Kräfte der Unzufriedenen und schuf damit die Strombetten für spätere Furchtbarkeiten.«[143] Traktätchen dieser Art entstanden in allen Landstrichen, mit geringen regionalen Unterschieden; für ihre Abfassung waren häufig der Professor einer Universität, der Lehrer eines Gymnasiums oder einer Volksschule, ein lokaler Redakteur oder ein religiöser Sektierer, die »jahrelang ihre Privatstudien« getrieben hatten und sich durch eine krause Fantasie auszeichneten, verantwortlich.

Karl Weinländer, fränkischer Oberlehrer, arbeitete an seiner Rassenlehre seit 1909.[144] Er erkannte: »Die befähigtste und kulturvollste Rasse ist die arisch germanische«; »Intuition, Hell- und Natursichtigkeit, Entdecker- und Erfindergeist ist fast ausschließlich bei ihr zu finden. Sie war und ist die einzige kulturschöpferische Rasse.« Der germanische Typ, aufgezeigt an Bildern und Büsten von Goethe, dem Schulrat Kerschensteiner, der Königin Luise, von Reichskanzler Bismarck und dem Politiker Hitler, sei den anderen Rassetypen, aufgezeigt an den Fotografien von einer Tasmanierin, einem negroiden Ostasiaten, einem australischen Buschmann, weit überlegen. Tabellen halten die Ergebnisse fest, die sich bei der rassischen Prüfung von Volksschulklassen ergaben; Größe, Gewicht, Länge vom

Nasenbein bis zum Ende des Hinterhauptes, Langachse des Kopfes, Breitachse des Kopfes, Ebenmaß und Schönheit des Körpers, Militärtauglichkeit, Fleiß, Interesse, politische Einstellung wurden dabei berücksichtigt. Im Allgemeinen weise die menschliche Gehirnentwicklung zwei Richtungen auf: »Die eine geht in die Höhe und Länge, zum idealistisch-schöpferisch tätigen Hochlangschädel. Die andere fällt durch Niedrigkeit, Kürze und Breite auf und führt zum mehr tierischen, materialistischen Nieder- und Rundschädel.« Man merke die rassische Überlegenheit auch an anderen Körperteilen: Die Hottentottin habe einen Fettsteiß, einen solchen besitze auch die Französin; die Arierin, die als Steinplastik den anderen Fotografien gegenübergestellt wird, hat natürlich keinen, dafür aber »schöne, vollentwickelte, zum Stillen der Kinder gutgeeignete Brüste, volle Körperformen, breites, zum Gebären geeignetes Becken«; ihr Haar ist besser und dauerhafter als das der minder- wertigen Rassen: »Nach statistischen Untersuchungen trägt eine üppige Blondine bisweilen 135 Kilometer Haare, eine dunkle Frau nur etwa 70 Kilometer.« Die arische Rasse sei »nach dem Gesetz des Goldenen Schnittes gebaut. Teilt man die Höhe eines erwachsenen normalen Ariers von acht oder mehr Kopfhöhen nach den Regeln des Goldenen Schnittes, so befindet sich der Schnittpunkt am Gürtel«; auch die arischen Füße sind besser: »Die germanische Rasse ist daher zu militärischer Marschleistung mehr geeignet als die niederen Rassen.« Bezeichnend sei, dass die Arier hellhäutig wären, denn »hell und licht, rosig und blau sind die Farben der Freude, des Höheren, Himmlischen: ›Blauer Himmel – goldne Sonne,/blaue Flut und goldnes Feld/blaue Augen, goldne Haare/sind das Schönste auf der Welt./Blau und Gold ist Nordlands Flagge;/Schwedens, Schleswigs altes Recht./Heil des Ariers Edelfarben/blau und golden – treu und echt‹.« Nur Arier können »Hell-Seher«, »Hell-Fühler«, »Fern-Hörer« sein: »Es ist dies das Göttergeschenk des höchsten geistigen Schauens, eines bis zum Schauen oder Hören gesteigerten Ahnungsvermögens.« Gibt es gelegentlich auch bei anderen Rassen solche »Hell- Fühler«, so seien diese arischen Ursprungs: »Der chinesische Philosoph Confuzius ist nach einem altchinesischen Originalbild als Arier anzusehen, daher auch die Verwandtschaft seiner Philosophie mit der germanischen. Sein Nachkomme in der 76. Generation zeigt noch einige arische

Merkmale.« Weinländer fordert die rassische Ehe, da nur so die Hochzüchtung des guten Bluts möglich sei, denn die jüdischen Neandertaler-Menschen hätten Deutschland verseucht und müssen ausgemerzt werden. »Hätten also Richard Wagner, Bismarck, Goethe, Thorwaldsen, Rosegger eine Lebensgefährtin mit gleichen Eigenschaften geheiratet, so wäre wahrscheinlich eine Dynastie Wagner, Bismarck, Goethe, Thorwaldsen, Rosegger entstanden.« Dankbar zitiert Weinländer seinen geistigen Mitstreiter: Lanz von Liebenfels.

In diesen und ähnlichen Schriften verbinden sich sexuell motivierte Wunschträume mit pedantischer Engstirnigkeit. Die Unterentwicklung der deutschen Volksschule, die mangelnde Ausbildung ihrer Lehrkräfte wie die Kürze der Schulzeit rächten sich bitter; in der geistig armseligen Kunkel- und Schrebergartenwelt des Kleinbürgers hatte der »philosophische« Hochstapler und politische Verführer Erfolg, vor allem wenn er selbst den Mief der Enge und verbogenen Triebwelt ausdünstete.

Einige Schwierigkeiten machte es manchen Nationalsozialisten, selbst als rassisch »rein« im Sinne der Traktätchen zu erscheinen. Der »Aufnordung« der NS-Führer dienten weitere Traktätchen. So schrieb A. Richter[145]:

Hitler: »Oberhaupt gut gewölbt, nach allen Seiten in harmonischer Wölbung verlaufend, mit guter Spannung; Alliebe, hohe Religiosität, Schönheit und Wesensadel [...] Hitler ist blond, hat rosige Haut und blaue Augen, ist also rein (arisch) germanischer Natur, und alle anderen Verbreitungen über sein Aussehen und seine Persönlichkeit hat die schwarze oder rote Presse in die Volksseele gesät, was ich hiermit richtiggestellt haben möchte [...].«

Göring: »Oberhaupt gut gewölbt, nach oben breiter werdend und nach den Seiten in gleicher Spannung abfallend; hohe Religion, Hilfsbereitschaft, Herzensgüte und starke Glaubensbejahung nach Alliebe. [...] Bei dieser Ansicht tritt das wunderbar geformte rechte Ohr Görings hervor. Es zeugt von seltener Harmonie und ist dem sogenannten Goetheohr vergleichbar [...].»

Rosenberg: »Der ausgesprochene Langschädel besagt uns, daß wir es mit einem reinen Bewegungs- und Empfindungsmenschen zu tun haben. [...] Es liegt aber in dem gesamten Augenausdruck ein gewisser Schmerz. Das linke Auge ist auch etwas größer und offener als das rechte, woraus wir ersehen, daß unser Parteigenosse alles aufnimmt, aber in seiner Form ganz vorsichtig wiedergibt [...].«

Darré (vom Ohr her gedeutet): »[...] ist unbedingt der richtige Mann, der dahin wirkt, die Landwirtschaft wiederum in das Volksganze einzugliedern [...].«

Goebbels: »Das Kinn ist zwar lang, was Zähigkeit besagt, aber nicht genügend breit. Daran erkennen wir Goebbels als den ausgesprochenen Geistesarbeiter. Als Parallelzeichen hierzu ist der feine, zarte und doch straffe Nacken zu bewerten. Vor Überarbeitung muß er gewarnt werden [...].«

Schemm: »[...] eine optimistische, zähe, ausgesprochen nordische Gestalt. [...] Pädagogen mit derartigen Eigenschaften erringen im Sturm die Herzen der Kinder. [...] Gott gebe ihm Kraft und Gesundheit, daß er die bayerische Jugend im nationalsozialistischen Sinne für die großen, vor ihr liegenden Aufgaben zu erziehen vermag [...].«

Streicher: »Gesamtausdruck: kühn, draufgängerisch, zielbewußt. Wehe, wer sich diesem Mann entgegensetzt, dem kann er bestimmt eins streichen [...].«

Den Arier beziehungsweise Germanen durchpulst das reine Blut, das höchstes Zeichen für Auserwähltheit ist und immer wieder »aufgenordet« werden müsse. Führergestalten sind dementsprechend von bestem Blut. Sie triumphieren über Demokratie, Liberalismus und Humanität, die sich als degenerierte Schwäche erweist. Die Triebe gilt es zu mobilisieren, sie steuern den artgerechten Volksgenossen. Der Jude bringt Unglück.

Der Blutmythos ist das Pendant zum Germanenmythos: was den Germanen oder Arier vor allem auszeichnet, ist die besondere Art seines Bluts. Seit Beginn des 19. Jahrhunderts wird eine Blutmystik zelebriert, die teilweise christliche Elemente säkularisiert, teilweise folkloristischen, in allen primitiven Völkern vorhandenen Blutaberglauben ideologisch aufwertet und politisch fruchtbar macht. Der patriotische Blut- und Wundenkult des 18. Jahrhunderts war süßlich, von sentimental-erotischen Gefühlen durchdrungen.[146] Bei Klopstock floss der Jünglinge Blut fürs Vaterland, für Allvater Wotan, das Blut »sprudelte und rauschte tief im Tal«. Der blutige Wortrausch setzte sich im Irrationalismus und im Sturm und Drang fort. »Der Jüngling glüht ins Feld, und gibt aus seiner Seite/sein bestes Herzens Blut Dir [dem Vaterland] jauchzend dar« (Herder). Bei den Dichtern der Freiheitskriege kam es zum wahren Blutgestammel. Vor allem der schöne blaue Rhein sollte gefärbt werden von der »Tyrannen Rosse Blut, der Tyrannen Knechte Blut, der Tyrannen Blut, der Tyrannen Blut! der Tyrannen Blut!« (Leopold von Stolberg) Der Kampf, bei dem das Blut in Strömen fließt, galt als die eigentliche Bewährungsprobe des deutschen Charakters. Er war ein Bad, dem der deutsche Mensch (wie Siegfried dem Drachenblut) neugeboren entstieg.

Diese Blutideologie prägte auch die Weltanschauung der Korporationen – in der Mensur hatte sich die »Wahrheit des Blutes« zu erweisen. Dann ist »jene heilige heldenhafte Erregung vorhanden, die wir an den Vätern der Vorzeit bewundern, die jeder durchmachen muss, der in Erfüllung des getanen Schwurs und in deutscher Gefolgstreue für die gewählten Farben ritterlich sein Blut vergießt, das nun einmal ein besonderer Saft ist. Alles, was zur Wesenheit unseres Volkes gehört, kommt hier wieder aus dem Urgrund der Persönlichkeit leuchtend hervor, und wer die Prüfung bestanden hat, ist ein deutscher Mann geworden.«[147] Vom sauberen, guten arischen Blut meinte Langbehn, dass es aristokratisches Blut sei. Es »ist von allem menschlichen ›Blut‹ dasjenige, welches am meisten sittliches ›Gold‹ in sich hat«.[148] Im Zweiten Reich und bei den Rechtskreisen in der Weimarer Republik begann der »Bronnen unseres Blutes immer lauter zu reden«. »Das Blut in seiner Unverfälschtheit ist wahrer Mittler zwischen Geist und Tat. In ihm lebt der tiefste Sinn unserer Mythen, unserer Sagen und Märchen. In ihm sprechen die deutschen Wälder und Ströme.«[149] Der »große Strom des Blutes floß in großer Melodie dahin«,[150] und selbst ein Mann wie Walther Rathenau schwamm darin mit.[151] Blut war für die Nationalsozialisten »Seele in artlicher Verbundenheit mit ihrem Ausdrucksfeld, dem Leibe«.[152] Blutgebunden und voller Blutbewusstsein war man zum Bluteinsatz bereit, für Blutopfer gab es Blutorden, die Blutschranke bewahrte vor Blutschande, Blutschutzgesetze merzten Blutfremde und blutlich Minderwertige aus, Blutgefühl verband zur Blutsgemeinschaft und führte zur

Blutsgeschwisterschaft, Bluttträger wussten um die Werte von Blut und Boden, an Blutvergiftung gingen ursprünglich schöpferische Rassen zugrunde, wenn sie sich mit rassisch unedlem Blut verbanden. Blutvergiftung betrieben vor allem die Juden, nicht nur, indem sie reinrassige deutsche Mädchen zu Hunderttausenden verführten,[153] sondern auch, weil sie ein böses Serum erfunden hatten, »präpariertes Blutwasser von Tieren oder Menschen«, das sie rasseverschlechternd einspritzten: »Das von dem jüdischen Arzt Dr. Ehrlich erfundene Quecksilberheilserum ›Ehrlich 606‹ ist nicht nur wertlos, sondern schädigt den menschlichen Organismus auf das Allerärgste. [...] Das mit Klang und Gloria in die Welt gesetzte Heilserum von Dr. Koch und Dr. Behring hat sich als wertlos und bedenklich erwiesen.«[154] Angesichts des »Dritten Reichs« begann »das Blut, welches starb, lebendig zu werden. In seinem mystischen Zeichen geht ein neuer Zellenbau der deutschen Volksseele vor sich.«[155] Der neue Glaube war Glaube an den »Mythos des Blutes, der Glaube, mit dem Blute auch das göttliche Wesen des Menschen überhaupt zu verteidigen. Der mit hellstem Wissen verkörperte Glaube, daß das nordische Blut jenes Mysterium darstellt, welches die alten Sakramente ersetzt und überwunden hat.« Das »Neue«, das hinzugekommen war, war eben – das Blut. »Hier begann die Umwälzung. Es war die Umwälzung durch das Blut: nämlich des deutschen Blutes. Das war gleichbedeutend mit der Erkenntnis, daß alles Tun kraftlos ist, wenn es nicht aus dem Blute kommt.«[156] Die Propaganda der Nationalsozialisten war »blutbewusst«: Mit der Blutfahne, die 1923 beim Demonstrationszug zur Feldherrnhalle mitgetragen und ins Blut der Gefallenen »getaucht« wurde, weihte man die neuen Standarten. Die Toten des Weltkriegs und der Bewegung waren »Blutzeugen«, die man mystisch verehrte. Eine Blut-Religion mit bestimmten Riten und Symbolen wurde geschaffen und praktiziert. Blutnebel umfingen das nach »Höherem« strebende kleinbürgerliche Bewusstsein.[157]

Vom »Blut« hatten die nationalsozialistischen Führer sehr abstruse Vorstellungen. Der ehemalige bayerische Kultusminister Hans Schemm glaubte an den »einfachen, schlichten, naturwissenschaftlichen Satz«, dass »Artblut« und »artfremdes Blut« sich nicht vertragen könnten, so wie auch »artfremdes Eiweiß Gift sei«.

Menschen würden auch nicht jedes Tierblut in ihren Adern vertragen – der Jude aber sei Tier, schlimmer als das Tier.[158] Bei Julius Streicher spielt in fast jede Äußerung eine perverse, sexuell verbogene Fantasie herein: »Artfremdes Eiweiß ist der Same eines Mannes von anderer Rasse. Der männliche Same wird bei der Begattung ganz oder teilweise von dem weiblichen Mutterboden aufgesaugt und geht so in das Blut über. Ein einziger Beischlaf eines Juden bei einer arischen Frau genügt, um deren Blut für immer zu vergiften. Sie hat mit dem ›artfremden Eiweiß‹ auch die fremde Seele in sich aufgenommen. Sie kann nie mehr, auch wenn sie einen arischen Mann heiratet, rein arische Kinder bekommen, sondern nur Bastarde, in deren Brust zwei Seelen wohnen und denen man körperlich die Mischrasse ansieht. [...] Wir wissen nun, warum der Jude mit allen Mitteln der Verführungskunst darauf ausgeht, deutsche Mädchen möglichst frühzeitig zu schänden, warum der jüdische Arzt seine Patientinnen in der Narkose vergewaltigt, warum sogar die Judenfrauen ihren Männern den Verkehr mit Nichtjüdinnen gestatten: das deutsche Mädchen, die deutsche Frau soll den artfremden Samen eines Juden in sich aufnehmen, sie soll niemals mehr deutsche Kinder gebären.«[159] Reichsminister Dr. Wilhelm Frick schrieb: »Das deutsche Volk bildet zwar keine eigene Rasse. Das deutsche Volk setzt sich vielmehr aus Angehörigen verschiedener Rassen zusammen. Allen diesen Rassen aber ist eigen, daß ihr Blut sich miteinander verträgt und eine Blutmischung – anders als bei nicht artverwandtem Blut – keine zerstörenden Wirkungen auslöst. [...] Im übrigen müßte dafür Sorge getragen werden, die Mischlinge möglichst bald zum Verschwinden zu bringen.«[160]

Alfred Rosenbergs Buch »Der Mythus des 20. Jahrhunderts« griff die Fantasien Gobineaus und Chamberlains auf und reicherte sie mit einem missverstandenen Nietzsche und den »Erkenntnissen« der Rassenbiologie an. Es ist wohl eines der dümmsten Bücher, die je geschrieben wurden, aber auch eines der gefährlichsten, da es bewusst auf die Masse der Halbgebildeten und Ungebildeten abzielt. Im Mittelpunkt steht die Verherrlichung des germanischen Menschen mit seinem reinen Blut: Alles, was nur irgendwie Belang habe, stamme von Deutschen oder deutschähnlichen Menschen – der Einfachheit halber rechnet Rosenberg auch die Griechen hierzu.

Alles, was böse und verworfen sei, stamme vom Juden, dem Misch-Rassigen, dem Bastard mit seinem verderbten Blut oder – wie Rosenbergs Lieblingsausdrücke lauteten – vom Syrier und Nigger ab.

»Gebären die Frauen einer Nation Neger- oder Judenbastarde; geht eine Schlammflut von Nigger-Begeisterung und Nigger-Kunst weiter so ungehindert über Europa hinweg wie heute; darf die jüdische Bordelliteratur weiterhin noch ins Haus gelangen wie jetzt; wird der Syrier vom Kurfürstendamm noch weiter als Volksgenosse und ehemöglicher Mann betrachtet, dann wird einmal der Zustand eintreten, daß Deutschland und Europa in seinen geistigen Zentren nur von Bastarden bevölkert sein wird. [...] Der härteste Mann ist für die eiserne Zukunft gerade noch hart genug. Wenn auf Rassen- und Volksverhöhnung, wenn auf Rassenschande einmal Zuchthaus und Todesstrafe stehen werden, dann erst wird es stählernen Nerven und schroffsten Formkräften gelingen, den kommenden Typus zu schaffen.«[161]

Einen besonderen Hass entwickelte Rosenberg gegen das Christentum, da es Elemente enthalte, die in der neuen nationalsozialistischen Welt keine Berechtigung mehr hätten, es zudem jüdisch-freimaurerisch verseucht sei durch Barmherzigkeit, Liebe, Mitleid, Humanität und so weiter. »Nun drang durch das Christentum ein anderer seelischer Wert ein und beanspruchte die erste Stelle [anstelle der germanischen Ehre]: die Liebe, im Sinne von Demut, Barmherzigkeit, Unterwürfigkeit und Askese. Heute ist es jedem aufrichtigen Deutschen klar, daß mit dieser alle Geschöpfe der Welt gleichmäßig umfassenden Liebeslehre ein empfindlicher Schlag gegen die Seele des nordischen Europas geführt worden ist. [...] Hierher gehört das kirchlich-christliche Mitleid, das auch in der freimaurerischen Humanität in neuer Form aufgetaucht ist und zu der größten Verheerung unseres gesamten Lebens geführt hat. Aus dem Zwangsglaubenssatz der schrankenlosen Liebe und der Gleichheit alles Menschlichen vor Gott einerseits, der Lehre vom demokratischen rasselosen und von keinem nationalverwurzelten Ehrgedanken getragenen ›Menschenrecht‹ andererseits hat sich die europäische Gesellschaft geradezu als Hüterin des Minderwertigen, Kranken, Verkrüppelten, Verbrecherischen und Verfaulten ›entwickelt‹. Die ›Liebe‹ plus ›Humanität‹ ist zu einer alle Lebensgebote und Lebensformen eines Volkes und Staates zersetzenden Lehre geworden und hat sich dadurch gegen die sich heute rächende Natur empört.«[162]

»Faules Blut« wollten die Nationalsozialisten durch »reines Blut« reinigen (aufnorden).[163] Dieses »Herdbuchverfahren« übernahm Gedankengänge des Darwinismus und Sozialdarwinismus: die »ehernen Gesetze« der Natur wollte man nun auch künstlich anwenden, indem man die Ausmerze beschleunigte beziehungsweise die »Besten« in ihrem »Lebenskampf« unterstützte. Die deutsche Rasse – so hieß es – wäre für eine derartige Blutverbesserung besonders gut geeignet; hätte auch in den Städten die Verbastardisierung größeren Umfang angenommen, vor allem auf dem Lande hätte sich der »deutsche Schoß« dem fremden Blut noch nicht geöffnet. Den Gedankengängen Hitlers, dass die Ehe aus dem Niveau einer dauernden Rassenschande herauszuheben sei,[164] entsprach die Erbgutlehre Darrés, die später von Himmler mit furchtbaren Mitteln in die Wirklichkeit umgesetzt wurde.[165] »Darrés Bauern- und Himmlers Polizeiromantik wachsen auf dem gleichen nordischen Dung.«[166] Darré wollte das »beste Blut sammeln«. »Wie wir unser altes hannöversches Pferd aus weniger rein gebliebenen Vater- und Muttertieren wieder herausgezüchtet haben, so werden wir aus dem besten deutschen Blut aus Verdrängungskreuzungen im Laufe der Generationen wieder den reinen Typ des nordischen Deutschen züchten. […] Wir werden in allererster Linie das Bauerntum heranziehen, soweit es sich noch einen Rest des guten Instinkts durch das Bekenntnis zur Bewegung erhalten hat.«[167]

Das Bekenntnis des nationalsozialistischen Diplomlandwirts Darré[168] wie überhaupt der Nationalsozialisten zum Bauerntum gleicht der Liebe des Salontirolers zum Berg: die Scholle, zu der man »zurückkehrt«, ist parfümiert, die Blut- und Bodenmystik ist auf Plüsch ersonnen. Der deutsche Schläger träumt von der Idyllik des Landlebens. »Es gab für mich nur ein Ziel, für das es sich zu arbeiten, zu kämpfen lohnte«, meinte Auschwitz-Mörder Höß, »der selbsterarbeitete Bauernhof mit einer gesunden großen Familie. Das sollte der Inhalt meines Lebens, mein Lebensziel werden«.[169]

Die großen neuen Wehrbauernsiedlungen im deutschen Osten, die Himmler plante, sollten die deutsche Dorfidylle widerspiegeln:

deutsche Linden und deutsche Eichen, deutsche Brunnen und deutsche Lieder (»Am Brunnen vor dem Tore«). Die russischen Arbeitstiere durften zu Zehntausenden »verrecken« – nur der deutsche Mensch zählte. Gänsen und Juden von Fall zu Fall den Hals umdrehen, gesunde blondsträhnige Kinder mit gebärfreudigen Frauen zeugen, hoch auf dem Erntewagen des Jahres Frucht einbringen, im milden Mondenschein mit den kecken Maiden scherzen – das entsprach dem Wunschbild des pangermanischen Sadisten.

Verdorben war die Stadt mit ihrem Asphaltdschungel. Dort waren Juden und Rationalisten, Zersetzer und Zivilisierte zu Hause, »ein Inferno sich verbastardisierender schmutziger Menschenfluten«, die »auf dem glühend unfruchtbaren Asphalt einer bestialisierten Unmenschheit verkrüppelten«.[170]

Mit dem deutschen Schwert habe man gegenüber Verstädterung den deutschen »Pflug und damit der deutschen Scholle Raum verschafft«, schrieb Hitler in »Mein Kampf«.[171] Ein gesunder Bauernstand sei das Fundament der Nation, er allein könne in Krisen- und Kriegszeiten die Nation erhalten. Doch sei das deutsche Land hierfür zu klein: das neue Reich müsse sich wieder auf der Straße der einstigen Ordensritter in Marsch setzen, »um mit dem Schwert dem deutschen Pflug die Scholle, der Nation aber das tägliche Brot zu geben«. So trat neben die sentimentale Bodenliebe die realpolitische, neben die »Rückkehr zum Ursprung der Väter« der Ostlandritt.

Die Zivilisationsfeindschaft eines Jean-Jacques Rousseau und der Antirationalisten war besonders in Deutschland auf fruchtbaren Boden gefallen, da sie die Möglichkeit bot, die eigene Rückständigkeit und Provinzialität ideologisch zu kaschieren. Während andere Nationen mit ausgeprägtem Rationalismus auf den Schock der Industrialisierung gelassener reagierten, die Probleme mit Hilfe von Vernunft und Verstand, Planung und Realismus angingen, regierte die deutsche Seele, benachteiligt auch durch Restauration und Reaktion (der Absolutismus als typische Regierungsform der Agrarländer unterband jede Aufwärtsentwicklung), mit Verdrängung und Flucht.[172] Was die Junker und Großgrundbesitzer betraf, so mussten diese vor einer Vergrößerung des Handelns und vor der Technisierung zurückschrecken – ihre eigenen wirtschaftlichen Interessen gingen auf Abschließung vom Westen und aktive Bodenpolitik im Osten. Der geistigen entsprach eine handelspolitische Unmündigkeit des Bürgers, die den Fortbestand einer patriarchalischen Gesellschaftsordnung zudem förderte. Als man im Wilhelminischen Zeitalter sich nach dem erfolgreichen Krieg von 1871 in die »Gründerjahre« stürzte, war die seelische Disposition hierfür nicht vorhanden. In einer Zeit der Dampfmaschinen und Elektrizitätswerke, der Großstädte und des einsetzenden Welthandels flüchtete der Kleinbürger in die Welt des Papiermythos, erfreute sich an Siegfried, Brünhild und Kriemhild, träumte unter Eichen von der Altvordern Herrlichkeit. Ein Teil der antibürgerlichen Jugend huldigte einer verstiegenen antitechnischen Wald- und Wanderromantik (in der Jugendbewegung).[173] Die Sozialisten, die die Probleme der Industrialisierung vor allem kannten, wurden verunglimpft und von politischer wie gesellschaftlicher Einflussnahme ausgeschlossen. Die »Lebensphilosophie« übernahm Elemente des Rousseauismus, steigerte sie und verband sie mit völkischem Aristokratismus: die »geist- und gesichtslose Masse der städtischen Untermenschen«, die in ihren Brutherden verdumpfe, wäre von den Ursprüngen des Lebens völlig entfernt. Wie die Norne den Schicksalsfaden, so spannen etwa Alfred Schuler oder Ludwig Klages das Garn ihrer Geist-Technik-Zivilisations-Feindschaft.[174] Der Kleinbürger war mehr an Herzinnigkeit gewöhnt; er wollte nicht »kalte« Gemälde der Natur, sondern buntfreudig hingekleckste »Wärme«. Bei der »Verbauerung«, die wünschenswert sei (hieß es bei Langbehn), sei der »holländische Stil« der richtige; übrigens wäre auch Brünhild, die »kriegerische Maid«, »in der deutschen Sage halb Walküre, halb Holländerin«. Wärme wollte man haben – regionale Stallwärme: »Die irrende Seele der Deutschen, welche sich künstlerisch jetzt in allen Erd- und Himmelsgegenden umhertreibt, muß sich wieder an den heimatlichen Boden binden; der holsteinische Maler soll holsteinisch, der thürningische thürningisch, der baierische baierisch malen.«[175]

Die »verbauerte« völkische Literatur [176] hatte weder mit der ländlichen Idylle von Aufklärung, Sturm und Drang, Romantik, Klassik, Biedermeier, Realismus etwas zu tun, die, der Schillerschen Definition entsprechend, tiefgründig war und aus der Ungeborgenheit erwuchs, noch mit der Heimatliteratur, die aus lokaler Naturverbundenheit hervorging und mit Humor und Schärfe die ländliche Umwelt zu schildern wusste. Gustav Freytags »Ahnen« markieren den Beginn der fatalen Entwicklung. Er war zwar noch frei von der späteren penetrant völkischen Art, aber sein unglückseliger Germanismus und die ihm zu eigene stilistische Unfähigkeit ließen ein Werk entstehen, das mit seiner Gespreitzheit ein Heer von dritt- und viertrangigen Dichtern inspirierte. Der Kleinbürger erlebte im Spiegel der »Ahnen« (*seiner* Ahnen) den Inbegriff einer Welt, in der er sich glücklich fühlte oder nach der er sich sehnte: mit einem Huhn im Topf, einem Schützen- oder Fahnenweihfest und der Romantik des Stammbaums, den man fein säuberlich nach Dienstschluss auf Büttenpapier mit dem Seufzer des »Bin-eigentlich-zu-etwas-Besserem-berufen« aufzeichnete. »›Lange brodelt das Huhn, Godelind‹, sprach der kleine Mann und blickte sehnsüchtig nach dem Topfe, ›schwing den Löffel und lege Holz an, denn dies ist das einzige, was man hier im Lande reichlich hat.‹« [...] »Und ein Edler an der Seite des Fürsten begann laut: ›Das liebste fürwahr im Sommer ist mir ein solches Hochfest, wo Landgenossen einander auf grüner Wiese im Heergewand grüßen, die grauen Häupter erinnern sich alter Kriegsreise, die schlachtenfrohe Jugend erweist im Spiele, daß ihre Kraft dereinst die Ehren der Väter mehren wird. Die Sonne scheint warm, und das Antlitz des Wirtes lacht den Gästen entgegen, auch das Herdenvieh springt umher, und die Ähren der Gerste bräunen sich im Südwind; fröhlich wird des Mannes Herz in solcher Zeit und ungern gedenkt er der Sorgen.‹« [...] »Die Wogen und Wälder rauschten aus einem Jahrhundert in das andere – dasselbe geheimnisvolle Lied, aber die Menschen kamen und schwanden, und unaufhörlich wandelten sich ihnen die Gedanken. Länger wurde die Kette der Ahnen, welche jeden Einzelnen an die Vergangenheit band, größer sein Erbe, das er von der alten Zeit erhielt, und stärkere Lichter und Schatten fielen aus den Taten der [...] Vorfahren in sein Leben. Aber wundervoll wuchs dem Enkel zugleich mit dem Zwange, den die alte Zeit auf ihn legte, auch die eigene Freiheit und schöpferische Kraft.«[177] »Meine Heimat« – brünstig erklang der Sehnsuchtsruf der Heimat- und Bauernliteraten über die »unendliche Heide« und durch die erhabene Stille des Walddoms, hallte von Bergeszacken im Alpenglühen bis an das große weite

Meer. Die Gestalten, die das Korn in die von den Ahnen ererbte Scholle senkten, waren stolz und trutzig, raues reines Blut brauste in ihren Adern, der Maiden Augen blitzten und ihre Gestalten, vor allem ihre Busen, strafften sich vor Stolz, wenn der herb Geliebte aus dem welschen Tand-Land zu Käthe und Kate zurückfand. Alle schritten meist hinter dem Pflug, zusammen mit »der Ahnen langer Kette«: »Viele sind mit ihr, neben ihr, die in Jahrhunderten hier gingen hinterm Pflug, dem heiligen Acker dienend. Sie begleiten sie – sie lenken ihren Fuß, sie führen ihre Hand. Sie schreiten durch sie hindurch und heben ihr Herz in Sonnennähe. Es ist ein Fest des Blutes, ein Fest innigster Verbundenheit mit der braunen Erde, in der ihr Fuß versinkt. Anstrengung und Freude helfen zusammen und treiben ihr Blut in schnellem Gang durch ihren jungen Körper, durchströmen ihn mit ungeahnter Kraft, die herauswächst aus der Tiefe des Ackers durch sie hindurch, so daß sie jäh einhalten muß vor der wundersamen, sie tief erregenden Süße, die ihren ganzen Körper durchflutet.«[178]

Die Gestirne blickten auf ein Land der deutschen Trauben, des deutschen Kornes und des deutschen Kohls. Bergleute förderten deutsches Erz zutage, und Schiffer fuhren den stolzen deutschen Rhein entlang. Bäuerliche Mütter breiteten segnend ihre Hände über blonde Kinder und irgendwo in der Ferne blühten die Blumen auf einem Heldengrab. Die Stirnen waren jeweils den Sternen zugewandt: »Großdeutschland bist du genannt, du Heimat, leuchtendes Land! Mit den grünen Matten im goldnen Glanz, du Volk im Erntekranz.« (Baldur von Schirach)[179]

Die NS-Kunst gab das blutbewusste bäuerliche Epos entweder in seiner »ewigen Urform, heldisch hinterm Holzpflug, fruchtbringend in jeder Muskelregung, gradlinig bis ans unbenannte Ende«,[180] oder in seiner süß-lieblichen Form: bäuerliche Nackedeis mit Feldblumen oder Gemüse, inmitten ruraler Stilmöbel aus gut Holz zum idyllischen Stillleben vereint. »Gute Siedlungsromane, Gestaltungen des deutschen Neubauerntums [...], gute Handwerkerromane, gute Regionalromane, gute Rasse- und Blutromane [...] auf allen diesen Gebieten war eine wichtige und schöne Aufgabe zu erfüllen.«[181] Den Blubo-Dichtern wurden Orgien der Verehrung entgegengebracht. In der Eugenie Marlitt und Hedwig Courths-Mahler-

Nachfolge traten Kuni Tremel-Eggert und Josefa Berens-Totenohl hervor. Die letztere habe, so meinte einer ihrer rhapsodischen Verehrer, einen besonders sprechenden Namen: »Wie Sie Ihrem Namen einen herben Beinamen nach Ihrer Heimat: Totental – gaben und keinen schmeichelnden wählten, der sich dem Ohre wie süße Musik einprägt, so wie Sie Ihre Bücher in ernstem, einfarbigem Einband erscheinen ließen, so wie Sie die Hauptgestalt kaum ein Scherzwort sprechen lassen, so ernst und hart will das Leben, will die Kunst, wollen Sie, will Deutschland genommen werden.«[182] Die völkische Heimat- und Bauernliteratur betrieb einen besonderen Kult mit dem Mütterlichen, wobei pantheistische (Mutter Natur), christliche (Mutter Gottes) und tiefenpsychologische Elemente (die Große Mutter) verwendet und verfälscht wurden. Während man das Leben nur sehr bedingt achtete (nur soweit es nämlich rassisch und reinblütig war) und den Krieg als den großen Lehrmeister und Erzieher der Menschheit pries, »verehrte« man die Mutter und das Mütterliche auf eine geradezu widerliche Weise: in Wirklichkeit sah man in ihr nur die Gebärerin des »Menschenmaterials«, das man auf den Altären des Vaterlandes zu opfern bereit war. Der Stil, den man verwendete, lag zwischen Wilhelm Bölsche und Goebbels: auf der einen Seite das Raunen ums Seelendunkel, ums Mütterlich-Chthonische, um heilig-gebärende Fruchtbarkeit, auf der anderen das patriotische Pathos der hehren und hohen Worte, hinter dem sich Brutalität verbarg.

In der Erzählung »Der Wanderer zwischen beiden Welten« von Walter Flex besucht der Dichter die Mutter des gefallenen Freundes. Diese fragt ihn »nach einer Weile des Schweigens« nach dem Blutopfer des Sohnes: »›Hat Ernst vor seinem Tode einen Sturmangriff mitgemacht?‹ Ich nickte mit dem Kopfe, ›ja, bei Warthi!‹ Da schloß sie die Augen und lehnte sich im Stuhl zurück. ›Das war sein großer Wunsch‹, sagte sie langsam, als freue sie sich im Schmerz einer Erfüllung, um die sie lange gebangt hatte. Eine Mutter muß wohl um den tiefsten Wunsch ihres Kindes wissen. Und das muß ein tiefer Wunsch sein, um dessen Erfüllung sie noch nach seinem Tode bangt. Oh, ihr Mütter, ihr deutschen Mütter!«[183] Im Krieg ist die Mutter am nächsten: »Wie die Einschläge dröhnen! Wie das Feld aufspritzt und zuckt und lärmt ... Und in aller Verzweiflung ist es auf einmal wundersam ruhig über uns gekommen, als ob nun alles, alles gut werden müsse. Irgendeiner unter uns ist es gewesen, der hat das Wort gesprochen, leis vor sich hin, und wir haben's von seinen Lippen gelesen. Und es hat wie Glockenton in uns angeklungen unter all dem Lärm ringsum. Mutter!«[184]

Im »Dritten Reich« findet das Leben einer deutschen Frau seine Erfüllung, wenn sie das »goldene Ehrenkreuz für die deutsche Mutter« erhält, zwei Söhne den Blutorden tragen und sie zumindest einen Sohn fürs Vaterland hingeben darf. »Die schräg geneigte Sonne ließ die Goldbuchstaben des Grabmals aufleuchten: ›Sie starben, daß Deutschland lebe‹, und Deutschland lebte, kraftvoller, mächtiger und herrlicher als je, und würde leben in alle Ewigkeit. Mutter Berta erhob sich und schritt im Abendleuchten heim. In ihr war Freude und das Glück der Erfüllung.«[185]

Das gibt es aber auch beliebig oft mit weltanschaulichem Zuckerguss: »Ein stolzer Mund lächelt, und eine Hand faßt die ihre, wie nie eine andere Hand die ihre gefaßt hat. Nie! Und auch sie hat nur mehr den einen Wunsch, von diesem Mund geküßt, von diesen Händen liebkost zu werden. Das ist also die Liebe! Diese schwere Süße im Blut, dieses Trunkensein von einem Menschen. Ja – das ist die Liebe! Barb Vonberg! Das ›Ich liebe dich! Ich liebe dich‹... Ich denke Tag und Nacht nur an Dich! An Dich! Ich sehe Dich, Deine lieben Augen, Deinen süßen, süßen Mund. Nie werde ich satt werden, ihn zu küssen. Ich liebe alles, alles an Dir, Barb, Du süßes, dunkles, keusches, deutsches Mädchen ... Barb! Meine süße, herbe, große, schöne Barb ... Und so bist du denn meine Barb, meine Barb, meine schlanke, große, schöne, braune, gute, kluge, zärtliche, heiße, liebe, geliebte Barb.«[186]

Im Sinne des abgründigen NS-Rassimus ist eine immer wieder versuchte literarische Amalgierung das höchste ideologischer Gefühle, wie sie Hans Zöberlein besonders infam produzierte: hehrer und schwülstiger Liebeskitsch, Bergromantik, Blutsang, Sehnsuchtsgeklampfe, Gebärfreude, Großstadtfeindschaft und Judenhass.

»›Deine Heimat ist wunderschön‹, sagt sie verträumt und lehnt sich in seinen Arm, dass er sie drehen und wenden kann, um ihr die Herrlichkeiten des Landes gebührend zu zeigen und sie zu loben.

›Es ist so deutsch wie nicht leicht eines. Mag jeder so von seiner Heimat reden, ich tu' es auch. Im Krieg sind wir Soldaten in vielen Ländern gewesen, aber keines kommt dem unseren gleich in der Welt.‹ Dann sagen sie lange nichts, so sind sie im Schauen versunken. Nur einmal zeigt er stumm über den Wald im Grunde hin, aus dem sich zwei mächtige Bussarde mit glänzenden Schwingen heben und dann regungslos im Raum schwimmen. Endlose goldene Kreise im Blinken der Sonne segelnd, tauchen sie hoch über die Berge ins Blaue.

Und sie hören ihr Blut, wie es in der Stille singt. Ganz eng liegen sie beisammen im gleichen Atem und Herzschlag. Es ist ein Wesen, das um sie webt und aus ihnen selber kommt. Das spüren sie im An- und Abwallen, das sie immer enger aneinanderdrängt. Und es war ihnen, als sei noch der gleiche Tag, wo sie ihm das Lied sang und das Glück des Erkennens ihrer Liebe über sie kam. Als sei nichts dazwischen gewesen an Qual der Sehnsucht und des Bangens umeinander.

Da schauerten sie leise vor dem Atem der ewigen Schöpfung, der sie weihte, die rätselhafte Gewalt zu üben, neues Leben zu schöpfen für die endlose Kette ihres Blutes aus Uranfang zum Ende alles Daseins ...

Er aber lachte von Herzen, als er fortfuhr: ›Wir werden Kinder haben, das erste muß ein Bub sein!‹ Sie nickte errötend und behauptete wieder: ›Wie du!‹ ›Aber das zweite muß ein Mädel werden, so eins wie du – süße Frau. Und dann wieder ein Bub, und dann wieder ein Mädel‹ – ›Und so weiter!‹ sagte sie und halste und küsste ihn mit lachendem Mund.

›Ich bin noch nicht fertig‹, schmunzelte er, ›weißt du, nur so kann ein neues Deutschland besser und sicher aufgebaut werden, wenn wir, vom guten, gesunden Blut, durch unsere Kinder stärker werden als das Kranke. Und das Kranke immer mehr aus dem Volke verdrängen.‹ ›Wenn das nur alle begreifen würden!‹ ›Ja! Wie viele ordentliche Kerle gehen zugrunde an Leib und Seele durch den falschen Geist.‹ ›Und noch schlimmer ist, daß so viele Mädels verdorben werden vom schlechten Blut, und gerade die schönsten und gesundesten. Die Großstädte stumpfen den gesunden Instinkt ab und machen das Blut träge und lüstern und schlammig. Die Menschen werden morsch, das Leben in der stickigen Enge zerfrißt ihnen das Rückgrat und Herz.‹

›Wir kommen doch auch von der Großstadt‹, warf sie ein.

›Es sieht zwar so aus, aber deine Eltern und meine Eltern waren erst vom Lande in die Stadt gekommen, wie sie uns zur Welt brachten. Sie waren noch voll von frischem Bauernblut, der Mutterleib gesund wie ein Wald‹ …

›Dein Haar ist ja seidenfein, so fliegend knisternd, daß es mir an den Fingern bleibt wie Eisen am Magnet, wenn ich darüber streiche. Sieh nur her, so hängen wir aneinander.‹

Sie lachte, als sie es sah: ›Wenn ich aber blond gewesen wäre wie meine Mutter?‹ – ›Zuerst habe ich den Funken gespürt, nicht ob du blond oder braun bist.‹

›Wenn ich nun eine Jüdin gewesen wäre?‹ – ›Dann hättest du den Funken nicht haben können für mich. Und damit du endlich Ruhe gibst, will ich dir sagen, daß ich eine Reihe blonder Jüdinnen kenne.‹– ›Und ich blonde Juden.‹ – ›Ich kenne sogar eine blonde Deutsche, die einen Juden geheiratet hat, so einen ganz kleinen Pfropf, dem sie ein paar echte blonde Siegfriede geboren hat, die mit zwölf Jahren schon größer waren wie ihr Tade. Aber noch echtere Juden geworden sind als der Alte. Und was das interessanteste ist, seine blonde Frau sieht wie eine echte Jüdin aus und ist früher, als sie noch in unserem Haus wohnte, der reinste Engel gewesen. So färbt das ab. Und so frischt der Jude sein Blut wieder auf, der mit seiner Sara höchstens noch kleinere Pfröpfe fertiggebracht hätte.‹

›Ekelhaft‹, schüttelte sie sich. ›Wie kann man sich nur so vergessen!‹«[187]

[131] MK, S. 311ff., 444f., 70.

[132] Wagner, Richard: Das Judentum in der Musik (1859), Leipzig o.J. (um 1940). Vgl. zum Beispiel S. 4ff: »Der Jude, der bekanntlich einen Gott ganz für sich hat, fällt uns im gemeinen Leben zunächst durch seine äußere Erscheinung, auf, die, gleichviel welcher europäischen Nationalität wir angehören, etwas dieser Nationalität unangenehm Fremdartiges hat: wir wünschen unwillkürlich, mit einem so aussehenden Menschen nichts gemein zu haben. […] Ungleich wichtiger, ja entscheidend wichtig ist je-

doch die Beachtung der Wirkung auf uns, welche der Jude durch seine Sprache hervorbringt; und namentlich ist dies der wesentliche Anhaltspunkt für die Ergründung des jüdischen Einflusses auf die Musik. – Der Jude spricht die Sprache der Nation, unter welcher er von Geschlecht zu Geschlecht lebt, aber er spricht sie immer als Ausländer. [...] Unsre ganze europäische Zivilisation und Kunst ist aber für den Juden eine fremde Sprache geblieben; denn, wie an der Ausbildung dieser, hat er auch an der Entwickelung jener nicht teilgenommen, sondern kalt, ja feindselig hat der Unglückliche, Heimatlose ihr höchstens nur zugesehen. In dieser Sprache, dieser Kunst kann der Jude nur nachsprechen, nachkünsteln, nicht wirklich redend dichten oder Kunstwerke schaffen. [...] Alles, was in seiner äußeren Erscheinung und seiner Sprache uns abstoßend berührte, wirkt in seinem Gesange auf uns endlich davonjagend, so lange wir nicht durch die vollendete Lächerlichkeit dieser Erscheinung gefesselt werden sollten. Sehr natürlich gerät im Gesange, als dem lebhaftesten und unwiderleglich wahrsten Ausdrucke des persönlichen Empfindungswesens, die für uns widerliche Besonnenheit der jüdischen Natur auf ihre Spitze, und auf jedem Gebiete der Kunst, nur nicht auf demjenigen, dessen Grundlage der Gesang ist, sollten wir, einer natürlichen Annahme gemäß, den Juden je für kunstbefähigt halten dürfen.«

Vgl. auch Marcuse, Ludwig: Das denkwürdige Leben des Richard Wagner, München 1963, S. 233.

Wagner war als Schreibtischtäter mit verantwortlich für die Folgen. Vgl. Weiss-Weiler, Eva: Ausgemerzt. Das Lexikon der Juden in der Musik und seine mörderischen Folgen, Köln 1995. Tausende jüdischer Komponisten, Instrumentalisten, Sänger, Musikpädagogen und Musikologen, denen die Flucht vor den Nationalsozialisten nicht gelang, wurden Opfer der NS-Ausrottungspolitik. Ferner: John, Eckhard: Die Politisierung der Musik in Deutschland 1918–1938, Stuttgart 1994. Musikbolschewismus und Kulturbolschewismus waren nicht nur Schlagwörter der Nazi-Demagogen und einiger weniger Kunstbanausen, ihre Hochkonjunktur hatten diese Begriffe schon lange vor der Machtübernahme der Nazis und sie entsprangen durchaus dem Denken großer Teile des musikalischen Bildungsbürgertums.

133 Vgl. Saller, Karl: Der Rassenbegriff in der modernen Anthropologie, in: Rassenfrage – heute, München 1955, S. 27.

134 Vgl. Reichmann, Eva Gabriele: Flucht in den Hass. Die Ursachen der deutschen Judenkatastrophe, Frankfurt am Main o. J. Vgl. ferner Sterling, Eleonore: Er ist wie du. Aus der Frühgeschichte des Antisemitismus in Deutschland (1815–1850), München 1956; Neurohr, Jean: Der Mythos vom Dritten Reich, Stuttgart 1957; Broszat, Martin: Der Nationalsozialismus. Weltanschauung, Programm und Wirklichkeit, Stuttgart 1960; Breitling, Rupert: Die nationalsozialistische Rassenlehre. Entstehung, Ausbreitung, Nutzen und Schaden einer politischen Ideologie, Meisenheim 1971; Poliakov, Léon:

Der arische Mythos. Zu den Quellen von Rassismus und Nationalismus, Wien/München/Zürich 1971; Lutzhöft, Hans-Jürgen: Der Nordische Gedanke in Deutschland 1920–1940, Stuttgart 1971; Pätzold, Kurt: Faschismus, Rassenwahn, Judenverfolgung. Eine Studie zur politischen Strategie und Taktik des faschistischen deutschen Imperialismus 1933 bis 1935, Berlin 1975; Mühlen, Patrik von zur: Rassenideologien. Geschichte und Hintergründe, Berlin/Bonn-Bad Godesberg 1977. Über die Bedeutung des Sozialdarwinismus für die »Rassenlehre« vgl. Zmarzlik, Hans-Günter: Der Sozialdarwinismus in Deutschland, in: Vierteljahreshefte für Zeitgeschichte 3/1963, S. 271; ferner Conrad-Martius, Hedwig: Utopien der Menschenzüchtung. Der Sozialdarwinismus und seine Folgen, München 1955; Koch, Hannsjoachim W.: Der Sozialdarwinismus. Seine Genese und sein Einfluß auf das imperialistische Denken, München 1973.

135 Zitiert nach: Reichmann, Eva Gabriele, a.a.O., S. 245f.

136 Mann, Heinrich: Der Untertan, Leipzig 1918, S. 372. Der Untertan spielt selbst Klavier. »Aus Volksliedern, Beethoven und dem Kommersbuch klang es durcheinander in der Dämmerung, [...] auf dem Klavier stand plötzlich ein volles Bierglas. Die gute Mutter. Schuberts weiche Biederkeit, Gemüt der Heimat.« (S. 196.) Vgl. auch Lion, Ferdinand: Romantik als deutsches Schicksal, Stuttgart 1963, S. 99.

137 Zitiert nach: Hübscher, Arthur: Von Hegel zu Heidegger, Stuttgart 1961, S. 76.

138 Vgl. hierzu auch Salin, Edgar: Vom deutschen Verhängnis. Gespräch an der Zeitenwende: Burckhardt – Nietzsche, Hamburg 1959, S. 91, 140. Hauser, Arnold: Sozialgeschichte der Kunst und Literatur, Band 2, München 1953, S. 348f. Über Wagner schreibt Hauser: »Seine Opern sind [...] der Ausdruck seines unwählerischen, theatralischen Geschmacks und seines lauten, ostentativen Wesens. Er liebt ebenso wie Meyerbeer, Napoleon III., die Païva oder Zola das Aufdringliche, Kostbare, Üppige, und man erkennt die gemeinsamen Züge seiner Opern und der mit Seide, Samt, Goldbrokat gepolsterten Möbel, Teppichen und Portieren angefüllten Salons der Zeit, auch ohne zu wissen, daß er sich von Makart Kulissen malen lassen wollte.«

139 Schonauer, Franz: Deutsche Literatur im Dritten Reich, Olten/Freiburg 1961, S. 56.

140 Chamberlain, Houston Stewart, a.a.O., S. 8, 863f., 259.

141 Zitiert nach: Kruck, Alfred, a.a.O., S. 5.

142 Schwarz, Hans: Das Dritte Reich. Nachwort [Moeller van den Bruck], Hamburg 1932, S. 248. »Er sollte nicht mehr genesen. Sein Gemüt verdunkelte sich. Als ihn die Dämonen erniedrigen wollten, starb er 1925 einen germanischen Tod.«

143 Werner, B. E.: Literatur und Theater in den zwanziger Jahren, in: Reinisch, Leonhard (Hg.): Die Zeit ohne Eigenschaften. Eine Bilanz der zwanziger Jahre, Stuttgart 1962, S. 68.

[144] Weinländer, Karl: Rassenkunde, Rassenpädagogik und Rassenpolitik. Der naturgesetzliche Weg zu Deutschlands Aufstieg, Weißenburg 1933, S. 13, 20ff., 63, 84, 105f., 109, 130, 168, 234.

[145] Richter, Alfred: Unsere Führer im Lichte der Rassenfrage und Charakterologie, Leipzig 1933. Vgl. auch Fest, Joachim C.: Das Gesicht des Dritten Reiches. Profile einer totalitären Herrschaft, München 1963.

[146] Vgl. Kaiser, Georg, a.a.O., S.124ff.

[147] Aus den Erinnerungen des Professors Konrad Biesalski, in: Deutsche Corpszeitung, Februar 1961 (sic!), S. 17.

[148] Langbehn, Julius, a.a.O., S. 328.

[149] Rudolf Pechel in: Moeller van den Bruck, Arthur und andere: Die neue Front, Berlin 1922, S. 72ff.

[150] Jünger, Friedrich Georg: Aufmarsch des Nationalismus, Leipzig 1926, S. XIX.

[151] »Ein blondes wundervolles Volk erwächst im Norden. In überquellender Fruchtbarkeit sendet es Welle auf Welle in die südliche Welt [...].« Zitiert nach: Harry Graf Kessler: Walter Rathenau. Mit einem Kommentar von H. Fürstenberg, Wiesbaden o.J., S. 410.

[152] Berning, Cornelia: Die Sprache des Nationalsozialismus, in: Zeitschrift für Deutsche Wortforschung, Nr. 16/1960, S. 89ff.; dort auch Belege zu den einzelnen Blutkomposita.

[153] MK, S. 458.

[154] Weinländer, Karl, a.a.O., S. 340ff.

[155] Rosenberg, Alfred, a.a.O., S. 1, 114.

[156] Schmolck, Hans: Rückkehr der Kunst, Freiburg 1935, S. 5ff.

[157] Vgl. hierzu Gamm, Hans-Jochen, a.a.O., S.127ff. Schmeer, Karlheinz: Die Regie des öffentlichen Lebens im Dritten Reich, München 1956.

[158] Kahl-Furthmann, Gertrud (Hg.): Hans Schemm spricht – Seine Reden und sein Werk, Bayreuth 1935, S. 39.

[159] In: Deutsche Volksgesundheit aus Blut und Boden, 3. Jahrgang Nr. 1, Nürnberg 1935.

[160] Wilhelm Frick, in: Der Niedersachsenstürmer, 14. März 1936.

[161] Rosenberg, Alfred: Blut und Ehre. Ein Kampf für die deutsche Wiedergeburt. Reden und Aufsätze 1919–1933, München 1934, S. 221, 223, 224

[162] Rosenberg, Alfred: Der Mythus des 20. Jahrhunderts. Eine Wertung der seelisch-geistigen Gestaltenkämpfe unserer Zeit, München 1935, S. 155f., 169.

[163] Dazu auch Schmitz-Köster, Dorothee: »Deutsche Mutter, bist du bereit«. Alltag im Lebensborn, Berlin 1997. Etwa ab 1942 ließ Himmler augenscheinlich gutrassige Kleinkinder aus den besetzten Gebieten Osteuropas und ab 1944 Besatzungskinder aus Norwegen, zum Teil auch mit ihren zuhause verachteten Müttern nach Deutschland verschleppen. Eindeut-

schung dieser Kinder war der Plan, »Aufnordung« des deutschen Volks das Fernziel. Orte ihrer Unterbringung waren die Mütter- und Kinderheime jener Organisation, die sich »Lebensborn« nannte.

164 MK, S. 445. Vgl. auch die Präambel zum Reichserbhofgesetz vom 29. September 1933: »Die Reichsregierung will unter Sicherung alter deutscher Erbsitte das Bauerntum als Blutquelle des deutschen Volkes erhalten.« (Zitiert nach: Hohlfeld, Johannes, a.a.O., S. 97.)

165 Vgl. etwa Heinrich Himmlers Rede am 16. September 1942 in der Feldkommandostelle Hegewald: »Was an gutem Blut überhaupt auf der Welt vorhanden ist, an germanischem Blut, das haben wir zusammenzuholen. [...] Das gute Blut – und das ist der erste Grundsatz, den Sie sich merken müssen –, das Sie irgendwo im Osten treffen, können Sie entweder gewinnen oder Sie müssen es totschlagen.« Himmler zeigt im weiteren Verlauf seiner Rede ausführlich auf, wie man in Rußland der »blutmäßigen Versauung« entgegenzutreten habe. Zitiert nach: Jacobsen, Hans-Adolf/Jochmann, Werner (Hg.), a.a.O.

166 Niekisch, Ernst: Das Reich der niederen Dämonen. Hamburg 1953, S. 108.

167 Darré, Walter: Hermann Rauschning: Gespräche mit Hitler. Zürich 1940, S. 36f.

168 Vgl. hierzu Bracher, Karl Dietrich/Sauer, Wolfgang/Schulz, Gerhard, a.a.O., S. 390. (Eine der frühen Schriften von Darré hatte den Titel: Das Schwein als Kriterium für nordische Völker und Semiten,1927.)

169 Kommandant in Auschwitz. Autobiographische Aufzeichnungen des R. Höß, herausgegeben von Martin Broszat, München 1963, S. 53.

170 Rosenberg, Alfred, a.a.O, S. 82.

171 MK, S. 154; über die geplante Ostpolitik ausführlich S. 726ff.

172 Hierzu Plessner, Hellmuth: Die verspätete Nation, Stuttgart 1959. Pross, Harry: Dokumente der deutschen Politik. 1806–1870, Frankfurt am Main 1963 (Vom Agrarland zur Industriegesellschaft, S. 11ff.) Über die »verspätete Industrialisierung« in Deutschland mit ihren politischen Folgen: Dahrendorf, Rolf: Gesellschaft und Freiheit, München 1962, S. 261. Über den Widerstand gegen die Industrialisierung, den »Kampf« der »Altstadt« gegen die »Neustadt« vgl. auch Lion, Ferdinand: Romantik als deutsches Schicksal, Stuttgart 1963, S. 143.

173 Der Nationalismus der Jugendbewegung vor und nach der Jahrhundertwende 1900 zeigte später eine gewisse Affinität zum Nationalsozialismus und zu dessen Jugendkult, doch war man auch von der NS-Brutalität abgestoßen. Obwohl die Jugendbewegung sich als antibürgerliche Revolte verstand, »transportierte« sie Elemente, die dem Spießertum zu eigen waren: rassische Überheblichkeit, antisemitische Aggressivität, völkischen Sendungswahn. Indem die Jugendbewegung auf die Gestalt des strahlenden Führers, den männlichen Mann, sich ausrichtete, formierte sie das Bewusstsein der Jugend auf den elitären Kampf hin, der als Erfüllung seelischer

Erwartung gedeutet wurde. Die Jugendbewegung erwies sich somit als der verkrampfte Versuch, die moderne Nervosität und kulturpubertäre Unruhe nicht durch »Aufarbeitung«, sondern durch eine eigene Form der Verdrängung beziehungsweise durch eine (aus der Verdrängung erwachsende) neurotische Über-Ich-Projektion zu überwinden. Im Oktober 1913 trafen sich auf dem Hohen Meißner (im nordhessischen Bergland zwischen der unteren Fulda und der Werra) rund 2000 Mitglieder der Jugendbewegung, um den ersten freideutschen Jugendtag zu feiern. Sie beschlossen, »aus eigener Bestimmung vor eigener Verantwortung, mit innerer Wahrhaftigkeit ihr Leben zu gestalten«. Die »Iphigenie« wurde aufgeführt, man tanzte und der Pädagoge Wyneken sprach. Diese Gemeinschaft Gleichgesinnter begeisterte sich am Pathos humanitärer Aufrufe, denen der Mangel an Reflexion aus allen syntaktischen und semantischen Blößen schaute. Das spektakuläre Ereignis machte allerdings zugleich deutlich, wie weit jugendliches Bewusstsein von der zwielichtig-trüben Welt der Doppelmoral sich entfernt hatte – wenn auch die Sonne des Auf- und Ausbruchs über realitätsfernen Vorstellungen schien.

Hans Blüher, mitten in der Jugendbewegung stehend und der sie prägenden Neurosen voll teilhaftig, hat auf der anderen Seite sehr früh die »Deutsche Wandervogelbewegung« als erotisches Phänomen, im Besonderen als Folge sexueller Inversion, gedeutet und damit dem Mangel an jugendbewegter Selbstreflexion abgeholfen. Blüher hob die homoerotische Komponente des Wandervogels hervor, die im Sinne Sigmund Freuds als Symptom gescheiterter Kulturarbeit zu begreifen war – als vergebliches Bemühen, das Defizit bei der Erfüllung der Norm durch heroisches Anders-sein auszugleichen. Als in der Jugendbewegung das Realitätsprinzip vollends verloren ging, blieb nur noch der Absprung in die Psychose kämpferischer Bewährung. Der Hohe Meißner erwies sich dabei als Vorort von Langemarck. Bei dieser belgischen Ortschaft kämpften im Herbst 1914 Freiwilligenregimenter, die zum großen Teil aus Studenten und Jugendbewegten bestanden, mit dem Deutschlandlied auf den Lippen und erlitten schwere Verluste. Der Opfergang wurde zum Höhepunkt pubertärer Fixierung. (Vgl. Glaser, Hermann: Sigmund Freuds zwanzigstes Jahrhundert. Seelenbilder einer Epoche. Materialien und Analysen, München/Wien 1976, S. 147ff.). Zum Problemkreis siehe: Müller, J.: Die Jugendbewegung als deutsche Hauptrichtung neukonservativer Reform, Zürich 1911. Lütkens, Chr.: Die deutsche Jugendbewegung. Ein soziologischer Versuch, Frankfurt am Main 1925. Gerber, Walther: Zur Entstehungsgeschichte der deutschen Wandervogelbewegung, Bielefeld 1927. Copalle, Siegfried/Ahrens, Heinrich: Chronik der freien deutschen Jugendbewegung, Band 1, Bad Godesberg 1954. Seidelmann, Karl: Bund und Gruppe als Lebensformen deutscher Jugend. Versuch einer Erscheinungskunde des deutschen Jugendlebens in der ersten Hälfte des 20. Jahrhunderts, München 1955. Paetel, Karl O.: Das Bild vom Menschen in der deutschen Jugendführung, Bad Godesberg 1956. Helwig, Werner: Die blaue Blume des Wandervogel, Gütersloh 1960. Paetel, Karl O.: Jugendbewegung und Politik, Bad Godesberg 1961. Raabe, Felix: Die bündische Jugend, Stuttgart

1961. Korn, E. und andere (Hg.): Die Jugendbewegung, Düsseldorf 1963. Pross, Harry: Jugend. Eros. Politik. Die Geschichte der deutschen Jugendverbände, Bern/München/Wien 1964. Aufmuth, Ulrich: Die deutsche Wandervogelbewegung unter soziologischem Aspekt, Göttingen 1979. Neuloh, Otto/Zilius, Wilhelm: Die Wandervögel, Göttingen 1982. Jovy, Michael: Jugendbewegung und Nationalsozialismus, Münster 1984. Giesecke, Hermann: Vom Wandervogel bis zur Hitlerjugend – Jugendarbeit zwischen Politik und Pädagogik, München o.J.

174 Neuerdings auch eine umfassende Ausstellung im Germanischen Nationalmuseum Nürnberg zu »Aufbruch der Jugend. Deutsche Jugendbewegung zwischen Selbstbestimmung und Verführung.« (So auch der Titel des Begleitbuchs, herausgegeben von Claudia Seeheim und Barbara Stambolis, Nürnberg 2013).

175 Langbehn, Julius, a.a.O., S. 19, 205.

176 »Die Literatur des Dritten Reiches hat eine lange, weit ins 19. Jahrhundert hineinreichende, wenn auch durchaus nicht kontinuierliche Tradition, ja ihre wichtigsten Exemplare sind spätestens in den 20er Jahren entstanden.« Vgl. Ketelsen, Uwe-K.: Literatur im Dritten Reich, Schernfeld 1992.

177 Freytag, Gustav: Gesammelte Werke, Band 8, Leipzig 1897, S. 231, 31, 399f.

178 Tremel-Eggert, Kuni: Barb. Der Roman einer deutschen Frau, München 1939, S. 25. Vgl. auch Killy, Walter: Deutscher Kitsch, Göttingen 1961, S. 141ff.) Schonauer, Franz, a.a.O., S. 77ff., 82ff.)

179 Über die nationalsozialistischen Bauern- und Heimatlieder ausführlich Gamm, Hans-Jochen, a.a.O.

180 Über Knut Hamsun in: Rosenberg, Alfred: Der Mythus des 20. Jahrhunderts, München 1934, S. 438f.

181 Bücherkunde. Organ des Amtes Schrifttumspflege bei dem Beauftragten für die gesamte geistige und weltanschauliche Erziehung der NSDAP und der Reichsstelle zur Förderung des deutschen Schrifttums. Die Jahrgänge der Zeitschrift geben einen sehr genauen Einblick in die nationalsozialistische Literaturpolitik (Buchauswahl und Buchbesprechungen).

182 Stöve, G.: Einer Dichterin zum Gruß, in: Bücherkunde, a.a.O., April 1941, S. 98.

183 Flex, Walter: Der Wanderer zwischen beiden Welten. Ein Kriegserlebnis, München o.J., S. 48.

184 Beumelburg, Werner: Donaumont. Zitiert nach: Soldatengeist. Eine Deutung aus Bekenntnissen der Front, Berlin 1942.

185 Haas, Rudolf: Mutter Berta. Ein deutsches Frauenleben, München o.J., S. 250.

186 Tremel-Eggert, Kuni, a.a.O., S. 207

187 Zöberlein, Hans: Der Befehl des Gewissens, München 1938, S. 607f., 623ff.

Neben der »Blut-und Boden-Literatur« boten die Nationalsozialisten jeder Bevölkerungsschicht das ihnen Gemäße an: der Bildungsbourgeoise die Werke der klassischen Tradition und den sogenannten breiten Massen eine sich von den verbrecherischen Fernzielen der NSDAP ablenkende Unterhaltungskultur, deren wichtigstes Ziel es war, sie bei guter Laune zu erhalten. Vgl. Hermand, Jost: Kultur in finsteren Zeiten, Köln 2010. Ferner: Denker, Horst/Prümm, Karl (Hg.): Die deutsche Literatur im Dritten Reich, Stuttgart 1976.

Viele, die sich nach dem Krieg eine »weiße Weste« im »Dritten Reich« zulegten beziehungsweise behaupteten, der inneren Emigration angehört zu haben beziehungsweise gegen den Nationalsozialismus eingestellt gewesen zu sein, haben im »Dritten Reich« publiziert. Zum Beispiel Günter Eich, Peter Huchel, Wolfgang Koeppen, Marie Lusie Kaschnitz, Johannes Bobrowski, Gerd Gaiser, Hans Egon Holthusen, Karl Krolow, Hans Erich Nossack, Max Frisch und andere.

VII Bestialisierung

Die von Franz Grillparzer in seiner dunklen Vision vorausgesagte Endphase deutscher geschichtlicher Entwicklung, der absolute End- und Tiefpunkt menschlicher Sozialisation, nämlich ihre »Bestialisierung«, ist eine unzulängliche Beschreibung dessen, was den deutschen »Zivilisationsbruch« ausmacht (und zudem eine Herabwürdigung des Tiers). Deutlich kann immerhin gemacht werden, welches schreckliche Ausmaß die nationalsozialistischen Verbrechen, im Völkermord an den Juden gipfelnd, erreichten. Das Wort »deutsch« wurde so mit industriell betriebenem Massenmord geschändet.

> *Jegliche Rassenkreuzung führt zwangsläufig früher oder später zum Untergang des Mischproduktes, solange der höherstehende Teil dieser Kreuzung selbst noch in einer reinen irgendwie rassenmäßigen Einheit vorhanden ist. Die Gefahr für das Mischprodukt ist erst beseitigt im Augenblick der Bastardierung des letzten höherstehenden Rassereinen.*
>
> *Darin liegt ein, wenn auch langsamer natürlicher Regenerationsprozeß begründet, der rassische Vergiftungen allmählich wieder ausscheidet, solange noch ein Grundstock rassisch reiner Elemente vorhanden ist und eine weitere Bastardierung nicht mehr stattfindet.*
>
> *Ein solcher Vorgang kann von selbst eintreten bei Lebewesen mit starkem Rasseninstinkt, die nur durch besondere Umstände oder irgendeinen besonderen Zwang aus der Bahn der normalen rassereinen Vermehrung geworfen wurden. Sowie diese Zwangslage beendet ist, wird der noch rein gebliebene Teil sofort wieder nach Paarung unter Gleichen streben, der weiteren Vermischung dadurch Einhalt gebietend. Die Bastar-*

dierungsergebnisse treten damit von selbst wieder in den Hintergrund, es wäre denn, daß ihre Zahl sich schon so unendlich vermehrt hätte, daß ein ernstlicher Widerstand der reinrassig Übriggebliebenen nicht mehr in Frage käme.
Der Mensch, der einmal instinktlos geworden ist und seine ihm von der Not auferlegte Verpflichtung verkennt, darf im allgemeinen jedoch auf solche Korrektur von seiten der Natur so lange nicht hoffen, als er seinen verlorenen Instinkt nicht durch sehende Erkenntnis ersetzt hat; an ihr ist es dann, die erforderliche Wiedergutmachungsarbeit zu leisten. Doch ist die Gefahr sehr groß, daß der einmal blind gewordene Mensch die Rassenschranken immer mehr einreißt, bis endlich auch der letzte Rest seines besten Teiles verloren ist. Dann bleibt wirklich nur mehr ein Einheitsbrei übrig, wie er den famosen Weltverbesserern unserer Tage als Ideal vorschwebt; er würde aber aus dieser Welt in kurzer Zeit die Ideale verjagen. Freilich: eine große Herde könnte so gebildet werden, ein Herdentier kann man zusammenbrauen, einen Menschen als Kulturträger aber und besser noch als Kulturbegründer und Kulturschöpfer ergibt eine solche Mischung niemals. Die Mission der Menschheit könnte damit als beendigt angesehen werden.
Wer nicht will, daß die Erde diesem Zustand entgegengeht, muß sich zur Auffassung bekehren, daß es die Aufgabe vor allem der germanischen Staaten ist, in erster Linie dafür zu sorgen, daß einer weiteren Bastardierung grundsätzlich Einhalt geboten wird.
Die Generation unserer heutigen notorischen Schwächlinge wird selbstverständlich sofort dagegen aufschreien und über Eingriffe in die heiligsten Menschenrechte jammern und klagen.[188]

Unterlegt beziehungsweise durchzogen ist die Rassentheorie mit ihrem Blutkult von einem Bild des Menschen, das diesen als Raubtier (immer im Kampf ums Dasein) begreift. Von daher ist Humanität nichts anderes als Schwäche, die es auszutilgen gilt. Im Verhältnis zur Krankheit gilt die Maxime der Ausrottung, weshalb die spätere Tötung von geistig Behinderten (Euthanasie) die konsequente Folge der schon in »Mein Kampf« progagierten Mitleidlosigkeit gegenüber den Schwachen war. Nationale »Volkshygiene« schloss ein, den Bedürftigen zu stoßen, damit er falle. Der heldische Mensch erwies seine Stärke, indem er jedes Mitleid zur Feigheit deklarierte und aus seinem Denken und Handeln (mit Gefühllosigkeit als hohem Gut) ausschloss. Äußerungen von Heinrich Himmler zeigen, was im Sinne von Hitler »Anstand« bedeutete: Auf eine Stufe zu regredieren, die mit Raubtier noch geradezu euphemistisch zu bezeichnen war. Bestialität trifft (wie Franz Grillparzer voraussah) einigermaßen den Zustand der nationalsozialistischen Perversion. »Wie es den Russen geht, wie es den Tschechen geht, ist mir total gleichgültig. Das, was in den Völkern an gutem Blut unserer Art vorhanden ist, werden wir uns holen, indem wir ihnen, wenn notwendig, die Kinder rauben und sie bei uns großziehen. Ob die anderen Völker in Wohlstand leben oder ob sie verrecken vor Hunger, das interessiert mich nur soweit, als wir sie als Sklaven für unsere Kultur brauchen, anders interessiert mich das nicht. Ob bei dem Bau eines Panzergrabens 10 000 russische Weiber an Entkräftung umfallen oder nicht, interessiert mich nur insoweit, als der Panzergraben für Deutschland fertig wird. Wir werden niemals roh und herzlos sein, wo es nicht sein muß; das ist klar. Wir Deutschen, die wir als einzige auf der Welt eine anständige Einstellung zum Tier haben, werden ja auch zu diesen Menschentieren eine anständige Einstellung einnehmen, aber es ist ein Verbrechen gegen unser eigenes Blut, uns um sie Sorge zu machen und ihnen Ideale zu bringen, damit unsere Söhne und Enkel es noch schwerer haben mit ihnen.« So Himmler bei einer SS-Gruppenführertagung am 4. Oktober 1943. In dieser Rede findet sich auch die Bemerkung, welche »Anstand« nationalsozialistisch definiert (eine schier unglaubliche Vernichtung jeglichen bislang menschlichen Empfindens): »Ich will hier vor Ihnen in aller Offenheit auch ein schweres Kapitel erwähnen. Unter uns soll es einmal ganz offen ausgesprochen sein, und trotzdem werden wir in der Öffentlichkeit nie darüber reden. […] Ich meine jetzt die Judenevakuierung, die Ausrottung des jüdischen Volkes. Es gehört zu den Dingen, die man leicht ausspricht. ›Das jüdische Volk wird ausgerottet‹, sagt ein jeder Parteigenosse, ›ganz klar, steht in unserem Programm, Ausschaltung der Juden, Ausrottung, machen wir.‹ Und dann kommen sie alle an, die braven

80 Millionen Deutschen, und jeder hat einen anständigen Juden. Es ist ja klar, die anderen sind Schweine, aber dieser eine ist ein prima Jude. Von allen, die so reden, hat keiner zugesehen, keiner hat es durchgestanden. Von Euch werden die meisten wissen, was es heißt, wenn 100 Leichen beisammen liegen, wenn 500 daliegen oder wenn 1000 daliegen. Dies durchgehalten zu haben und dabei – abgesehen von Ausnahmen menschlicher Schwächen – anständig geblieben zu sein, das hat uns hart gemacht. Dies ist ein niemals geschriebenes und niemals zu schreibendes Ruhmesblatt unserer Geschichte.«[189]

Der Weg von den Höhen der metaphysisch verankerten Humanität in die Niederungen des »Triebhaften« ist lang (und nicht zwangsläufig). Aus dem Darwinismus übernahm man eine Auswahl von Gedanken, nämlich solche, die dem eigenen Hang zur Primitivität entsprachen oder diesen rechtfertigten, etwa die These, dass »der Mensch von einem behaarten Vierfüßer abstammt, welcher, mit einem Schwanze und zugespitzten Ohren versehen, wahrscheinlich in seiner Lebensweise ein Baumtier war«.[190] Mit solchen Feststellungen im Rücken ließ sich auch im modernen Dschungel trefflich agieren.

Darwin sah im Menschen durchaus soziale und moralische Regungen am Werk, wobei er freilich in teilweise sehr widerspruchsvoller Argumentation auch diese aus dem biologisch-evolutionären Prozess abzuleiten und als Endprodukte des Instinkts zu deuten versuchte. Für den Darwin-Epigonen war der Mensch Hirntier, seine animalische Natur war allein ausschlaggebend. Die biologische Monstrosität, die der Mensch darstellte, wenn man ihn seiner Humanität beraubte, wurde bejaht. Man kann jedoch den Darwinismus nicht für den »Durchbruch des Instinkts« allein verantwortlich machen, denn er bot sich lediglich für Gebrauch und Missbrauch an. Die eigentliche Wurzel des *Furor teutonicus* dürfte sozialpathologischer Art gewesen sein. Die wirtschaftliche und politische Misere, in der sich Deutschland seit Jahrhunderten, vor allem in und nach dem Dreißigjährigen Krieg und dann in der napoleonischen Ära, befand, die Gängelung des Volks durch eine Vielzahl kleiner, geistig wie charakterlich meist inferiorer Fürsten ließen keine persönliche wie volksmäßige »Aktivität« zu, stauten die Triebenergie, die sublimiert zur kulturellen Hochblüte von Aufklärung, Klassik und Romantik und verdrängt zur kollektiven Neurose des kleinbürgerlichen 19. Jahrhunderts führte. Christliche oder aufklärerische humanitäre Gesinnung wusste die Doppelnatur des Menschen (Trieb und Geist) gegenseitig zu binden und zu bändigen. Die Schillersche Maxime, die sein gesamtes philosophisches und dichterisches Schaffen in der Intention kennzeichnet: »Der Mensch in seinem physischen Zustand erleidet bloß die Macht der Natur; er entledigt sich dieser Macht in dem ästhetischen Zustand und er beherrscht sie in dem moralischen«[191] – diese Maxime hätte, wäre sie ernst genommen worden und weiter Ziel des menschlichen Ringens mit sich selbst geblieben, die Fehlentwicklung des deutschen Geistes verhindern können. Stattdessen rebellierte man gegen die Moral, entledigte sich ihrer in dem ästhetischen Zustand (Kultur als Fassade) und verherrlichte den physischen Zustand, den man nicht mehr durchleben und überwinden, sondern ausleben und genießen wollte. Wenn einst der »zähmende Talisman« zerbricht, meinte Heine, und er dachte an das Kreuz (es handelte sich aber auch und vor allem um den Talisman eines aufgeklärten Humanismus), »dann rasselt wieder empor die Wildheit der alten Kämpfer, die unsinnige Berserkerwut, wovon die nordischen Dichter so viel singen und sagen«.[192] »Wir Deutschen sind von gestern«, sagte Goethe einmal zu Johann Peter Eckermann, »wir haben zwar seit einem Jahrhundert ganz tüchtig kultiviert, allein es können noch ein paar Jahrhunderte hingehen, ehe bei unseren Landsleuten so viel Geist und höhere Kultur eindringe und allgemein werde, daß sie gleich den Griechen der Schönheit huldigen [...] und daß man von ihnen wird sagen können, es sei lange her, daß sie Barbaren gewesen«.[193] Das Gegenteil trat dann innerhalb von zwölf Jahren (im »Dritten Reich«) ein.

Deutschland weise »einen häßlichen Bodensatz an Barbarei« auf, man wisse nicht, ob die »heidnischen Opferfeuer« hier wirklich erloschen seien. Deutschland liege den Steppen Asiens viel näher als dem Mittelmeer und sein Widerstandswillen gegen den Rückfall in die Barbarei sei somit schwächer – solche Feststellungen der Kulturkritik, die ambivalent verstanden werden konnte, denn die Rückkehr zum irrationlalen »Instinkt« war oft als Forderung gedacht; vom »Wotanismus« schwärmte Ludwig Klages. Während in anderen Nationen die aristokratische beziehungsweise staatskirchliche

Bevormundung, die den »Normal«menschen von Kultur und Geist abhielt, um ihn als Analphabeten zum umso willfährigeren Werkzeug zu machen, revolutionär oder evolutionär abgebaut worden war, blieb dieser Zustand im Deutschland des 19. und 20. Jahrhunderts erhalten. So verkümmerte der Geist, der Trieb wucherte, die Kultivierung blieb aus und war nur für wenige wirksam.

Doch gab es im 19. Jahrhundert noch einen anderen Grund für die Revolte des Triebs und Instinkts, die nicht einem auferlegten Mangel an Kultur, sondern einem Überfluss an Kultur entsprang: »[...] eine systematische Triebrevolte im Menschen des neuen Weltalters gegen die einstige Sublimierung, gegen die übersteigerte Intellektualität unserer Väter und ihre jahrhundertelang geübten Askesen und Sublimierungstechniken, in denen der bisherige Mensch geformt wurde«.[194] Man fühlte sich übersättigt, über-kultiviert. Echte und echt empfundene Kultur kann zwar nie zur Fessel werden, da es gerade ihr Wesen ist, den Menschen freizusetzen. Als jedoch Kultur zur Fassade erstarrte und unbesehen als Tradition weitergereicht wurde, »als des Volkes heiligstes Gut«, traten gerade beim sensiblen und »zeitnahen« Dichter und Denker, der an der Aktualität der Kultur interessiert war und nicht die Fähigkeit hatte, sich esoterisch ins Reich »ewiger Werte« zurückzuziehen, kulturfeindliche Tendenzen auf. Diese richteten sich zwar zunächst nur gegen die »falsche« Kultur, überschlugen sich jedoch schließlich in Kulturhass überhaupt. Das »Raubtier« wurde dabei zum Symbol solchen Kulturhasses: es sei immer noch besser und ehrlicher als ein Haustier wie der Mensch, der nur äußerlich domestiziert wäre; im Raubtier konnte man, so Nietzsche, seine Instinkte und damit seine Ehrlichkeit wiederfinden. »Neben der guten Stube lockte irrationaler Trieb. [...] Der Trieb reicht vom dumpfen Weibersehnen über Berserkertum bis zu jenen Wildgefühlen, jenem bewussten Unbewussten, dem Benn lyrischen, Klages philosophischen, C.G. Jung medizinischen Ausdruck gab. Heidentum lebt in diesen Wunschbildern, auch griechisches, nicht nur barbarisches; ein Griechenland jedoch, durch die blonde Bestie interpretiert, nicht durch Hölderlin und durch Humanität, freilich eben auch nicht durch die Gipsfiguren- oder Butzenscheiben-Antike des unwissenden Spießers.«[195] Nietzsches Schwärmerei für die »blonde Bestie«, die vollsaftigen Kraftmenschen, die wissen- und gewissenlosen Aktivisten und den blinden »Willen zur Macht« war somit die Enttäuschung eines Neurasthenikers, Ausbruch aus der speziell deutschen »Kulturlüge« – biografisch: aus der kleinbürgerlichen Atmosphäre des deutschen Pfarrhauses. Zu gleicher Zeit leitete Sigmund Freud den Ausbruch des Barbarischen daraus ab, dass grundsätzlich die Kultur die Triebe nicht zu bändigen vermöchte, der »elementare Vernichtungstrieb unausrottbar« sei. Freud war damit nur ein Repräsentant des Zeitgeistes, der vom Primat des Instinkts überzeugt war. Außenseiter war Freud insofern, als er mit *Pessimismus* den Durchbruch der Triebwelt beschrieb.[196]

Nietzsche jedoch wandelte sich immer mehr vom Diagnostiker und Warner zum frohlockenden Verkünder des humanitären Untergangs, wobei freilich seine zerrissene Seele einer eindeutigen Haltung nicht mehr fähig war. Dem späteren Missbrauch waren Tor und Tür geöffnet. Die Untergangs- und Unmenschlichkeitshymnen wurden von der Ambivalenz »befreit« und konnten so teilweise wörtlich zum Glaubensbekenntnis der Hirntiere zusammengefügt werden. »Was fällt, das soll man auch noch stoßen! [...] Wer wollte es halten! Aber ich – ich will es noch stoßen!« – »Ganz hart ist allein der Edelste. Diese neue Tafel stelle ich über euch: werdet hart!« – »Die Schwachen und Mißratenen sollen zugrunde gehen: erster Satz unserer Menschenliebe. Und man soll ihnen noch dazu helfen.« – »Das Maß ist uns fremd geworden.« – »Gleich dem Reiter auf vorwärts schnaubendem Rosse lassen wir vor dem Unendlichen die Zügel fallen, wir modernen Menschen, wir Halbbarbaren und sind erst dort in unserer Seligkeit, wo wir auch am meisten in Gefahr sind.« – »Baut eure Städte am Vesuv!« – »Wer wird etwas Großes erreichen, wenn er nicht die Kraft und den Willen in sich fühlt, große Schmerzen zuzufügen? Das Leidenkönnen ist das wenigste: darin bringen es schwache Frauen und selbst Sklaven oft zur Meisterschaft. Aber nicht an innerer Not und Unsicherheit zugrunde gehen, wenn man großes Leid zufügt und den Schrei dieses Leides hört das ist groß, das gehört zur Größe.« Der Mensch muss fähig sein, »mit Genuß das Wehe selbst zu schaffen, er muß mit der Hand und Tat (und nicht bloß mit den Augen des Geistes) grausam sein«. – »Nach der Sklavenmoral erregt [...] der ›Böse‹ Furcht; nach der Herrenmoral ist es gerade der ›Gute‹, der Furcht erregt und erregen will. […] Überall, wo die Sklavenmoral zum Übergewicht kommt, zeigt die Sprache die Neigung, die Worte ›gut‹ und ›dumm‹ einander anzunähern.«[197]

Man kann Nietzsche nicht davon entlasten, eine Philosophie der Mitleidlosigkeit, des monumentalen Lebens und der Grausamkeit verkündet zu haben. »Rauschendes Leben« wollte er verehren, aber dumpfe Instinkte hat er entbunden; eine »neue Ethik« wollte er schaffen, stattdessen bekam die Unmoral ein gutes Gewissen; die »Kultur der Zukunft« war sein Ziel, aber es begann die Barbarei der Gestrigen. Seine Rechtfertigung des harten Willensmenschen und der »blonden Bestie« hat der kleinbürgerlich niederen Bösartigkeit eine Philosophie in die Hand gegeben, die es ihr ermöglichte, die muffige Triebwelt mit dem Gewand des Gewaltig-Dämonischen zu überziehen. Wie bei Wagner der Mythos, bei George die Schönheit, wurde nun die Philosophie zur Kolportage.[198] Nietzsche musste nicht mehr erleben, wie die kleinbürgerlichen Zarathustras, die Hitler, Himmler, Goebbels, Göring, Rosenberg, Heydrich, Ley, Streicher seine Mitleidlosigkeit praktizierten und die Philosophie des Hartseins in den Konzentrationslagern üben ließen, aber er hat den politischen Missbrauch seiner Lehre vorausgesehen: »Der Wille zur Macht. Ein Buch zum Denken, nichts weiter: es gehört denen, welchen Denken Vergnügen macht, nichts weiter. […] Die Deutschen von heute sind keine Denker mehr: ihnen macht etwas anderes Vergnügen und Eindruck. Der Wille zur Macht als Prinzip wäre ihnen schon verständlich.«[199]

Nietzsche war ein »nervöser Professor«, der zwar nicht grausam war, aber mit der Grausamkeit denkerisch spielte, der sich in eine Traumwelt des Sadismus zurückzog, in der er, stellvertretend auch für seine Zeit, seine verbogene Triebwelt offen auslebte.«[200] Dieses Abreagieren auf der »Couch der Philosophie« musste *dann* höchst gefährlich werden, wenn es nicht mehr als Neurose, sondern als Gesundheit, nicht mehr als Gedankenspiel, sondern als ein politisches Programm interpretiert und deklariert wurde.

Oswald Spenglers »Raubtiere« kamen schon verdächtig den SA-Rowdys nahe, es fehlte die philosophische »Verfremdung«, doch war eine kulturelle Abdeckung (unsere Zeit mit der Entbindung von Instinkt und Trieb als kulturbiologische Endstufe!) noch vorhanden.

Die bewegenden Mächte der Zukunft waren für Spengler »der Wille des Stärkeren, die gesunden Instinkte, die Rasse, der Wille zu Besitz und Macht«, darüber würden wirkungslos »die Träume, die immer Träume bleiben werden: Gerechtigkeit, Glück und Friede« schwanken. Es stieg auf »das uralte Barbarentum, das jahrhundertelang unter der Formenstrenge einer hohen Kultur vollendet ist und die Zivilisation begonnen hat, jene kriegerische gesunde Freude an der eigenen Kraft, welche das mit Literatur gesättigte Zeitalter des rationalistischen Denkens verachtet, jener ungebrochene Instinkt der Rasse, der anders leben will als unter dem Druck der gelesenen Büchermasse und Bücherideale. Der Mensch ist ein Raubtier. Ich werde es immer wieder sagen. All die Tugendbolde und Sozialethiker, die darüber hinaus sein oder gelangen wollen, sind nur Raubtiere mit ausgebrochenen Zähnen, die andere wegen der Angriffe hassen, die sie selbst weislich vermeiden. [...] Wenn ich den Menschen ein Raubtier nenne, wen habe ich damit beleidigt, den Menschen oder das Tier? Denn die großen Raubtiere sind edle Geschöpfe in vollkommener Art und ohne die Verlogenheit menschlicher Moral aus Schwäche.«[201] Spengler hatte biografisch manche »positive« Ähnlichkeit mit Nietzsche. Man muss ihm wie überhaupt den deutschen Furoristen und ihrem Instinktkult psychoanalytische Entlastung geben: Er war ein »nervöser« Denker, der in Kompensation starker Minderwertigkeitsgefühle mit der starken Feder hantierte. Vom Text allein her gesehen fehlt bei Spengler jedoch die »sympathische« Zerrissenheit und Verworrenheit eines Nietzsche. Dort ein Genie im Wahnsinn endend, hier ein rabiater Oberlehrer, der auf Barbarei und Kulturhass drillt. Auch wenn Spenglers Sprache sich teilweise rhapsodisch gibt, in ihr ist bereits die banale Welt der perfekten Grausamkeit am Werk: Zarathustra-Stil in Sütterlinschrift.

Hitlers Trieb- und Instinktverherrlichung übernahm von Darwin die Vorstellung vom behaarten Vierfüßler (ohne dessen biologische Systematik), von Nietzsche den Grausamkeitskult (ohne dessen Zerrissenheit und philosophische Vieldeutigkeit), von Spengler die pedantische Brutalität (ohne dessen tatfremde Natur). Weitere »Gedanken« und vor allem der Stil kamen aus völkischen Traktätchen und von Dietrich Eckart. Als bösartiger Philister »macht« Hitler in seinem Buch »Mein Kampf« die Humanität wie ein Unteroffizier den Rekruten »herunter«, bis sie als »elendes Häufchen« vor seinen starken Schaftstiefelbeinen liegt. Die Humanität »schmilzt als Ausdruck einer Mischung von Dummheit, Feigheit und eingebildetem Besserwissen wie Schnee in der Märzensonne. Im ewigen Kampfe ist die Menschheit groß geworden – im ewigen Frieden geht sie zugrunde.«[202] Der Pazifismus als Judenschöpfung hält vom gesunden Triebleben ab, Herrenmoral ist Raubtiermoral, die Faust muss nehmen, was sie braucht. So wie die Katze keine freundlichen Zuneigungen zu Mäusen habe, so der Arier nicht zu den unterworfenen Völkern oder zu den Juden, die mit harter Hand niedergeschlagen und niedergehalten werden müssten. Keine Kultur ohne Heloten!

> *Zuerst ging der Besiegte vor dem Pfluge und erst nach ihm das Pferd. Nur pazifistische Narren aber vermögen dies wieder als Zeichen menschlicher Verworfenheit anzusehen, ohne sich darüber klar zu werden, daß diese Entwicklung eben stattfinden mußte, um endlich an die Stelle zu gelangen, von wo aus heute diese Apostel ihre Salbadereien in die Welt setzen können.*[203]

Hitler deklariert seinen Raubtierkult als »Idealismus«, eben weil dieser eine »wahrhafte Höherentwicklung des Menschen« bewirke. Damit findet die Begriffsverwirrung der vorauslaufenden Jahrzehnte auch in dieser Hinsicht in Hitler ihren Höhepunkt: der Mensch entwickelt sich zum Raubtier »hinauf«, Sklaventum erweist sich als Basis der Kultur, Mitleidlosigkeit schafft edles Menschentum. Die Spenglersche »Abendstimmung« einer untergehenden Kultur war zur Nacht geworden: zur »Nacht der langen Messer«.

Der demokratischen »Gleichmacherei« setzte der Konservative die »gegliederte Gesellschaft« entgegen, an deren Spitze die »Elite« steht. Sie ist in seinen Augen nicht nur die an der Macht befindliche, sondern die zur Macht berufene Schicht. Die aristokratisch-monarchistische Ordnung mit ihrem Patronismus und ihrem Patriarchalismus, der sich bis in die Einzelfamilie hinein auswirkte, war im 19. Jahrhundert fest verankert, die Aristokratie etwa im preußischen Staat so stark mit den wichtigsten Positionen des Militärs, der Regierung, der Beamtenschaft verbunden, dass ihre Gefährdung ausgeschlossen schien.[204] In der Karikatur erschien der stocksteife preußische Junker mit Peitsche, Zylinder, Schnauzbart und Sporen und sein Wahlspruch lautete: »Rückwärts mit Gott für König und Preußen! Nieder mit der Verfassung! Befreiung von der Grundsteuer! Austern und Champagner kalt, selbst in den Sommermonaten! Wiedereinführung der Prügelstrafe!«[205] Die Staatsphilosophie stützte die elitäre Vorrangstellung der Aristokratie theoretisch ab. »Ein Volk besteht aus Bürgern, Bauern, Künstlern, Edlen, Fürsten; es ist eine buntschattierte, und zwar nach bestimmten Gesetzen schattierte Menge; beachtet man diese Gesetze nicht, so wird der Volkskörper krank, und gibt man sie gar ganz auf, so stirbt er: er verfällt der Despotie oder Anarchie. Die Sozialdemokratie stellt mithin einen Rückfall in das Herdenprinzip des allerfrühesten menschlichen Daseins dar; sie ist ungegliederte, unbefruchtete, unbelebte menschliche Masse.«[206]

Der Neukonservativismus der 1920er-Jahre griff auf dieses Weltbild zurück. An die Stelle der Parteien wollte Moeller van den Bruck ein körperschaftliches Ständesystem setzen, aber die Führung sollte freilich einer Elite anvertraut werden, die aus der »konservativen Revolution« hervorgehen werde. Die Führerschicht war somit nicht mehr eine überkommene Gruppe, etwa der Adel, sondern erst Tat und Aktion ließen die zur Führung Bestimmten hervortreten. Damit war eine Frontstellung nicht nur zum egalitären Prinzip der Demokratie, sondern auch zum Legitimitätsprinzip des 19. Jahrhunderts vorgenommen. Der Kämpfer, der sich durchsetzt, etabliert die Normen, die Dezision ersetzt die Sukzession, Recht und Macht ähneln einem Fußballpokal, der jeweils dem Stärksten zufällt.[207] Ein solcher moderner Machiavellismus[208] wurde mythologisch verkleidet: man war Führer, weil in der eigenen Person die irrationalen Lebenskräfte von Rasse und Blut kulminierten. Eine solche politische Theologie wertete die kleinbürgerlichen Herrschaftsgelüste auf: Jeder trug sozusagen den Marschallstab in seinen eigenen Genen.

Die »herrschaftliche Natur« war gekennzeichnet durch Schönheit, Eros, Rasseblut. Für Stefan George war auf das junge Geschlecht, das zur Herrschaft berufen sei, ein »Strahl von Hellas gefallen«. Das Dasein war dann nicht mehr niedrig, sondern »glühend« anzusehen. Im Leiblichen und Geistigen suchte man nach Ebenmaß – freien Hauptes schritt man schön durchs Leben. Was sich bei George und häufig noch stärker bei seinen Schülern, etwa bei Friedrich Wolters, als Herrschafts- und Dienst-, als Bund- und Reichsideologie herauskristallisierte – in einer verquollenen Sprache mit einem Höchstmaß an Pathetik –, war letztlich nur eine Sublimierung abwegiger Triebenergie: mannmännlicher Eros, auf »Heroen« gerichtet.

Deutlicher noch war dies in Hans Blühers »Philosophie«, die alle Führerschaft und Größe als Ergebnis des »Männerbundes« und seiner Erotik deutete. »Die Staatlichkeit des Menschengeschlechts hängt weder ab von seinem Geist noch von seiner Ökonomie. [...] Es gibt ein tiefer verankertes Schicksal, das das Menschengeschlecht in diese Situation zwang, in der es sich tatsächlich befindet. [...] Überall, wo die Natur ein wirklich staatbildendes Wesen durchgesetzt hat, konnte sie das nur dadurch erreichen, daß sie die Alleinherrschaft des Familientums samt der mann-weiblichen Sexualstrebung durchbrach.« Wenn prachtvolle und schöne junge Männer germanischer Rasse einander liebten, entstünden Tapferkeit im Kampfe für ein nationales Ideal, romantisches Gemüt, fromme Gesinnung und Sehnsucht nach sakralem Leben, »in den Stunden der höchsten Ladung besteht ein Bund, der zwecklos ist und zugleich von tiefstmenschlichem Belang. Aus dem Männerbundereignis quellen drei Lehren. Die Lehre vom Staate des Menschen. Die Lehre vom Bunde. Die Lehre vom Adel.«[209]

Die Nationalsozialisten übernahmen den Gedanken männerbündischer Elite und Führerschaft: »Staat und Volk sind nirgends die Folge eines gemeinsamen Gedankens von Mann und Frau gewesen, sondern das Ergebnis des auf irgendeinen Zweck zielstrebig eingestellten Männerbundes. Die Familie hat sich bald als stärkere, bald als schwächere Stütze staatlicher und völkischer Architektonik erwiesen, ist sogar oft zielbewußt in ihren Dienst gestellt worden, war aber nirgends die Ursache noch die wichtigste Erhalterin eines staatlichen, das heißt machtpolitischen und sozialen Gemeinwesens.« Der Mann sei gestaltend, die Frau lyrisch. Man müsse an diese Tatsache denken, wenn man an die »Züchtung eines kommenden Geschlechts deutschbewußter Menschen« gehe.[210]

Innerhalb des Männerbundes der SA wurde die Homosexualität offen praktiziert, freilich nicht romantisiert; der Schlägermentalität der SA-Leute entsprach weder der Vergöttlichungsschmelz eines George noch der erotische Schwulst eines Blüher. Nach der

Ermordung Ernst Röhms und führender SA-Führer spielte die Homosexualität innerhalb der NS-Bewegung dann keine große Rolle mehr. Die SS trat als neuer Männerbund das Erbe der SA an: Rasse und Blut und die Fähigkeit zu systematischer, kaltblütiger Grausamkeit waren die wichtigsten Kriterien für Führerauswahl und Elite. In einem gewissen Sinne wirkte die Päderastenromantik jedoch noch weiter. Die geradezu manische Suche nach schönen männlichen Gestalten, die etwa Heinrich Himmler bestimmte, kann nicht nur aus den züchterischen Wahnvorstellungen erklärt werden, sie war auch Kompensation eines verdrängten körperlichen Minderwertigkeitsgefühls, das gerade bei Menschen mit gleichgeschlechtlicher Veranlagung Anlass zu Neurosen gibt.[211]

Die SS wurde definiert als ein »nach besonderen Gesichtspunkten ausgewählter Verband nordisch bestimmter Männer«.[212] Eine »feste gläubige Bindung« an den großen Blutstrom des Volkes charakterisiere sie. Die »Erkenntnis von der Erfüllung der tiefsten deutschen Sehnsucht im Dienste am Volk« forderte die »Verschweißung zur festesten inneren Einheit der Geschlossenheit«.[213] In seiner Rede über« Wesen und Aufgaben der SS und Polizei« vom Januar 1937 führte Heinrich Himmler aus: »So sind wir angetreten und marschieren nach unabänderlichen Gesetzen als ein nationalsozialistischer, soldatischer Orden nordisch bestimmter Männer und als eine verschworene Gemeinschaft ihrer Sippen den Weg in eine ferne Zukunft und wünschen und glauben, wir möchten nicht nur sein die Enkel, die es besser ausfochten, sondern darüber hinaus die Ahnen spätester, für das ewige Leben des deutschen germanischen Volkes notwendiger Geschlechter.«[214] Himmler verknüpfte damit Elemente der jungmännischen Weltanschauung von den Freiheitskriegen bis zum Dritten Reich: der studentischen Korporationen, der Turnerschaften, Wandervogelbünde, Freikorps, der völkischen Aktionstrupps: Mensur-Aristokratismus und Biermystik, Lagerfeuereuphorie und Landsknechtsidyll. Es war die Ideologie verschworener Haufen, die Romantik heldischen Heidentums, es triumphierten Rohheit und Psychopathie, es herrschte groteske Mittelmäßigkeit, die vom Auserwähltsein träumte. Die jungen Führer wurden auf den Ordensburgen nach Leitbildern erzogen und »gebildet«, besser: typisiert (»mit der Kälte hartliniger Gesichter, mit Augen, zu denen kein Gespräch möglich war«[215]), die zur Sehnsucht der Jungmännerbünde seit Generationen gehörten – eine »in Körperfülle, Kraft und Schnelle erblühende, kriegerische deutsche Jugend«.[216]

Der Führer- und Elitemythos war so erfolgreich, weil er das kleinbürgerliche metaphysische Vakuum, das durch die Zersetzung des Glaubens im 19. Jahrhundert entstanden war, wieder auffüllte. Ein säkularisierter Messianismus trat hervor: der »Führer« wurde als nordischer Heilbringer ersehnt, »zu dem die Arme hebenden Gott« bekannte sich der »neue Mensch«, »zum Wintersonnwendlichen, der das Leben erneuert, der die Nation aus dem Grabhaus führt, der sie verjüngt, der sie entkümmert. Der sie aufartet und veredelt. Der Deutschland zum Bildungsland einer neuen Menschheit macht.«[217] Die Botschaft, »die da kam«, erlöste die Kleinbürgerlichen von ihrem eigenen Selbst, indem sie dieses »Selbst« zum Götzen (einem Götzen überdimensionaler Mittelmäßigkeit) erhob, was ein Höchstmaß psychologischer Befriedigung mit sich brachte: betete man die »Führer« an, so betete man sich selbst, das eigene (kleinbürgerliche) Über-Ich, an. »Der wahre Staatsmann vereinigt in sich Väterlichkeit, kriegerischen Geist und Charisma. [...] So ist der wahre Staatsmann Herrscher, Krieger und Priester zugleich.«[218] »Der Führer ist radikal; er ist ganz, was er ist, und tut ganz, was er tun muß. Der Führer ist verantwortlich, das heißt er tut den Willen Gottes, den er in sich verkörpert. Gott schenke uns Führer und helfe uns zu wirklicher Gefolgschaft.«[219] »So gelte denn wieder Urväter Sitte:/Es steigt der Führer aus Volkes Mitte./Führer des Reiches, wie wir es meinen,/bist du schon lange im Herzen der Deinen.« (Will Vesper)[220] »Nun ist das Morgen zum Heute geworden«, verkündete Julius Petersen 1933; »Weltuntergangsstimmung hat sich in Aufbruch verwandelt; das Endziel tritt ins Blickfeld der Gegenwart. In der Tiefe des Volkstums sind alle Kräfte einstiger Sehnsucht lebendig, und die Traumbilder, in denen die Vergangenheit sich wiegte, werden [...] neu an den Tag gezogen. [...] Das neue Reich ist gepflanzt. Der ersehnte und geweissagte Führer ist erschienen.« [221] So stieg mit Hitler »das Romantische« auf den Thron: ein Held, in dem sich die romantischen Sehnsüchte nach der Wiederkehr eines Barbarossa, Luther, Hutten, eines Bamberger Reiters, Faust, eines Siegfried, Parzival verdichteten Erfüllung deutscher Geschichte, deutscher Kunst, deutscher Dichtung und deutscher Sage. Das war ein böses Missverständnis: Hitler war nur ein bösartiges Rumpelstilzchen, das einen Führer- und Heldenmythos aus all dem zusammenbraute, was in seinen kleinbürgerlichen Ganglien von der Spießerideologie eines Jahrhunderts hängengeblieben war. In »Mein Kampf« forderte er die »germanische Führerdemokratie« mit »freier Wahl des Führers, mit dessen Verpflichtung zur vollen Übernahme aller Verantwortung für sein Tun und Lassen«, Nichtkönner und Schwächlinge würden Verantwortung nicht »wagen«, würde einmal ein schwacher »Bursche« sich einschleichen, und würde man ihn finden, muss man ihn anschreien:

> *Hinweg, feiger Lump! Ziehe den Fuß zurück, du beschmutzest die Stufen; denn der Vorderaufstieg in das Pantheon der Geschichte ist nicht für Schleicher da, sondern für Helden.*[222]

Das Wichtigste war die Dezision des »Führers«, Führer sein zu wollen. Dem entsprach die Dezision des Kleinbürgers, den Kleinbürger Führer werden zu lassen: 1932/33 wählte man Hitler aus freien Stücken, dieser übernahm »alle Verantwortung« für sein Tun und Lassen. Er war verantwortlich für das »Schicksal der deutschen Nation und auch des deutschen Volkes oberster Gerichtsherr«.[223] Nicht der »Reichtum theoretischer Erkenntnisse«, sondern »Führereigenschaft und Führertüchtigkeit«, nicht die »Gabe, Ideen zu gestalten«, sondern »Massen bewegen zu können«, trugen Hitler zur Macht.[224] Hitler schätzte die seit Jahrzehnten genährten antidemokratischen und antiparlamentarischen Affekte der meisten Deutschen richtig ein, wenn er voraussah:

> *Eine Bewegung, die in einer Zeit der Herrschaft der Majorität in allem und jedem sich selbst grundsätzlich auf das Prinzip des Führergedankens und der daraus bedingten Verantwortlichkeit einstellt, wird eines Tages mit mathematischer Sicherheit den bisherigen Zustand überwinden und als Siegerin hervorgehen.*[225]

So konnte, in Abwandlung von Hitlers oben zitiertem »Gleichnis«, an sich jeder Nichtskönner und Lump zur Macht kommen, wenn er den Massen mit ihrem Antidemokratismus und Antiparlamentarismus sich vorspannte und seine Person als die

Erfüllung der mythischen Führersehnsucht vieler Jahrzehnte propagierte und suggerierte. Und vor allem Inhumanität in schlimmster Form (Bestialität als Staatsprinzip) praktizierte.

188 MK, S. 443f.

189 Heinrich Himmler bei der SS-Gruppenführertagung in Posen am 4. Oktober 1943. Zitiert nach: Hofer, Walther: Der Nationalsozialismus. Dokumente 1933–1945, Frankfurt am Main 1957, S. 113. Auch Internationaler Militärgerichtshof: Der Prozeß gegen die Hauptkriegsverbrecher (Nürnberg 1947/49), Band XXIX, S. 122f., 145.

190 Darwin, Charles: Die Abstammung des Menschen und die geschichtliche Zuchtwahl. Zitiert nach: Texte der Philosophie, München 1961, S. 51.

191 Schiller, Friedrich: Philosophische Schriften und Dichtungen, Berlin o.J., S. 152.

192 Zitiert nach: Kohn, Hans: Wege und Irrwege. Vom Geist des deutschen Bürgertums, Düsseldorf 1962, S.124.

193 Eckermann, Johann Peter: Gespräche mit Goethe in den letzten Jahren seines Lebens, München 1984, S. 543.

194 Scheler, Max: Der Mensch im Weltalter des Ausgleichs, in: Ausgleich als Aufgabe und Schicksal, Berlin 1929, S. 45.

195 Bloch, Ernst: Erbschaft dieser Zeit, Frankfurt am Main 1962, S. 84.

196 Vgl. hierzu auch Plessner, Hellmuth: Die verspätete Nation, Stuttgart 1959, S. 127. Über den Kulturpessimismus unter anderem Hübscher, Arthur, a.a.O, S. 30ff., besonders S. 43f. Stern, Fritz: Kulturpessimismus als politische Gefahr, Bern/Stuttgart/Wien 1963.

197 Zitate nach Schlechta, Karl (Hg.): Nietzsches Werke. Und: F. Nietzsche: Taschenausgabe, Leipzig o.J.

198 Vgl. etwa Härtle, Heinrich: Nietzsche und der Nationalsozialismus, München 1937. In folgenden Punkten stimmte Deutschland mit Nietzsche überein: »Demokratie dagegen, Marxismus dagegen, Krieg dafür, Juden dagegen, Rasse dafür, Züchtung und Zucht dafür, Volk dafür, Nationalismus dafür, die Deutschen dafür, für Europa mit Vorbehalt. Nur ein ›bewußter Nationalsozialist‹ könnte Nietzsche ganz erfassen!«

199 Nietzsche, Friedrich: Vorspiel einer Philosophie der Zukunft, Frankfurt am Main 1959, S. 8f.

200 Der »Barbarismus« Gottfried Benns kann mit dem »spielerischen Sadismus« Nietzsches verglichen werden; auf Nietzsche berief sich Benn selbst. Auch er war ein anämischer Typ, kulturpessimistisch, antibürgerlich, rhapsodisch und dialektisch, ein Zerrissener, der sich dem Animalismus aus intellektuel-

ler Verzweiflung und aus intellektueller Freude an ideologischer Maskierung in die Arme warf. (Vgl. Muschg, Walter: Die Zerstörung der deutschen Literatur, München o.J., S. 143.)

201 Spengler, Oswald: Jahre der Entscheidung, München 1961 (verfasst 1933), S. 25f., 35, 37.

202 MK, S.148f.

203 MK, S. 323.

204 So waren etwa, nach einer Mitteilung der »Frankfurter Zeitung« vom 1. August 1909 in der preußischen Verwaltung von 12 Oberpräsidenten 11 Adelige, von 36 Regierungspräsidenten 25 Adelige, von 690 etatmäßigen Regierungsmitgliedern 140 Adelige, von 476 Landräten 271 Adelige, im Generalstab waren von 302 Offizieren 170 Adelige.

205 Goertz, Heinrich: Preußens Gloria. 66 Jahre deutscher Politik 1848–1914 in zeitgenössischer Satire und Karikatur, München 1962, S.105.

206 Langbehn, Julius, a.a.O., S. 153.

207 Über Carl Schmitt, Georges Sorel und Vilfredo Pareto bei Sontheimer, Kurt, a.a.O. Ferner: Barth, Hans: Masse und Mythos. Die Theorie der Gewalt, Hamburg 1959. Stern, Fritz, a.a.O. Lenk, Kurt: Das tragische Bewußtsein in der deutschen Soziologie der zwanziger Jahre, in: Frankfurter Hefte 5/1963, S. 313ff.

208 Paul, Erwin: Der moderne Machiavellismus, Köln 1960.

209 Blüher, Hans: Die Rolle der Erotik in der männlichen Gesellschaft, Stuttgart 1962, S. 33, 35, 310, 319. Die Wandervogelbewegung, in der Blüher eine einflussreiche Rolle spielte, war ihm ein Musterbeispiel für die Wechselbeziehung von Erotik und Männerbund (Wandervogel – Geschichte einer Jugendbewegung,Band 1: Heimat und Aufgang; Band 2: Blüte und Niedergang, 1919). Auch in »Werke und Tage« (Neudruck 1953) variiert er immer wieder diese Grundthese. Die dabei entwickelte Päderastenromantik und -sentimentalität wirkt besonders peinlich, weil sie nicht aus jugendlichem Narziss-Stadium heraus erwächst, sondern mit der Lüsternheit des Senilen breitgetreten wird.

210 Rosenberg, Alfred, a.a.O., S. 485, 508.

211 Vgl. Hallgarten, George F.: Germania Judaica, in: Bulletin der Kölner Bibliothek zur Geschichte des deutschen Judentums, Nr. 2/160/61.

212 Himmler, Heinrich: Erlaß über Heiratsgenehmigungen der SS, München 31. Dezember 1931, in: Meier-Benneckenstein, Paul (Hg.): Wehrhaftes Volk. Der organisatorische Aufbau. Teil II, Berlin 1939, S. 205.

213 D'Alquen, Gunter: Die Waffen-SS, in: Wehrhaftes Volk, a.a.O., S. 208.

214 Heinrich Himmler in seiner Rede über »Wesen und Aufgaben der SS und Polizei« vom Januar 1937. Zitiert nach: Wehrhaftes Volk, a.a.O., S. 221.

215 Stumpfe, O.: Professoren, Reaktion und Männerbünde zwischen 1870 und 1933, in: Politische Studien. Heft 145/62, S. 551. Vgl. auch Bloch, Ernst:

Erbschaft dieser Zeit, Frankfurt am Main1962, S. 93ff. Ferner: Rüdiger, K.: Auslese und Bewegung, in: Wille und Macht. Führerorgan der nationalsozialistischen Jugend, Heft 12/1936, S. 6ff.

216 Menzel, Wolfgang. Zitiert nach: Schuppe, Erwin, a.a.O., S. 95.

217 Bergmann, Ernst, Deutschland – das Bildungsland der neuen Menschheit, Breslau 1936, S. 23, 51, 126.

218 Stapel, Wilhelm: Der christliche Staatsmann, Hamburg 1932, S. 190.

219 Becker, K.: Führerschaft, in: Deutschlands Erneuerung, Heft 4/1920, S. 563ff.

220 Vgl. Becker, K., a.a.O., S. 563ff. Dazu auch Gamm, Hans-Jochen: Der braune Kult, Hamburg 1964. Schmeer, Karlheinz: Die Regie des öffentlichen Lebens im Dritten Reich, München 1956.

221 Petersen, Julius: Die Sehnsucht nach dem Dritten Reich in deutscher Sage und Dichtung, o. O. 1934. Zitiert nach: Kohn, Hans, a.a.O., S. 19.

222 MK, S. 100.

223 Hitlers Ansprache vor dem deutschen Reichstag, 13. Juli 1934, nach der Niederwerfung des Röhms-Putsches. Nirgends wird der Anspruch auf die absolute »Verantwortlichkeit« des »Führers« deutlicher als im Bereich der Rechtsprechung: Der Richter als weisungsgebundenes Vollzugsorgan hatte nicht mehr die Aufgabe, »einer über der Volksgemeinschaft stehenden Rechtsordnung zur Anwendung zu verhelfen oder allgemeine Wertvorstellungen durchzusetzen«; er war an die Entscheidungen des Führers gebunden. (Reichsrechtsführer Hans Frank in: Deutsches Recht, Jahrgang 6/1936, S. 10). Zu diesem Fragenkomplex Schorn, Hubert: Der Richter im Dritten Reich. Geschichte und Dokumente, Frankfurt am Main 1959. Bracher, Karl Dietrich/Sauer, Wolfgang/Schulz, Gerhard, a.a.O., S. 517ff. Jacobsen, Hans-Adolf/Jochmann, Werner (Hg.): Ausgewählte Dokumente zur Geschichte des Nationalsozialismus 1933 bis 1945, Bielefeld 1961, besonders Nr. 1 der Richterbriefe, Mitteilung des Reichsministers für Justiz, vom 1. Oktober 1942. Über die Situation der Staatsrechtslehre in der Weimarer Republik, zum Beispiel den Rechtsirrationalismus von Carl Schmitt, bei: Sontheimer, Kurt: Antidemokratisches Denken in der Weimarer Republik, a.a.O. S. 79ff. Schon Friedrich Karl von Savigny hatte davon gesprochen, dass das Recht eine Emanation des mythischen Volksgeistes sei. Wenn der »Führer« Recht sprach und Rechtsnormen setzte, so war dies nicht nur Situationsrecht, Macht, die Recht schuf (in Analogie zu Paretos Elitebegriff: Wer oben steht, ist Elite!), sondern mystisch verklärtes Recht: Wer die Macht hatte, war rassisch besonders hochstehend, wer Recht sprach, tat dies aus dem »Blutstrom des Volkes«.

224 MK, S. 650, auch 652.

225 MK, S. 661f.

VIII Judenhass

Der abgründigste Beweggrund für die deutsche Bestialisierung ist der Hass auf die Juden, der zwar auch in anderen Ländern grassierte (nicht zuletzt gespeist aus christlich-kirchlichen Quellen), aber nirgends so widerstandslos wie in Deutschland aufgenommen und damit gefördert wurde.

> *Es ist für mich heute schwer, wenn nicht unmöglich, zu sagen, wann mir zum ersten Mal das Wort »Jude« Anlaß zu besonderen Gedanken gab. Im väterlichen Hause erinnere ich mich überhaupt nicht, zu Lebzeiten des Vaters das Wort auch nur gehört zu haben. Ich glaube, der alte Herr würde schon in der besonderen Betonung dieser Bezeichnung eine kulturelle Rückständigkeit erblickt haben. Er war im Laufe seines Lebens zu mehr oder minder weltbürgerlichen Anschauungen gelangt, die sich bei schroffster nationaler Gesinnung nicht nur erhalten hatten, sondern auch auf mich abfärbten.*
> *Auch in der Schule fand sich keine Veranlassung, die bei mir zu einer Veränderung diese übernommenen Bildes hätte führen können.*
> *In der Realschule lernte ich wohl einen jüdischen Knaben kennen, der von uns allen mit Vorsicht behandelt wurde, jedoch nur, weil wir ihm in bezug auf seine Schweigsamkeit, durch verschiedene Erfahrungen gewitzigt, nicht sonderlich vertrauten; irgendein Gedanke kam mir dabei so wenig wie den anderen.*
> *Erst in meinem vierzehnten bis fünfzehnten Jahre stieß ich öfters auf das Wort Jude, zum Teil im Zusammenhange mit politischen Gesprächen. Ich empfand dagegen eine leichte Abneigung und konnte mich eines unangenehmen Gefühls nicht*

erwehren, das mich immer beschlich, wenn konfessionelle Stänkereien vor mir ausgetragen wurden.

Als etwas anderes sah ich aber damals die Frage nicht an.

Linz besaß nur sehr wenig Juden. Im Laufe der Jahrhunderte hatte sich ihr Äußeres europäisiert und war menschlich geworden; ja, ich hielt sie sogar für Deutsche. Der Unsinn dieser Einbildung war mir wenig klar, weil ich das einzige Unterscheidungsmerkmal ja nur in der fremden Konfession erblickte. Daß sie deshalb verfolgt worden waren, wie ich glaubte, ließ manchmal meine Abneigung gegenüber ungünstigen Äußerungen über sie fast zum Abscheu werden. […]

Man halte sich die Verwüstungen vor Augen, welche die jüdische Bastardierung jeden Tag an unserem Volke anrichtet, und man bedenke, daß diese Blutvergiftung nur nach Jahrhunderten oder überhaupt nicht mehr aus unserem Volkskörper entfernt werden kann; man bedenke weiter, wie die rassische Zersetzung die letzten arischen Werte unseres deutschen Volkes herunterzieht, ja oft vernichtet, so daß unsere Kraft als kulturtragende Nation ersichtlich mehr und mehr im Rückzug begriffen ist, und wir der Gefahr anheimfallen, wenigstens in unseren Großstädten dorthin zu kommen, wo Süditalien heute bereits ist. Diese Verpestung unseres Blutes, an der Hunderttausende unseres Volkes wie blind vorübergehen, wird aber vom Juden heute planmäßig betrieben. Planmäßig schänden diese schwarzen Völkerparasiten unsere unerfahrenen, jungen blonden Mädchen und zerstören dadurch etwas, was auf dieser Welt nicht mehr ersetzt werden kann. Beide, jawohl, beide christliche Konfessionen sehen dieser Entweihung und Zerstörung eines durch Gottes Gnade der Erde gegebenen edlen und einzigartigen Lebewesens gleichgültig zu. Für die Zukunft der Erde liegt aber die Bedeutung nicht darin, ob die Protestanten die Katholiken oder die Katholiken die Protestanten besiegen, sondern darin, ob der arische Mensch ihr erhalten bleibt oder ausstirbt. Dennoch kämpfen die beiden Konfessionen heute nicht etwa gegen den Vernichter dieser Menschen, sondern suchen sich selbst gegenseitig zu vernichten. Gerade der völkisch Eingestellte hätte die heiligste Verpflichtung, jeder in seiner eigenen Konfession dafür zu sor-

gen, daß man nicht nur immer äußerlich von Gottes Willen redet, sondern auch tatsächlich Gottes Willen erfülle und Gottes Werk nicht schänden lasse. [...]
Da nun der Jude – aus Gründen, die sich sofort ergeben werden – niemals im Besitze einer eigenen Kultur war, sind die Grundlagen seines geistigen Arbeitens immer von anderen gegeben worden. Sein Intellekt hat sich zu allen Zeiten an der ihn umgebenden Kulturwelt entwickelt.
Niemals fand der umgekehrte Vorgang statt.
Denn wenn auch der Selbsterhaltungstrieb des jüdischen Volkes nicht kleiner, sondern eher noch größer ist als der anderer Völker, wenn auch seine geistigen Fähigkeiten sehr leicht den Eindruck zu erwecken vermögen, daß sie der intellektuellen Veranlagung der übrigen Rassen ebenbürtig wären, so fehlt doch vollständig die allerwesentlichste Voraussetzung für ein Kulturvolk, die idealistische Gesinnung.
Der Aufopferungswille im jüdischen Volke geht über den nackten Selbsterhaltungstrieb des einzelnen nicht hinaus. Das scheinbar große Zusammengehörigkeitsgefühl ist in einem sehr primitiven Herdeninstinkt begründet, wie er sich ähnlich bei vielen anderen Lebewesen auf dieser Welt zeigt. Bemerkenswert ist dabei die Tatsache, daß Herdentrieb stets nur so lange zu gegenseitiger Unterstützung führt, als eine gemeinsame Gefahr dies zweckmäßig oder unvermeidlich erscheinen läßt. Das gleiche Rudel Wölfe, das soeben noch gemeinsam seinen Raub überfällt, löst sich bei nachlassendem Hunger wieder in seine einzelnen Tiere auf. Das gleiche gilt von Pferden, die sich des Angreifers geschlossen zu erwehren suchen, um nach überstandener Gefahr wieder auseinanderzustieben.
Ähnlich verhält es sich auch beim Juden. Sein Aufopferungssinn ist nur ein scheinbarer. Es besteht nur so lange, als die Existenz jedes einzelnen dies unbedingt erforderlich macht. Sobald jedoch der gemeinsame Feind besiegt, die allen drohende Gefahr beseitigt, der Raub geborgen ist, hört die scheinbare Harmonie der Juden untereinander auf, um den ursächlich vorhandenen Anlagen wieder Platz zu geben. Der Jude ist nur einig, wenn eine gemeinsame Gefahr ihn dazu zwingt oder eine

gemeinsame Beute lockt; fallen beide Gründe weg, so treten die Eigenschaften eines krassesten Egoismus in ihre Rechte, und aus dem einigen Volk wird im Handumdrehen eine sich blutig bekämpfende Rotte von Ratten.

Wären die Juden auf dieser Welt allein, so würden sie ebensosehr in Schmutz und Unrat ersticken wie in haßerfülltem Kampfe sich gegenseitig zu übervorteilen und auszurotten versuchen, sofern nicht der sich in ihrer Feigheit ausdrückende restlose Mangel jedes Aufopferungssinnes auch hier den Kampf zum Theater werden ließe.

Es ist also grundfalsch, aus der Tatsache des Zusammenstehens der Juden im Kampfe, richtiger ausgedrückt in der Ausplünderung ihrer Mitmenschen, bei ihnen auf einen gewissen idealen Aufopferungssinn schließen zu wollen.

Auch hier leitet den Juden weiter nichts als nackter Egoismus des einzelnen.

Daher ist auch der jüdische Staat – der der lebendige Organismus zur Erhaltung und Vermehrung einer Rasse sein soll – territorial vollständig unbegrenzt. Denn eine bestimmte räumliche Fassung eines Staatsgebildes setzt immer eine idealistische Gesinnung der Staatsrasse voraus, besonders aber eine richtige Auffassung des Begriffes Arbeit. In eben dem Maße, in dem es an dieser Einstellung mangelt, versagt auch jeder Versuch zur Bildung, ja sogar zur Erhaltung eines räumlich begrenzten Staates. Damit entfällt jedoch die Grundlage, auf der eine Kultur allein entstehen kann.

Daher ist das jüdische Volk bei allen scheinbaren intellektuellen Eigenschaften dennoch ohne jede wahre Kultur, besonders aber ohne jede eigene. Denn was der Jude heute an Scheinkultur besitzt, ist das unter seinen Händen meist schon verdorbene Gut der anderen Völker. [...]

Der Jude war nie Nomade, sondern immer nur Parasit im Körper anderer Völker. Daß er dabei manchmal seinen bisherigen Lebensraum verläßt, hängt nicht mit seiner Absicht zusammen, sondern ist das Ergebnis des Hinauswurfes, den er von Zeit zu Zeit durch die mißbrauchten Gastvölker erfährt. Sein Sich-Weiterverbreiten aber ist eine typische Erscheinung

für alle Parasiten; er sucht immer neuen Nährboden für seine Rasse.
Dies hat aber mit Nomadentum deshalb nichts zu tun, weil der Jude gar nicht daran denkt, ein von ihm besetztes Gebiet wieder zu räumen, sondern bleibt, wo er sitzt, und zwar so seßhaft, daß er selbst mit Gewalt nur mehr sehr schwer zu vertreiben ist. Sein Ausdehnen auf immer neue Länder erfolgt erst in dem Augenblick, in dem dort gewisse Bedingungen für sein Dasein gegeben sind, ohne daß er dadurch – wie der Nomade – seinen bisherigen Wohnsitz verändern würde. Er ist und bleibt der ewige Parasit, ein Schmarotzer, der wie ein schädlicher Bazillus sich immer mehr ausbreitet, sowie nur ein günstiger Nährboden dazu einlädt. Die Wirkung seines Daseins aber gleicht ebenfalls der von Schmarotzern: wo er auftritt, stirbt das Wirtsvolk nach kürzerer oder längerer Zeit ab.[226]

Hitlers Buch »Mein Kampf« ist durchsetzt mit Äußerungen des Judenhasses, mit dem die »Bestialisierung« des Menschen, seine Aufhetzung zum inhumanen Wesen, aufgeladen mit Ressentiments, ihren Höhepunkt (besser gesagt: Tiefpunkt) erreicht. Wo auch immer für ihn bei seinen wirren Gedankengängen ein Schuldiger für vermeintliche Missstände und Fehlentwicklungen auszumachen ist, wird der Jude zum Urheber gemacht (wie auch Zitate in den vorangegangenen und auch nachfolgenden Kapiteln zeigen). Einer der längsten Abschnitte in dem Personen- und Sachverzeichnis, das dem Buch »Mein Kampf« vorangestellt ist, gilt dem Stichwort »Judentum« und zeigt die Themen, bei denen er hauptsächlich seinen Hass auf die Juden artikuliert:

Judentum: Gegensatz zum Arier (s. diesen): S. 329, 596 – Werdegang des J[uden].*: S. 338f. – Judenfrage: S. 54 – »Religion?«: S. 165 – Der j*[üdische]* Staat: S. 165, 331 – Staat im Staat: S. 334 – Keine Nomaden: S. 338 – Gegenwehr gegen den Antisemitismus: S. 629, 632 – Gefahr jüdischer Bastardierung: S. 629 – Wahrung der Blutreinheit des J*[uden]*: S. 751 – Christus: S. 336 – Jüdische Demokratie: S. 99 – Dialektik: S. 66 – Einflüsse auf die Beamten: S. 352 – Einflüsse auf Amerika: S. 723 – Emanzipa-*

tion: S. 343 – Esperanto als jüdische Universalsprache: S. 337 – Goethes Stellung zum J[uden]: S. 211 – Kampf gegen das Heer: S. 298 – Das J[udentum] im Krieg: S. 211; [das Judentum] in den Kriegsgesellschaften: S. 212, 622 – Preußenhetze als Ablenkungsmanöver: S. 623 – Jüdische Gefahr und Zusammenbruch 1918: S. 359 – Internationale Weltfinanz: S. 163 – Aktiengesellschaften: S. 344 – Börse: S. 345, 723 – Ziel des Börsenj[udentums]: S. 702 – Mangel eigener Kultur: S. 331 – »Meister der Lüge« (Schopenhauer): S. 253, 335 – J[uden] im öffentlichen Leben: S. 61 – Judenpresse und ihre Taktik: S. 226, 332, 345, 354, 706 – »Intelligenzpresse«: S. 268 – Weltpresse: S. 56 – Gute Propagandisten: S. 332, 387 – Prostitution und Mädchenhandel: S. 63 – Protokolle der Weisen von Zion: S. 337 – Revolutionäre: S. 350 – Drahtzieher der deutschen Revolution: S. 585 – Väter der Weimarer Verfassung: S. 627 – Einrücken in Reichsverwaltung und Wirtschaftsbetriebe nach der Revolution: S. 644 – Religionslehre, Talmud: S. 336 – Schauspieler: S. 332 – Schmarotzer: S. 334 – Taktik: S. 338, 350, 596 – Verhetzungstaktik: S. 627 – Tricks: S. 212 – Weltherrschaftspläne: S. 343, 351, 703, 738, 751; Mittel zur Verwirklichung [der Weltherrschaft]: Bolschewismus S. 751; Diktatur des Proletariats: S. 357; Demokratie als Teilziel: S. 347; Verfechtung des Gleichheitsprinzips: S. 478; [Verfechtung] des Mehrheitsprinzips: S. 498; Organisation des Marxismus: S. 350, 352; Führer der Sozialdemokraten: S. 64; Freimaurerei: S. 345 – Weltpolitik: Leitung deutscher Geschicke seit Kriegsende: S. 760 – Auseinandergehen jüdischer und britischer Interessen S. 702 – Beherrschung Englands: S. 721 – Übereinstimmung jüdischer und französischer Interessen: S. 704 – Hintertreibung deutsch-italienischer Verständigung: S. 709 – J. und Faschismus: S. 720 – J. und Japan: S. 723 – J. und Rußland: S. 743 – J. und Ostlandpolitik: S. 743 – Welthetze gegen Deutschland: S. 702 – Zionismus: S. 60, 356 – Vgl. Antisemitismus, Schutz- und Trutzbund.[227]

Den Juden macht Hitler zum Erzfeind seiner Rassentheorie, eine Projektion, auf die er eben alle Übel anhäuft und hoch steigert, damit den jahrhundertealten christlichen Judenhass und die im

19. Jahrhundert sich entwickelnden Antisemitismus auf seine Mühlen leitend. Die NS-Anhänger folgten ihm dabei mit besinnungsloser Aggression.

»Man kann den Juden nicht positiv bekämpfen. Er ist ein Negativum, und dieses Negativum muß ausradiert werden aus der deutschen Rechnung, oder es wird ewig die Rechnung verderben.« Von den ersten Tagen der Bewegung an hatte sich Dr. Joseph Goebbels derart unverhüllt über die Rassenziele des Nationalsozialismus ausgesprochen. Die von ihm geleitete Zeitung »Der Angriff« (wie später die Wochenzeitung »Das Reich«) war der intellektuelle Mittelpunkt für die Propagierung des Terrors: »Man mag Terror schreien. Wir antworten darauf mit dem bekannten Wort Mussolinis: ›Terror? Niemals! Es ist Sozialhygiene. Wir nehmen diese Individuen aus dem Umlauf, wie ein Mediziner einen Bazillus aus dem Umlauf nimmt.‹«[228]

»Warum sind wir Judengegner?« ist ein Artikel im »Angriff« vom Juli 1928 überschrieben. »Der Jude ist der plastische Dämon des Verfalls. Wo er Unrat und Fäulnis wittert, da taucht er aus dem Verborgenen auf und beginnt sein verbrecherisches Schachtwerk an den Völkern. Er kleidet sich in die Maske derer, die er betrügen will; gut Freund mit seinen Opfern, und ohne daß der Arglose es merkt, hat er ihm schon das Genick gebrochen. Der Jude ist unschöpferisch, Er produziert nicht, er handelt nur mit Produkten. Mit Lumpen, Kleidern, Bildern, Edelsteinen, Getreide, Aktien, Völkern und Staaten. Und alles, womit er handelt, hat er irgendwo und irgendwann gestohlen. [...] Er ist ein Mensch, allerdings aber was für einer. Wenn jemand deine Mutter mit der Peitsche mitten durchs Gesicht schlägt, sagst du dann auch: Danke schön, er ist auch ein Mensch? Das ist kein Mensch, das ist ein Unmensch. Wieviel Schlimmeres hat der Jude unserer Mutter Deutschland angetan und tut es ihr heute noch an! [...] Wir sind Judengegner, weil wir uns zum deutschen Volk bekennen. Der Jude ist unser aller großes Unglück. Das soll anders werden, so wahr wir Deutsche sind.«[229]

Das populär-politische, populär-rassenkundliche Schrifttum unterscheidet sich nur wenig von dem der »geistigen« wie weltanschaulicher NS-Prominenz. Es ist höchstens, soweit dies möglich war, noch primitiver, noch dümmer, noch gemeiner, obwohl das

Niveau kaum zu unterbieten war. Hier galten im Besonderen die Richtlinien, die Hitler in »Mein Kampf« für die Massenpropaganda ausgegeben hatte:

> *Jede Propaganda hat volkstümlich zu sein und ihr geistiges Niveau einzustellen nach der Aufnahmefähigkeit des Beschränktesten unter denen, an die sie sich zu richten gedenkt. Damit wird ihre rein geistige Höhe um so tiefer zu stellen sein, je größer die zu erfassende Masse der Menschen sein soll.*[230]

Nach dieser Technik der Massenverdummung vereinfachte man den Darwinismus-Rassismus noch weiter. Es gibt »Kuli- oder Fellachenrassen«, heißt es in einer ideologischen Schrift populärer Art. Zu diesen gehört »die Überzahl der Bevölkerung des Erdballs, das Gros der farbigen Menschen Asiens und Afrikas und das ostbaltisch-ostisch-innerasiatische Volkstum Rußlands«. Ferner gebe es Parasiten. Diese suchten durch »intelligente und heuchlerische Einfühlung und Überlistung in bodenständige Volkstümer sich einzunisten, diese mit händlerischer Schlauheit um den Ertrag ihrer Arbeit zu bringen und durch raffinierte geistige Zersetzung der Selbstführung zu berauben. Die bekannteste und gefährlichste Art dieser Rasse ist das Judentum.« Die dritte Gruppe endlich »führt den Kampf offen, mit Wagemut und selbstbewußtem Einsatz rassischer Kraft«. Dies seien die »ausgesprochenen Herren- und Kriegerrassen«. »Nur diese Rassen haben sich als kulturschöpferisch und staatenbildend erwiesen. Die bedeutendste unter ihnen ist die nordische geblieben, die mit ihrer Arbeits- und Wehrkraft über die Hälfte des Erdballs erobert und mit ihrer Technik und Wissenschaft ihn heute fast ganz unterworfen hat; das Vorvolk dieser Rasse aber ist das deutsche.«[231]

In Sepp Burgstallers »Erblehre, Rassenkunde und Bevölkerungspolitik« werden 400 Karikaturen zur »Unterrichtung« eingesetzt. Jedes Bild zeigt den Juden als »Rassengemisch« zwischen Vorderasiaten (= Händlergeist), Hamiten (= Selbstsucht), Orientalen (= Verschlagenheit) und Negern (= Rücksichtslosigkeit). Sauber gezeichnete Pfeile lokalisieren diese Charaktereigenschaften in bestimmten Gesichtspartien. Als Resümee gibt Burgstaller: »Wer den

Juden kennt, kennt den Teufel.« Und: »Der Jude ist ein Mischling, dem die schlechtesten Eigenschaften anhaften.«[232]

Dr. Johann von Leers unterteilt sein Buch »Juden sehen Dich an« (dem Buchtitel von Eipper »Tiere sehen Dich an« nachgebildet), in folgende Kapitel: Blutjuden, Lügenjuden, Betrugsjuden, Zersetzungsjuden, Kunstjuden, Geldjuden. Selbst rassische Zugehörigkeit spielt hier keine Rolle mehr. Wer mit der NS-Weltanschauung nicht übereinzustimmen scheint, wird in eine dieser Rubriken eingeordnet – Dr. Adenauer erscheint als »Zersetzungsjude«.[233]

Hauptziel all dieser Schriften ist es, die im Menschen oder zumindest in vielen Menschen schlummernden negativen Triebe und Instinkte zu aktivieren. Eine »Bewegung«, das wussten die NS-Führer wie jeder Massenpsychologe, bedarf, um sich »in Schwung« halten zu können, des ständigen Antriebs, ständiger Aufputschung der Leidenschaften. Nichts ist dafür besser geeignet als die Entfaltung kollektiver Hassgefühle, die sich auf eine Minderheit zu konzentrieren haben.

> *Überhaupt besteht die Kunst aller wahrhaft großen Volksführer zu allen Zeiten in erster Linie mit darin, die Aufmerksamkeit eines Volkes nicht zu zersplittern, sondern immer auf einen einzigen Gegner zu konzentrieren. Je einheitlicher dieser Einsatz des Kampfwillens eines Volkes stattfindet, um so größer wird die magnetische Anziehungskraft einer Bewegung sein und um so gewaltiger die Wucht des Stoßes.*[234]

Dieser »Bewegung« als Bewegung forderte die rassische Auslese, bei der es niemals einen Stillstand geben dürfe – nach Kriterien, welche die Ausmerzung ständig verschärfen sollten. So wurden erst die Volljuden, dann die Halbjuden bekämpft, die Vierteljuden sollten folgen. Bei dem Euthanasie-Programm begann man mit den Geisteskranken und wollte dann die Liquidation der unheilbar Kranken und ihrer erbmäßig »minderwertigen« Familien anschließen.[235]

»Die Nacht nach dem Siege gehört euch SA-Leuten, sie wird die Nacht der langen Messer sein«, hatte Dr. Frick im hessischen Landtagswahlkampf vor 1933 ausgerufen. »Wetzt die langen Messer/auf dem Bürgersteig!/Laßt die Messer flutschen/in den Judenleib./Blut muß fließen knüppelhageldick/wir scheißen auf die Freiheit der Judenrepublik«, sangen die Sturmmänner des SA-Akademikerbundes (!).[236] Das Jahr 1933 brachte die »Erfüllung« der Hasswünsche »Deutschland erwache, Juda verrecke«. Denn schuld (so heißt es in einer Schrift für weltanschauliche Erziehung) an der Zerstörung und Verseuchung der Lebensordnung in Deutschland sei der Jude. Er strebe nach Weltherrschaft, vertrete Materialismus und Individualismus, durchwühle mit Hilfe des Freimaurertums, von Revolutionen, von Demokratien und Parlamentarismus die völkischen Gemeinschaften, er entarte jede völkische Kultur, unterhöhle die Sittlichkeit und schwäche die Zucht, die Kraft und den Kinderreichtum des Volkes, er verdrehe Recht und Gerechtigkeit, er stifte jeden Krieg an. »Der russische Bolschewismus ist eine Ausgeburt jüdischen Denkens. Der Jude stützt den britischen Imperialismus. [...] Der Jude steht hinter der amerikanischen Plutokratie.«[237]

In einer Broschüre, die das SS-Hauptamt zur weltanschaulichen Schulung herausgab, lesen wir: »So wuchs die Kultur. So wurde der Pflug, das Werkzeug, das Haus. So wurde der Mensch gesellig, so wurde Familie, so wurde Volk, so wurde Staat. So wurde der Mensch gut und groß. So stieg er weit über alle Lebewesen empor. So wurde er Gottes Nächster! Aber auch der Untermensch lebte. Er haßte das Werk des anderen. Er wütete dagegen, heimlich als Dieb, öffentlich als Lästerer, als Mörder. Er gesellte sich zu seinesgleichen. Die Bestie rief die Bestie. Nie wahrte der Untermensch Frieden, nie gab er Ruhe. Denn er brauchte das Halbdunkle, das Chaos. Er scheute das Licht des kulturellen Fortschritts. Er brauchte zur Selbsterhaltung den Sumpf, die Hölle, nicht aber die Sonne. Und diese Unterwelt des Untermenschen fand ihren Führer: den ewigen Juden.«[238]

Die Neidgefühle der breiten Masse weckte man, indem man den Juden als verbrecherischen Geschäftsmann hinstellte, der nur den Betrug seiner deutschen arischen Kunden im Auge habe. »Die Juden hatten das Kriegsgeschäft gemacht, um in das größere Geschäft der Revolution einzusteigen. Ihre Namen phosphoreszierten von Fäulnis. Alles, was sie anfaßten, wurde faul. Sie verschenkten goldene Zahnstocher und abgelegte Schlafanzüge an hohe Beamte. Sie erleichterten Staatsbank und Stadtbank um Millionen.«[239] In den jüdischen Warenhäusern werde stinkendes Fleisch zu Salaten verarbeitet und Kuchen mit Seifengeschmack verkauft. Das Pogrom vom 9. und 10. November 1938 (die »Reichskristallnacht«) als »tiefe Empörung des deutschen Volkes bei der Ermordung des Gesandtschaftsrates vom Rath« hingestellt, sollte unter anderem der Abreaktion aufgestauter Unzufriedenheit dienen. Man zerschlug jüdische Wohnungen und Geschäfte und drangsalierte die Bewohner und Besitzer. Die Zeitungen berichteten von gehorteten Teppichen, Mänteln, von Dutzenden von Kleidern, Schmuckstücken, von verborgenem Geld und unwahrscheinlichem Luxus in den jüdischen Wohnungen, deren »Inhalt nun zum Wohle der Volksgemeinschaft verwendet werde«.[240]

Es gibt wohl kaum ein Dokument der Publizistik, in dem so viel Perversität, Pornografie und Sadismus vereint waren wie in der Wochenschrift »Der Stürmer«, die von dem fränkischen Gauleiter Julius Streicher herausgegeben wurde. Hätte es allein diese Zeitung in Deutschland gegeben – sanktioniert und gefördert vom Staate, geleitet von einem führenden Funktionär dieses Staates –, es würde genügen, von einer deutschen Kulturschande zu sprechen. Das Blatt erschien seit 1923 viermal im Monat bei ziemlich gleichbleibendem Aufbau und stereotyp sich wiederholenden Themen und Lügen. Im Großdruck werden den Lesern immer wieder die gleichen Sätze eingehämmert. Motto des Pamphlets überhaupt: »Ohne Lösung der Judenfrage keine Erlösung der Menschheit«, »Die Juden sind unser Unglück«. Dem Leser werden regelmäßig Skandalgeschichten von vollzogener »Rassenschande« aufgetischt, an denen er seine Fantasie und sein »Schlafzimmerinteresse« weiden und zugleich seine völkische Entrüstung dokumentieren konnte (»Er glaubte, ihm seine Tochter ruhig anvertrauen zu können. Er wußte nicht, daß er das Kind in die Klauen eines Schweinehundes gegeben hatte. Heute weiß er es. Heute hat er seine Tochter wieder bei sich. Aber sie ist nicht mehr das Kind, das mit unbefangenen, klaren und reinen Augen in die Welt sieht. Der Jude Dr. Schoeps hat ihren Leib geschändet und ihre Seele ermordet.«) Da werden Bilder jüdischer Menschen abgedruckt (»Das ist die Jüdin Fleischer. Zum erstenmal in ihrem Leben hat sie hier einen Besen in der Hand. Sie mußte die Räume der Gestapo reinigen. [...] Haare und Zähne sind genauso falsch wie ihre geheuchelte Gutmütigkeit und ihr freundliches Lächeln. […] Die zwei fetten Töchter des Juden Unger auf dem Ball des Jednota Tschechen.« »Dieser fette Judenbube ist der kleine Tibor Blau.«) Da werden Deutsche angegriffen, die den Juden irgendwie geholfen hatten und sei es auch nur dadurch, daß sie noch in einem jüdischen Geschäft einkauften. Da werden Leserbriefe veröffentlicht, in denen »ehrliche Deutsche« ihre Entrüstung zum Ausdruck bringen, dass es den Juden »immer noch zu gut ginge«, dass man sie doch dahin oder dorthin deportieren solle (»Lieber Stürmer! Die nichtjüdische Menschheit wäre dann von einem Parasiten befreit, der ihr jahrhundertelang nur das Blut abgezapft und nichts wie Unglück über die Welt gebracht hat.«) Schließlich wird unverblümt der Mord gepredigt: »Das nationalsozialistische Deutschland ist steigend bemüht, die Juden unschädlich zu machen. Die Judenfrage ist noch nicht gelöst. Sie ist auch dann noch nicht gelöst, wenn einmal der letzte Jude Deutschland verlassen hat. Sie ist erst dann gelöst, wenn das Weltjudentum vernichtet ist.« – »Eine Sau bleibt immer eine Sau. Und aus einem Juden kann man keinen Nichtjuden machen.« – »Die Juden und die Wanzen sind einander sehr ähnlich. Sie gehören beide zum Ungeziefer. Beide kommen immer zuerst zwischen Lumpen und alten Kleidern vor. Sie sind aus dem Osten zu uns gekommen und sind eine ekelhafte Plage. Wo viele Wanzen sind, stinkt's fürchterlich. Bei den Juden stinkt es auch. Frische Luft können Juden und Wanzen nicht leiden. Dort wo es am schlampigsten zugeht, fühlen sie sich am wohlsten. Sie ernähren sich vom Blutsaugen. Dabei spritzen sie den Menschen gleichzeitig ihr Gift ein. Juden und Wanzen scheuen das Licht sehr und arbeiten immer im Finstern. Wo sie gehaust haben, da hinterlassen sie nur Schmutz und Kot. Wenn sie keine Menschen zum Aussaugen haben, dann müssen sie sich selbst auffressen. Denn sie gehören zu den Schmarotzern. Wenn die Wanzen sich einmal wo festgesetzt haben, dann ist bald alles von ihnen versaut. Sie verkriechen sich in alle Winkel. Anfangs merkt man sie kaum, bis sie dann so viele sind, daß man sich nicht mehr anders helfen kann, als daß man sie ausbrennt. Wer über die Wanzen nicht Herr wird, über den werden die Wanzen Herr und fressen ihn auf. Bei den Juden ist es auch so.«[241]

Jeder Artikel, jedes Bild, jede Zeile dieses Blattes ist ein erschütterndes Dokument der Niedertracht und Entmenschlichung. Hitler war von jeder Nummer des »Stürmers« begeistert. Es sei das einzige Blatt, das er gerne und von der ersten bis zur letzten Zeile lese – sagte er zu Hermann Rauschning.[242]

Die Juden hatten sich über Jahrhunderte hinweg in Deutschland als eigene Minderheit halten können und wollen, sie waren aber auch von der christlichen Bevölkerung in die Isolierung gedrängt worden.[243] Die Juden lebten daher im Mittelalter nach ihrem eigenen Glauben, nach ihren eigenen Ritualgesetzen, Regeln und Überlieferungen. Geldverleih war ihnen erlaubt, den Christen aus religiösen Gründen lange Zeit verboten. Gerade deshalb mussten die Juden bittere Verfolgungen erdulden. Die Getto-Existenz der jüdischen Bevölkerung war jedoch nicht nur von außen auferlegtem Zwang, sondern lag auch im Willen der Minderheit selbst. Im 18. und 19. Jahrhundert vollzog sich in zunehmendem Maße die Emanzipation des Judentums, die freilich zunächst nur bestimmte, vorwiegend großbürgerliche Kreise erfasste. Eine Reihe von Berufen blieben den Juden sehr lange Zeit noch völlig verschlossen, wie etwa das Beamtentum und die Offizierslaufbahn, Berufe, die in der damaligen gesellschaftlichen Ordnung Macht und Einfluss verkörperten. Dies – und nicht eine gewisse Disposition für bestimmte Aufgaben und Tätigkeiten – war dafür maßgebend, dass in bestimmten Sparten des gesellschaftlichen Lebens jüdische Bürger eine größere Rolle spielten – also etwa im Kaufmannsberuf, in der Journalistik, im Arzt- und Advokatenstand.

Die Juden waren seit Jahrhunderten von fast allen Berufen ausgeschlossen gewesen, auf unbedeutenden Kleinhandel beschränkt geblieben. Im Zeitalter der Industrialisierung und der anbrechenden Weltwirtschaft kamen nun die dabei entwickelten Fähigkeiten und Geschicklichkeiten der jüdischen Minderheit zugute. Zudem drängten die Söhne der nach der Emanzipation begütert gewordenen jüdischen Häuser unaufhaltsam aus dem Geschäftsleben in die reinen Kulturberufe, »so daß in wenigen Jahrzehnten sich nicht nur die Berufe der Arzte und Anwälte mit Juden füllten und überfüllten, sondern Deutschland sowohl wie in Österreich ein großer Teil des Kulturbetriebes, des Zeitungs- und Verlags- und Theaterwesens in jüdische Hände geriet. Dieses Verhalten der jüdischen Mittelschicht stand in ausgesprochenem Gegensatz zu dem durchschnittlichen Verhalten der Bourgeoisie, die gerade dann, wenn ein Reich- und Reicherwerden bereits sinnlos geworden war, danach strebte, nun die ihr gebührende Machtposition zu besetzen.«[244]

Neben der sozialen und soziologischen Emanzipation häufen sich seit Beginn des 19. Jahrhunderts auch die Konversionen zum christlichen Glauben. In diesen Zeitraum der allgemeinen Umschichtung, da die traditionellen Reibungsflächen zwischen Mehrheit und Minderheit infolge der fortschreitenden Emanzipation des Judentums sich verlieren, fällt die Entstehung des Antisemitismus, der somit vom Judenhass der vorangegangenen Epochen zu unterscheiden ist. Es handelt sich jetzt nicht mehr darum, dass die jüdische Bevölkerung auf Grund realer Tatbestände (etwa ihrer eigenen und eigenartigen Religion und der damit verknüpften Sitten und Gebräuche, der allgemeinen Abkapselung und so weiter) zu realen, aber immer begrenzten Aktionen der umlebenden Bevölkerung Anlass gab, es kommt nun eine Pseudophilosophie auf, die den »Juden an sich«, den »Rassejuden«, auch den getauften, zum Objekt ihrer Abneigung und ihres Hasses macht.

Die jüdische Minderheit war in Deutschland immerhin so groß, dass man sie zum allgemeinen Abladeplatz der Ressentiments und der Kompensation von Minderwertigkeitsgefühlen machen konnte, zum anderen so klein und abgekapselt, dass ihre Diskriminierung keine besondere Schädigung der sozialen Ökonomie des Volkes bedeutete. Die jahrhundertelange Ghettoexistenz hatte die Judenschaft zudem derart dem allgemeinen Bewusstsein entfremdet, dass man die Unwissenheit über das Judentum exploitieren, das heißt das Vakuum der Unkenntnis mit Schauer- und Gräuelmärchen auffüllen konnte. Der Versuch der Juden, im Zuge der durch die Aufklärung eingeleiteten Emanzipation Anschluss nach »oben« zu gewinnen, förderte in ihren Reihen die Parvenü-Mentalität, nicht weil der Jude rassenmäßig Parvenü war, sondern weil der Parvenütyp in aufstrebenden Schichten häufiger erscheint.[245] Der Antisemit aber konnte daraus erneut »Gründe« für seinen Hass beziehen. Das Wort »Antisemitismus« war erst 1879 durch Wilhelm Marr[246] geprägt worden: Etikette für die Bündelung der antijüdischen Motive und Argumente der vorauslaufenden Jahrzehnte, zudem »Verwissenschaftlichung« des Vorurteils: »Er hat damit einer sich aufgeklärt und wissenschaftsgläubig gebärdenden Zeit nur eine entsprechend vordergründige Rationalisierung der ideologisch und emotional, ja letztlich in einem bestimmten Sinne religiös begründeten und als solche vielfach manipulierten Ablehnung der Juden gegeben.«[247]

Der Antisemitismus als das »Gerücht über die Juden« gab dem zu kurz gekommenen und triebbeschränkten Kleinbürger nicht nur die Möglichkeit, den schon erwähnten Sexualsadismus, sondern auch seinen allgemeinen Antihumanitätsaffekt zu enthemmen – der Jude war Objekt des rhetorischen und wirklichen Dreinschlagens. Im Dunkel wirrer Mythen und rassischer Hintertreppenromantik wurde das Fundament eines bestialischen Antisemitismus gelegt, auf den der Nationalsozialismus dann seinen festesten weltanschaulichen Pfeiler stützen konnte. Alle Niederträchtigkeit, deren Menschen fähig seien, so Chamberlain, wären im Völkchen der Juden verdichtet; die Fratze des Lasters und der Bosheit glotze schamlos aus jedem Judengesicht dem Germanen ins Antlitz.[248] Man erkenne, meinte Th. Fritsch, schon am verhältnismäßig tiefliegenden Oberlid das »Sinnlich-Brütende oder Lauernde« der jüdischen Seele, besonders der jüdischen Ärzte.[249] Juden könnten keine richtigen Soldaten sein, da ihnen der »heldenhafte Gliederbau« fehle, sie hätten zudem Plattfüße und feige Hasenherzen, sie seien keiner Gefühle und keiner Herzenswärme fähig, seien zynische Zersetzer und degenerierte Intellektuelle. In ihren Kaufhäusern böten sie nur minderwertige Ware an. Da der Jude kein Germane sei, weder blond noch blauäugig, »des Langschädels entbehrend«, habe er auch keine Moral: »Unsere deutschen Begriffe von Treue, Bescheidenheit, Hingebung, Aufopferung für eine Sache sind dem Juden unverständlich und fordern seinen Spott heraus. Ihm erscheint nur das als Tugend, was persönlichen Vorteil oder Genuß einbringt.« Zehn Gebote der Selbsthilfe verkündete Fritsch – denn der Deutsche sollte wissen, dass er mit all seinen Mitdeutschen »ohne Unterschied des Glaubens oder der politischen Meinung einen gemeinsamen unversöhnlichen Widersacher hat: Er heißt Jude!«[250]

»Liebe plus Humanität!« wurde schon sehr früh im 19. Jahrhundert als eine »alle Lebensgebote und Lebensformen eines Volkes und Staates zersetzende Lehre« empfunden, gegen die sich die »Natur« empöre[251]. Es empörte sich die »Natur« des Spießers, der neidvoll alle ihm geistig oder materiell Überlegenen (soweit sie nicht mit der staatlichen Autorität verknüpft waren) mit geiferndem Hass anfiel und an allen ihm Unterlegenen sein Mütchen kühlte. Die Juden vereinten häufig beide Hassziele in sich: sie waren wirtschaftlich oder intellektuell »droben«, gesellschaftlich aber »drunten«. Argumente, die gegen die Diskriminierung der jüdischen Minderheit vom humanitären, liberalen, demokratischen oder sozialistischen Standpunkt aus vorgebracht wurden, verketzerte man auf doppelte Weise: einmal galten sie als »unnatürlich«, dem Wesen des Menschen als Hirntier widersprechend (eine These, die der Sozialdarwinismus »naturwissenschaftlich« abstützte), zum anderen gab man sie als »Ausgeburt der Humanitätspropaganda« der Juden aus, die sich vor der ihnen zukommenden Ausmerze zu schützen suchten, indem sie die »Lüge vom Gewissen« erfanden.

Die vor allem im Antisemitismus zutage tretende Verdummung des deutschen Volks war institutionalisiert. Die herrschenden Schichten hingen nicht wie etwa in England einem Gentleman-Ideal oder wie in Frankreich einem Citoyen-Ideal an. Mit ihrer onkelhaften Jovialität oder bärbeißigen Monokelforschheit, mit ihrer Strohhut- und Sommerhandschuhgrazie, ihrer Ledersesselvornehmheit, ihren Plüschinterieurs und ihrer Plüschmentalitiät waren sie keine moralische Elite, sondern stattdessen Antihumanitätsfanatiker und Bildungsantisemiten. »Ob im Gerichtssaal der Juristen, im Auditorium der Professoren, im Schulzimmer der Lehrer, im Kasino der Offiziere oder in den Synoden der Pfarrer, so gut wie überall wurde das Humane als ›Schlappheit‹ deklariert und als undeutsch diffamiert. Die Phrase vom Volke der Dichter und Denker diente ebenso wie ein angepredigtes, aber nur selten wirklich gelebtes Christentum dazu, das Gewissen zu beruhigen und sich in einer großen Vergangenheit zu sonnen, an der man in seiner eigenen Existenz nur noch insofern Anteil hatte, als die Jugend in der Schule Bibelsprüche oder Gedichte deutscher Klassiker auswendig lernen mußte. Wie konnten Juden in einem solchen geistigen und menschlichen Klima anerkannt werden?«[252]

Der Mythos vom jüdischen Satanas (Teil der deutschen Ideologie) wurde planmäßig von der »geistigen Schicht« erzeugt. Er war keine »wilde Frucht«, kein Produkt der Gosse, wenn auch auf Gossenniveau. Er war dem Kalküldenken weltanschaulicher Sadisten entsprungen; indem diese ihre individuelle Bosheit zur allgemeinen Norm erhoben, befreiten sie sich aus der unmoralischen Vereinzelung. Der Mitläufer-Antisemitismus war in der Ausführung häufig brutaler, in der Konzeption jedoch naiver als der Rassenhass der »Weichensteller«. Johann Gottlieb Fichte war ein idealistischer Professor, der die Jünglinge, die zu seinen Füßen saßen, mit seinem Ideegut zum Wahren und Hehren zu entflammen wusste, aber Bürgerrechte wollte er den Juden nicht geben. »Um uns vor ihnen zu schützen, dazu sehe ich wieder kein anderes Mittel, als ihnen ihr gelobtes Land zu erobern und sie alle dahin zu schicken.«[253]

Der treuherzig geltende Friedrich Ludwig Jahn (»Turnvater Jahn«), den Heine einen »idealischen Flegel« nannte, fürchtete, dass die jüdischen Unholde den deutschen Volkstumswald abholzen würden. Wenn sich auch ein Edelauge in den Wildling einsetzen, ein Edelreis auf den Wildstamm aufpfropfen ließ – der Jude war nicht zu veredeln, hier empörte sich die (deutsche) Natur. »Polen, Franzosen, Pfaffen, Junker und Juden sind Deutschlands Unglück.«[254] Christan Friedrich Rühs war nach 1810 Geschichtsprofessor an der neugegründeten Berliner Universität und später offizieller Historiker des preußischen Staates. Zur Erkennung des »hebräischen Feindes« schlug er vor, dass die Juden einen gelben Flecken auf ihrer Kleidung tragen sollten.[255]

Gegen Unterdrückung und für Freiheit kämpften die Burschenschaften, und es kam vor, dass Teile von ihnen auch die Freiheit der Juden, zum Beispiel 1819 in Heidelberg, mit der blanken Waffe gegen den Volksmob verteidigten, aber die germanophilen Burschenschaften setzten sich mit ihrem Rassenhass durch, organisierten Femebünde, riefen zum »Judenkampf« auf – mit Wolfgang Menzel an der Spitze. Der Schlachtruf solcher »Brüder in Christo« war: »Nun auf zur Rache! Unser Kampfgeschrei sei Hepp! Hepp! Hepp!! Aller Juden Tod und Verderben, Ihr müßt fliehen oder sterben.«[256] Die »Gartenlaube« war für »warme Herzen«, aber ging's um Juden, war die Herzinnigkeit wie weggeblasen. »Die ganze Weltgeschichte kennt kein zweites Beispiel, daß ein heimatloses Volk, eine physisch wie psychisch entschieden degenerierte Rasse bloß durch List und Schlauheit, durch Wucher und Schacher über den Erdkreis gebietet.«[257] Wilhelm Busch war ein geistreicher, witziger Dichter und Zeichner, der die Schwächen des Philistertums erkannte, zudem ein Pessimist und Humanist; die Menschenliebe verließ ihn aber, wenn's um den Juden ging: »Und der Jud' mit krummer Ferse,/krummer Nas' und krummer Hos'/schängelt sich zur hohen Börse/tiefverderbt und seelenlos.«[258]

Die »Fliegenden Blätter« taten niemandem weh, ihr biederer Witz hielt sich aus allen Zeitfragen heraus. Schärfer oder scharf wurden sie, wenn es galt, dem Juden eins auszuwischen. Die Juden waren schmutzig, feig, eitel, schmierig, unsportlich, nicht so fesch wie der Herr Leutnant (freilich auch nicht so dumm, was sie besonders missliebig machte).

Richard Wagner wollte ins Weltgeheimnis eindringen, Bühnenweihspiele schaffen, der deutschen Musik- wie allgemeinen Kultur eine neue Tiefendimension erschließen. Bei der Beurteilung von Juden war ihm jede Oberflächlichkeit und geistige Gemeinheit recht: der jüdische Musiker sei durch eine grundsätzliche Unfähigkeit gekennzeichnet, die Kunst der Juden lasse gleichgültig und bleibe stets trivial, Herz und Seele könne eben ein jüdischer Künstler nicht ansprechen.[259] Die jüdische Rasse hielt Wagner für den »geborenen Feind der reinen Menschheit und alles Edlen in ihr«; »daß namentlich wir Deutschen an ihnen zugrunde gehen werden, ist gewiß, und vielleicht bin ich der letzte Deutsche, der sich gegen den bereits alles beherrschenden [...] Judaismus aufrechtzuerhalten wußte«.[260]

Der »hochgelehrte« Chamberlain verachtete die Juden vor allem, weil sie eine Mischrasse, eine Rasse mit unreinem Blut seien: »[...] ein Bastardhund ist nicht selten sehr klug, jedoch niemals zuverlässig, sittlich ist er stets ein Lump.«[261]

Heinrich von Treitschke war ein nationalstolzer, seriöser Historiker mit profunden Kenntnissen und trefflichen Einsichten. Seine Schrift »Ein Wort über unser Judentum« war nicht so plump wie die antisemitischen Traktätchen dieser Zeit, deren Schmutz und Rohheit er »durchaus nicht billigte«. Sein Schmutz war feinkörniger: »Bis in die Kreise der höchsten Bildung hinauf, unter Männern, die jeden Gedanken kirchlicher Unduldsamkeit oder nationalen Hochmuts mit Abscheu von sich weisen würden, ertönt es heute wie aus einem Munde: die Juden sind unser Unglück.«[262]

Heinrich Class, der spätere Vorsitzende des Alldeutschen Verbands, empfand es als »unschätzbares Glück«, als Student den »leidenschaftlichen Treitschke« gehört zu haben. Aussprüche wie das »perfide Albion« oder »Die Juden sind unser Unglück« blieben ihm zeitlebens »so etwas wie ein Evangelium«. »Mir war Treitschke der Meister, der mein Leben bestimmte.«[263] Class und der Alldeutsche Verband wollten Deutschland zur Weltgeltung verhelfen, Deutschlands Name sollte angesehen in aller Welt sein, das ließ sich durchaus mit einer antisemitischen Hetze vereinen, die mit ihren Forderungen die nationalsozialistische Judengesetzgebung in fast allen Einzelheiten vorwegnahm. Die Alldeutschen benützten die Juden als Sündenbock für die politischen und kulturellen Mängel des neuen Deutschen Reichs, das ihnen noch zu wenig nationalistisch und radikal erschien. Wenn auch der Antisemitismus der Alldeutschen sich praktisch wenig auswirkte, so finden sich in der Literatur doch sehr viele Beispiele, die in Ton und Inhalt dem späteren nationalsozialistischen »Deutschland erwache, Juda verrecke« voll ebenbürtig sind. Unter dem Pseudonym Daniel Frymann schreibt schon der Führer der Alldeutschen (eben Class): »Eine Gesundung unseres Volkslebens, und zwar aller seiner Gebiete, kulturell, moralisch, politisch, wirtschaftlich, und die Erhaltung der wiedergewonnenen Gesundheit ist nur möglich, wenn der jüdische Einfluß entweder ganz ausgeschaltet oder auf das Maß des Erträglichen, Ungefährlichen, zurückgeschraubt wird. Bei der Erörterung des nach dieser Richtung Notwendigen wird man sich darüber klar sein, daß der Unschuldige mit dem Schuldigen leiden muß. [...] Den Juden bleiben alle öffentlichen Ämter verschlossen, einerlei ob gegen Entgelt oder im Ehrenamt, einerlei ob für Reich, Staat und Gemeinde. Zum Dienst in Heer und Flotte werden sie nicht zugelassen. Sie erhalten weder aktives noch passives Wahlrecht. Der Beruf der Anwälte und Lehrer ist ihnen versagt; die Leitung von Theatern desgleichen. Zeitungen, an denen Juden mitarbeiten, sind als solche kenntlich zu machen. [...] Als Entgelt für den Schutz, den die Juden als Volksfremde genießen, entrichten sie doppelte Steuern wie die Deutschen.«[264]

In dem »Handbuch der Judenfrage« von Theodor Fritsch heißt es: »Der Jude geht hinter der Menschheit wie der Wolf hinter der wandernden Herde. Was matt und lahm wird und zurückbleibt, das fällt ihm zum Raube. Das ist seine Mission: das Entartete in den Schlund des Verderbens hinabzuziehen – die einzige ehrliche Mission, die er aufzuweisen hat. Jedem Wesen ward ein Feind erschaffen, der auf seine Vernichtung lauert. Der Wache und Gesunde hält sich den Feind lachend vom Leibe; dem gebrochenen aber naht er als Erlöser, als ein Abkürzer des Untergangsschmerzes. Und so erscheint der Jude auch unserem Volke gleichsam als der verordnete Henker.«[265]

Das ist schon ganz in dem abgründig-schlechten Stil gehalten, den später Hitler und die Nationalsozialisten zu dem ihren machten: eine Anhäufung von schiefen, inhaltslosen, aber »eindrucksvollen« Metaphern, von Phrasen, nicht bewiesenen Behauptungen, demagogischen Verzerrungen und unterschwelligen Hassgefühlen.

Paul Bötticher, der sich Paul de Lagarde nannte, war als fleißiger Professor (Orientalist) und als christlicher Vorkämpfer für eine evangelische Nationalkirche bekannt. In seinen »Deutschen Schriften« reagierte er sich verdrängte atavistische Hassgefühle in Form eines besonders bösartigen Antisemitismus ab: »Die Juden sind als Juden in jedem europäischen Staate Fremde, und als Fremde nichts anderes als Träger der Verwesung.« Viele Deutsche seien zu feige, das jüdische Ungeziefer zu zertreten. »Mit Trichinen und Bazillen wird nicht verhandelt, Trichinen und Bazillen werden auch nicht ›erzogen‹, sie werden so rasch und gründlich wie möglich unschädlich gemacht.«[266]

Karl Eugen Dühring war Nationalökonom und vor allem Philosoph. Die »Liebe zur Weisheit« stand seinem wüsten Antisemitismus nicht im Wege und unter dem Einfluss von Arthur Graf Gobineau[267] vertrat er einen rassisch-biologischen Standpunkt. »Der Ersatz der Religion durch Vollkommeneres und die Ausscheidung alles Judentums durch den modernen Völkergeist« hieß eine seiner Schriften. Gegen die Juden gebe es nur eine einzige Politik: die der Einschränkung, Einpferchung und Abkapselung.[268]

Ums Wohl der Jugend besorgte Oberlehrer, das heißt biedere deutsche »Kulturträger« entpuppten sich als hemmungslose Verhetzer der Volksseele: Vom Schwager Nietzsches, Bernhard Förster (der eine Antisemitenpetition organisierte, die 1881 mit 267 000

Unterschriften, darunter 4000 von Studenten, Bismarck überreicht wurde), über Hermann Ahlwardt, Artur Dinter zu Krieck und den vielen Ortsgruppenleitern, die im »Dritten Reich« den Geist des Antihumanismus und des Rassenhasses in die Herzen der Kinder pflanzten.[269]

Deutschnationalen Pfarrern und religiös orientierten nationalen und nationalistischen Publizisten und Politikern »ekelte vor dem verjudeten Neudeutschtum«.[270] Der Restaurationstheologe Adolf Stoecker gründete in Berlin die kleinbürgerliche Bewegung der Christlich-Sozialen Partei, die mit antisemitischen Parolen die christlich erzogenen Massen anzuziehen suchte. Die »Blutvergiftung« des deutschen Volkskörpers durch das Judentum sollte geheilt werden. Das Unbehagen an der wirtschaftlich kapitalistischen Situation dieser Zeit schob er den Juden in die Schuhe. »Vieles stimmte nicht mit unserer modernen Wirtschaft und Politik und Sittlichkeit; es galt, nur den Schuldigen zu finden, die Schuld vom König und von seinen Dienern, vom produktiven Kapitalisten abzuwälzen auf den Juden in der Börse, im Pfandbüro, in der Redaktionsstube.«[271] »Christliche und nationale Jugenderziehung« forderte die Deutsche Reformpartei – Träger »der Zersetzung war das stammfremde Judenvolk«.[272]

Die deutschen Konservativen, die um »bleibende Werte« bemüht waren, das »Unveräußerliche« zu bewahren suchten (und wie ihre Schlagworte auch hießen), gingen ein Bündnis mit den Antisemiten ein, um ihre Politik volkstümlicher zu machen. Auf die Affinität von Konservativismus und Antisemitismus hat unter anderem Theodor W. Adorno hingewiesen.[273] Zudem gehörten die Juden, um Emanzipation bemüht, meist der politischen Linken an, nicht weil die Juden linksliberal aus Rassenanlage waren (wie man ihnen natürlich sofort von »rechts« unterschob), sondern weil die Linke mit ihren Forderungen auf Demokratisierung und Rechtsstaatlichkeit der Diskriminierung von Minderheiten Einhalt gebieten wollte. »Lieber zehn Ahlwardts als einen Freisinnigen«, hieß das Motto der Konservativen. Wenn es gegen den Liberalismus ging, nahm man politische Unmoral mit in Kauf.

Alle diese Zitate, deren Reihe beliebig fortgesetzt werden könnte, sind parterre oder auf Gossenniveau, aber es handelte sich um Gedankengänge des deutschen Kulturbürgertums. Der »Judenkrieg« wurde von Kräften organisiert, die der deutschen Geistes»elite« angehörten. Sie agierten als die Einpeitscher eines Hassprogramms, das bei den Massen der Halb- und Viertelgebildeten »ankam«. Für den Antisemitismus gilt, was Alexander Rüstow einmal vom Konservativismus sagte (und beide standen ja in enger Wechselbeziehung): »Es handelt sich [...] um eine quasi-religiöse Erscheinung, die mit der eigentlich konfessionellen Religiosität auch das gemeinsam hat, daß ihre Lehren und Anschauungen in früher Kindheit einem noch völlig unkritischen und blindgläubigen Alter prälogischen Denkens überliefert und später durch Gesinnungs-Tabus gegen Kritik geschützt und abgedichtet wird.«[274]

Der Antisemitismus war der ideologische und damit rational nicht zu erschütternde Unterbau einer Weltanschauung, welche der Brutalität und Borniertheit des Spießers entsprach, ganz gleich, ob dieser dem Kaiser- oder Königshaus, dem Adel, der Geistlichkeit, der Beamten-, Professoren-, Lehrer-, Angestelltenschaft, dem Handwerkertum oder der Kaufmannschaft angehörte (die Arbeiter, selbst ständig diskriminiert und diffamiert, waren der antisemitischen Hetze gegenüber fast vollständig immun).

In einer Reichstagsrede 1893 hatte Reichskanzler Graf von Caprivi vor dem Antisemitismus eindringlich gewarnt: »Die Bewegung, die in Deutschland eingeleitet ist und die aus verschiedenen Motiven hervorgeht, überschreitet vielfach schon, wie mir scheint, die Grenzen, die mit dem Staatswohl vereinbar sind. Es werden Geister wachgerufen, von denen man nicht weiß, ob man imstande sein wird, sie zu bannen. Welche Garantien haben denn die Männer, die die Geister wachrufen, dafür, daß der Strom, von dem sie nun vorwärtsgetrieben werden, nicht schließlich mit anderen Strömen zusammenfließt, die sich gegen den Besitz und die staatliche Ordnung richten. [...] Ich glaube zu erkennen, daß die Geschichte manche Beispiele zeigt, wo Bewegungen, die anfänglich zweifellos das Beste wollen, dann weitergingen und nachher nicht mehr aufzuhalten waren.«[275]

Das waren einsichtsvolle Worte, deren Richtigkeit durch die Entwicklung der nachfolgenden Jahrzehnte voll bestätigt wurde. Zugleich jedoch spiegelten sie in einem gewissen Sinne den Geist wider, den sie zu bekämpfen suchten: Die Antisemitenbewegung hat nämlich nie (auch am Anfang nicht) »das Beste« gewollt, sie konnte es gar nicht, weil sie antihuman bis in die Wurzeln war. Ihre besondere Gefährlichkeit bestand nicht darin, dass sie sich *eines Tages* gegen Besitz und Staatsordnung würde wenden können, sondern dass sie sich stets und zu jeder Zeit gegen die Menschenordnung und die Würde des Menschen wandte. Doch solche Einsichten waren vom offiziellen Kulturbürgertum, zu dem auch Caprivi gehörte, nicht mehr zu erwarten.

Als das »Dritte Reich« ausbrach, marschierte die Legion der antisemitischen deutschen Denker mit den Nationalsozialisten im gleichen Schritt und Tritt in eine bessere (judenreine) Zukunft. »Uns betrübt die Promiskuität der Denker und Mörder«[276], aber sie verweist auf das erschütterndste Problem der deutschen politischen Anthropologie des 19. und 20. Jahrhunderts: nämlich den Verlust der Humanität.

Die antisemitischen Grundsätze vieler Jahrzehnte – »Die Juden sind an allem schuld!« – »Die Juden sind unser Unglück!« – »Die Juden sind das Böse schlechthin!« – waren der kleinbürgerlichen Denkkapazität Hitlers angemessen. Die Vereinfachungen machten komplizierte Überlegungen und ein Nachdenkenmüssen unnötig – Intellekt war sowieso eine jüdische Erfindung. Für den Antisemiten-Epigonen Hitler hatten die Juden (und dies war die Routine-Argumentation) nur einen sehr primitiven Herdeninstinkt, der Jude ersticke in Schmutz und Unrat, seine Kultur sei eine Scheinkultur, eine jüdische Kunst gäbe es niemals – »vor allem die bei den Königinnen der Künste, Architektur und Musik, haben dem Judentum nichts Ursprüngliches zu verdanken«. »Große« jüdische Schauspieler existierten auch nicht, sie seien nur »Gaukler, Nachäffer«. »Nein, der Jude besitzt keine irgendwie kulturbildende Kraft, da der Idealismus, ohne den es eine wahrhafte Höherentwicklung des Menschen nicht gibt, bei ihm nicht vorhanden war.« Natürlich zitiert Hitler auch die eindeutig gefälschten »Protokolle der Weisen von Zion«.[277]

Ab 1933 konnten die antisemitischen Parolen in die Wirklichkeit umgesetzt werden. Im Krieg war die »Stunde der endgültigen Abrechnung mit Juda« gekommen.[278] 1943 hieß es im »Stürmer« (frei nach Goethe mit nicht zu überbietendem Zynismus):

»In allen Börsensälen ist Ruh,
von den Kindern Israels findest du
kaum einen Hauch.
Da drüben noch einige Schreier,
aber warte nur, Abraham Meyer,
bald ruhest du auch.«

Als Kommentar war hinzugefügt: »Dieser Wunsch und diese Vorhersage gehen in unseren Tagen in Erfüllung.«[279]

226 MK, S. 54f., 629f., 330f., 334.

227 MK, S. XIVf., 330f., 334ff., 478f.

228 Goebbels, Joseph: Der Angriff. Aufsätze aus der Kampfzeit, München 1936, S. 322, 324.

229 Goebbels, Joseph, a.a.O., S. 329ff.

230 MK, S. 197, auch S. 44, 198, 200f.

231 Zimmermann, Karl, Die geistigen Grundlagen des Nationalsozialismus, Leipzig 1933, zitiert nach: Hofer, Walther: Der Nationalsozialismus – Dokumente, Frankfurt am Main 1957, S. 32f.

232 Burgstaller, Sepp: Erblehre, Rassenkunde und Bevölkerungspolitik (400 Zeichnungen für den Schulgebrauch), Wien 1941, S. 46.

233 Leers, Johann von: Juden sehen dich an, Berlin-Schöneberg 1933.

234 MK, S. 129.

235 Vgl. MK, S. 446f.

236 Zitiert nach: Neuhäusler, Johannes: Kreuz und Hakenkreuz. Der Kampf des Nationalsozialismus gegen die katholische Kirche und der kirchliche Widerstand, München 1946, S. 316.

237 Kapitelüberschriften von SS-Handblättern für die weltanschauliche Erziehung der Truppe (1944), zitiert nach: Hofer, Walther, a.a.O., S. 34f.

238 Der Untermensch (Berlin 1935), zitiert nach: Hofer, Walther, a.a.O., S. 280.

239 Goebbels, Joseph: Der Angriff. Aufsätze aus der Kampfzeit, München 1936, S. 321.

240 Fränkische Tageszeitung, Nürnberg, 11. November 1938.

241 Der Stürmer 1/1934, 1/1939, 16/1939, 5/1939, 2/1939, 14/1934, 25/1925. Vgl. auch Rühl, Manfred: Der Stürmer und sein Herausgeber. Versuch einer publizistischen Analyse, Nürnberg 1960 (maschinenschriftlich); Hahn, Fred: Lieber Stürmer! Leserbriefe an das NS-Kampfblatt 1924 bis 1945, Stuttgart 1978.

242 Rauschning, Hermann: Gespräche mit Hitler, Zürich/Wien/New York 1940, S. 223. (Freilich eine fragwürdige Quelle wegen Rauschnings Erfindungen.)

243 Da die Kirchen kein besonderes Thema in »Mein Kampf« sind – außer Äußerungen Hitlers zum Katholizismus –, wird ihr Verhältnis zum Nationalsozialismus an dieser Stelle thematisiert. Der kirchlich über Jahrhunderte geschürte Judenhass ging in den Antisemitismus ein, ohne dass dann im »Dritten Reich« die Kirchen sich gegen ihn energisch gewandt hätten. (Einzelne Priester und Pfarrer taten dies und opferten auch ihr Leben.)

Vgl. nachfolgende Literaturhinweise und zitatologische Zusammenstellung:

Schoeps, Julius A.: Zwischen Kreuz und Hakenkreuz. Der deutsche Protestantismus und der Mord an den Juden, in: Die Zeit, 7. Oktober 1988: »Was die Haltung gegenüber den Juden angeht, so hat sich die evangelische Kirche 1933 selbst gleichgeschaltet.« Greschat, Martin/Kaiser, Jochen-Christoph (Hg.): Der Holocaust und die Protestanten. Analysen einer Verstrickung. Frankfurt am Main. 1988. » ›Warum habt ihr das geschehen lassen?‹ Diese Frage werden sich 50 Jahre nach der ›Kristallnacht‹ gerade Christen immer wieder von der jüngeren Generation anhören müssen – auch wenn es eine schlüssige Antwort darauf vielleicht gar nicht geben kann. Unbegreiflich ist es in jedem Fall: da werden Menschen ausgesondert, verfolgt und schließlich systematisch vernichtet, und die Mehrzahl aller Christen – deren Religion doch die Nächstenliebe predigt, das barmherzige Eintreten für die Schwachen – schweigt, sieht weg, hört weg oder leugnet das Gesehene und Gehörte.« Scholder, Klaus: Die Kirchen und das Dritte Reich, Band 1, Berlin 1977; sowie Scholder, Klaus: Die Kirchen und das Dritte Reich, Band 2, Berlin 1985. Der Schwerpunkt von Scholders Darstellung liegt bei der evangelischen Kirche. Von den 25 Kapiteln seines Buchs befassen sich nur sechs mit der Situation des deutschen Katholizismus. Ein wesentlicher Grund dafür liegt in der Tatsache, dass die katholische Kirche weit geschlossener in den Kampf ging als der Protestantismus. Der katholische Klerus befand sich dem Nationalsozialismus gegenüber schon in der Weimarer Zeit in kritisch abweisender Distanz. Das evangelische Kirchentum hat dagegen den Traditionsbruch von 1918 schwerer verwunden. Es war für die NS-Propaganda anfälliger. Aber der größere, der weitaus größere Teil seiner Geistlichen verharrte in der Weimarer Zeit dem Nationalsozialismus gegenüber ebenfalls in skeptischer oder ablehnender Distanz, obwohl oder gerade weil er eher konservativ oder liberal war. Denzler, Georg/Fabricius, Volker: Die Kirchen im Dritten Reich. Christen und Nazis Hand in Hand?, Frankfurt am Main 1984. »Nach dem Zusammenbruch des wilhelminischen Kaiserreiches war die enge Verbindung zwischen Monarchie und Protestantismus zerbrochen. Noch 1922 brandmarkte Kardinal Faulhaber beim Katholikentag die Revolution als ›Meineid und Hochverrat‹ und die beide an national-autoritären Vorstellungen orientierten Kirchen hatten der ungeliebten Weimarer Republik ›nur geringe Unterstützung‹ zuteil werden lassen. In kirchlichen Kreisen begrüßte man nach der nationalsozialistischen ›Machtergreifung‹ weitgehend die nationale und religiöse ›Erneuerung von Volk und Reich‹.« (Annotierte Bibliographie f. d. pol. Bildung 1/85–164) Das Verhältnis der Kirchen zum Nationalsozialismus ist bestenfalls ambivalent: Es gibt eindrucksvolle mutige Zeugnisse des Widerstands, allerdings häufig von Einzelpersonen (ohne institutionelle Abstützung). Aber im Schrifttum, das rückblickend (nach Ende des »Dritten Reichs«) das Verhalten der Kirchen analysiert und dokumentiert, überwiegt als schlimme Bilanz, dass die Kirchen auf unterschiedliche Weise versagt und Schuld auf sich geladen hätten. Die protestantische Kirche, aufgrund ihrer seit Luther gegebenen Allianz von »Thron und Altar«, die Katholiken wegen des realpolitischen Lavierens des Papstes. Das Aufbegehren wurde vor allem bei kirchlichen Eingriffen der Nationalsozialisten bewirkt. Vor allem war das Schweigen bei der Juden-Diffamierung und Juden-Verfolgung eklatant. Soweit Ursachenforschung in Schrifttum betrieben wird, zeigt der Blick auf die Entwicklung der Kirchen im 19. Jahrhundert eine zunehmende Erstarrung der Institutionen – eine Abkehr von den grundlegenden christlichen Prinzipien zugunsten der Anpassung an staatliche und gesellschaftliche Verhältnisse, bei denen öffentliche Moral zunehmend missachtet wurde. Der Niedergang der Kirchen im 19. Jahrhundert als Vorstufe ihrer Unterwerfung unter den Nationalsozialismus beziehungsweise ihres Bündnisses mit ihm wird freilich in relevantem Schrifttum, nachfolgend in wichtigen Werken vorgestellt, oft zu wenig thematisiert. Hier wird auf diese Degeneration auch nur kursorisch im Anmerkungsteil eingegangen, da sie – auch wenn Hitlers Amoralität davon großen Nutzen zog – in »Mein Kampf« eine untergeordnete Rolle spielte.

Exkurs zur Vorgeschichte des kirchlichen Versagens im »Dritten Reich«:

Das 19. Jahrhundert brachte für das Bürgertum einen zunehmenden religiösen Substanzverlust; das ethische »Koordinatensystem« stimmte nicht mehr. »Was immer am Bürgerlichen einmal gut und anständig war, Unabhängigkeit, Beharrlichkeit, Vorausdenken, Umsicht, ist verdorben bis ins Innerste.« (Adorno) Der feste Halt seines Gottvertrauens wurde zur rhetorischen Floskel. Dieser Mangel an Religiosität hat nichts zu tun mit dem seit der Romantik immer stärker in Erscheinung tretenden verzweiflungsvollen Atheismus und Nihilismus (Vgl. Rehm, Walther: Experimentum medietatis, München 1947), er erwuchs vielmehr aus der inneren Gleichgültigkeit allen tiefergreifenden Lebensfragen gegenüber. Dem leisteten die Kirchen im 19. Jahrhundert selbst Vorschub, da sie gleichermaßen in Saturiertheit und Indifferenz (etwa der sozialen Not gegenüber) erstarrten. Im Gegensatz zu den antibürgerlichen Ketzern des 19. Jahrhunderts, die im Aufstand gegen die alte Kirche als die großen Homines religiosi der neuen Kirche sich erwiesen (Vgl. Nigg, Walter: Religiöse Denker, Berlin/München o.J.), fühlte sich der Kleinbürger in der allgemeinen Seichtheit wohl.

Hier konnten auch die Schlingpflanzen der Volksverhetzer ins Kraut schießen. Eine kleinbürgerliche Kirche war nicht in der Lage, dem Nationalsozialismus und dem Heer seiner kleinbürgerlich gesinnten Anhänger entscheidenden Widerstand entgegenzusetzen. Die im Anruf der Not sich neu formierenden Kräfte aber, welche die spätere existentielle Erneuerung der Kirchen versuchten, erwiesen sich zunächst als noch zu schwach.

Im Protestantismus stand solchen Erneuerungsbemühungen das starke Bündnis von reaktionärer Obrigkeit und restaurativer Kirchenpolitik entgegen. Die Vorstellungen von der Identität des Gottesreichs mit dem deutschen Reich hatten ihre Wurzeln im pietistisch-patriotischen Denken des 18. Jahrhunderts. »Die Entwicklung zum totalitären Staat scheint vorweggenommen, wenn die religiösen Patrioten nicht einmal davor zurückschrecken, die Religion in den Dienst des Staates zu stellen. Die eigene Position droht in ihr Gegenteil umzuschlagen; der Staat wird nicht mehr auf Gott, sondern Gott auf den Staat bezogen, er bestraft die schlechten Patrioten und belohnt die guten.« (Kaiser, Georg: Pietismus und Patriotismus im literarischen Deutschland, Wiesbaden 1961, unter anderem S. 122, 230, 237) Christus erscheint als Lehrer des Patriotismus: »Wer lehrt so wie dein Herr und Lehrer,/Christ, Vaterlandsliebe, dich? Wer war, wie Er, Gesetzes-Ehrer?/Wer opfert so dem Volke sich?/Christ, deines Meisters Sinn erfülle/dein Herz! Es sei, wie Seines, rein!/Es sei dein erster, fester Wille/dem Vaterlande treu zu sein.« (Lavater) In ähnlicher Form wurden Religiosität und Patriotismus in der Zeit der Befreiungskriege, im Zweiten Reich, in den antidemokratischen Kreisen der Weimarer Republik und im »Dritten Reich« miteinander verbunden. Vor allem der Religionsunterricht mit seiner pädagogisch-didaktisch zentralen Stellung in der Schule des 19. Jahrhunderts wurde zu »einem Werkzeug der autoritären Politik des preußischen Staates«. (Weymar, Ernst: Das Selbstverständnis der Deutschen, Stuttgart 1961, S. 105, vor allem auch S. 89ff.)

Der nationale Sendungsglaube konnte überhaupt nur diesen beziehungsweise die Kirche ihm zum Aufschwung verhalf. Auch der Chauvinismus wuchs gleichsam unter dem Protektorat der Religion auf. Mit dem Nationalchristentum verbanden sich rassische Züge: der Deutsche war Arier, als Arier der beste Patriot und als arischer Patriot der beste Christ oder umgekehrt: der beste Christ war patriotischer Arier, der Arier war vornehmlich Deutscher. Da der Deutsche – meinte Julius Langbehn – »seiner innersten Natur nach Kind ist, ist er seiner innersten Natur nach Christ; Ariertum ist Kindertum und ist Christentum; diese drei Lebensfaktoren decken sich« (Langbehn, Julius: Rembrandt als Erzieher, Leipzig 1891, S. 311; vgl. auch S. 24.) Echte Religiosität, »diese tief deutsche Eigenschaft«, sei dem deutschen Wesen in »hohem und bis jetzt unübertroffenem Grade eigen«. »Dies aber ist das Wesen des deutschen Geistes« – rhapsodierte Richard Wagner – »daß er von innen baut; der ewige Gott lebt in ihm wahrhaftig, ehe er sich auch den Tempel seiner Ehre baut.« (Mayer, Hans: Richard Wagner in Selbstzeugnissen und Bilddokumenten, Hamburg 1959, S.138).

Die Deutschen seien »ein Volk der Gesinnung, der Gemütlich- und Herzlichkeit«, meinte der Schulmann Carl Georg Seibert: damit aber so recht »eigentlich ein Religionsvolk, das eigentlich theologische Volk der modernen Menschheit«. (Seibert, Carl Georg: Deutsche Abende, Barmen 1857) Die Bibel wurde zur Arierbibel, das Kreuz eine Art Hakenkreuz; die Grenzen zwischen Heidentum und Christentum verwischten sich immer mehr; das Heidentum wurde als Christentum und das Christentum als ein verschwommenes Heidentum ausgegeben. Der deutsche Christ hatte einen nordischen Gott (eine Art Verbindung von Christus, Wotan, Thor): einen Hammergott, der für den Krieg, für den deutschen Krieg, eintrat und auf deutscher Seite mitkämpfte. (So Houston Steward Chamberlain: Die Grundlagen des 19. Jahrhunderts. München 1909.) Die Napoleonischen Kriege erschienen als ein von Gott veranstaltetes Purgatorium, das die Deutschen in den Befreiungskriegen wieder zu kriegerischem Sinn erweckt hatte. – Als Bismarck die Emser Depesche so zurechtgestutzt hatte, dass ihr provokatorischer Charakter den Krieg mit Frankreich als höchst wahrscheinlich erscheinen ließ, da jubilierten die beim Reichskanzler in dieser Stunde anwesenden Albrecht Graf von Roon und Helmuth Graf von Moltke. »[...] erzeugte bei den beiden Generalen einen Umschlag in freudige Stimmung, dessen Lebhaftigkeit mich überraschte. Sie hatten plötzlich die Lust zu essen und zu trinken wiedergefunden und sprachen in heiterer Laune. Roon sagte: ›Der alte Gott lebt noch und wird uns nicht in Schande verkommen lassen.‹« (Bismarck, zitiert nach: Hohlfeld, Johannes: Dokumente der deutschen Politik und Geschichte, Berlin/München o.J., S. 255) Der deutsche Gott kämpfte für den deutschen Raum, für Deutschlands Weltgeltung; er war bei Leipzig und Königgrätz, bei Sedan und Langemarck dabei; er war dabei im nationalen Lesebuch, in der nationalen Predigt, in der nationalen Festrede und auf dem Koppelschloß der Soldaten. Man öffnete der christlich-deutschen Kultur den Weg, indem man keine Gefangenen machte: »Pardon wird nicht gegeben.« (Wilhelm II.) Friedrich Naumann bekannte stolz von sich, dass er gleichzeitig Christ, Darwinist und Flottenschwärmer wäre. »Vater, ich rufe dich!/Brüllend umwölkt mich der Dampf der Geschütze,/sprühend umzucken mich rasselnde Blitze./Lenker der Schlachten, ich rufe dich!/Vater, du führe mich!« (Körner, Theodor: Gebet während der Schlacht, in: Sämtliche Werke, Band 1, Stuttgart o.J., S. 67) Das deutsche Kriegergebet blieb sich gleich: als heiße Schlachtenbeschwörung stieg es 1813, 1870, 1914 und auch noch 1939 zum deutschen Himmel oder zur deutschen Vorsehung empor. (Heß, Rudolf: Weihnachtsansprache 1939, zitiert nach: Die Welt, Nr. 300, 22. Dezember 1956) »Wir treten zum Beten und alle, Vorgesetzte und Untergebene, finden auch hier zu einem Bekenntnis sich zusammen: ›Gott mit uns‹! – dazu läuten vom Turm [...] die Abendglocken und tragen die stillen Gebete hinauf zu dem Herrn der Welten, der wieder einmal die Reiche der Erde zu wägen anschickt.« (Heuler, Felix: In den Gluten des Weltbrandes, o.O. 1914, S. 47) Der Landser, der draußen vorm Feind lag, der betete zu Gott um »gut

Schuß« (W. Flex). Man denke sich den Unmut, wenn Mannschaften tagelang aufpassten und trotzdem kein Feind, auch kein Spion erschien. In solch halb ärgerlicher Stimmung ist folgender schöner Vers entstanden: »Wird diese Nacht denn kein Ende nehmen?/Ich beginne mich meines Gottes, des Geistes, zu schämen./Guter Gott, laß doch ein paar Spione ins Land/und gib eine einzige russische Gurgel in meine gesunde Hand.« (Heuler, Felix, a.a.o., S. 47ff.) Im Zeichen von Kreuz und Schwert schwor der Potsdam-Pastor mehr seinem Volk als seinem Gott ewige Treue. »Im Felde, im Felde«, da war auch der Pastor mehr wert – »Ein Artillerist liebt sein Geschütz wie eine Mutter ihr Kind, streichelt es, beruhigt es, wenn es heiß wird, lobt es, wenn der Schuß gesessen. Es war urgemütlich bei den Kameraden von der Bombe.« (Kessler, Johannes: Ich schwöre mir ewige Jugend, München 1962, S.201ff.) Dass der deutschnationale Pastor noch Hitler erleben durfte, »seine faszinierende Jugendlichkeit, seine große Elastizität, seine frische Natürlichkeit, vor allem die edle Bescheidenheit«, war eine »große Gnade«. Nun konnte er ruhig sterben. (Solche und ähnliche Zitate findet man freilich nur in der Auflage von 1935. Vgl. auch Croce, Benedetto: Geschichte Europas im neunzehnten Jahrhundert, Stuttgart 1950, S. 30). Auch aus rassischen Gründen musste dem deutschnationalen Pastor Hitler als ein besonderer Jünger Christi erscheinen. Im 19. Jahrhundert hatte man – sozusagen unter Berufung auf die Austreibung der Händler durch Christus aus dem Tempel – in »echt christlichem Sinne« die Austreibung der Juden aus Deutschland mit vorbereitet. Für Hofprediger Adolf Stoecker, den »stürmischsten und streitsüchtigsten politischen Agitator und Demagogen des Zweiten Reiches« (K.S. Pinson, zitiert nach: Kohn, Hans: Wege und Irrwege, a.a.O., S. 297), war der Antisemitismus die gewaltigste Waffe seiner Agitation. Er tat sein Möglichstes, »dem Überwuchern des Judentums im germanischen Leben, diesem schlimmsten Wucher, entgegenzutreten« (Stoecker, Adolf: Christlich-Soziale Reden und Aufsätze, o.O. 1885, S. 153f.) Der Zusammenbruch von 1918 hatte bei der Mehrheit der Pastorenschaft, für die nationalistisches und christliches Denken im Krieg vollends zur Einheit geworden war, »massive nationalistische und monarchistische Ressentiments« hinterlassen, die den Abgrund zwischen den »christlichen« und demokratisch-sozialistischen Kräften vertieften. »Ein weithin herrschender ›Pastorennationalismus‹, der in den tiefen Bindungen an den gestürzten Thron wurzelte, schlug sich im Tenor der Kirchentage, der kirchlichen Jahrbücher, Verlautbarungen, Predigten mit Dolchstoßlegende und Republikfeindlichkeit nieder. Er verbaute der ›verbürgerlichten‹ protestantischen Kirche zugleich den Zugang zu den demokratisch-sozialistischen Bevölkerungsteilen. Konstruktivere Impulse vermochten nur langsam und im ganzen doch vereinzelt diese negative Grundstimmung zu durchstoßen, die zeigte, wie stark die Kirche mit den gestürzten Mächten nicht nur organisatorisch, sondern vor allem innerlich und geistig verbunden war. Allem Entgegenkommen der neuen parlamentarischen Demokratie zum Trotz hat sich die Neuformung des Verhältnisses von Kirche und Staat im Zeichen eines Mißtrauens vollzogen, an dem die rückwärtsgewandte Haltung der Kirchenführungen wie der Pastorenmehrheit die Hauptschuld trug. Wie die zentralen Kirchentage in ›vaterländische Kundgebungen‹ ausklangen, jedoch konstruktive Antworten auf die konkrete Frage nach dem Verhältnis und der politischen Verantwortung des Christen im demokratisch-parlamentarischen Staat der Gegenwart vermieden, so dominierte die anhaltende Ablehnung der Weimarer Republik, und es verfestigte sich die Überzeugung, christlich-evangelische und mehr oder minder deutschnationale, konservative Gesinnung gehörten natürlicherweise zusammen. Nationalistische Grundstimmung, Fortdauer der heroisierenden Terminologie des Wilhelminischen Zeitalters blieben im kirchlichen Bereich durchaus bestimmend; viele Predigten und Schriften verharrten im Bismarck- und Kaiserkult, man hielt an der religiösen Weihe altnationaler Symbole fest, man stattete die Treffen von Wehr- und SA-Verbänden mit Feldgottesdiensten aus, zeigte schwarz-weiß-rote Fahnen bei evangelischen Kundgebungen und verharrte in kultromantischer Erinnerung an die große Zeit des Krieges und vorher.« (Bracher, Karl Dietrich/Sauer, Wolfgang/Schulz, Gerhard, a.a.O., S. 329; vgl. auch S. 326ff.)

Zur biografischen Illustration kann etwa der Lebensweg des Pfarrers Ludwig Münchmeyer herangezogen werden – ein freilich extremes Beispiel. (Münchmeyer, Ludwig: Kampf um deutsches Erwachen, Dortmund o.J., wahrscheinlich 1934 oder 1935). Der nationale Christ und Pastor war einer der erfolgreichsten »Reichsredner« der NSDAP in der Weimarer Republik. Für seinen »Bruder in Christo«, den »Führer« Adolf Hitler, legte der wortgewaltige Prediger 249 485 Kilometer zurück, »eine Wegstrecke, die über sechsmal um die Erde führen würde«; insgesamt drei Millionen Menschen besuchten seine Versammlungen. In Borkum wurde er deshalb sogar zum Ehrenkurgast ernannt; eine Straße erhielt seinen Namen wegen »des erfolgreichen Kampfes um die Aufrechterhaltung der Judenfreiheit Borkums«. Seine Predigten waren monarchistisch, nationalistisch, chauvinistisch, später nationalsozialistisch. Als die Kaiserin Auguste Viktoria starb, hielt er eine »Seepredigt über den Psalm 93 (1–4)« »an den Gestaden der deutschen Nordsee [...] Gedächtnisrede für Deutschlands unvergessliche Landesmutter. Gewidmet den deutschen Frauen und Müttern als schönster Erzählstoff für deutsche Kinder«. Weihnachten 1923 verkündete er: »Wir Deutschen wollen, daß endlich das alte Weihnachtsevangelium wahr wird: ›Ehre sei Gott in der Höhe, Friede auf Erden unter Menschen, die dazu guten Willens sind.‹ In diesem Sinne soll auch das Wort gedeutet werden: ›Am deutschen Wesen soll die Welt doch noch einmal genesen!‹« (Münchmeyer) In seinen Predigten zitierte Münchmeyer mehr deutsche Kern-Sprüche als Bibelworte; die nicht-deutschgesinnte Presse war »deshalb krampfhaft« bemüht, »Pfarrer Münchmeyer als wilden Phantasten und Radauhelden hinzustellen«. Dies war er in der Tat: ein Phantast und Radauheld; aber solche Erscheinungen waren im deutschnationalen Protestantismus nicht ungewöhnlich. –Das Jahr 1933 machte deutlich, dass der überwiegende Teil der protestantischen Geistlichkeit dem Nationalsozialismus positiv oder zumindest nicht ablehnend gegenüberstand; das Unterscheidungsvermögen zwischen Christlichem und Unchristlichem war verloren gegangen. Die Unchristlichkeit Hitlers und des Nationalsozialismus in Programm und Praxis hätte man nicht übersehen können, wenn man nicht schon blind gewesen wäre. Die Bewegung der »Deutschen Christen« war dabei der absolute Endpunkt einer Entwicklung, die im 19. Jahrhundert begann und dann zunehmend die kleinbürgerliche Zersetzung der Kirche bewirkte. Der Aufmarsch der »SA-Christi«, wie Joachim Hossenfelder die »Deutschen Christen« bezeichnete (»Ein Reich, ein Führer, eine Kirche«) – etwa in der repräsentativen Versammlung am 13. November 1933 –, zeigte in schlagender Konzentration alle Parolen aus dem weltanschaulich-religiösen Gruselkabinett des 19. Jahrhunderts: einen deutschnationalen Luther, welcher dem verweichlichten, undeutsch gewordenen (semitischen) Christus die Tür weist oder ihn aufnordet; eine dogmatische Konfusion, die sich in ein »artgemäßes« Gotterleben flüchtet; einen atheistischen Biologismus, der sich als Kirchgang drapiert. Selbst die Faseleien des mystisch raunenden Alfred Rosenberg und des »nordischen Gottbringers« Ernst Bergmann konnten das Niveau der Deutsch-Christlichen Bewegung nicht mehr unterbieten. (Vgl. Rosenberg, Alfred: Der Mythos des 20. Jahrhunderts. München 1934) »Am 13. November 1933 waren 20.000 Menschen im Sportpalast versammelt, unter ihnen viele deutsch-christliche Kirchenführer, die der Veranstaltung ein offizielles Gepräge gaben, so auch Hossenfelder mit seiner Garde ... Versammlungsleiter war ein Freund Krauses, der Gauobmann Johann Schmiedchen. Nach dem Fahneneinmarsch, dem Gesang ›Nun danket alle Gott‹ und dem Posaunenchor ›Ein feste Burg ist unser Gott‹ eröffnete Schmiedchen die Veranstaltung und betonte, die Glaubensbewegung sei nur scheinbar am Ziel ihrer Wünsche, sie müsse es aber mit dem alten Gneisenauschen Grundsatz halten, den letzten Hauch an Mann und Roß an die Verfolgung des geschlagenen Gegners zu setzen bis dessen Niederlage in regellose Flucht ausartet. Dann sprach Hossenfelder, der mitteilte, er habe beim Evangelischen Oberkirchenrat Anweisung zur Durchführung des Arierparagraphen gegeben ... Dann die große Rede Dr. Krauses über die völkische Sendung Luthers, in der er nun seinen radikalen Gefühlen ohne Hemmung Luft machte. Luther habe ein kostbares Vermächtnis hinterlassen, die Vollendung der Deutschen Reformation im Dritten Reich: das werdende Volk will eine neue Kirche formen ... die deutsche Volkskirche. Die neue Reichskirche könne niemals eine dogmatische Bindung herausstellen, sondern könne nur der große Raum sein, die große Organisation, die nun die großen Richtlinien gebe. Das Ergebnis der zweiten deutschen Reformation dürfe nicht eine autoritäre Pastorenkirche mit bekenntnismäßigen Bindungen sein, sondern nur eine deutsche Volkskirche, die Raum ließe für die ganze Welt eines artgemäßen Gotterlebens. Der erste Schritt zum Heimischwerden in der neuen Kirche sei die Befreiung ›von allem Undeutschen im Gottesdienst und im Bekenntnismäßigen.

Befreiung vom Alten Testament mit seiner jüdischen Lohnmoral, von diesen Viehhändler- und Zuhältergeschichten‹. Ebenso müßten alle offenbar entstellten und abergläubischen Berichte des Neuen Testaments entfernt werden, und man müsse auf die ganze Sündenbock- und Minderwertigkeitstheologie des Rabbiners Paulus verzichten: auch müsse man sich hüten vor übertriebener Herausstellung des Gekreuzigten.« (Buchheim, Hans : Glaubenskrise im Dritten Reich. Stuttgart 1953) Krause bekam »lang anhaltenden Beifall«. Daraufhin wurden 60 neue Fahnen der Glaubensbewegung geweiht. Bei der Abstimmung über eine Resolution im Sinne Krauses stimmte von den rund 20.000 Anwesenden nur einer dagegen (bei den preußischen Kirchenwahlen November 1932 hatten die Deutschen Christen ein Drittel aller Stimmen gewonnen).

In der katholischen Kirche des 19. Jahrhunderts überwog die antiliberale Strömung: Pius IX. verkündete nicht nur das Dogma der päpstlichen Unfehlbarkeit, er umriss das geistig-geistliche Herrschaftsrecht des Papstes mit nie zuvor erreichter Deutlichkeit. Dem modernen Zeitgeist erklärte er den Krieg: eine Versöhnung der Kirche mit dem »Fortschritt«, dem Liberalismus und der modernen Kultur sei nicht möglich. Da jedoch der liberale Staat in Deutschland zunehmend nationalliberal wurde, die staatlich sanktionierte »moderne« Kultur sich als Reaktion und Restauration in modernistischem Gewand entpuppte, konnte die an sich aus konservativem Denken erwachsene Reserve des Katholizismus dem offiziellen Deutschland gegenüber indirekt zu einer Förderung progressiver Elemente führen. Diese Entwicklung wurde unterstützt durch den Ultramontanismus des süddeutschen Katholizismus, der sich in diametralem Gegensatz zum preußisch-protestantischen Nationalismus und Zentralismus befand. Schließlich brachte Bismarcks Kulturkampf es mit sich, dass der deutsche politische Katholizismus, was seinem Wesen wenig entsprach, ins antikonservative Lager gedrängt wurde, sich in eine Front gestellt sah mit Demokraten und »Echt«-Liberalen. Das »Zentrum« hatte schließlich sogar einen (in Stärke und Einfluss sehr schwankenden) linken Flügel, wie er dem Protestantismus dieser Zeit abging. Man trat gegen den Machiavellismus des Staates und das Manchestertum auf, gegen die Macht des Preußentums also für naturrechtliche Bindungen, soziale Verantwortlichkeit und ausgleichenden Föderalismus. Anders war die Situation in Österreich, wo auf Grund einer anderen gesellschaftlichen und staatlichen Situation die reaktionären, antiliberalen und vor allem auch antisemitischen Kreise den politischen Katholizismus und teilweise auch den internen Bereich der Kirchenpolitik beherrschten. Drei Wesensmerkmale des deutschen Katholizismus standen einer liberalen Umdeutung offen: Der Kampf gegen den weltanschaulichen, sogenannten freiheitlichen Materialismus wurde später als Kampf gegen den totalitären dogmatischen Kommunismus verstanden. Die Bemühungen um Gleichberechtigung der Kirche dem Staat gegenüber konnten interpretiert werden als Kampf gegen die totalitären »Gleichschaltungs«-Tendenzen und der Ultramontanismus wandelte sich in einen, auf abendländischem Universalismus basierenden christlichen Europagedanken. Zugleich – und dies war die Kehrseite solch »progressiven« Denkens – konnte man den Kampf gegen den totalitären Kommunismus, das Recht auf Eigenständigkeit der Kirche und abendländische Ganzheitsvorstellungen dazu verwenden, den katholischen Absolutheitsanspruch »christlich-liberal« zu kaschieren.

Das Jahr 1933 ließ auch für die katholische Kirche die weltanschauliche Konfusion und sittliche Krise offen zutage treten. Immerhin erschienen die nationalsozialistischen Tendenzen nicht in der geballt organisierten Form wie in der Deutsch-Christen-Bewegung; auch konnte man als Entschuldigungsgrund taktische Überlegungen in Hinsicht auf ein abzuschließendes Konkordat in Anspruch nehmen. Die Pflicht zur historischen Wahrheit verträgt jedoch keine Abstufungen – schreibt Ernst Wolfgang Böckenförde, dem eine bahnbrechende Analyse des deutschen Katholizismus der Jahre 1932/33 zu danken ist: »[...] und ihr nicht auszuweichen hat sich am Ende immer noch als der beste Dienst an der Sache erwiesen, der man dienen will.« (Böckenförde, Ernsts Wolfgang: Der deutsche Katholizismus im Jahre 1933, in: Hochland, Februar 1961, S. 217, 223, 225)» ›Unter ihrer (der Bischöfe) Leitung können wir nicht in die Irre gehen.‹ Diese Worte eines tapferen Zentrumsabgeordneten aus den Mai-Tagen 1933 kennzeichnet die Erwartung, die im katholischen Volk gegenüber seinen geistlichen Führern lebendig war. Die deutschen Katholiken konnten freilich nicht ahnen, daß gerade diese Führer sie zur Bejahung und Unterstützung des NS-Staates auffordern würden.« Die opportunistische Haltung des Prälaten Ludwig Kaas, der sich mit dem erst aus der Partei ausgebooteten Karriere-Ritter Franz von Papen wieder einigte und für das Ermächtigungsgesetz entscheidend eintrat (übrigens gegen Heinrich Brünings Meinung, der auch als einziger prominenter katholischer Politiker den Vatikan vor dem Abschluss des Konkordats warnte), entsprach dem politischen Trend des Zentrums gegen Ende der Weimarer Republik. Der Hirtenbrief aller deutschen Bischöfe vom 3. Juni 1933 würdigte die neue Autorität im deutschen Staatswesen; Kardinal Adolf Bertram bekräftigte in seinem namens der Fuldaer Bischofskonferenz verfassten Dankschreiben die »aufrichtige und freudige Bereitschaft«, mit der neuen Regierung zusammenzuarbeiten. Weihbischof Burger erklärte: »Die Ziele der Reichsregierung sind schon längst die Ziele unserer katholischen Kirche.« Kapitularvikar Alfons Steinmann sagte auf dem katholischen Jugendtreffen im Neuköllner Stadion am 20. August 1933: »Was wir alle ersehnt und erstrebt haben, ist Tatsache geworden. Wir haben ein Reich und einen Führer, und diesem Führer folgen wir treu und gewissenhaft.« Die in vielen Einzelzitaten belegbare geistige Verwirrung, der wie durch die »Bekennende Kirche« im Protestantismus eine starke Erneuerungsbewegung entgegentrat, lief auf eine Bestätigung und Bejahung des NS-Regimes hinaus; man glaubt eine Übereinstimmung von katholischem und nationalsozialistischem Gedankengut feststellen zu können, wobei ein tief verwurzelter Antiliberalismus wieder durchschlug, der sich mit dem Nationalsozialismus in der »Ablehnung der Demokratie und moderner Gesellschaft« und »der Hinneigung zu autoritärer Regierung, Führertum und ›organischer Volksordnung‹« einig wusste. »Hinzu trat die erklärte Feindschaft gegen den Bolschewismus, den man als unmittelbare Bedrohung empfand, und der Ärger über die verbreitete ›öffentliche Unsittlichkeit‹.«

Carl Amery hat das Versagen des deutschen Katholizismus – und seine Argumentation gilt im Wesentlichen auch für den deutschen Protestantismus – auf die Vorherrschaft des »Milieus« zurückgeführt, auf die Herrschaft eines kleinbürgerlichen »Tugend«-Systems, das seit dem 19. Jahrhundert die Kirche in eine innere Erstarrung versetzte. (Amery, Carl: Die Kapitulation oder Deutscher Katholizismus heute, Reinbek 1963, unter anderem S. 23, 32) Die christlichen Primärtugenden (wie Gläubigkeit, Demut, Caritas, asketische Kraftanstrengung) seien von Sekundärtugenden wie Arbeitsamkeit, Sauberkeit, Pünktlichkeit, Zuverlässigkeit, Misstrauen gegenüber allem Modernen, Gehorsam vor der Obrigkeit überlagert worden. Diese aber waren »Tugenden«, die keine Ziele in sich enthielten, sondern auf bestimmte Ziele zugeordnet werden mussten. »Ich kann pünktlich zum Dienst im Pfarramt oder im Gestapokeller erscheinen; ich kann in Schriftsachen ›Juden-Endlösung‹ oder Sozialhilfe penibel sein; ich kann mir die Hände nach einem rechtschaffenen Arbeitstag im Kornfeld oder im KZ-Krematorium waschen. So konnte Himmler an seinen Mordkommandos rühmen, daß sie inmitten ihres schweren Dienstes verstanden, anständig zu bleiben. Nun ist Herr Himmler nicht gerade ein Kronzeuge für moralische oder ethische Tatbestände; aber man erkennt einen Zipfel der Methode an dieser wahnsinnigen Bemerkung.« Die derart säkularisierte Religiosität war eine »Schmücke-dein-Heim-Religiosität«, die jede Durchschnittlichkeit, wenn sie nur »sauber« oder bieder war, höher achtete als das Außergewöhnliche (auch wenn es sittlich weit höher stand), die sich befriedigt und »erfüllt« fühlte, wenn der »äußere Rahmen« unverändert erhalten blieb. So hat das Milieuchristentum des Katholizismus wie des Protestantismus erst dann empfindlich reagiert und Widerstand geleistet, als die Nationalsozialisten das Milieu selbst bedrängten. Zum Kampf gegen den Nationalsozialismus trat man offiziell nicht an, als Menschenwürde und Menschlichkeit verletzt und zerstört wurden, sondern als die *katholische* und *protestantische* Menschenwürde – oder oft auch nur die »Schmücke-dein-Heim-Religiosität« in ihrer Saturiertheit – gefährdet waren. Gewiss, ein guter Teil des deutschen Katholizismus bewies, dass er sich verschiedene Dinge nicht leicht gefallen ließ; er bestand auf Kreuzen in den Schulen, er unterstützte die Bischöfe im Kampf gegen die Skandalprozesse, er verhinderte die Verhaftung Clemens August Graf von Galens. Aber die Demokratie? Aber die Juden? Aber die Parteien und Männer der Linken? Sie hätte das Milieu niemals verteidigt. Es stand ihnen ohnehin feindlich gegenüber – mochten sie sehen, wie sie fertig wurden. Das Milieu war auf einen solchen Widerstand weder vorbereitet, noch hatte es (wie das

Bürgertum des Westens) die geistigen Traditionen, die eine phantasiereiche Improvisation braucht, um wirken zu können. So wäre den Obrigkeiten (wohlgemerkt, den »idealen« Obrigkeiten) von vornherein nur die Wahl zwischen zwei Alternativen geblieben: die Wahl, entweder sich waffnend gegen eine See von Plagen an der Spitze einer entschlossenen, aber winzigen Minorität den Kampf für das Recht und für Europas heiligste Güter aufzunehmen – oder vor den schweigenden, aber offensichtlichen Wünschen der katholischen Mehrheit zu kapitulieren und zu versuchen, aus dieser Kapitulation das Beste zu machen.« (Amery, Carl, a.a.O. München 1962)

Die Erstarrung der Kirchen im 19. Jahrhundert, ihr moralisches Versagen gegenüber den totalitären Mächten im 20. Jahrhundert hat sich an den Kirchen selbst bitter gerächt. Es bedurfte schwerster Erschütterungen und schwersten Leides, ehe den Kräften der inneren Erneuerung der Durchbruch zu den christlichen Primärtugenden wieder gelang.

244 Arendt, Hannah: Elemente und Ursprünge totaler Herrschaft, Frankfurt am Main., o.J., S. 88.

245 Ausführlich hierzu Arendt, Hannah, a.a.O. Ferner: Adler, Hans Günther: Die Juden in Deutschland. Von der Aufklärung bis zum Nationalsozialismus, München 1960.

246 Marr, Wilhelm: Der Sieg des Judentums über das Germanentum, Bern 1879. Vgl. auch Greive, Hermann: Geschichte des modernen Antisemitismus in Deutschland, Darmstadt 1983.

247 Goldschmidt, Dietrich: Zur Soziologie des Antisemitismus, Schriften der Akademie für politische Bildung, Reihe A, Heft 3. Tutzing 1960, S. 1 (auf S.12ff. eine ausführliche Bibliografie zu »Judentum und Judenfeindschaft«, Buchhinweise auch bei Thieme, Karl (Hg.): Judenfeindschaft. Darstellungen und Analysen, Frankfurt am Main 1963, S. 289ff.) Ferner siehe Kampmann, Wanda: Deutsche und Juden. Studien zur Geschichte des deutschen Judentums, Heidelberg 1963. Cohn, Norman: Die Protokolle der Weisen von Zion. Der Mythos von der jüdischen Weltverschwörung, Köln 1969. Poliakov, Léon: Geschichte des Antisemitismus, Band 5, Worms 1983.

248 Chamberlain, Houston Stewart: Die Grundlagen des neunzehnten Jahrhunderts (Volksausgabe in zwei Bänden), München 1909.

249 Antisemiten-Katechismus. Eine Zusammenstellung des wichtigsten Materials zum Verständnis der Judenfrage von Fritsch, Theodor, a.a.O., S. 21, 346.

250 Vgl. Roderich-Stolzheim, Ferdinand: Das Rätsel des jüdischen Erfolgs, Leipzig 1928, S. 109f.: »Es ist bezeichnend, dass die ersten Kaufhäuser großen Stils in der genusssüchtigsten aller Weltstädte, in Paris, entstanden sind, um der leichtlebigen Frauenwelt eine bequeme Entnahmestelle aller ihrer hundertfältigen Bedürfnisse zu ermöglichen. [...] In unsere Großstädte mit ihren vielen Läden und Kaufgelegenheiten haben die Hebräer die Bazar-Kopien übertragen ohne eine andere Berechtigung dazu als die der Spekulation auf die Bequemlichkeit, Verblendung, Genusssucht und Kritiklosigkeit der großen Masse, namentlich der Frauen.« Fritsch, Theodor, a.a.O., S. 21, 346.

251 Rosenberg, Alfred; a.a.O., S. 169

252 Ehrlich, Ernst Ludwig: Judenfeindschaft in Deutschland, in: Thieme, Karl, a.a.O, S. 240.

253 Fichte, Johann Gottlieb: Sämtliche Werke, Berlin 1845, S.150.

254 Jahn, Friedrich Ludwig: Deutsches Volkstum, o. O. 1806. Vgl. auch Sterling, Eleonore, a.a.O., und andere S. 164.

255 Vgl. Kohn, Hans, a.a.O., S. 98.

256 Flugblatt 1819. Amtliche Abschrift im Deutschen Zentralarchiv Merseburg. Vgl. Pross, Harry: Vor und nach Hitler, a.a.O., S. 253 und Sterling, Eleonore, a.a.O., S. 189. Der Antisemitismus griff in den Burschenschaften wie überhaupt in den studentischen Korporationen, vor allem in der zweiten Hälfte des 19. Jahrhunderts, rasch um sich. Schon um 1900 war man stolz, »judenfrei« zu sein. Der Höhepunkt des korporierten Antisemitismus lag nach 1918. 1920 lehnten die Burschenschaften »Juden und Judenstämmlinge« grundsätzlich ab, wer eine Mischehe einging, sollte ausgeschlossen werden. (Vgl. in diesem Zusammenhang Scheuer, Oskar F.: Burschenschaft und Judenfrage, 1927. Von Juden in Deutschland [Sammelwerk], München 1952. Finke, Lutz Erwin: Gestatte mir Hochachtungsschluck. Bundesdeutschlands korparierte Elite, Hamburg 1963.)

257 Glagau, Otto: Der Börsen- und Gründungsschwindel 1876. Zuerst gedruckt in der »Gartenlaube«. Zitiert nach: Pross, Harry: Die Zerstörung der deutschen Politik. Dokumente 1871–1933, Frankfurt am Main 1959, S. 253.

258 Busch, Wilhelm: Die fromme Helene (Lenchen kommt aufs Land), sämtliche Werke, Band 3, München 1943, S. 355. An solche Verse konnte später Julius Streicher mit seinen Judenbüchern für Kinder anknüpfen (»Trau keinem Fuchs auf grüner Heid',/und keinem Jud bei seinem Eid.«)

259 Wagner, Richard: Das Judentum in der Musik. 1859. Vgl. auch Kohn, Hans, a.a.O., S. 218ff. Ferner: Marcuse, Ludwig: Das denkwürdige Leben des Richard Wagner, München 1963, S.274ff. (Sein Antisemitismus hinderte Wagner nicht daran, jüdische Förderer und Bewunderer – wie Joseph Rubinstein, Angelo Neumann, Hermann Levi – zu akzeptieren und auszunützen.)

260 Zitiert nach: Reichmann, Eva Gabriele: Die Flucht in den Hass. Die Ursachen der deutschen Judenkatastrophe, Frankfurt am Main 1956, S. 191.

261 Chamberlain, Houston Stewart, a.a.O., S. 312.

262 Treitschke, Heinrich von: Ein Wort über unser Judentum, Preußische Jahrbücher 1879, S.575. Vgl. auch Arendt, Hannah: Elemente und Ursprünge totalitärer Herrschaft, a.a.O., S. 74ff. Adler, Hans Günther, a.a.O., S. 101. Ritter, Gerhard: Vom sittlichen Problem der Macht, Bern/München 1961: »[...] wir deutschen Historiker haben besonders an Treitschkes Beispiel gelernt (oder sollten es jedenfalls gelernt haben), in welche Gefahr der Verdunkelung nüchterner Wirklichkeitssicht und politischer Entgleisung eine solche Prophetenrolle hineinführen kann.« (S. 111).

263 Vgl. Kruck, Alfred, a.a.O., S. 19.

264 Frymann, Daniel: »Wenn ich der Kaiser wär« – Politische Wahrheiten und Notwendigkeiten, zitiert nach Pross, Harry: Die Zerstörung der deutschen Politik, Frankfurt am Main 1959, S. 131.

265 In 26. Auflage erschienen 1907, zitiert nach: Pross, Harry, a.a.O., S. 256.

266 Lagarde, Paul de: Deutsche Schriften, Göttingen 1886. Juden und Indogermanen, 1888, S. 339.

267 Gobineau, Arthur Graf: Die Ungleichheit der Menschenrassen, 1856.

268 Dühring, Karl Eugen: Die Judenfrage als Frage der Rassenschädlichkeit, 1886.

269 »In drei Formen sah Nietzsche das Unheil der Deutschen nahen: in der Gestalt von Bismarck, im Geschlecht der Hohenzollern, repräsentiert durch den jungen, eben auf den Thron gekommenen Kaiser, und in dem durch Schwager und Schwester, vielleicht auch schon durch die Wagners, sichtbar gewordenen Klüngel der Antisemiten.« (Salin, Edgar, a.a.O., S. 171).

270 Zum Beispiel Frantz, Constantin: Literarisch-politische Aufsätze, München 1876.

271 Vgl. Mann, Golo: Deutsche Geschichte des 19. und 20. Jahrhunderts, Frankfurt am Main 1958, S. 458.

272 Parteiprogramm Kassel 1906. Zitiert nach: Hohlfeld, Johannes: Dokumente der deutschen Politik und Geschichte von 1848 bis zur Gegenwart, Band 2, Berlin/München o.J., S. 149f.

273 Adorno, Theodor W./Frenkel-Brunswik, Else und andere: The Authoritarian Personality, New York 1950.

274 Rüstow, Alexander: Ortsbestimmung der Gegenwart, 3. Band, o.O. 1957, S. 205.

275 Zitiert nach: Hohlfeld, Johannes, a.a.O., S. 35.

276 Poliakov, Léon/Wulf, Josef: Das Dritte Reich und seine Denker, Berlin-Grunewald 1959. Vgl. auch Poliakov, Léon/Wulf, Josef: Das Dritte Reich und die Juden, Berlin-Grunewald 1955.

277 MK, S. 332, 337.

278 Vgl. Dörner, Bernward: Die Deutschen und der Holocaust, Berlin 2007. Charakteristisch der Untertitel des Buchs: »Was niemand wissen wollte, aber jeder wissen konnte. Die Fähigkeit der Deutschen, sich blind zu stellen«, obwohl es auch selbst bei Antisemiten Bedenken gegen den Völkermord gab.

279 Der Stürmer, Jahrgang 1943, Nr. 30, S. 3 (Das Gedicht habe erstmals der Abgeordnete Lukas bei der Gründungsversammlung des Bundes der Landwirte im Jahre 1893 verlesen.)

Julius Streicher machte – oft in Anwesenheit von Adolf Hitler – immer wieder, auch vor versammelten internationalen Journalisten deutlich, dass die Judenfrage nur auf blutigem Wege gelöst werden könne, man also die Juden »im Namen der Sicherheit für die ganze Welt vollständig ausrotten« müsse.

IX Wortgewalt und Sprachzerstörung

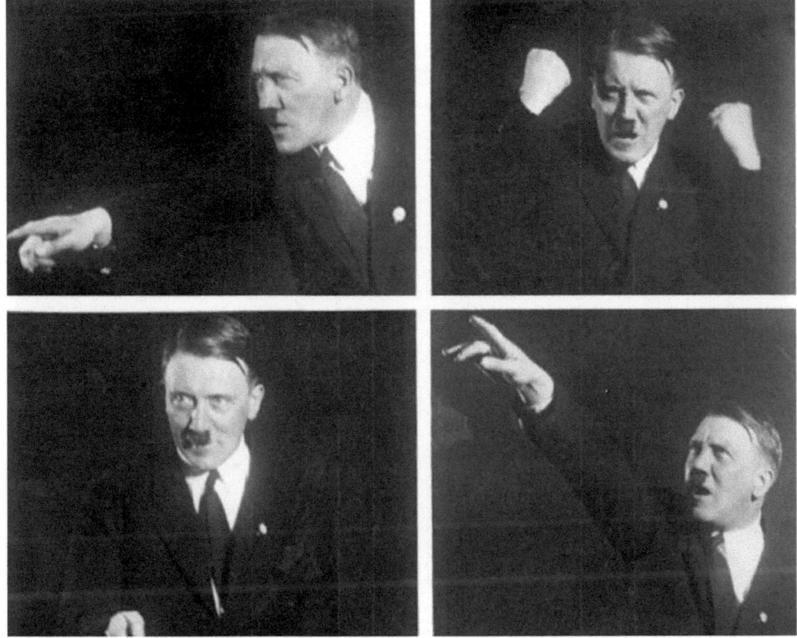

Zunächst hat Sprache Gewalt ausgeübt: Abdrängung in die Kloaken der Unmenschlichkeit mit Hilfe betäubender Rhetorik, die ihre verführerische Kraft deshalb besonders infam entfalten konnte, weil sie sich idealistischer, mit pervertierten Inhalten gefüllten Worthülsen bediente.

Die erste große Versammlung am 24. Februar 1920 im Hofbräuhausfestsaal war noch nicht in uns verklungen, als schon die Vorbereitungen für die nächste getroffen wurden. Während es bis dahin als bedenklich galt, in einer Stadt wie München alle Monate oder gar alle vierzehn Tage eine kleine Versammlung abhalten zu wollen, sollte nun alle acht Tage, also wöchentlich einmal, eine große Massenversammlung stattfinden. Ich brauche nicht zu versichern, daß uns dabei immer und immer nur eine einzige Angst quälte: Würden die Menschen kommen, und würden sie uns zuhören? – wenn ich auch persönlich schon damals die unerschütterliche Überzeugung hatte, daß, wenn sie erst einmal da sind, die Leute auch bleiben und der Rede folgen.

In dieser Zeit erhielt der Münchener Hofbräuhausfestsaal für uns Nationalsozialisten eine fast weihevolle Bedeutung. Jede Woche eine Versammlung, fast immer in diesem Raum, und jedesmal der Saal besser gefüllt und die Menschen andächtiger! Ausgehend von der »Schuld am Krieg«, um die sich damals kein Mensch kümmerte, über die Friedensverträge hinweg, wurde fast alles behandelt, was irgendwie agitatorisch zweckmäßig oder ideenmäßig notwendig war. Besonders den Friedensverträgen selbst wurde größte Aufmerksamkeit geschenkt. Was hat die junge Bewegung damals den großen Menschen-

massen immer und immer prophezeit, und wie ist fast alles davon bis jetzt eingetroffen! Heute kann man über diese Dinge leicht reden oder schreiben. Damals aber bedeutete eine öffentliche Massenversammlung, in der sich nicht bürgerliche Spießer, sondern verhetzte Proletarier befanden, mit dem Thema »Der Friedensvertrag von Versailles« einen Angriff gegen die Republik und ein Zeichen reaktionärer, wenn nicht monarchistischer Gesinnung. Schon beim ersten Satz, der eine Kritik von Versailles enthielt, konnte man den stereotypen Zwischenruf entgegengeschleudert erhalten: »Und Brest-Litowsk?« »Brest-Litowsk?« So brüllte die Masse immer wieder und wieder, so lange, bis sie allmählich heiser wurde oder der Referent schließlich den Versuch, zu überzeugen, aufgab. Man hätte seinen Kopf gegen die Wand stoßen mögen vor Verzweiflung über solch ein Volk! Es wollte nicht hören, nicht verstehen, daß Versailles eine Schande und Schmach sei, ja nicht einmal, daß dieses Diktat eine unerhörte Ausplünderung unseres Volkes bedeute. Die marxistische Zerstörungsarbeit und die feindliche Vergiftungspropaganda hatten diese Menschen außer jeder Vernunft gebracht. Und dabei durfte man nicht einmal klagen. Denn wie unermeßlich groß war die Schuld auf anderer Seite! Was hatte das Bürgertum getan, um dieser furchtbaren Zersetzung Einhalt zu gebieten, ihr entgegenzutreten und durch eine bessere und gründlichere Aufklärung der Wahrheit die Bahn freizumachen? Nichts und wieder nichts! Ich habe sie damals nirgends gesehen, alle die großen völkischen Apostel von heute. Vielleicht sprachen sie in Kränzchen, an Teetischen oder in Zirkeln Gleichgesinnter, aber da, wo sie hätten sein müssen, unter den Wölfen, dorthin wagten sie sich nicht; außer es fand sich eine Gelegenheit, mit ihnen heulen zu können.

Mir selbst war aber damals klar, daß für den kleinen Grundstock, der zunächst die Bewegung bildete, die Frage der Schuld am Kriege bereinigt werden mußte, und zwar bereinigt im Sinne der historischen Wahrheit. Daß unsere Bewegung breitesten Massen die Kenntnis des Friedensvertrags vermittelte, war eine Voraussetzung zu dem Erfolge der Bewegung in der Zukunft. [...]

Die breite Masse eines Volkes besteht weder aus Professoren noch aus Diplomaten. Das geringe abstrakte Wissen, das sie besitzt, weist ihre Empfindungen mehr in die Welt des Gefühls. Dort ruht ihre entweder positive oder negative Einstellung. Sie ist nur empfänglich für eine Kraftäußerung in einer dieser beiden Richtungen und niemals für eine zwischen beiden schwebende Halbheit. Ihre gefühlsmäßige Einstellung aber bedingt zugleich ihre außerordentliche Stabilität. Der Glaube ist schwerer zu erschüttern als das Wissen, Liebe unterliegt weniger dem Wechsel als Achtung, Haß ist dauerhafter als Abneigung, und die Triebkraft zu den gewaltigsten Umwälzungen auf dieser Erde lag zu allen Zeiten weniger in einer die Masse beherrschenden wissenschaftlichen Erkenntnis als in einem sie beseelenden Fanatismus und manchmal in einer sie vorwärtsjagenden Hysterie.

Wer die breite Masse gewinnen will, muß den Schlüssel kennen, der das Tor zu ihrem Herzen öffnet. Er heißt nicht Objektivität, also Schwäche, sondern Wille und Kraft.

Die Gewinnung der Seele des Volkes kann nur gelingen, wenn man neben der Führung des positiven Kampfes für die eigenen Ziele den Gegner dieser Ziele vernichtet.

Das Volk sieht zu allen Zeiten im rücksichtslosen Angriff auf einen Widersacher den Beweis des eigenen Rechtes, und es empfindet den Verzicht auf die Vernichtung des anderen als Unsicherheit in bezug auf das eigene Recht, wenn nicht als Zeichen des eigenen Unrechtes.

Die breite Masse ist nur ein Stück der Natur, und ihr Empfinden versteht nicht den gegenseitigen Händedruck von Menschen, die behaupten, Gegensätzliches zu wollen. Was sie wünscht, ist der Sieg des Stärkeren und die Vernichtung des Schwachen oder seine bedingungslose Unterwerfung.

Die Nationalisierung unserer Masse wird nur gelingen, wenn bei allem positiven Kampf um die Seele unseres Volkes ihre internationalen Vergifter ausgerottet werden.

Alle großen Fragen der Zeit sind Fragen des Augenblicks und stellen nur Folgeerscheinungen bestimmter Ursachen dar. Ursächliche Bedeutung besitzt aber unter ihnen allen nur eine, die

Frage der rassischen Erhaltung des Volkstums. Im Blute allein liegt sowohl die Kraft als auch die Schwäche des Menschen begründet. Völker, welche nicht die Bedeutung ihrer rassischen Grundlage erkennen und beachten, gleichen Menschen, die Möpsen die Eigenschaften von Windhunden anlernen möchten, ohne zu begreifen, daß die Schnelligkeit des Windhundes wie die Gelehrigkeit des Pudels keine angelernten, sondern in der Rasse liegende Eigenschaften sind. Völker, die auf die Erhaltung ihrer rassischen Reinheit verzichten, leisten damit auch Verzicht auf die Einheit ihrer Seele in all ihren Äußerungen. Die Zerrissenheit ihres Wesens ist die naturnotwendige Folge der Zerrissenheit ihres Blutes, und die Veränderung ihrer geistigen und schöpferischen Kraft ist nur die Wirkung der Änderung ihrer rassischen Grundlagen.

Wer das deutsche Volk von seinen ihm ursprünglich wesensfremden Äußerungen und Untugenden von heute befreien will, wird es erst erlösen müssen vom fremden Erreger dieser Äußerungen und Untugenden.

Ohne klarste Erkenntnis des Rassenproblems und damit der Judenfrage wird ein Wiederaufstieg der deutschen Nation nicht mehr erfolgen.

Die Rassenfrage gibt nicht nur den Schlüssel zur Weltgeschichte, sondern auch zur menschlichen Kultur überhaupt. […]

Nun wäre aber der Zeitpunkt gekommen gewesen, gegen die ganze betrügerische Genossenschaft dieser jüdischen Volksvergifter vorzugehen. Jetzt mußte ihnen kurzerhand der Prozeß gemacht werden, ohne die geringste Rücksicht auf etwa einsetzendes Geschrei und Gejammer. Im August des Jahres 1914 war das Gemauschel der internationalen Solidarität mit einem Schlage aus den Köpfen der deutschen Arbeiterschaft verschwunden, und statt dessen begannen schon wenige Wochen später amerikanische Schrapnells die Segnungen der Brüderlichkeit über die Helme der Marschkolonnen hinabzugießen.

Es wäre die Pflicht einer besorgten Staatsregierung gewesen, nun, da der deutsche Arbeiter wieder den Weg zum Volkstum gefunden hatte, die Verhetzer dieses Volkstums unbarmherzig auszurotten.

Wenn an der Front die Besten fielen, dann konnte man zu Hause wenigstens das Ungeziefer vertilgen. […]
Was aber mußte man nun tun? Die Führer der ganzen Bewegung sofort hinter Schloss und Riegel setzen, ihnen den Prozess machen und sie der Nation vom Halse schaffen. Man musste rücksichtslos die gesamten militärischen Machtmittel einsetzen zur Ausrottung dieser Pestilenz? Die Parteien waren auszulöschen, der Reichstag wenn nötig mit Bajonetten zur Vernunft zu bringen, am besten aber sofort aufzuheben. So wie die Republik heute Parteien aufzulösen vermag, so hätte man damals mit mehr Grund zu diesem Mittel greifen müssen. Stand doch Sein oder Nichtsein eines ganzen Volkes auf dem Spiele! […]
Gab es denn da einen Unrat, eine Schamlosigkeit in irgendeiner Form, vor allem des kulturellen Lebens, an der nicht wenigstens ein Jude beteiligt gewesen wäre? Sowie man nur vorsichtig in eine solche Geschwulst hinein schnitt, fand man, wie die Made im faulendem Leibe, oft ganz geblendet vom plötzlichen Lichte, ein Jüdlein […]
Kommt so ein Bursche dann zum Unglück der anständigen Menschheit auch noch in ein Parlament, so soll man schon von Anfang an wissen, daß das Wesen der Politik für ihn nur noch im heroischen Kampf um den dauernden Besitz dieser Milchflasche seines Lebens und seiner Familie besteht. Je mehr dann Weib und Kind an ihr hängen, um so zäher wird er für sein Mandat streiten. Jeder sonstige Mensch mit politischen Instinkten ist damit allein schon sein persönlicher Feind; in jeder neuen Bewegung wittert er den möglichen Beginn seines Endes und in jedem größeren Manne die wahrscheinlich von diesem noch einmal drohende Gefahr.
Ich werde auf diese Sorte von Parlamentswanzen noch gründlich zu sprechen kommen. […]
Was ich bis dahin nur aus dem Lesen der Zeitungen wußte, hatte ich nun Gelegenheit, mit meinen eigenen Ohren zu hören. Eine gestikulierende, in allen Tonarten durcheinander schreiende, wildbewegte Masse, darüber einen harmlosen alten Onkel, der sich im Schweiße seines Angesichts bemühte, durch heftiges Schwingen einer Glocke und bald begütigende,

bald ermahnende ernste Zurufe die Würde des Hauses wieder in Fluß zu bringen.
Ich mußte lachen. [...]
Die Redeverbote, die dem Kaiser vom Reichstag auferlegt wurden, ärgerten mich deshalb so außerordentlich, weil sie von einer Stelle ausgingen, die in meinen Augen dazu aber auch wirklich keine Veranlassung besaß, sintemalen doch in einer einzigen Sitzungsperiode diese parlamentarischen Gänseriche mehr Unsinn zusammenschnatterten, als dies einer ganzen Dynastie von Kaisern in Jahrhunderten, eingerechnet ihre allerschwächsten Nummern, je gelingen konnte. [280]

Man spricht von Hitlers »Wort-Gewalt« (im doppelten Sinn) und in der Tat verfügte er über eine heute zwar vorwiegend als lächerlich empfundene, damals aber die Massen faszinierende und begeisternde, physiognomisch und gestisch unterstütze Rhetorik.[281] Ausgehend von einer wahrscheinlich bei Gustave le Bon bezogenen Theorie der Massenbeeinflussung, die sich bei ihm in Verachtung des Publikums niederschlug (was er aber kaschierte), waren bevorzugte Mittel primitive Metaphern, oft sentimental aufgeladenes Pathos und Schimpftiraden. Die Geschichte der deutschen öffentlichen Rede im 19. Jahrhundert zeigt in Semantik, Syntaktik und »Pragmatik« viele negative Elemente, die er nutzte, so dass durch die Gewöhnung der Bevölkerung daran die Hitlersche Rede (und Schreibart) erfolgreiche Resonanz zeigt. Auch die geflügelten Worte deutscher Klassiker, meist im falschen Zusammenhang zitiert (vor allem bei Feiern der vielen deutschen Vereine), spielten als Pathos-Verstärkung eine Rolle. Dazu kam, dass Wilhelm II., einer der geschwätzigsten Redner unter den Monarchen, für die deutsche Festrede »stilprägend« war, wobei man unter »Stil« die Aneinanderreihung leerer, aggressiv oder sentimental (oder beides!) gestimmter Worthülsen zu verstehen hat – etwa nach dem »Muster« seiner »Hunnenrede«, deren Absurdität freilich besonders »herausragend« war, gehalten bei der Verabschiedung der zur Unterdrückung des Boxer-Aufstandes nach China geschickten Truppen. »Pardon wird nicht gegeben. Gefangene werden nicht gemacht. Führt eure Waffen so, daß auf tausend Jahre hinaus kein Chinese mehr es wagt, einen Deutschen scheel anzusehen. Wahrt Manneszucht. Der Segen Gottes sei mit euch, die Gebete eines ganzen Volkes, Meine Wünsche begleiten euch, jeden einzelnen. Öffnet der Kultur den Weg ein für allemal!«[282]

Wenn Hitler sprach – letztlich war »Mein Kampf« ein »gesprochenes« Buch –, zeigte sich ein am Stammtisch eingeübtes aggressives Stakkato. Hitler macht die Menschlichkeit – wie ein Unteroffizier den Rekruten – »herunter«, bis sie als »elendes Häufchen« vor seinen Füßen liegt. »Ein Wesen trinkt das Blut des anderen, indem das eine stirbt, ernährt sich das andere. Man soll nicht faseln von Humanität. [...] Der Kampf bleibt.«[283] Aufsteigen sollte ein starkes Geschlecht von Deutschen. »In unseren Augen«, so Hitler am 14. September 1935 in seiner berühmt-berüchtigten Rede an die Hitlerjugend auf dem Nürnberger Parteitag, »muß der deutsche Junge der Zukunft schlank und rank sein, flink wie Windhunde, zäh wie Leder und hart wie Kruppstahl«.[284] Mit der Rhetorik der Stärke paarte sich ein sadistischer Zynismus der Gewalt. Die Antwort Hitlers auf die noble Rede des SPD-Fraktions-Vorsitzenden Otto Wels während der Reichstagsdebatte zum Ermächtigungsgesetz am 23. März 1933 war in dieser Hinsicht typisch: »Sie sind wehleidig, meine Herren, und nicht für die heutige Zeit bestimmt, wenn Sie jetzt schon von Verfolgungen sprechen.«[285]

Bei bestimmten Gelegenheiten, besonders bei Staatsakten, bediente sich Hitler dagegen eines sentimentalen, beweihräuchernden, Würde und Erhabenheit vortäuschenden Pathos. Ein Satz, mit dem er in »Mein Kampf« eigentlich die demokratische Presse abkanzeln wollte, vermag seine eigene Festtags-Rhetorik am besten zu charakterisieren – dass man nämlich mit einem ungeheuren Aufwand von Worten unklaren Inhalts und unverständlicher Bedeutung Sinnloses zu vermitteln trachte.[286] Dennoch gelang es ihm, seine Zuhörer damit anzusprechen. Für diese Seite seiner Rhetorik war charakteristisch der Kult, den er um den greisen und weitgehend senil gewordenen Feldmarschall Paul von Hindenburg trieb. Diese populäre Symbolfigur der deutschen Rechten in der Weimarer Republik hatte 1914/15 als Heerführer bei Tannenberg und in den Masuren die russischen Truppen vernichtend geschlagen, war dann seit 1916 als Chef des Generalstabs und 1925 zum Nachfolger des sozialdemokratischen Reichspräsidenten Friedrich Ebert sowie 1932 gegen Hitler wieder gewählt worden. Höhepunkt der geschickt inszenierten Hindenburg-Verehrung war der Tag von Potsdam, der 21. März 1933, als Hitler unter Glockengeläut und mit einem Cutaway, dem Zeichen bürgerlicher Honorigkeit angetan, dem Marschall am Grab Friedrichs des Großen entgegentrat; dem gleichen Mann, den er kurz vorher im Wahlkampf verunglimpft hatte und dem er nun mit einer Fülle von Genitiven, Konjunktiven und Inversionen, was bei jedem Kleinbürger erhabene Feierlichkeit evozierte, »seine Ehrfurcht zu Füßen legte«.

»In unserer Mitte befindet sich heute ein greises Haupt. Wir erheben uns vor Ihnen, Herr Generalfeldmarschall [...]. Sie erlebten einst des Reiches Werden, sahen vor sich noch des Großen Kanzlers Werk, den wunderbaren Aufstieg unseres Volkes, und haben uns endlich geführt in der großen Zeit, die das Schicksal uns selbst miterleben und mit durchkämpfen ließ. Heute, Herr Generalfeldmarschall, läßt Sie die Vorsehung Schirmherr sein über die neue Erhebung unseres Volkes. Dies Ihr wundersames Leben ist für uns alle ein Symbol der unzerstörbaren Lebenskraft der deutschen Nation. So dankt Ihnen des deutschen Volkes Jugend und wir alle mit, die wir Ihre Zustimmung zum Werk der deutschen Erhebung als Segnung empfinden. Möge sich diese Kraft auch mitteilen der nunmehr eröffneten neuen Vertretung unseres Volkes. Möge uns dann aber auch die Vorsehung verleihen jenen Mut und jene Beharrlichkeit, die wir in diesem für jeden Deutschen geheiligten Raum um uns spüren, als für unseres Volkes Freiheit und Größe ringende Menschen zu Füßen der Bahre seines größten Königs.«[287] (Echter mag Hitlers Gefühl gewesen sein, als er beim Begräbnis Hindenburgs in Tannenberg ausrief: »Toter Feldherr, geh' nun ein in Walhall!« Das letzte Hindernis auf dem Weg zur Alleinherrschaft war gefallen.[288])

Auf dem »geheiligten Boden« von Potsdam war der nach der NS-Machtübernahme neu gewählte Reichstag zum ersten Mal zusammengetreten. Eine herrliche Schau sollte es werden, meinte Goebbels in seinem Tagebuch: Preußentum und Klassik wurden amalgamiert; chauvinistische Härte und schöner Schein fanden zusammen. Die letzten Zweifel an der Integrität des »Führers« sollten beseitigt und die noch abseits Stehenden in den magischen Bann Hitlers gezogen werden. In der Potsdam-Rede hatte Hitler auch davon gesprochen, dass man mithilfe des neuen Reichtags die Einheit des deutschen Geistes wiederherstellen wolle. Das deutsche Volk »soll dann für ewige Zeiten in seine treue Verwahrung nehmen unseren Glauben und unsere Kultur, unsere Ehre und unsere Freiheit«.[289] Das kam beim Spießer gut an; er fühlte sich sowieso zu »Besserem« berufen, war überzeugt, einem Volk der Dichter und Denker anzugehören.

Erhebendes Gefühl transportiere am besten das »Deutschlandlied«, meinte Hitler in der »Weihestunde des Deutschen Sängerbundes« in Breslau am 31. Juli 1937. Es werde nicht nur innerhalb der Grenzen des Reiches gesungen, es klinge über sie hinaus; überall dort, wo Deutsche in der Welt lebten, ertöne es. »Dieses Lied begleitet uns von unserer Kindheit bis ins Greisenalter. Es lebt in uns und mit uns und es läßt, ganz gleich, wo wir auch sind, immer wieder die Urheimat vor unseren Augen erstehen, nämlich Deutschland und das Deutsche Reich. Der Vogel, dessen Auge geblendet, pflegt sein Leid und seine Gefühle nur noch inniger in seinen Gesang zu legen. Und vielleicht ist es auch kein Zufall, daß der Deutsche, der so oft leidgequält auf dieser Erde sein Dasein ertragen mußte, in solchen Zeiten zum Liede seine Zuflucht nahm; es erlaubte ihm, darin all das auszudrücken, was die harte Wirklichkeit ihm verwehrte. [...] Dieses Lied ist damit zugleich auch ein Bekenntnis zum Allmächtigen, zu seinem Willen und zu seinem Werk: denn nicht Menschen haben dieses Volk geschaffen, sondern jener Gott, der über uns allen steht. Er hat dieses Volk gebildet, nach seinem Willen ist es geworden, und nach unserem Willen soll es bleiben und nimmermehr vergehen!«[290]

Seit Hitler nach dem Ersten Weltkrieg beschlossen hatte, Politiker zu werden, also über zwei Jahrzehnte lang, stampfte er in unablässigen Tiraden deutsche Sprachkultur in Grund und Boden. Er hat das Volk jedoch nicht etwa als ein rhetorischer Dämon »verführt«, sondern sprach in dessen Tonlage: mit Volkes Stimme.

Neben dem später von Theodor W. Adorno »Jargon der Eigentlichkeit« genannten offiziellen Sprechens – die Verpackung als Botschaft – ist für Hitlers Rhetorik der Stammtisch ein besonderer Bezugs-Topos. Das dort für die Mentalitätsgeschichte sehr typische alkoholisierte bramarbasierende Reden und jedem Vorurteil folgende Schimpfen (Biermystik mit patriotischem Einschlag) konnte er vor allem in den Bierkellern von München einüben.

Was Hitler als »Auseinandersetzung« mit westlicher Demokratie und allen Formen der Aufklärung begreift, ist oft nichts anderes als ein wüstes Schimpfen, Toben, Witzeln, Höhnen, Auf-den-Tisch-Schlagen, wie es rabiate Spießer eben am Stammtisch praktizieren. Neben dem Auftreten auf offenen Plätzen und Zirkusarenen war für Hitlers rhetorischer Schulung die Bierschänke und der Brauhaussaal die beliebtesten »Sprechorte«; hier fanden seine Hasstiraden, die in »Mein Kampf« gedruckt vorliegen, das passende, das heißt mittobende Publikum. München war für diese Bier-Ekstasen ein besonders geeigneter Platz. In seinem Aufsatz »Die Stadt, das Bier und der Hass« ist der Politikwissenschaftler Martin Hecht der Frage nachgegangen, warum ausgerechnet die Stadt des Oktoberfestes zur Hauptstadt der Bewegung wurde – »unstrittig der Geburtsort des Nationalsozialismus«.[291] Wenn es um Ursachenforschung geht, werde die sogenannte Münchner Lebenskultur mit der Stimmung, wie sie damals in den politischen Versammlungssälen der großen Brauhäuser herrschte, gerne ausgeklammert; sie aber sei ein besonderer »Münchner Faktor« – ein »fruchtbarer Boden«, auf dem die NS-Weltanschauung üppig gedeihen konnte. Der ungewöhnlich hohe Münchner Alkoholkonsum müsse als Movens der politischen Radikalisierung gesehen werden. Der amerikanische Historiker David Clay Large habe unter solchem Aspekt zum Beispiel eine Geschichte des Marsches auf die Feldherrnhalle am 9. November 1923 aus der Perspektive der Bierkrüge geschrieben, von denen in der chaotischen Saufnacht im Bürgerbräukeller zuvor sage und schreibe 143 zerschmettert worden sein sollen.[292] »Der ›Marsch‹ am anderen Morgen entpuppte sich tatsächlich als ein selten erbärmlicher Zug alkoholisierter und/oder schon verkaterter Bierdimpfl und Zechbrüder, die sich eine Nacht lang gewaltig die Kante gegeben hatten. Hitlers Münchner Helfer waren zum großen Teil schwer angeschlagene, enthemmte und, heute würde man sagen: ziemlich durchgeknallte Saufnasen. Nun könnte man einwenden, gesoffen wurde und wird überall in Deutschland – zumal in Krisenzeiten. Wo München den Unterschied macht: Nur hier gab es in hohem Maß eine so unheilvolle Verknüpfung von Suff und Politik. Ironisch gesprochen: Die Bierkeller wurden hier zur Agora. Sie gaben die Bühne für Hitlers publikumswirksame Auftritte ab, sie begründeten erst seine Popularität – schließlich auch in den großbürgerlichen Kreisen. So erlebte Ernst ›Putzi‹ Hanfstaengl Hitler im November 1922 im ›Kindlbräu‹ und war fasziniert von ihm. Er öffnete dem ›Kellerkind‹ aus Österreich die Türen in die bessere Münchner Gesellschaft, er machte ihn salonfähig und bekannt mit den einflussreichen Familien Bechstein und Bruckmann, mit den Wagnerianern und all den anderen, die ihm dann bald so unentbehrlich waren bei seinem Aufstieg zum ›Führer‹. In München gab es aber nicht nur den großen Bierdunst, der alles vernebelte, sondern auch eine ausgeprägte Großspurigkeit, die aus einer starken traditionellen Verwurzelung und einem vor-, ja antimodernen Identitätsempfinden heraus gedeihen konnte, jenes trotzig-provinzielle ›Mia san mia‹. So ging es hier bei der Wahl der Waffen im politischen Schlagabtausch oft viel rücksichtsloser zu, als dies anderswo der Fall war: Noch 1992 meinte der damalige Ministerpräsident Max Streibl anlässlich eines umstrittenen Einsatzes der Polizei bei einer Demonstration, es sei eben bayerische Art, ›etwas härter hinzulangen‹. So war München zwar Teil der Gesellschaft des Deutschen Reichs und doch zugleich ein Biotop ganz eigener Art. Erst die spezielle ›Münchner Mischung‹ liefert die wirklich einleuchtende Erklärung, warum gerade hier die Nazi-Partei wachsen und gedeihen konnte.«[293]

Das »leere Pathos« ist das charakteristische Merkmal der »offiziellen« Sprache des 19. und 20. Jahrhunderts. Seine Ursprünge sind leicht zurückzuverfolgen, sie zeigt eine strukturelle Übereinstimmung mit Redefiguren der epigonalen Romantik und Klassik. Vor allem fühlte sich die politische »Hochsprache« Schiller »verpflichtet«, während sie in Wirklichkeit die Schillersche Sprache pervertierte und missbrauchte: »Wie das Auge des Volkes das festliche Gepränge liebt, mit dem mächtige Herrscher sich umgeben, so liebt seine Seele den Glanz und die Pracht der Schillerschen Sprache, die Majestät seines Ausdrucks, das von Gold und Purpur strahlende Gewand der Herrschaft im Reiche des Geistes.«[294]

Schiller, dieser luzide Denker und Dichter, der für eine breitere Öffentlichkeit erst wieder durch die Festrede von Thomas Mann zu dessen 150. Geburtstag aus dem nationalen Gitterkäfig befreit und in seiner echten Menschlichkeit nahegebracht wurde[295], hat im 19. Jahrhundert das Schicksal erlitten, zum Idol des nationalen Bürgertums erkürt zu werden: er war zum »Moraltrompeter« und zum Vorkämpfer nationaler Einheit geworden. Die »Glocke« fürs Jungmädchenzimmer, der »Tell« für die Freilichtbühne, der Dichter selbst in der Gestalt eines Burschenschaftlers – das waren Teilaspekte dieser Fehldeutung. Der arme, tapfere Mann, der seinem von ständigen Zweifeln und leidvollem Pessimismus heimgesuchten Geist ein Werk der Humanität abgerungen hatte, der in dem Vorwort zu den »Horen« gesagt hatte, dass es ein »armseliges kleinliches Ideal« sei, für eine Nation zu schreiben (einem philosophischen Geist erschiene diese Grenze als durchaus unerträglich), wurde auf das Piedestal der nationalen Beweihräucherung gestellt – ein nationaler Schiller, der – wie es im Lesebuch hieß – jedes »jugendliche frische Gemüt« ergreift und erhebt, »der wie kein anderer prophetenhaft alles Gemeine aus der Brust des heranwachsenden Jünglings wegtilgend mit heiligem Feuer zu verzehren, und die Flamme eines höheren Lebens darin zu entzünden vermag«.[296] Die letztmögliche Steigerung brachte auch hier wieder der Nationalsozialismus, nun hieß es: »Schiller im Braunhemd«, »Schiller der Kampfgenosse Hitlers«. Aus der ästhetischen Erziehung des Menschen wurde die Ästhetisierung der Barbarei.[297]

Im Verlauf des 19. Jahrhunderts hat sich das Schillersche Pathos zunehmend verselbstständigt. Es war nun nicht mehr Gewand des Gedankens, Erhöhung des Gedachten, Gesehenen, Erlebten, Erfühlten, sondern – sich selbst überlassen – unverbindlicher, willkürlicher Wortrausch. Gestalt und Gehalt standen nicht mehr in echter, unauswechselbarer Verbindung. Das Klischee dominierte, der Mensch bewegte sich im Gehäuse der Worte: sinnlos und im Kreise sich drehend, ein Wort gab das andere, eine Phrase die andere. Als sehr verderblich erwies sich dabei der Einfluss Fichtes. Der große politische Eindruck, den er durch sein Nationalbewusstsein in der Zeit der Freiheitskriege vor allem bei der akademischen Jugend und den Burschenschaften hinterließ, wirkte sich fatal im Sprachlichen aus. Wie Schiller eiferte man nun auch Fichte nach, wobei sich strukturell kaum Unterschiede ergaben. Freilich konnte die Exaltiertheit des letzteren unverfälscht übernommen werden, sie war Sprachperversion im Original. Zudem hatte Fichte in den »Reden an die deutsche Nation« behauptet, »daß der Deutsche eine bis zu ihrem ersten Ausströmen aus der Naturkraft lebendige Sprache rede, die übrigen germanischen Stämme eine nur an der Oberfläche sich regende, in der Wurzel aber tote Sprache«. Da das deutsche Volk im Alleinbesitz einer lebendigen Sprache sei, wäre es allein zu wahrer geistiger Kultur fähig – »Der deutsche Geist [ist] ein Adler, der mit Gewalt seinen gewichtigen Leib emporreißt [...], um sich näher zu heben der Sonne, deren Anschauung ihn entzückt.«[298] Aus der Gleichsetzung von deutscher Sprache = Ursprache = Geistsprache mit einer nebulosen Pathetik (des Inhaltes der Fichteschen Ausführungen mit ihrer Form) ergab sich zumindest für patriotische, nationalbewusste Schreiber, die ihrerseits echt-deutsch, den Ursprüngen nah und geistreich sein wollten (und Fichte leidenschaftlich verehrten), die Forderung, nie unter einen gewissen (sehr hohen) Pegelstand der »erhabenen Worte« abzusinken. Die Wortflut war nicht mehr zu bremsen.

Die Reden des Schillerjahres 1859 – der 100. Geburtstag des Dichters wurde als »Siegesfest des deutschen Geistes« gefeiert[299] – markieren die erste Etappe dieser Entwicklung: »Welchen ausländischen Mann heute sein Weg durch Deutschland an einem oder dem anderen Ende geführt hätte, seinem Blick wären in allen oder fast allen Städten festliche Züge heiterer und geschmückter Menschen begegnet, denen unter vorangetragenen Fahnen auch ein prächtiges Lied von der Glocke erscholl, selbst dramatisch dargestellt wurde. Der frohernste Gesang, die gewaltige Fassung, hätte ihm jeder Mund berichtet, sei von unserer größten Dichter einem, dessen vor hundert Jahren erfolgte Geburt an diesem Tage eingeläutet und begangen werde ... Ach, könnte doch auch an hehren Festen alles fortgeläutet werden, was der Einheit unseres Volkes sich entgegenstemmt, deren es bedarf und die es begehrt.«

Jacob Grimm unterstützte in seiner Festrede über Schiller, den »auf seiner Höhe Thronenden«, den Plan, überall Schillerdenkmäler zu bauen, wobei er sich im Zeichen eines rigorosen Literar-Darwinismus dafür aussprach, das Geld, das man hungernden Dichtern und Dichterwitwen (»Schillerstiftung des deutschen Volkes«) zuteilwerden lassen wollte, lieber für die Denkmäler zu verwenden:

»An mehr als an einem Platz, zu Marbach und anderswo, würden von Künstlers Hand geschaffene Bildsäulen Schillers aufzurichten sein und dann einem dauernden Freudenfeuer gleich leuchten im Lande; laßt uns den Kostenaufwand dafür und für die Salbe der Weihe nicht abgefordert werden zur Niederlage in den allverschlingenden immer hungrigen Armensäckel.«[300] Nun begann »des deutschen Lebens tiefster Bronnen« wieder voll zu fließen, nachdem ein ganzes Volk »fromm den Kranz aus hundertjährigen Zweigen« für seinen »Liebling« geflochten hatte, war er »wiedererstanden«:

»Er ist erstanden! Seine Worte schweben
wie reine Flammen fort von Mund zu Mund,
begeistert lehrt sein Lied den Jüngling streben
und tut dem Greis erhabne Weisheit kund
und wo sich deutsche Männer kühn erheben
zu hoher Tat, da segnet er den Bund.
So lebt er glorreich, ewig unvergessen,
Heil ihm! Heil unserm Volk, das ihn besessen.«[301]

Die interessanteste Festrede hielt Gabriel Rießer[302] – interessant auch deshalb, weil Rießer Jude war. Sie dokumentiert auf eine eindringliche Weise, wie echt-deutsch – selbst im Sprachlich-Negativen – der jüdische Intellektuelle empfand, das heißt, wie vollständig integriert er war; (auf der gleichen Linie lag, wenn man sich in Nürnberg 1878 für die Sedanfeier den Rabbiner als Festredner aussuchte). Rießer war freilich ein gegen Obrigkeits- und Polizeistaat kämpfender liberaler Geist. Seine Rede ist somit ein Beispiel dafür, dass man zu dieser Zeit demokratisch denken, fühlen und handeln konnte, auch wenn man nicht mehr die logisch klare, menschlich bescheidene Sprache der Aufklärung und Klassik, sondern die hochtrabende und schwülstige eines engstirnigen Kleinbürgertums sprach. Dieser Bruch hatte sich bereits bei Ludwig Uhland gezeigt, der 1849 in der Paulskirche seine extrem-revolutionären Forderungen in einer völlig konservativ-traditionellen, epigonal romantischen Sprache vorgebracht hatte: »Das wäre dem natürlichen Wachstum der neu entstehenden deutschen Eiche nicht gemäß, wenn wir ihrem Gipfel ein Brutnest erblicher Reichsadler aufpflanzen wollten.«[303] Eine solche, für die politische Anthropologie der Deutschen bedeutsame schizophrene Haltung ist in erster Linie auf die deutsche Freiheitsbewegung zurückzuführen, deren Vertreter die Forderungen nach Freiheit und Einheit politisch wie sprachlich nie recht zu vereinen wussten. Vom Inhalt her gesehen schienen die Forderungen der »revolutionären« Jugend nach 1813 wirklich revolutionär zu sein, das heißt den Anspruch auf die bürgerlichen Freiheitsrechte in den Vordergrund zu rücken. Eine Sprachanalyse zeigt jedoch, dass diese Bestrebungen bereits in den Anfängen von konservativ-reaktionären Gedanken überwuchert waren. Rießers Schillerrede begann mit den Worten: »Lassen Sie den Widerhall tausendstimmigen Jubels, der in den eben verhallten Klängen an Ihr Ohr gedrungen, in Ihrer Seele fortbrausen; die edle Tonschöpfung, der Verherrlichung des Andenkens eines großen Menschen gewidmet, hat nie einen würdigeren Gegenstand gefunden, hat nie eine höhere, allgemeinere Feststimmung verkündet als in diesem Augenblick.«[304] Die Rede umfasst ungefähr 5000 Worte, darunter etwa 150 Steigerungsformen (grammatikalische Superlative oder Komparative), das heißt, jedes 33. Wort ist ein Superlativ oder Komparativ. Unberücksichtigt in dieser Zahl sind die vielen inhaltlichen Superlative wie etwa: mächtiges Rauschen, hohes Tönen, gewaltiger Genius und dergleichen. Um deutlich genug aufzuzeigen, dass Schiller edel, erhaben, mächtig, herrlich und unerreicht sei, werden die entsprechenden Worte zu rhetorischen Gipfeln aufgetürmt. Allein das Wort »hoh« beziehungsweise »hoch« taucht 60 mal auf, ähnlich das Wort »edel«. Für Rießer und seine enthusiastisch-andächtigen Zuhörer war in Schiller die »höchste und edelste Bildung erschienen«, die »reine Entwicklung des Natürlichen, die schönste Blüte, die süßeste Frucht. In ihm lebten die zartesten und tiefsten Empfindungen, das reinste Geistige, die höchsten Mächte und die ursprünglichsten und kindlichsten Gefühle« (und dies alles in einem Satz!).

Metaphorik, Syntax und Topik der national-bürgerlich (dem Geiste nach: kleinbürgerlichen) politischen wie kulturellen Rede des 19. und 20. Jahrhunderts sind damit bereits illustriert: ein Schwulst der Bilder, die Betäubung des Logos durch mystifizierendes Geraune, eine Zerstörung der Begriffskerne, sodass leere Worthülsen allein verbleiben, eine Fülle falscher, schiefer oder unnötiger Genitive, um hochtrabende Feierlichkeit bemühte Inversionen, eine Häufung synonymer Worte. Von den Tagen der Befreiungskriege bis herauf zu Hitler lassen sich abgesehen von der zunehmenden Häufigkeit der Erscheinungen kaum wesentliche Unterschiede, immerhin einige Variationen innerhalb des offiziellen Sprach»guts« feststellen.

Hugo von Hofmannsthal lässt in dem »Brief des Lord Chandos« diesen sagen: »[...] die abstrakten Worte, deren sich doch die Zunge naturgemäß bedienen muß, um irgendwelches Urteil an den Tag zu geben, zerfielen mir im Munde wie modrige Pilze.«[305]

Die Geistes- und Sprachgeschichte des 19. und 20. Jahrhunderts brachte eine Bestätigung des Konfuziuswortes: »Wenn die Sprache nicht stimmt, so ist das, was gesagt wird, nicht das, was gemeint ist; ist das, was gesagt wird, nicht das, was gemeint ist, so kommen die Werke nicht zustande; kommen die Werke nicht zustande, so gedeihen Moral und Kunst nicht; gedeihen Moral und Kunst nicht, so trifft die Justiz nicht; trifft die Justiz nicht, so weiß die Nation nicht, wohin Hand und Fuß setzen. Also dulde man keine Willkürlichkeit in den Worten. Das ist es, worauf alles ankommt.«[306]

Bei sprachlicher Destruktion ist auch auf die Wirkung epigonaler Romantik hinzuweisen. »Alles Romantische«, heißt es einmal bei Carl Schmitt, »steht im Dienst anderer unromantischen Energien, und die Erhabenheit über Definition und Entscheidung verwandelt sich in ein dienstbares Begleiten fremder Kraft und fremder Entscheidung«.[307] Damit war zwar nicht die Romantik selbst charakterisiert, wohl aber das Ergebnis ihrer Umdeutung: sie wurde »dienstbar« gemacht. Einzelne ihrer Elemente, die man aus dem Zusammenhang riss, begleiteten »fremde Kraft«.

Das a-politische Verhalten etwa, die Flucht vor der Wirklichkeit, der Traum von einer innerlich reinen und schönen Welt, wurde mit dem Begriff »romantisch« überdeckt und so der Weg frei für die »Umwerter«, die eine solche Kultur ohne Engagement als Fassade verwenden konnten, hinter der sie ihre höchst aktive und verhängnisvolle Politik betrieben. Während sie die Schlagworte »Politik verdirbt den Charakter«, »Wahre Kultur ist innerliche Kultur« propagierten, zeichneten sie sich selbst durch absolute Charakterlosigkeit und den Mangel an jeder Kultur aus.

Man kann die Wesenszüge der Romantik, die Hinneigung zum

Märchen, zum Unbewussten, Imaginären, Unheimlichen, Geheimnisvollen, Kindertümlichen und Naturhaften, das Fernweh und die Sehnsucht, nur richtig verstehen, wenn man sie unter dem Gesichtspunkt der »Paradoxie« und »Universalität« sieht (Zentralbegriffe romantischer Ästhetik): als einen Versuch, Widersprüchliches zu vereinen, den ganzen Kosmos der menschlichen Seele und der irdischen wie überirdischen Wirklichkeit zu erfassen und zu umfassen – Gefühl und Geist, Herz und Intellekt, Sentimentalität und Ironie, Tag und Nacht, Realität und Surrealität, Frömmigkeit und Nihilismus, nationale Literatur und Weltliteratur. Indem man Einzelzüge isolierte, zerstörte man das Gleichgewicht dieses dialektischen Weltbildes vollständig, Gefühl, Subjektivismus, Irrationalismus wurden überlastig.[308]

An solchem Ideologisierungsprozess hat die deutsche Germanistik einen wesentlichen Anteil: ihr »Sündenfall« beginnt nicht erst mit dem »Dritten Reich«.[309] Ein Wort Thomas Manns kann zur Charakterisierung herangezogen werden, auch wenn sich dieses vor allem auf die Zeit des Nationalsozialismus, des Inbegriffs und Höhepunkts epigonaler Romantik, bezieht: man könne von einer »Philologen-Ideologie« sprechen, einer »Germanistenromantik und Nordgläubigkeit aus akademisch-professoraler Sphäre, die in einem Idiom von mystischem Biedersinn und verstiegener Abgeschmacktheit mit Vokabeln wie rassisch, völkisch, bündisch, heldisch auf die Deutschen [...] einredet und der Bewegung ein Ingrediens von verschwärmter Bildungsbarbarei hinzufügt«.[310] Auf Grund von Tradition und Herkunft, nicht aus innerem Bedürfnis und besonderer Geistigkeit oder künstlerischer Aufgeschlossenheit, ergriffen im 19. und 20. Jahrhundert viele den Beruf des Universitätsprofessors oder Gymnasiallehrers. Umgang mit Sprache und Dichtung hätte ein sehr waches geistiges Bewusstsein und die Verfügbarkeit intellektueller Maßstäbe erfordert, da solche kritische Urteilsfähigkeit häufig nicht vorhanden war, stürzte man sich stattdessen in die Unverbindlichkeit des Geraunes, was keiner besonderen Denkleistung bedurfte, sondern lediglich der Aufeinandertürmung hochtönender Worte, die auf Grund der »Bildungstradition« zuhanden waren.

Schwerpunkte der Trivialromantik waren Mondschein- und Waldeinsamkeitspoesie, »Nachtigallenwahnsinn« (Heinrich Heine), die in der ursprünglichen Romantik, auch bei Joseph von Eichendorff, in Kontrast gesehen werden müssen zur Erkenntnis von der Dämonie des Weltwesens und der nihilistischen Gefährdung des Menschen. Wanderfahrtfreude, Wald- und Gipfelerlebnis wurden als Alternative zu Technisierung und Verstädterung begriffen und als wirklichskeitsfremde und wirklichkeitsferne Haltung (etwa in der Jugendbewegung) zum Idol erhoben. Eine provinzielle Heimatdichtung, die nichts vom Geist des Realismus, eines Gottfried Keller oder Jeremias Gotthelf, dafür umso mehr von der Muffigkeit der Plüschära an sich hatte, zelebrierte mythische Gottesdienste für Früchte, Erde und Vieh, verherrlichte die stolzen, trutzigen, blondhaarigen, all- und altdeutschen Mannen und Maiden, die sich rasseveredelnd kopulierten – in einer Sprache, die von urigen Vergleichen und Metaphern strotzte, der jedoch allenthalben die kitschige Kleinbürgerstimmung der Jahrhundertwende aus den grammatikalischen und syntaktischen Blößen schaute.

»Der Blickpunkt der Romantik war Idee und Ewigkeit«, meinte der NS-Dichter Hanns Johst.[311] Im Namen der Romantik vertrat man einen verschwommenen Idealismus, wobei man das Bemühen um exakte Werterkenntnis durch mythologisierendes Gerede ersetzte. Mit der Logik ging die Moral verloren: undefinierte »Werte« und »Ideale«, undefiniertes »Höheres« und »Erhabenes« lassen sich leicht für Brutalität, Gemeinheit und Zerstörungsdrang einspannen. »Das Schwert ist dann sakraler als der Federhalter« (Johst), die deutsche Eiche wichtiger als der Mensch, die Gebärfreudigkeit edler als das Kind. An derartigen Idealismen war vor allem im »Dritten Reich« kein Mangel. Wo man ideale Dinge sehe, sehe er – so Nietzsche – nur Allzumenschliches. In der Erziehung waltete die Forderung des Idealen, wie Robert Musil treffend bemerkt hat, »in der Art eines Polizeipräsidiums über allen Äußerungen des Lebens«. Die Literatur des 19. Jahrhunderts (soweit sie den Namen Dichtung verdiente), der Realismus, der Naturalismus, die »Moderne« überhaupt, war fast vollständig aus den Lesebüchern verbannt.[312]

Im Bereich der politischen Erziehung war die »Gemeinschaft« das romantische Ideal; dieser Begriff hat den Weg zu einer vernünftigen Gesellschaftsauffassung in Deutschland versperrt. »Gesellschaft« bedeutete die Einsicht, dass die Menschen innerhalb eines Staatsgebildes auch gegeneinander stehen, dass der Pluralismus menschengerecht sei, dass der Staat dieses »Gegeneinander« zu ermöglichen und in »spielerische« Formen zu bringen habe (Parlamentarismus, Rolle der Opposition, Demokratie schlechthin). »Gemeinschaft« geht von der »idealistischen«, wirklichkeitsfremden Vorstellung aus, dass ein Volk eine monolithische Einheit darstelle, eine Bluts- und Schicksalsgemeinschaft, »ureigenste Schöpfung geheimnisvollen Lebens«, was eine völlige Vergewaltigung der menschlichen Individualität zugunsten einer romantischen Wahnvorstellung bedeutet.

»Gemeinschaft« galt als gut, »Gesellschaft« als böse; »Gemeinschaft« war organisch, »Gesellschaft« künstlich, »Gemeinschaft« war Gotteswerk, »Gesellschaft« ein Gebilde von Menschenhand.[313] Politische Erziehung glich einer Suggestion der Jugend mit sachlich unhaltbaren und unnatürlichen Vorstellungen, die der Wirklichkeit nicht standhielten und somit nur zur weiteren Flucht in übersteigerten Idealismus aufforderten. »Volksgemeinschaft! Die Jugend erbebt in hohem, höchstem Gefühl, wenn dieses Wort fällt, denn es ist ihr ein Wort, das schönste Vergangenheit über die entartete bourgeoise Epoche hinweg mit fruchtbar Zukünftigem verbinden soll. Es ist der heilige Wille der Jugend, das Ich münden und sich vollenden lassen im Wir. Denn sie weiß, daß an der Vereinzelung die Welt der Väter zerbrochen ist, nachdem sie sich immer mehr veräußerlicht und liberalistisch verhärtet hatte.«[314] Nur in der Gemeinschaft könne ein Volk und jeder einzelne sich erfüllen und sein Leben steigern. Was diese Welt »der Väter« selbst betraf, so hielt die epigonale Romantik hierfür eine Reihe von Klischees parat, die einprägsame Buntdrucke für den »deutschen Michel« abgaben: die Altvordern, besonders der Germanenzeit und des Mittelalters – man vergleiche hierzu die Bildausstattung der Lesebücher, Geschichtsbücher, der Jugendschriften (etwa der »Jugendlust«), der Zeitschriften für Familie und Haus bis herauf zu den Zigarettenalben und den Werbeschriften der reichsdeutschen Milchversorgung –, waren treue, tapfere Männer (Bamberger Reiter und Ritter), die keusche Frauen (säkularisierte Madonnen im Dürerstil) hatten, oder aber sie waren fromme Mönche, die Dome mit gläubigen Herzen bauten, doch mehr an den Kaiser als an Gott dachten. Gelegentlich waren sie auch tumbe Toren (Parzivale), fast immer Sänger, Minnesänger, Meistersänger. Diese Welt der Flucht und des Traums war rasch durchschritten: sie bestand aus den Bereichen »Aus stolzer Ritterzeit«, »In edlem Sänger-Kreise«, »Deutsches Familienleben«, »Bürgerliche Gesellschaft« und »Mit Gott für König und Vaterland«. In der Karikatur erschien der »deutsche Michel« als Träumer: er träumte vom deutschen Mittelalter, von Kaiserpracht und Kaisergröße, von Minnesängern, von vielen Geldsammlungen für Klöster und Kasernen, für die Walhalla und für die Vollendung des Kölner Doms.[315] Altdeutsche Ideale begleiteten den Menschen in die »Einsamkeit« – »einsam« zu sein war Pendant zur Volksgemeinschaft, das andere Extrem epigonal romantischer Verstiegenheit. Sie »folgen ihm nach in die Feme als Vertraute, raunen ihm aus dem Gewühl Trost und Rat zu, erscheinen als Lichtgestirne in Gefahren, wohnen stellvertretend im Herzen und Gedächtnis, daß er immer, mit sich und seinem Volke einträchtig, seine Lebensbahn durchmesse«. (Fr. L. Jahn)[316]

Des »deutschen Spießers Romantik« hatte im 19. und 20. Jahrhundert eine Reihe von Transformationen zu durchlaufen, bis für den »neuen deutschen Menschen« aus den »Hieroglyphen der Natur« ausgestopfte Tiere, aus Paradoxie und Universalität Rübezahl und aus der« blauen Blume« Enzian geworden war: »[...] saß ich neulich in meiner engen Arbeitsklause [...] zwischen alten Büchern und ausgestopften Tieren in unserem deutschen Riesengebirge, wo die deutsche Romantik von Rübezahl um alte Eiszeitblöcke sang und die blaue Blume des Enzians duftete.«[317]

280 MK, S. 518ff., 371f., 185f., 186, 61, 72, 83, 57.

281 Ehlich, Konrad (Hg.): Sprache im Faschismus, Frankfurt am Main 1989. »Hitler peitscht die Massen mittels entfesselter Leidenschaften an; ihr Denken paralysierend, vermittelt er ihnen als Kompensation einen unerhörten Gefühlsausbruch und er überwältigt seine Zuhörer mit Metaphern und Bildern, schwer erfassbar und dennoch attraktiv, wahrscheinlich gerade auf Grund ihrer Leere.«

282 Zitiert nach: Hohlfeld, Johannes: Dokumente der deutschen Politik und Geschichte von 1848 bis zur Gegenwart, Band 2, Berlin/München 1951, S. 255ff.

283 Preiß, Heinz (Hg.): Adolf Hitler in Franken. Reden aus der Kampfzeit, Nürnberg 1939, S. 144.

284 Domarus, Max: Hitler. Reden und Proklamationen 1932–1945, Band 1, Würzburg 1962, S. 533.

285 Domarus, Max, a.a.O., S. 244.

286 MK, S. 262ff. Dazu Glaser, Hermann: Beim Wiederhören nationalsozialistischer Reden, in: Frankfurter Hefte 6/1959. Glaser, Hermann: Der Führer spricht. Vom kleinbürgerlichen Redestil Hitlers, Rundfunk-Manuskript Radio Bremen, 9. Juni 1964. Kotze, Hildegard/Krausnick, Helmut (Hg.): Es spricht der Führer. Exemplarische Hitler-Reden, Gütersloh 1966. Burke, Kenneth: Die Rhetorik in Hitlers »Mein Kampf« und andere Essays zur Strategie der Überredung, Frankfurt am Main 1967. Grieswelle, Detlef: Propaganda der Friedlosigkeit. Eine Studie zu Hitlers Rhetorik 1920–1933, Stuttgart 1972. Schnauber, Cornelius: Wie Hitler sprach und schrieb. Zur Psychologie und Prosodik der faschistischen Rhetorik, Frankfurt am Main 1972.

287 21. März 1933 – Tag der Nation. Hörberichte, Ansprachen, in: Domarus, Max, a.a.O., S. 228.

288 Trauerfeier der Reichsregierung am Tannenbergdenkmal, in: Domarus, Max, a.a.O., S. 438.

289 Domarus, Max, a.a.O., S. 228.

290 Domarus, Max, a.a.O., S. 711f.

291 Hecht, Martin: Die Stadt, das Bier und der Hass, in: Die Zeit, 13. September 2012.

292 Vgl. Large, David Clay: Hitlers München, München 1998.

293 Hecht, Martin, a.a.O.

294 Rießer, Gabriel: Zu Schillers 100. Geburtstag, Hamburg. 10. Nov. 1859. Zitiert nach Hohlfeld, Johannes, a.a.O., Band 1, S. 85ff.

295 Mann, Thomas: Versuch über Schiller, Frankfurt am Main 1955.

296 Roeder, Peter Martin: Zur Geschichte und Kritik des Lesebuchs der höheren Schule, Weinheim 1961, S. 81.

297 Thamer, Hans Ulrich: Verführung und Gewalt. Deutschland 1933–1945, Berlin 1986. Die vor allem in der deutschen Klassik etwa von Friedrich Schiller philosophisch begründeten Vorstellungen von der ästhetischen Erziehung des Menschen haben Hitler und die Nationalsozialisten auf übelste Weise pervertiert – und durch die Ästhetisierung der Barbarei, welche auch die Banalität des Bösen einschloss, eine Fassade vor ihren Verbrechen aufgebaut. Thamer zeigt das Grundmuster des »Dritten Reiches«, das sich aus Modernität und Tradition, aus Fortschritt und Atavismus, aus Normalität und Verbrechen zusammensetzte. Die Menschen verwirrend und totalitär fesselnd, fügte sich geradezu diabolisch das Gegensätzliche zu einer Gewöhnlichkeit des Monströsen zusammen.

Auch Neue Gesellschaft für Bildende Kunst (Hg.): Inszenierung der Macht – Ästhetische Faszination im Faschismus, Berlin 1987.

298 Über die Rolle Klopstocks, Hamanns, Herders, des Irrationalismus wie Pietismus vgl. die sehr aufschlussreiche Studie von Kaiser, Georg, a.a.O., zu Fichte dort S. 198ff.

299 Vgl. Joachimsen, Paul: Vom deutschen Volk zum deutschen Staat, Göttingen 1956, S. 77.

300 Grimm, Jacob; zitiert nach: Michel, K.M.: Rinnen muß der Schweiß oder Wie wir Schillers 200. Geburtstag feierten, in: Frankfurter Hefte 12/1960, S. 888ff.

301 Geibel, Emanuel: Gesammelte Werke, Band 8, Stuttgart 1883, S. 14.

302 Zitiert nach: Hohlfeld, Johannes, Band 1, a.a.O., S. 85ff.

303 Zitiert nach: Hohlfeld, Johannes, Band 1, a.a.O., S. 40.

304 Zitiert nach: Hohlfeld, Johannes, Band 1, a.a.O., S. 85f.

305 Hofmannsthal, Hugo von: Prosa II, Frankfurt am Main 1951, S. 7.

306 Zitiert nach: Heller, Erich: Karl Kraus, in: Der Monat, 64/1954. Vgl. auch, was die semantische Beeinflussung der Sprache betrifft, Müller, Senya: Sprachwörterbuch im Nationalsozialismus. Die ideologische Beeinflussung von Duden, Sprach-Brockhaus und anderen Nachschlagewerken während des Dritten Reiches, Stuttgart 1994.

307 Schmitt, Carl: Politische Romantik. München, Leipzig 2/1925, S. 228. Vgl. auch den Ausspruch von Ruge, Arnold: [...] wird man ein Volk um so romantischer und elegischer finden, je unseliger sein Zustand ist.« (Zitiert nach: Hauser, Arnold: Sozialgeschichte der Kunst und Literatur, München 1953, S. 182.)

308 Unhaltbar ist meines Erachtens die Definition der Romantik, die Eva Gabriele Reichmann in ihrem Buch »Die Flucht in den Haß – Die Ursachen der deutschen Judenkatastrophe«, erschienen 1956 in Frankfurt am Main, gibt. Sie stellt Aufklärung und Romantik mit Begriffspaaren wie Helle-Dunkel, Klarheit-Unklarheit, Verstand-Gefühl, objektive Normen-Subjektivismus, Formenstrenge-Formlosigkeit gegeneinander. Diese Konfrontation ist freilich richtig, wenn man darunter Aufklärung und epigonale Romantik versteht, denn dahingehend wurde die Romantik fehlinterpretiert: das heißt, man akzeptierte nur die Wesenszüge, die der eigenen Einseitigkeit und Enge entsprachen. Deshalb wurde auch der »letzte Romantiker« Heinrich Heine so bekämpft, weil er in einer Epoche »blühender« epigonaler Romantik stets an die Universalität der Romantik (an Gefühl und Geist, Innerlichkeit und Zersetzung«) erinnerte.

309 Vgl. hierzu auch Schwerte, Hans: Faust und das Faustische. Ein Kapitel deutscher Ideologie, Stuttgart 1962.

310 Zitiert nach: Sontheimer, Kurt: Thomas Mann und die Deutschen, München 1961, S. 92.

311 Zitiert nach: Sontheimer, Kurt, a.a.O., S. 57.

312 Vgl. Roeder, Peter Martin: Zur Geschichte und Kritik des Lesebuchs der

höheren Schule, Weinheim 1961. Ferner: Minder, Robert: Soziologie der deutschen und französischen Lesebücher, in: Döblin, Alfred (Hg.): Minotaurus, Wiesbaden o.J., S.78ff. Killy, Walter: Zugelassen zum Gebrauch in Schulen, in: Neue Hefte. Jg. 3.1956/57, S. 475ff.

313 Vgl. Sontheimer, Kurt: Antidemokratisches Denken in der Weimarer Republik, München 1962, S. 315.

314 Lesser, J.: Von deutscher Jugend, Berlin 1932, S. 132. Zitiert nach: Sontheimer, Kurt, a.a.O., S. 316.

315 Vgl. Goertz, Heinrich: Preußens Gloria. 66 Jahre deutscher Politik 1848–1914 in zeitgenössischer Satire und Karikatur, München 1962, S. 16.

316 Zitiert nach: Roeder, Peter Martin, a.a.O., S. 85f.

317 Bölsche, Wilhelm: Was muß der neue deutsche Mensch von Naturwissenschaft und Religion fordern? Berlin-Charlottenburg o.J., S. 7.

X Sündenbock »Entartete Kunst«

Alles, was künstlerisch außerhalb des durch Erziehung und Milieu herunter ideologisierten Denk- und Gefühlsraums des Durchschnittsbürgers lag – und das war eigentlich alles, was Empathie und humanes Vorstellungsvermögen betraf –, wurde mit dem Verdikt »entartet« stigmatisiert und so zur Verfolgung und Ausmerzung freigegeben. Kunst wurde zum Sündenbock, auf den der ressentiment-zerfressene Kleinbürger die Frustrationen über sein verfehltes Leben ablud.

Aus meinem ganzen Wesen und noch mehr aus meinem Temperament glaubte der Vater den Schluß ziehen zu können, daß das humanistische Gymnasium einen Widerspruch zu meiner Veranlagung darstellen würde. Besser schien ihm eine Realschule zu entsprechen. Besonders wurde er in dieser Meinung noch bestärkt durch eine ersichtliche Fähigkeit zum Zeichnen; ein Gegenstand, der in den österreichischen Gymnasien seiner Überzeugung nach vernachlässigt wurde. Vielleicht war aber auch seine eigene schwere Lebensarbeit noch mitbestimmend, die ihn das humanistische Studium, als in seinen Augen unpraktisch, weniger schätzen ließ. Grundsätzlich war er aber der Willensmeinung, daß, so wie er, natürlich auch sein Sohn Staatsbeamter werden würde, ja müßte. Seine bittere Jugend ließ ihm ganz natürlich das später Erreichte um so größer erscheinen, als dieses doch nur ausschließliches Ergebnis seines eisernen Fleißes und eigener Tatkraft war. Es war der Stolz des Selbstgewordenen, der ihn bewog, auch seinen Sohn in die gleiche, wenn möglich natürlich höhere Lebensstellung bringen zu wollen, um so mehr, als er doch durch den Fleiß des eigenen Lebens seinem Kinde das Werden um so viel zu erleichtern vermochte.

Der Gedanke einer Ablehnung dessen, was ihm einst zum Inhalt eines ganzen Lebens wurde, erschien ihm doch als unfaßbar. So war der Entschluß des Vaters einfach, bestimmt und klar, in seinen eigenen Augen selbstverständlich. Endlich wäre es seiner in dem bitteren Existenzkampfe eines ganzen Lebens herrisch gewordenen Natur aber auch ganz unerträglich vorgekommen, in solchen Dingen etwa die letzte Entscheidung dem in seinen Augen unerfahrenen und damit eben noch nicht verantwortlichen Jungen selber zu überlassen. Es würde dies auch als schlecht und verwerfliche Schwäche in der Ausübung der ihm zukommenden väterlichen Autorität und Verantwortung für das spätere Leben seines Kindes unmöglich zu seiner sonstigen Auffassung von Pflichterfüllung gepaßt haben.
Und dennoch sollte es anders kommen.
Zum ersten Male in meinem Leben wurde ich, als damals noch kaum Elfjähriger, in Opposition gedrängt. So hart und entschlossen auch der Vater sein mochte in der Durchsetzung einmal ins Auge gefaßter Pläne und Absichten, so verbohrt und widerspenstig war aber auch sein Junge in der Ablehnung eines ihm nicht oder nur wenig zusagenden Gedankens. [...]
Auch der nun erfolgende Besuch der Realschule konnte dem wenig Einhalt tun.
Freilich mußte nun aber auch ein anderer Gegensatz ausgefochten werden.
Solange der Absicht des Vaters, mich Staatsbeamter werden zu lassen, nur meine prinzipielle Abneigung zum Beamtenberuf an sich gegenüber stand, war der Konflikt leicht erträglich. Ich konnte solange auch mit meinen inneren Anschauungen etwas zurückhalten, brauchte ja nicht immer gleich zu widersprechen. Es genügte mein eigener fester Entschluß, später einmal nicht Beamter zu werden, um mich innerlich vollständig zu beruhigen. Diesen Entschluß besaß ich aber unabänderlich. Schwerer wurde die Frage, wenn dem Plane des Vaters ein eigener gegenübertrat. Schon mit zwölf Jahren traf dies ein. Wie es nun kam, weiß ich heute selber nicht, aber eines Tages war mir klar, daß ich Maler werden würde, Kunstmaler. Mein Talent zum Zeichnen stand allerdings fest, war es doch sogar mit

ein Grund für den Vater, mich auf die Realschule zu schicken, allein nie und niemals hätte dieser daran gedacht, mich etwa beruflich in einer solchen Richtung ausbilden zu lassen. Im Gegenteil. Als ich zum ersten Male, nach erneuter Ablehnung des väterlichen Lieblingsgedankens, die Frage gestellt bekam, was ich denn nun eigentlich selber werden wollte und ziemlich unvermittelt mit meinem unterdessen fest gefaßten Entschluß herausplatzte, war der Vater zunächst sprachlos.

»Maler? Kunstmaler?«

Er zweifelte an meiner Vernunft, glaubte vielleicht auch nicht recht gehört oder verstanden zu haben. Nachdem er allerdings darüber aufgeklärt war und besonders die Ernsthaftigkeit meiner Absicht fühlte, warf er sich denn auch mit der ganzen Entschlossenheit seines Wesens dagegen. Seine Entscheidung war hier nur sehr einfach, wobei irgendein Abwägen meiner etwa wirklich vorhandenen Fähigkeiten gar nicht in Frage kommen konnte.

»Kunstmaler, nein, solange ich lebe, niemals.« [...]

Schon vor der Jahrhundertwende begann sich in unsere Kunst ein Element einzuschieben, das bis dorthin als vollkommen fremd und unbekannt gelten durfte. Wohl fanden auch in früheren Zeiten manchmal Verirrungen des Geschmackes statt, allein es handelte sich in solchen Fällen doch mehr um künstlerische Entgleisungen, denen die Nachwelt wenigstens einen gewissen historischen Wert zuzubilligen vermochte, als um Erzeugnisse einer überhaupt nicht mehr künstlerischen, sondern vielmehr geistigen Entartung bis zur Geistlosigkeit. In ihnen begann sich der später freilich besser sichtbar werdende politische Zusammenbruch schon kulturell anzuzeigen.

Der Bolschewismus der Kunst ist die einzig mögliche kulturelle Lebensform und geistige Äußerung des Bolschewismus überhaupt.

Wem dieses befremdlich vorkommt, der braucht nur die Kunst der glücklich bolschewisierten Staaten einer Betrachtung zu unterziehen, und er wird mit Schrecken die krankhaften Auswüchse irrsinniger und verkommener Menschen, die wir unter den Sammelbegriffen des Kubismus und Dadaismus seit der

Jahrhundertwende kennenlernten, dort als die offiziell staatlich anerkannte Kunst bewundern können. Selbst in der kurzen Periode der bayerischen Räterepublik war diese Erscheinung schon zutage getreten. Schon hier konnte man sehen, wie die gesamten offiziellen Plakate, Propagandazeichnungen in den Zeitungen usw. den Stempel nicht nur des politischen Verfalls, sondern auch den des kulturellen an sich trugen.
So wenig etwa noch vor sechzig Jahren ein politischer Zusammenbruch von der jetzt erreichten Größe denkbar gewesen wäre, so wenig auch ein kultureller, wie er sich in futuristischen und kubistischen Darstellungen seit 1900 zu zeigen begann. Vor sechzig Jahren wäre eine Ausstellung von sogenannten dadaistischen »Erlebnissen« als einfach unmöglich erschienen, und die Veranstalter würden in das Narrenhaus gekommen sein, während sie heute sogar in Kunstverbänden präsidieren. Diese Seuche konnte damals nicht auftauchen, weil weder die öffentliche Meinung dies geduldet, noch der Staat ruhig zugesehen hätte. Denn es ist Sache der Staatsleitung, zu verhindern, daß ein Volk dem geistigen Wahnsinn in die Arme getrieben wird. Bei diesem aber müßte eine derartige Entwicklung doch eines Tages enden. An dem Tage nämlich, an dem diese Art von Kunst wirklich der allgemeinen Auffassung entspräche, wäre eine der schwerwiegendsten Wandlungen der Menschheit eingetreten; die Rückentwicklung des menschlichen Gehirns hätte damit begonnen, das Ende aber vermöchte man sich kaum auszudenken.
Sobald man erst von diesem Gesichtspunkte aus die Entwicklung unseres Kulturlebens seit den letzten fünfundzwanzig Jahren vor dem Auge vorbeiziehen läßt, wird man mit Schrecken sehen, wie sehr wir bereits in dieser Rückbildung begriffen sind. Überall stoßen wir auf Keime, die den Beginn von Wucherungen verursachen, an denen unsere Kultur früher oder später zugrunde gehen muß. Auch in ihnen können wir die Verfallserscheinungen einer langsam abfaulenden Welt erkennen. Wehe den Völkern, die dieser Krankheit nicht mehr Herr zu werden vermögen! [...]
Als wesentliches Merkmal bei der Beurteilung des Judentums in seiner Stellung zur Frage der menschlichen Kultur muß man sich immer vor Augen halten, daß es eine jüdische Kunst nie-

mals gab und demgemäß auch heute nicht gibt, daß vor allem die beiden Königinnen aller Künste, Architektur und Musik, dem Judentum nichts Ursprüngliches zu verdanken haben. Was es auf dem Gebiete der Kunst leistet, ist entweder Verbalhornung oder geistiger Diebstahl. Damit aber fehlen dem Juden jene Eigenschaften, die schöpferisch und damit kulturell begnadete Rassen auszeichnen. [...]
Wenn man die Größenverhältnisse der antiken Staatsbauten mit den gleichzeitigen Wohnhäusern vergleicht, so wird man erst die überragende Wucht und Gewalt dieser Betonung des Grundsatzes, den Werken der Öffentlichkeit in die erste Stellung zuzuweisen, verstehen. Was wir heute in den Trümmerhaufen und Ruinenfeldern der antiken Welt als wenige noch aufragende Kolosse bewundern, sind nicht einstige Geschäftspaläste, sondern Tempel und Staatsbauten; also Werke, deren Besitzer die Allgemeinheit war. Selbst im Prunke des Roms der Spätzeit nahmen den ersten Platz nicht die Villen und Paläste einzelner Bürger, sondern die Tempel und Thermen, die Stadien, Zirkusse, Aquädukte, Basiliken usw. des Staates, also des ganzen Volkes ein.
Sogar das germanische Mittelalter hielt den gleichen leitenden Grundsatz, wenn auch unter gänzlich anderen Kunstauffassungen, aufrecht. Was im Altertum in der Akropolis oder dem Pantheon seinen Ausdruck fand, hüllte sich nun in die Formen des gotischen Domes. Wie Riesen ragten diese Monumentalbauten über das kleine Gewimmel von Fachwerk-, Holz- oder Ziegelbauten der mittelalterlichen Stadt empor und wurden zu Wahrzeichen, die selbst heute noch, da neben ihnen die Mietskasernen immer höher emporklettern, den Charakter und das Bild dieser Orte bestimmen. Münster, Rathäuser und Schrannenhallen sowie Wehrtürme sind das sichtbare Zeichen einer Auffassung, die im letzten Grunde wieder nur der der Antike entsprach.
Wie wahrhaft jammervoll aber ist das Verhältnis zwischen Staats- und Privatbau heute geworden! Würde das Schicksal Roms Berlin treffen, so könnten die Nachkommen als gewaltigste Werke unserer Zeit dereinst die Warenhäuser einiger

Juden und die Hotels einiger Gesellschaften als charakteristischen Ausdruck der Kultur unserer Tage bewundern. Man vergleiche doch das böse Mißverhältnis, das in einer Stadt wie selbst Berlin zwischen den Bauten des Reiches und denen der Finanz und des Handels herrscht.
Schon der für die Staatsbauten aufgewendete Betrag ist meistens wahrhaft lächerlich und ungenügend. Es werden nicht Werke für die Ewigkeit geschaffen, sondern meistens nur für den augenblicklichen Bedarf. Irgendein höherer Gedanke herrscht dabei überhaupt nicht vor. Das Berliner Schloß war zur Zeit seiner Erbauung ein Werk von anderer Bedeutung als es etwa die neue Bibliothek im Rahmen der Gegenwart ist. Während ein einziges Schlachtschiff einen Wert von rund sechzig Millionen darstellte, wurde für den ersten Prachtbau des Reiches, der für die Ewigkeit bestimmt sein sollte, das Reichstagsgebäude, kaum die Hälfte bewilligt. Ja, als die Frage der inneren Ausstattung zur Entscheidung kam, stimmte das Hohe Haus gegen die Verwendung von Stein und befahl, die Wände mit Gips zu verkleiden; dieses Mal allerdings hatten die Parlamentarier ausnahmsweise wirklich recht gehandelt; Gipsköpfe gehören auch nicht zwischen Steinmauern.[318]

Die Hitlersche Kunstauffassung geht zunächst aus persönlicher Enttäuschung hervor, die auch durch die Auseinandersetzung mit dem patriarchalischen Vater, der den Berufswunsch des Sohnes unterdrücken wollte, geprägt war. Am schwersten wog das Scheitern in Wien bei dem Versuch, an der Akademie der Bildenden Künste ein Studium beginnen zu können. Hitler machte die »Prophezeiungen mit ungenügendem Erfolg«.[319] Frustrationsaggressivität richtet sich nun gegen alle künstlerischen Manifestationen, die seinem kleinbürgerlichen Geschmack nicht entsprachen – eine Abreaktion, die in der »Bolschewisierung« und »Verjudung« der Kunst ihren Hauptfeind sah.

Die bourgeoise Abneigung gegen alle Künstler, welche die »Schmücke-dein-Heim-Idyllik« störten, die generell jenseits des Verständnisvermögens des Spießers lagen, verbindet sich mit Bildungsresten, die von einer Gips-Antike geprägt sind und im Besonderen auf »klassische« Bauwerke rekurrieren. (Hitlers Berufstraum bezog sich auch auf Architektur.) In dem semantisch pauschalen Verdikt »entartet« war beides enthalten: Verdammung als missliebig empfundener Kunst und Orientierung an »sauberer«, reiner, »echter« Kunst, die besonders realistisch-naturalistisch sein musste und postulierten körperlichen Rassemerkmalen huldigte. Mit dem *Mens-sana-in-corpore-sano* zumindest im prägenden Unterbewusstsein ausgestattet, fühlte sich der Kleinbürger Hitler als Verehrer der Antike. Von seinem Geschichtslehrer in Linz sei er zurückgezaubert in vergangene Zeiten und dabei wohl auch für die Antike »zu heller Glut« begeistert worden.[320]

Es ist eine vor allem in Prunkbauten verwirklichte entseelte Welt, in der humane Strebungen keinen Platz haben und Kalokagathia (Schöngutheit) bekämpft wird: Bei der Antike[321] wird das kriegerisch rassistisch geprägte Spartanertum, bei dem das Sterben fürs Vaterland höchste Tugend war, besonders gepriesen, was der Tradition des deutschen Gymnasiums entsprach. Hitler besuchte ein solches zwar nicht, aber dessen Einfluss auf das Bild der Antike, wie es in fast allen Schichten verbreitet war, glich mehr einem Exerzierreglement, als dass es den Humaniora gehuldigt hätte. Die »schwarze Pädagogik« des Nationalismus und Militarismus überlagerte alle Bemühungen um eine »schöne Seele«, die wie Humanität verworfen wurde.

Hitlers wüste Ausfälle gegen die modernen Strömungen der zeitgenössischen Kunst – gegen Expressionismus, Surrealismus, Futurismus, Kubismus, Dadaismus – mag eine Wurzel darin haben, dass diese – im Gegensatz zu seinen Bemühungen – erfolgreich schienen. Vorwiegend aber handelt es sich um die Abreaktionen eines Deklassierten, der alles anfällt, was über den eigenen Verständnishorizont hinausgeht. Kaum zum Reichskanzler berufen, begann Hitler als selbsternannter Praeceptor Germaniae seine schon in »Mein Kampf« dargelegte Kunstauffassung in staatliche Politik umzusetzen. Das Ende der »verjudeten« Kunst sei mit dem »Dritten Reich« gekommen. Angesichts der »krankhaften Auswüchse irrsinniger und verkommener Menschen«[322], sei es nun Sache der Staatsleitung, zu verhindern, dass ein Volk dem geistigen Wahnsinn in die Arme getrieben werde. In der Reichstagsdebatte zum Ermächtigungsgesetz (am 23. März 1933) erklärte er:

Die Kunst wird stets Ausdruck und Spiegel der Sehnsucht und der Wirklichkeit einer Zeit sein. Die weltbürgerliche Beschaulichkeit ist im raschen Entschwinden begriffen. Der Heroismus erhebt sich leidenschaftlich als kommender Gestalter und Führer politischer Schicksale. Es ist Aufgabe der Kunst, Ausdruck dieses bestimmenden Zeitgeistes zu sein. Blut und Rasse werden wieder zur Quelle der künstlerischen Intuition werden.

Hitler liebte den Klassizismus und Romantizismus des ausgehenden 19. Jahrhunderts – abgeklatschte Landschaften, mythologisch verfremdetes nacktes Frauen- und Mannestum, überhaupt kernige Gestalten (muskelstark und geistesschwach), idyllische Stillleben, bäuerliche Genreszenen mit Pferden und anderem Getier, heroische Kampfesszenen mit Schützengraben-Heroismus.

Wegen seines Kunstverständnisses wurde Hitler von der Linken vor seiner Machtübernahme als »Wilhelm III.« bespöttelt. In der Tat war seine Geschmacklosigkeit derjenigen Wilhelms II. ziemlich ähnlich. Zur Eröffnung der 2. Großen Deutschen Kunstausstellung am 10. Juli 1938 (die erste fand 1937 statt, sieben weitere folgten bis 1944) rhapsodierte Hitler:

Mögen Sie alle, die Sie dieses Haus besuchen, nicht versäumen, in die Glyptothek zu gehen, und mögen Sie dann erkennen, wie herrlich schon einst der Mensch in seiner körperlichen Schönheit war und wie wir von Fortschritten nur darin reden dürfen, wenn wir diese Schönheit nicht nur erreichen, sondern wenn möglich noch übertreffen. Mögen aber auch die Künstler daran ermessen, wie wunderbar sich das Auge und das Können jenes Griechen Myron uns heute offenbaren; jenes Griechen, der vor fast zweieinhalb Jahrtausenden das Werk schuf, vor dessen römischem Abbild wir heute in tiefer Bewunderung stehen. Und mögen Sie daraus alle einen Maßstab finden für die Aufgaben und Leistungen unserer eigenen Zeit. Mögen Sie alle zum Schönen und Erhabenen streben, um in Volk und Kunst ebenfalls der kritischen Bewertung von Jahrtausenden standzuhalten.[323]

Hitlers Kunstauffassung inkorporierte nicht nur die engstirnig wilhelminische – nun brutalisiert –, er versammelte in seinen Ressentiments auch Strömungen der Ignoranz, die sich der Kunst gegenüber seit den Anfängen des 19. Jahrhunderts herausgebildet und von den »Agenturen der Gesellschaft«, vor allem über die »schwarze Pädagogik« oktroyiert worden waren.[324]

Klassik hieß Nacktheit – eine Gleichsetzung wie die von Weimar und Potsdam, fürs einfache Gemüt war dies überzeugend, denn der »kulturbewusste« Kleinbürger war sowohl in der Schule als auch beim Museumsbesuch stets auf diese »Tatsache« gestoßen. Während sonst Prüderie und verdrängte Sexualität, die vor allem die zweite Hälfte des 19. Jahrhunderts zunehmend bestimmten, für jeweils »anständige« Bekleidung sorgten, konnte man angesichts von Marmor- und Gipstorsos wie Vollplastiken den Menschen in seiner unverhüllten Leiblichkeit besehen und bewundern: je mehr antik war, desto weniger Schleier und Blätter mussten zur Bedeckung seiner Blößen herangezogen werden. Da man die »normale« Nacktheit als solche nicht mehr wagte, bot sich die klassizistische Ideologie (»die großen Griechen und ihr schöner Leib«) als Ersatz für ein gutes Gewissen an. Die avantgardistischen, antibürgerlichen und somit meist sezessionistischen Kunstrichtungen kämpften sich Schritt um Schritt die Bildfläche für die entideologisierte Nacktheit frei (also nicht mehr »Venus«, sondern schlicht »Badende«!). Die »offizielle«, das heißt von einem breiten Publikum und vor allem von der staatlichen Autorität akzeptierte Kunst blieb der mythologischen Nacktheit verhaftet. Arnold Böcklins »Triton und Nereide« (1875) zeigt beispielsweise die verschiedenen Elemente, die Nacktheit erträglich und sogar verehrenswert machten, sehr deutlich auf: beim Weib gut ausgeprägte sekundäre Geschlechtsmerkmale unter verführerisch durchsichtigem Schleier, beim Mann ahnungsvoll-sehnsuchtsvoll erhobener, blondsträhniger Kopf, alles in mythologischer Verfremdung (Fischleib des Mannes) und doch streng naturalistisch.[325] »Wie will ich mich freuen, wenn ich einmal unter Menschen komme, die nackend gehen. Und wo ich nackend gehen kann!«[326] – der Wunschtraum Johann Jakob Heinses, des Sturm-und-Drang-Dichters, der für viele postpubertile Fantasien des 19. Jahrhunderts verantwortlich gemacht werden kann, blieb zunächst unerfüllt: es waren eben keine Menschen, denen die Nacktheit erlaubt wurde, sondern entrückte Götter oder Halbgötter, Lebewesen »goldener Zeitalter«, Bewohner des Olymps oder Walhallas, Allegorien von »Nacht«, »Tag«, »Sonne«, »tote Krieger« und so fort.[327] Das war auf der einen Seite eine Einschränkung des eigenen Trieblebens, bedeutete aber auf der andern eine Erhöhung des Leibes, die geradezu Bildungsroutine wurde, sich in einigermaßen abgeschmackten Metaphern (»erhabener Leib«, »göttlicher Busen«) niederschlug und somit dem künstlerischen und später dem realen Leibkult einen von vornherein in der Hierarchie der »Werte« hoch oben stehenden Platz (sozusagen mytho-ästhetischer Art) einräumte. Das galt für die Durchschnittspsyche; selbst Fotografien zur Werbung für Reformkleidung waren um die Jahrhundertwende meist kombiniert mit Abbildungen hellenischer Göttergestalten[328] – und das galt für die esoterischen Kreise der Männerbünde, deren Leibvergottung – etwa bei Hans Blüher[329] oder Stefan George[330] – ins völlig Maßlos-Geschmacklose stieg.

Der Gedanke der Kalokagathie (der Harmonie von Seele und Leib, des erwünschten Zusammenklangs einer schönen Seele mit einem schönen Körper), von der Klassik aus der Aufklärung übernommen und weiterentwickelt, erfuhr schon bald im 19. Jahrhundert eine stark aufs Körperhafte bezogene Auslegung. Verhängnisvoll unterstützt wurde eine solche Fehlinterpretation durch die Weltanschauung der Turnerbewegung und zudem über Schule, Korporationen und Festvorträge.

Ein schöner Körper wurde als Beweis für »moralische Sauberkeit« empfunden, alabasterne oder marmorne Weiße als seelische Reinheit interpretiert. Angesichts wohlscheinender Proportionalität verstummte die Frage nach Beseelung und Durchgeistigung. Das »farbige Geschwätz« der mythologisch posierenden Kunst des Fin de siècle (blühende Wiesen mit blumenstreuender Flora, nackte Frauen an Quellen, durch die Haine schreitende Halbgötter, Nymphen und Najaden hinter Büschen, in den Astgabeln die Faune) griff zwar vom Titel her noch Themen auf, die »Seelisches« anrührten – auch Gefährdung und Problematik bedeuteten. Doch Franz von Stucks Bild »Die Sünde« etwa – um von letzterem ein Beispiel zu geben – war nicht wirklich eine Auseinandersetzung mit der Sünde und ihrer

»Schwerkraft«, sondern nur ästhetisch-erotische Attraktion: reizvoll – Boudoir- beziehungsweise Schlafzimmerkunst. Stuck wollte eben »Schönes schaffen zum Schmucke des Lebens«.[331] Die ästhetische Pose griff dabei vom Bild auf den Maler über; er selbst wollte »schön« sein wie die Kunst, die er schuf. So haben Franz von Stuck und Franz von Lenbach einen besonderen Ritus des Malens entwickelt, der Räucherkerzen und Gehrock einschloss und sich in einem Atelier vollzog, das den Plüschwohnstil maßgebend beeinflusste (besonders berühmt Hans Makarts Wiener Atelier). Der prunkvolle Dekor umfasste Samt, Seide, Waffen, Geschmeide, Brokat, Spitzen, Perserteppiche, Gobelins; der Schönheitswert solcher Utensilien war umso höher, je gehäufter sie in Erscheinung traten und je weniger man sie für irgendetwas praktisch gebrauchen konnte. Wer den »Festsaal« oder »Dom« der Kunst betrat, am »Altar der Kunst« niederkniete – für den konnte auch eine »schwarze Messe« zelebriert werden. Wer die »Schönheit angeschaut mit Augen«, der war ihr »auf immerdar verfallen« und was von einem ästhetischen Schmelz überzogen war, erschien schön, auch das Niedrige oder Gemeine. Die »dekorative Kunst« dieser Zeit, die Nietzsche anprangerte, war somit eine zumindest potentiell höchst unmoralische Kunst, da sie den Schein zum Sein erhob, durch den Schein das eigentliche Sein (etwa der Sünde) ins Gegenteil verfälschte, »kunstvolle« Fassaden schuf, hinter denen sich die Kräfte der Barbarei formieren konnten.

Der an der bildenden Kunst ablesbare Vorgang der Perversion des Schönheitsbegriffs findet seine Entsprechung in der Literatur und Musik. Lyrik, Epik, Dramen wurden nach dem »Goldenen Schnitt« konstruiert, Stimmung, Handlung, Sprache sollten Manifestationen des Edlen, Erhabenen sein, freilich nicht des wirklich Edlen und Erhabenen: sie waren große Gebärde, die sich edel und erhaben gab.

Stefan George, um einen der weniger Inferioren zu erwähnen, rückte die »Unbefleckten und Makellosen« in den Mittelpunkt seiner Dichtung. Nach F. Wolters ist Georges Algabal dem Gesetz der »Hoheit und Einzigkeit« unterstellt, denn er will nämlich lieber den Mord als die »leise, selbst ungewollte Antastung der Würde«.[332] Mit einem Kleid aus »blauer serer-seide/Mit sardern und safiren übersät/In silberhülsen säumend aufgenäht/Doch an den armen hat er kein geschmeide« – so lässt der Dichter seinen spätrömischen Kaiser-Helden auftreten.

»Er lächelte sein weisser finger schenkte
Die hirsekörner aus dem goldnen trog
Als leis ein lyder aus den säulen bog
Und an des herren fuss die stirne senkte.
Die tauben flattern ängstlich nach dem dache
›Ich sterbe gern, weil mein gebieter schrak.‹
Ein breiter dolch ihm schon im busen stak
Mit grünem flure spielt die rote lache.«

Der sadistische Täter als Lichtgestalt dargeboten – weiter konnte der Ästhetizismus kaum getrieben werden! Das waren die dichterischen Allüren des Dandys (des mit einem épater le bourgeois von seiner Kleinbürgerlichkeit ablenkenden Parvenüs), der »Schöngeistigkeit« mit »Schönleiblichkeit«, »edel« mit Edelstein, »würdevoll« mit Zylinder, Gehrock, Monokel und Weihrauchkorn auf der brennenden Zigarette verwechselte.[333]

Diese »in selbstgefällige Form gefaßte Leere« (Bertolt Brecht) taucht in der Musik bei Wagner auf, der sich nicht von ungefähr Ludwig II. so tief verbunden fühlte. Ob »Algabal«, Schloss Linderhof oder »Tristan« – sie sind gleichermaßen geprägt durch einen geradezu manischen Drang nach Schönheit, die mit einer Verdrängung der Wahrhaftigkeit Hand in Hand geht. Die unredlichen, weil betäubenden beziehungsweise verführerischen musikalischen Mittel, die Wagner aufwendet, hat Thomas Mann in seiner Novelle »Tristan« sehr überzeugend sichtbar gemacht – wobei er die Tonflut in Form einer Wortrhapsodie nachzeichnet: »O sink hernieder, Nacht der Leiber, gib ihnen jenes Vergessen, das sie ersehnen, umschließe sie ganz mit deiner Wonne und löse sie von der Welt des Truges und der Trennung [...] und es erfolgte zu Brangänens dunklem Habet-Acht-Gesang jener Aufstieg der Violinen, welcher höher ist als alle Vernunft [...].«[334] Wie schön (und nicht: wie wahr!) ist der beim pseudogebildeten oder verbildeten Publikum provozierte Gefühlsreflex – auch in der Musik die Regression des Geistes zugunsten leiblich-sinnlicher Euphorie – eine Musik, die nicht klärt, sondern betäubt!

Ein Grundgedanke der Klassik wurde durch den Ästhetizismus zurückgenommen, eine der tiefsten Definitionen des Schönen hinwegromantisiert. Für Schiller war der ästhetische Weg ein Weg zur Freiheit, da ihm Schönheit nicht ohne Wahrheit und Wahrheit nicht ohne Freiheit (Fähigkeit des Menschen, sich von der Stofflichkeit und Schwerkraft des Lebens zu lösen!) möglich schien. Zugleich aber galt ihm die Schönheit als ein Bindeglied zwischen der Welt der Ideen und der sinnlichen Welt: Sein und Schein in vollendeter Einheit. »Durch die Schönheit wird der sinnliche Mensch zur Form und zum Denken geleitet; durch die Schönheit wird der geistige Mensch zur Materie zurückgeführt und der Sinnenwelt wiedergegeben.«[335] Dort, wo der Mensch die »innige Übereinstimmung« zwischen seinen beiden Wesen natürlich (naturhaft) besitzt, ist er anmutig, dort, wo er sich zu dieser Einheit durchringt, zeigt er Würde.

Anknüpfend an die Fehlinterpretation des klassischen Schönheitsbegriffs im 19. und 20. Jahrhundert, dekretierten die Nationalsozialisten eine Ästhetik der leeren Formen – Proklamation des »nationalsozialistisch-griechischen Körpers«, mit einer »Anmut«, die in Wirklichkeit Brutalität bedeutete, und einer Würde, die sich als ein auf Anatomie gegründeter Rassenhochmut gab. Die Anatomie entschied – »niemals war die Menschheit der Antike näher als heute.« (Hitler)[336] Dem entsprach auch Rosenbergs Deutung des Griechentums – soweit dieses nordisch-arisch und noch nicht demokratisch-semitisch verseucht gewesen sei: »Schönheit, der griechische Zuchtbegriff!«[337] Im Namen der Klassik wurde die Klassik aufgehoben: Der Mensch war schön, um zur rassischen Begattung anzureizen. Die »arteigene« NS-Kunst hat denn auch mit der jeder Pornographie eigenen Monotonie die NS-Kunsttempel mit Zuchtidealen männlicher und weiblicher Spezies eifrig beschickt.[338] »Wir sind nicht prüde«, meinte Goebbels. Biologistische Machwerke, wie Arnold Brekers stiernackige Skulpturen, fanden höchste Anerkennung. Die Parodie hat »geartete Kunst« am trefflichsten gekennzeichnet: So galt Adolf Ziegler als der »Maler des deutschen Schamhaares«, Arnold Brekers Plastiken des deutschen Mannes – alle mit dem gleichen brutal-nichtssagenden Gesichtsausdruck – stellten ins Ideologisch-Kolossale gesteigerte NS-Tarzan-Typen dar.[339]

Zu einer solchen Kunst fiel dem Kunstkritiker, der noch etwas mehr als Rassist oder Nationalsozialist sein wollte, kaum ein Gedanke ein. Die reine »Bestandsaufnahme« konnte so von den »Eingeweihten« als Zeichen der Kritik, ja des Widerstandes verstanden werden. In diesem Sinne schrieb etwa Gert H. Theunissen in der »Kölnischen Zeitung« zur Ausstellung von 1938: »Dieses Mal ist es nicht Terpsichore, sondern eine lebensgroß dargestellte Göttin der Kunst, die Zieglers Lob schöner Nacktheit kündet. Wieder ist die Wirklichkeit so haargenau getroffen, daß man glauben möchte, diese gepflegte Rosenwangige habe soeben die leichte Last der Kleider abgeworfen. Ihre Nacktheit, deren sorgfältige Ausführung die Luft warmen Lebens atmet, birgt in den opalisierenden Fleischtönen mancherlei Reize. [...] Die Plastik ist weitaus geringer vertreten als die Malerei, aber auch sie bringt Werke eigenartiger Auffassung. Wieder, wie im letzten Jahre, ist Josef Thorak von allen Plastikern der Zahl der ausgestellten Werken nach am stärksten vertreten. Die riesige Bronzefigur eines muskulösen Mannes, der in der linken Hand eine Weintraube hält, hat die ebenso muskulöse schwerhüftig gestraffte Gestalt eines Weibes, das der Künstler ›Gastlichkeit‹ nennt, zum Gegenstück erhalten. Die in ihren hocherhobenen Händen einen Kranz haltende Figur einer sehr massiven nackten Frau, ›Bekrönung‹ geheißen, stemmt sich mit beiden Füßen rückwärts gegen einen Sockel: dadurch will der Bildhauer den Eindruck erzielen, als ob die mächtige Gestalt schwebe [...].«[340]

Nach Hitler müsse die Erziehung den Körper stählen, andererseits die Kunst den gesunden Leib ehren, indem sie ihn abbilde. Das konnte man auf die Formel bringen: Turner male, Maler turne! Vor allem aber war das Volk in eine Masse stiernackiger geist- und seelenloser Gefolgsleute zu verwandeln und so war endlich und endgültig die demokratisch-aufklärerische ästhetische Erziehung des Menschen als Degeneration zu überwinden.

Der »Führer« fand für seinen Körperkult in München die Stadt seiner Bewegung – den Topos für sein seelenloses, Schönheit huldigendes Menschenbild. »Im Frühjahr 1918 kam ich endgültig nach München.« Enthusiastisch feiert er sie als Metropole deutscher Kunst. »Man hat nicht nur Deutschland nicht gesehen, wenn man München nicht kennt, nein, man kennt vor allem die deutsche Kunst nicht, wenn man München nicht sah.«[341] Diese Begeisterung, bei dem ihm freilich stilistisch die »Nicht« etwas davongaloppierten, ist durchaus verständlich, wenn man sich vergegenwärtigt, dass die Goldschnitt-Malerei und -Literatur des 19. Jahrhunderts vor allem in München ihren Mittelpunkt hatte und seit Ludwig I. das »goldene München«, das Isar-Athen, entstand (klassizistisches Lebensgefühl in eine entsprechend fragwürdige Architektur umgesetzt wurde). Zudem bot die Stadt hinter der ästhetischen Glasur des Klassizismus die brodelnde Atmosphäre rohester Folklore und eine reiche Auswahl an rassisch-nationalistisch-kosmisch orientierten Bohemezirkeln (mit entsprechenden Traktätchen).[342] »Eine deutsche Stadt! Welch ein Unterschied gegen Wien. Mir wurde schlecht, wenn ich an dieses Rassenbabylon auch nur zurückdachte.«[343] Hier konnte sich der deklassierte, artistisch versagende, aber kunstideologisch sehr regsame namenlose Hitler einigermaßen wohl fühlen. »Des Führers Dank« konnte die Stadt später einheimsen. In Anknüpfung an »große Vorbilder« – und nach dem Motto, dass »Monumentalbauten keine Häuser, sondern steinerne Ideen einer Gemeinschaft seien«[344] – baute Hitler monumental weiter. Auch die NS-Innenarchitektur bezog aus der Münchner Plüschatmosphäre des 19. Jahrhunderts entscheidende Anregungen: das ergab (erstmals im »Braunen Haus«, dann auf dem Obersalzberg und in der Reichskanzlei) eine Mischung von »Mitropa-« und »Brauhaus«stil – von steril-aufwendiger Erster-Klasse-Coupé-Atmosphäre und »gescherter« Volkstümlichkeit, Pendant zur »Bäuerlichen Venus« eines Sepp Hilz. So scheint es durchaus sinnvoll, dass die »nackte Klassik« der Nationalsozialisten ihre »geschichtliche Heimstätte« in München erhielt und dort »entartete Kunst« besonders vehement diffamiert wurde.

Die Verherrlichung des Leibes und der wohlproportionierten Nacktheit fand ihr Gegenstück in der Ablehnung des »hässlichen« Körpers sowie des »Hässlichen« in der Kunst schlechthin. »Hässlich« war alles, was der Vorstellung von polierter Glattheit, seichter Problemlosigkeit und oberflächlich-optimistischer Lebenshaltung nicht entsprach. Für das kleinbürgerliche Bewusstsein war Kunst Teil der Wohnkultur: Bilder über Kanapee und Ehebett – Ikonen bürgerlicher Ruhe und Lust. Jede Gefährdung dieses ästhetischen Kuhglücks durch Maler oder Dichter, welche die »andere« Seite des Lebens darstellten oder in ihre Darstellung einbezogen, wurde als geradezu persönliche Beleidigung empfunden und mit geifernder Leidenschaft bekämpft. »Ich meine, man wird den Mut haben müssen [...], kaltblütig von der öffentlichen Verbreitung in jeder Form alles auszuschließen, was sich der Maske der Kunst bedient«, forderte Heinrich Class 1912. Reine Kunst wolle man und nicht Bilder, die »kranken Neigungen frönten«.[345] Class hielt den Kaiser auch in diesem Punkt für zu schwach, zu wenig konservativ. Doch abgesehen davon, dass Wilhelm II. persönlich wie mit seinem Hofstaat in Fragen des schlechten Geschmacks allen voranging, er hatte zudem des Öfteren programmatisch jede »Rinnsteinkunst« kategorisch abgelehnt. »Beim Anblick der herrlichen Überreste aus der alten klassischen Zeit überkommt einem auch wieder dasselbe Gefühl; hier herrscht auch ein ewiges, sich gleichbleibendes Gesetz: das Gesetz der Schönheit und Harmonie, der Ästhetik [...]. Unter diesem Eindrucke möchte ich Ihnen dringend ans Herz legen: noch ist die Bildhauerei zum größten Teil rein geblieben von den sogenannten modernen Richtungen und Strömungen, noch steht sie hoch und hehr da [...]. Eine Kunst, die sich über die von mir bezeichneten Gesetze und Schranken hinwegsetzt, ist keine Kunst mehr, sie ist Fabrikarbeit, ist Gewerbe, und das darf die Kunst nie werden [...]. Wer sich [...] von dem Gesetz der Schönheit und dem Gefühl für Ästhetik und Harmonie, die jedes Menschen Brust fühlt, ob er sie auch nicht ausdrücken kann, loslöst [...], der versündigt sich an den Urquellen der Kunst [...]. Uns, dem deutschen Volk, sind die großen Ideale zu dauernden Gütern geworden, während sie anderen Völkern mehr oder weniger verlorengegangen sind [...]. Die Pflege der Ideale ist zugleich die größte Kulturarbeit [...]. Das kann sie nur, wenn die Kunst die Hand dazu bietet, wenn sie erhebt, statt daß sie in den Rinnstein niedersteigt [...]. Mögen Sie auf dieser Höhe stets stehenbleiben, mögen auch Meinen Enkeln und Urenkeln, wenn sie Mir dereinst erstehen werden, die gleichen Meister zur Seite stehen.«[346] Wilhelm II. verachtete die Lyrik, soweit sie nicht patriotischer Art war, und die meiste andere Literatur, die er für unnütz und unsittlich hielt. Er schuf den Entwurf zu dem Bild »Völker Europas, wahret Euere heiligsten Güter« (mit Königsburgen, Speerjungfrauen, Schlachtengott und Schlachtenkreuz sowie einem gefiederten Siegfried), komponierte den »Sang an Ägir« und dirigierte die Eulenburgschen Rosenlieder – alles Zeichen eines repräsentativen konservativen schlechten Geschmacks.[347]

Hinter dem Schild staatlicher Begünstigung fanden sich zum ästhetischen Konservatismus all diejenigen zusammen, die oberflächliches Glück und zufriedene Alltäglichkeit, bäuerische und spießerliche Gesundheit, mythologische »Reinheit und Sauberkeit«, alles in allem: wilhelminische Saturiertheit mit »zierlichem Pinsel« nachzumalen verstanden. Vom Stil her gesehen kam nur Naturalismus (photographischer Realismus) in Frage, was auch weltanschaulich begründet werden konnte: »Echte germanische Kunst ist naturalistisch; wo sie es nicht ist, ist sie durch äußere Einflüsse aus ihrem eigenen, geraden, in den Rassenanlagen deutlich vorgezeichneten Wege hinausgedrängt worden.«[348]

Der Forderung nach Sauberkeit und Klarheit genügten in der »schönen« Literatur vor allem die Dichter der »deutschen Innerlichkeit«. Besonders aufschlussreich ist in diesem Zusammenhang das Schullesebuch, da hier jeweils der Keim für das kleinbürgerliche Literatur»verständnis« gelegt wurde. Uhland etwa galt als »Klassiker«. Als die erste Ausgabe seiner »Lieder« (1815) erschien, ereignete sich der fatale Druckfehler, dass im ersten Satz aus dem Wort »Lieder« (»Lieder sind wir. Unser Vater schickt uns in die offene Welt«) ein: »Leder sind wir« geworden war – was man als einigermaßen zutreffend bezeichnen kann (wobei Egon Friedell, dem diese Anekdote zu danken ist, in »Goldledertapeten« mildert.[349]) Uhland schöpfte die Poesie, so meinten die Schullesebuch-Editoren, »aus den Quellen des eigenen Volkstums [...] und stellte sie so voll und ganz auf nationalen Boden«. Er sei der »Walther der Neuzeit«; gleich neben ihm stünde, als einer »der größten Lyriker aller Zeiten«, Rückert, dessen romantisch-epigonales Werk mit seinem »Innig, sinnig, minnig« in der Tat dem Zeitgeist ebenfalls gut entsprach.

Als am 12. April 1913 das Preußische Abgeordnetenhaus an Hand von Reproduktionen der Sonderbund-Ausstellung zu Köln und einiger Nummern der Zeitschrift »Sturm« sich mit moderner Kunst beschäftigte, dabei die »krankhafte Entwicklung der bildenden Künste« beanstandet und herausgestellt wurde, dass es »Ziel und Aufgabe der wahren Kunst sei, das Schöne und Erhabene in der Natur und im Menschenleben zu schildern« (der »kranken Kunst« dürfe man keine Förderung mehr zuteilwerden lassen – »Bravo!«), widersprach von den vierhundertdreiundvierzig Abgeordneten keiner.[350]

Als Hitler am 23. März 1933 vor dem deutschen Reichstag in der Regierungserklärung zum Ermächtigungsgesetz ausführte, dass die neue deutsche, nationalsozialistische Kunst der »Erhaltung der im Wesen unseres Volkstums lebenden Ewigkeitswerte« zu dienen habe (»Blut und Rasse werden wieder zur Quelle der künstlerischen Intuition«), widersprach ebenfalls keiner der anwesenden Parlamentarier; die Sozialdemokraten lehnten freilich – aus anderen Gründen – das »Ermächtigungsgesetz« ab. Beides sind sehr aufschlussreiche Zeichen nicht nur für die politische, sondern vor allem auch ästhetische Unmündigkeit der deutschen Parlamentarier gewesen! Hitler hatte somit auch als »Künstler« gesiegt. Es war der Triumph eines an sich künstlerisch Gescheiterten, der diesen als große Ungerechtigkeit empfundenen Makel gigantomanisch zu kompensieren und zu rächen versuchte.

Wie weiland die heilige Jungfrau von Orleans (so malte ihn Hubert Lanzinger!) ritt Hitler par force alles nieder, was sich seinem »sauberen und klaren Kunstverstand« in den Weg stellte. Mit der Eröffnung der Großen Deutschen Kunstausstellung in München war das Ziel erreicht, die Trennung in eine arteigene saubere und eine entartete hässliche Kunst wurde allen sichtbar gemacht: im »schönen« Haus (Haus der Deutschen Kunst) war die schöne, im »hässlichen« Haus (Hofgartengebäude) die hässliche Kunst aufgehängt.[351] »Sie sehen um uns herum diese Ausgeburten des Wahnsinns, der Frechheit, des Nichtkönnertums und der Entartung«, erklärte Professor Ziegler, der Präsident der Reichskammer der bildenden Künste, als er NS-Führer mit Adolf Hitler an der Spitze durch die Ausstellung führte.[352] Hitler witzelte bei der Eröffnungsansprache über die Künstler, welche die Gestalten des Volks nur als verkommene Kretins sähen, grundsätzlich Wiesen blau, Himmel grün, Wolken schwefelgelb und so weiter malten und ersichtlich – nun kam eine höchst aufschlussreiche Fehlleistung! – »an Sehvermögen litten« (sic!).[353] Da »Deutschsein klar sein« bedeute, müsse die Kunst gleichermaßen deutsch-klar und deutsch-sauber sein. »Eine Kunst, die nicht auf die freudigste und innigste Zustimmung der gesunden breiten Masse des Volkes rechnen kann, ist unerträglich.« Die 900 Werke der ersten Ausstellung waren dementsprechend ausgewählt (und das änderte sich auch in den nachfolgenden Ausstellungen nicht!): 40 % Landschaften, 20 % Frauen- und Mannestum (aus- und angezogen), 10 % Tiere, 7 % Stillleben, 7 % Bauern und so weiter – alles heroisch oder idyllisch, niedlich oder rassisch – »schön und klar« wie die allegorische Figur »Das Dritte Reich« von Richard Klein, die nackt und bloß, auf kahlem Gestein, mit Fackel, Hakenkreuzfahne und Reichsadler, muskelstark und geistesschwach einer »schöneren Zukunft« entgegenstierte.

Die Motive und Themen der Bilder blieben durch alle NS-Ausstellungen hindurch gleich: Führerbilder, Gestalten der HJ, SA, SS, des Militärs, zum Ausgleich Landschaften, Bilder von Braunau (dem Geburtsort Hitlers), dann Bauern und Zuchtvieh, antike und ländliche Nackedeis und so weiter. »Wir haben«, meinte Joseph Goebbels anlässlich der Tagung der Reichskulturkammer in Berlin am 1. Mai 1939, »in unseren kulturellen Leistungen der Demokratie gegenüber einen Vorsprung errungen, der gar nicht mehr einzuholen ist. [...] Eine der Schönheit und Harmonie dienende deutsche Malerei, eine junge revolutionäre und schöpferische Plastik und vor allem eine Architektur, die mit ihren monumentalen Bauten, Projekten und Entwürfen bereits ein ganzes Volk in Atem hält.«[354]

Die Ausstellung »Entartete Kunst« wurde auch in anderen Städten gezeigt und fand insgesamt großen Zulauf. Auf Anweisung von Goebbels war Adolf Ziegler beauftragt worden, »die im deutschen Reichs-, Länder- und Kommunalbesitz befindlichen Werke deutscher Verfallskunst seit 1910 auf dem Gebiete der Malerei und der Bildhauerei zum Zwecke einer Ausstellung auszuwählen und sicherzustellen«. Ziegler, ein mittelmäßiger Maler, war 1933 von Hitler zum Professor an der Münchner Kunstakademie und Sachverständigen der NSDAP ernannt worden. Von 1936 bis 1941 fungierte er als Präsident der Reichskammer der bildenden Künste. Der Volkswitz, dessen Äußerungen im »Dritten Reich« bekanntlich mit schwersten Strafen geahndet wurden, bemerkte zu Zieglers Wirken für die Kunst: »Kennst Du das Haus: auf Säulen ruht kein Dach,/von Blut und Boden strotzet das Gemach/und Zieglers nackte Mädchen sehn Dich an:/Was hat man dir, du arme Kunst, getan?«[355]

Unterstützt von einem fünfköpfigen Ausschuss ließ er in ganz Deutschland alle ihm als »entartet« erscheinenden Werke beschlagnahmen und nach München bringen. Das waren Bilder von über 100 Künstlern – darunter Ernst Barlach, Willi Baumeister, Max Beckmann, Georges Braque, Marc Chagall, Lovis Corinth, Otto Dix, Max Ernst, Lyonel Feininger, George Grosz, Erich Heckel, Karl Hofer, Wassily Kandinsky, Ernst Ludwig Kirchner, Paul Klee, Oskar Kokoschka, Wilhelm Lehmbruck, Max Liebermann, August Macke, Franz Marc, Paula Modersohn-Becker, Otto Mueller, Edvard Munch, Ernst Wilhelm Nay, Emil Nolde, Max Pechstein, Pablo Picasso, Oskar Schlemmer, Karl Schmidt-Rottluff. »Die Gemälde waren, wie von Narrenhand, ohne Sinn und Verstand ringsum verteilt, möglichst dicht in einem wüsten Über- und Nebeneinander, hoch und tief, wie es gerade traf [...] versehen mit aufhetzenden Unterschriften, ›Erläuterungen‹ oder unflätigen Späßen.«[356] Zieglers geifernde Eröffnungsansprache ist eines der erbärmlichsten Zeugnisse der durch die Nationalsozialisten deutscher und internationaler Kunst angetanen Schmach. »Wir befinden uns in einer Schau, die aus ganz Deutschland nur einen Bruchteil dessen umfaßt, was von einer großen Zahl von Museen für Spargroschen des deutschen Volkes gekauft und als Kunst aufgestellt worden war. Sie sehen um uns herum diese Ausgeburten des Wahnsinns, der Frechheit, des Nichtkönnertums und der Entartung. [...] Es sind die hier gezeigten Produkte allerdings nur ein Teil in den vorgenannten Anstalten noch vorhanden. Es hätten Eisenbahnzüge nicht gereicht, um die deutschen Museen von diesem Schund auszuräumen. Das wird noch zu geschehen haben, und zwar in aller Kürze. [...] Es muß einem das Grauen kommen, wenn man als alter Frontsoldat sieht, wie der deutsche Frontsoldat beschmutzt und besudelt wird, oder wenn in anderen Werken die deutsche Mutter als geile Dirne oder als Urweib und im Gesicht mit dem Ausdruck einer stupiden Blödheit durch solche Schweine verhöhnt wird. – Es fehlt mir hier die Zeit, um alles das Ihnen, meine Volksgenossen, vorführen zu können, was diese Burschen im Auftrag und als Schrittmacher des internationalen Judentums an Verbrechen an der deutschen Kunst sich erlaubten. Niedrigstes und Gemeinstes waren hohe Begriffe. Die ausgesuchteste Häßlichkeit wurde zum Schönheitsideal. [...] Die Geduld ist nunmehr für alle diejenigen zu Ende, die sich innerhalb der vier Jahre nationalsozialistischer Aufbauarbeit auf dem Gebiet der bildenden Kunst nicht eingereiht haben. Das deutsche Volk mag sie richten, wir brauchen dieses Urteil nicht zu scheuen. Es wird, wie in allen Dingen unseres Lebens, so auch hier sehen, daß es rückhaltlos dem Manne vertrauen kann, der heute sein Führer ist und weiß, welchen Weg die deutsche Kunst zu gehen hat, wenn sie ihre große Aufgabe, Künderin deutscher Art und deutschen Wesens zu sein, erfüllen will.«[357]

Mit der Eröffnung der Ausstellung »Entartete Kunst« war auch die Einweihung des »Hauses der Deutschen Kunst« verbunden.[358] Diese begann am 18. Juli mit einem Festzug unter dem Motto »2000 Jahre deutscher Kunst«.[359] Weihestimmung habe sich unter dem wartenden Menschenmeer verbreitet. »Um so kräftiger entrang sich den Herzen die Freude, als der Führer eintraf.« Gauleiter Wagner hat ihm dann melden können, »dass das deutsche Künstlertum in noch nie dagewesenem Ausmaß in München angetreten sei zur Weihe des Hauses, erbaut aus Opfern deutscher Volksgenossen«. Unter großem Jubel verkündete Hitler dann den »unerbittlichen Säuberungskrieg gegen die letzten Elemente unserer Kulturzersetzung«. Hoch gingen die »Wellen des Jubels« – erst recht am Nachmittag, als Fanfarenstöße den Festzug »Zweitausend Jahre deutsche Kunst« ankündigten. Etwas ähnliches, »so groß, so glanzvoll gestaltet, so reich an künstlerischem Wollen und Können, so echt im verwendeten Material, so wertvoll in der Auswahl der mitwirkenden Pferde«, habe München noch nicht gesehen, berichteten die »Münchner Neuesten Nachrichten«. Neben den Pferden, die eine goldene monumentale Hakenkreuz-Sonne zogen, wirkten rund 2800 Menschen mit. »Als lebende Kunstwerke stellten sie Priester, Seherinnen, Spinnerinnen der germanischen Urzeit dar; man konnte Sonnen- und Mondgott, ein Wikingerschiff, Kaiser Karl den Großen und Heinrich den Löwen, beide hoch zu Ross ›auf altgestickter Schabracke‹ sitzend, Grenadiere aus Preußens großer Zeit, die Helden der Wagner-Opern, und schließlich die neue

Zeit mit riesigen Hoheitszeichen, mit Symbolen von ›Opfer, Glaube, Treue und Mutter Erde‹, und schließlich ›die ehernen Bataillone der Wehrmacht und der Bewegung‹ bewundern. So perfekt war die Organisation, dass am Schlusspunkt Männer der Feuerwehr bereitstanden, um die Fackeln von 400 Trägern abzulöschen.«

Am Tag darauf hielt Hitler dann eine programmatische Rede, bei der er unter anderem seinen »unabänderlichen Entschluss« verkündete,

> [...] *genau so wie auf dem Gebiet der politischen Verwirrung, nunmehr auch hier mit den Phrasen im deutschen Kunstleben aufzuräumen. »Kunstwerke«, die an sich nicht verstanden werden können, sondern als Daseinsberechtigung erst eine schwulstige Gebrauchsanweisung benötigen, um endlich jenen Verschüchterten zu finden, der einen so dummen oder frechen Unsinn geduldig aufnimmt, werden von jetzt ab den Weg zum deutschen Volke nicht mehr finden!*
> *Alle diese Schlagworte wie: »Inneres Erleben«, »eine starke Gesinnung«, »kraftvolles Wollen«, »zukunftsträchtige Empfindung«, »heroische Haltung«, »bedeutsames Einfühlen«, »erlebte Zeitordnung«, »ursprüngliche Primitivität« usw., alle diese dummen, verlogenen Ausreden, Phrasen oder Schwätzereien werden keine Entschuldigung oder gar Empfehlungen für an sich wertlose, weil einfach ungekonnte Erzeugnisse mehr abgeben.* [...]
> *Es muß daher ein Künstler, der damit rechnet, in diesem Haus zur Ausstellung zu kommen oder überhaupt noch in Zukunft in Deutschland aufzutreten, über ein Können verfügen. Das Wollen ist doch wohl von vornherein selbstverständlich!*
> *Denn es wäre schon das Allerhöchste, wenn ein Mensch seine Mitbürger mit Arbeiten belästigte, in denen er am Ende nicht einmal was wollte. Wenn diese Schwätzer nun aber ihre Werke dadurch schmackhaft zu machen versuchen, daß sie sie eben als den Ausdruck einer neuen Zeit hinstellen, so kann ihnen nur gesagt werden, daß nicht die Kunst neue Zeiten schafft, sondern daß sich das allgemeine Leben der Völker neu gestaltet und daher oft auch nach einem neuen Ausdruck sucht. Allein, das, was*

in den letzten Jahrzehnten in Deutschland von neuer Kunst redete, hat die neue deutsche Zeit jedenfalls nicht begriffen. Denn nicht Literaten sind die Gestalter einer neuen Epoche, sondern die Kämpfer, d.h. die wirklich gestaltenden, völkerführenden und damit Geschichte machenden Erscheinungen.
Dazu werden sich aber diese armseligen, verworrenen Künstler oder Skribenten wohl kaum rechnen.
Außerdem ist es entweder eine unverfrorene Frechheit oder eine schwer begreifliche Dummheit, ausgerechnet unserer heutigen Zeit Werke vorzusetzen, die vielleicht vor zehn- oder zwanzigtausend Jahren von einem Steinzeitler hätten gemacht werden können. Sie reden von einer Primitivität der Kunst, und sie vergessen dabei ganz, daß es nicht die Aufgabe der Kunst ist, sich von der Entwicklung eines Volkes nach rückwärts zu entfernen, sondern daß es nur ihre Aufgabe sein kann, diese lebendige Entwicklung zu symbolisieren. [...]
Mit der Eröffnung dieser Ausstellung aber hat das Ende der deutschen Kunstvernarrung und damit der Kulturvernichtung unseres Volkes begonnen. Wir werden von jetzt ab einen unerbittlichen Säuberungskrieg führen gegen die letzten Elemente unserer Kulturzersetzung.[360]

Wenn Hitler von bildender Kunst sprach, dann meist im Zusammenhang mit Architektur. Mit Albert Speer, den er mit der Planung von Großprojekten, darunter die neue Berliner Reichskanzlei und das Nürnberger Reichsparteitagsgelände, geradezu überhäufte – 1937 ernannte er ihn zum Generalbauinspekteur für die Reichshauptstadt – verband ihn eine enge Freundschaft.[361] Er schätzte und bewunderte Speers Einfallsreichtum und technisches Können. Gigantische Bauten erschienen ihm eine Garantie für den Ewigkeitswert des Nationalsozialismus zu sein. Aus dem zerbombten Berlin sollte nach dem Krieg »Germania« als Mittelpunkt des angestrebten großgermanischen Reiches entstehen. »Unsere Dome sind Zeugen der Größe der Vergangenheit! Die Größe der Gegenwart wird man einst messen nach den Ewigkeitswerten, die sie hinterläßt. Nur dann wird Deutschland eine neue Blüte seiner Kunst erleben und unser Volk das Bewußtsein einer höheren Bestimmung.«[362]

In Linz, Hitlers Heimatstadt, sollte ein europäisches Kunstzentrum, eine Art Mekka oder Rom entstehen, eine neue nationale Metropole, die das kosmopolitische Wien ersetzen würde. Geplant war ein Super-Museum mit den berühmtesten Werken der neueren und neuen »germanischen Klassik« (aus allen europäischen Ländern zusammengeraubt), womit die deutsche kulturelle Vormachtstellung demonstriert werden sollte.

Die repräsentativen Bauten des Nationalsozialismus waren »Mausoleumsarchitektur«, pompöse Symbole für die Unterdrückung von Freiheit und Humanität. Und auch dort, wo die Spitzenfunktionäre wohnten, dominierte ein feierlich-pathetisches Design im Stil von Bestattungsinstituten. Das sterile, aufwändige Dekor war freilich auch mit folkloristischer Niedlichkeit durchsetzt, denn die Schreibtischtäter und Massenmörder hatten durchaus einen Sinn für »Gemütlichkeit«. Der Kommandant des Vernichtungslagers Auschwitz-Birkenau, Rudolf Höß, schuf sich in der Nähe der rauchenden Schornsteine der Krematorien ein idyllisches Domizil.

Neben der neuen Reichskanzlei mit ihren von Paul Ludwig Troost gestalteten Räumen, Möbeln, Insignien, Bildern, Lüstern – sakrale Vorzeigearchitektur, auf Einschüchterung angelegt –, schuf sich Hitler mit dem Berghof auf dem Obersalzberg bei Berchtesgaden ein holzvertäfeltes Alpen-Dorado: Kachelöfen, Handwebereien, Nippes, plüschene Fauteuils und trauter Lampenschein sollten »Schönheit mit einfachem Herzen« vorführen. Für die heimliche Geliebte Hitlers, Eva Braun, waren sowohl in der Reichskanzlei wie auf dem Obersalzberg bescheidenere Räume vorgesehen; die Zimmer des einfachen »süßen Mädels« aus München – »eher nett und frisch als schön« (Albert Speer) – sollten offensichtlich bewusst im Schatten von Hitlers Prachtentfaltung stehen.

Die Architektur- und Designhistorikerin Sonja Günther spricht bei der stilgeschichtlichen Einordnung der Innenräume, wie sie die Repräsentanten des »Dritten Reichs« bevorzugten, vom »Dampferstil«, der in seiner Vermischung barocker und klassizistischer Elemente mit Attributen des deutschen Art déco alle Natürlichkeit vernichtet habe. Für ein Pathos der Distanz sollte der sogenannte Mastaba-Stil (abgeleitet von dem arabischen Wort für den altägyptischen Grabbau) sorgen. Er machte nicht nur Anleihen beim

Königsgrab der Ägypter, sondern auch bei der Stufenpyramide der Inkas. Indem die Designer des »Dritten Reichs« einige 1000 Jahre historischer Entwicklung übersprangen, schufen sie damit »die Wohnung für den göttergleichen Hellenen«, der Macht über Leben und Tod besaß.[363]

Natürlich war die Fassade, die Hitlers künstlerische aggressive Ignoranz abdeckte, mit Lobhudeleien seiner Gefolgschaft geschmückt. »Wir engeren Mitarbeiter wissen«, meinte später der Gauleiter Wilhelm Kube, dass Hitler »der feinsinnigste Kunstkenner ist, der je an der Spitze einer großen Nation gestanden hat. Ich erinnere mich, wie er vor dem großen Entscheidungskampf um das Kabinett Schleicher sich an die Stufen des Pergamonaltars begab, um an seiner gewaltigen Schönheit die eigenen inneren menschlichen Sehnsüchte wieder aufzufrischen.«[364] Als Alfred Rosenberg Hitler am 20. April 1943 zum Geburtstag eine Fotomappe der wertvollsten Gemälde überreichte, die sein Einsatzstab aus allen Ländern Europas zusammengeraubt hatte, tat er dies mit der Hoffnung, »daß durch diese kurze Beschäftigung mit den schönen Dingen der Ihnen so am Herzen liegenden Kunst ein Strahl von Schönheit und Freude in die Schwere und Größe Ihres gegenwärtigen Lebens fallen möge«.[365]

In Rosenberg hatte Hitler einen besonders ideologisch besessenen und penetranten, aber auch einen eigenständig artistische Wahnideen generierenden und propagierenden Gefolgsmann. Dessen »Mythus des 20. Jahrhunderts« und andere Schriften konstituierten und konturierten die nationalsozialistische Kulturpolitik: Wertvolle (»geartete«) Kultur – tatsächlich eine solche, die dem kleinbürgerlichen Kunstempfinden entsprach – sei Ausdruck der »Rassenseele«, bestimmt durch »echtes« (das heißt germanisches, »arisches« Blut). Wertlose (»entartete«) Kultur – eine solche, die dem kleinbürgerlichen Kunstempfinden nicht entsprach – müsse, da nicht durch reines Blut geschaffen, sondern »jüdisch verseucht«, ausgemerzt werden.

Die Künstler aller Gattungen werden von Rosenberg in zwei Gruppen geschieden: die nordischen nach rechts, die semitischen nach links. Rechts stehen die Helden, die Schönen, die Muskulösen, die »Volkhaften«: »Der Heros, der Held ist stets schön. Das aber heißt: von bestimmter rassischer Art.« Rechts stehen daher die

»blauäugigen, schlanken, kraftvollen aristokratischen Hellenen«, nicht jedoch die Satyrn, Zentauren und Jünger des Sokrates (denn diese sind auf »zwanzig Schritt als semitisch und jüdisch zu deuten«).[366]

Mit und seit Sokrates sei das Schöne aus der »arisch«-rassischen griechischen Kunst verschwunden; »Bastardgestalten treten auf, das Abstoßende, das absolut Häßliche und Naturwidrige selbst wird schön. [...] Bei der fortschreitenden Bastardisierung der Griechen tauchen denn auch ›menschheitliche‹ Mischgestalten auf mit schwammigen Gliedern und konturlosen Köpfen, das rassische Chaos der Zeit einer fortschreitenden Demokratisierung geht mit dem künstlerischen Hand in Hand.«[367]

Rechts stehen auch die hohen, schlanken Gestalten der mittelalterlichen Kunst »mit blitzenden hellen Augen, hoher Stirn, mit kraftvoller, aber nicht übermäßiger Muskulatur«.[368] Der »Bamberger Reiter« erscheint als ein den Nationalsozialismus vorwegnehmendes Sinnbild.

Den »großen deutschen Meistern« steht Rosenberg insgesamt positiv gegenüber. Von Ludwig van Beethoven heißt es: »Wie ein Titan aus Urweltszeiten bändigt und entfesselt Beethoven noch heute die Menschenherzen; gerade heute mehr denn je. Heute gärt die ganze Welt und will keinen Klassizismus, kein harmonisch Formales, sondern Willenhaftes, Romantisches, Gotisches.«[369]

Links stehen bei Rosenberg vor allem die Künstler der Moderne, denn nach der vorwiegend »nordisch-reinen« Kunst der Vergangenheit begann »die Weltstadt ihre rassenvernichtende Arbeit. Die Nachtkaffees der Asphaltmenschen wurden zu Ateliers, theoretische, bastardische Dialektik wurde zum Begleitgebet immer neuer Richtungen. Das Rassenchaos aus Deutschland, Juden, naturentfremdete Straßengeschlechter gingen um.«[370] Rosenberg kanzelt dann ab: noch vorsichtig bei Vincent van Gogh (mit dem lapidaren Resümee: »Und Vincent malte Apfelbäume, Kohl und Straßensteine. Bis er verrückt wurde«), schärfer bei Paul Gauguin, wutentbrannt bei Pablo Picasso, geifernd und schäumend bei Oskar Kokoschka, Marc Chagall, Max Pechstein: »Das Mestizentum erhob den Anspruch, seine bastardischen Ausgeburten, erzeugt von geistiger Syphilis und malerischem Infantilismus, als ›Seelenausdruck‹ darstellen zu dürfen.« Von Lovis Corinth meint der NS-Chefideologe, dass dieser »Schlächtermeister des Pinsels zergangen sei in dem lehmig-leichenfarbigen Bastardtum des syrisch gewordenen Berlin«.

Rosenberg forderte übrigens bereits 1933 die physische Liquidierung »entarteter« Künstler: »Jeder Deutsche und in Deutschland lebende Nichtdeutsche, der durch Wort, Schrift und Tat sich einer Beschimpfung des deutschen Volkes schuldig macht, wird, je nach der Schwere des Falles, mit Gefängnis, Zuchthaus oder mit dem Tode bestraft.«

Neben Rosenbergs »Mythus des 20. Jahrhunderts« war vor 1933 eines der übelsten Bücher dieser Form der »Kunstkritik« Paul Schultze-Naumburgs »Kunst und Rasse« (1928). Indem der Verfasser moderne Bilder mit Abbildungen medizinischer Anomalien konfrontierte, wollte er »kunstwissenschaftlich« aufzeigen, wie wenig »gesund« und »hygienisch« moderne Kunst sei und wie »gesund« sie sein könne, wenn sie sich dem Arisch-Nordischen verschreibe. (Das Buch erschien in dem nationalsozialistischen J.F. Lehmanns Verlag.) »Wo die Rasse zerfällt, muß natürlich auch das Rassegefühl schwinden, und wo das Rassegefühl schwindet, kann auch das Zielbild, wie es in jeder echten Rasse wurzelt, nicht erhalten bleiben. Wenn es noch eines Beweises bedürfte, daß ein bedenklich hoher Teil der Bevölkerung, wie sie heute innerhalb unserer Grenzen lebt, sich rassisch in einem ungeahnten Abstieg befand, so müsste es das Absterben des Gefühls für Körperschönheit in der Kunst zeigen. Man steht hier vor dem Lebensschicksal eines Volkes, dem ein großer Teil des nordischen Blutes anvertraut war, vor der Frage seines Lebens oder Vergehens. Es gibt zwar genug menschliche Straußenvögel, die ihren Kopf tief in den Sand stecken und denken: ach, so schlimm wird es ja nicht werden; immer hat jede Zeit Wandlungen für gefährlich und drohend angesehen und so wird es wohl auch bei uns sein. [...] In der weichen Natur der Einen liegt es, sich widerstandslos dem Verhängnis zu fügen, während das mächtig fortreißende Ethos der Anderen ihm vorschreibt, prometheisch selbst dem Willen der Götter zu trotzen. Da in unserem Volke immer noch genug von diesem heldischen Blut lebt, mußte es aus seinem innersten Wesen heraus die Frage stellen: wie kann ich dieses Schicksal wenden?«[371]

318 MK, S. 5ff., 282ff., 290f.

Im Verhältnis Hitlers zur Kunst, im Besonderen zur Kunst der Moderne, wird seine geistige Beschränktheit beziehungsweise Borniertheit und Gefühlsleere wiederum und besonders deutlich. In Übereinstimmung mit einem großen Teil der verdummten deutschen Bevölkerung, der künstlerische Sensibilität abgeht und die ohne Bereitschaft ist, mit Neugier in zunächst ungewohnte Inhalte und Formensprache sich einzuleben, geifert der »Führer« gegen alles, was ihm als ungewohnte Kunst begegnet, wobei ihm, dem inferioren Künstler, dann als machtvoller Politiker die Möglichkeit geboten wird, seine Ignoranz mit brutaler Aggressivität abzureagieren und voll gegen Kunst und Künstler einen Vernichtungsfeldzug zu führen. »Entartete Kunst« ist der Kampfruf einer brutalen Zerstörungswut, mit der er die jahrzehntelang gewachsenen Ressentiments des Spießers, der alles, was in sein reduziertes Wahrnehmungsvermögen nicht passt und ihn somit irritiert, blindwütig angreift.

319 Hitler berichtet beschönigend, dass »der Herr«, den er nach den Gründen der Ablehnung fragte, ihm mitteilte, dass für ihn die Architekturschule in Frage käme, »meine Fähigkeiten doch ersichtlich auf dem Gebiet der Architektur Iiegen. [...] in wenigen Tagen wußte ich nun auch selber, daß ich einst Baumeister werden würde.« (MK, S. 19)

320 MK, S. 12.

321 Hitlers Verhältnis zur Antike siehe dazu: Demandt, Alexander: Sieben Siegel. Essays zur Kulturgeschichte, o. O. 2006, S. 240ff. Und: Historische Zeitschrift Nr. 274, S. 281ff.

322 MK, S. 283. Vgl. zur nationalsozialistischen Kunstdiktatur: Rave, Paul Ortwin: Kunstdiktatur im Dritten Reich, Hamburg 1949. Glaser, Hermann: Beim Wieder-Sehen nationalsozialistischer Bilder, in: Frankfurter Hefte 10/1959. Roh, Franz: Entartete Kunst und Kunstbarbarei im Dritten Reich, Hannover 1962. Brenner, Hildegard: Die Kunstpolitik des Nationalsozialismus, Reinbek 1963. Wulf, Josef: Die bildenden Künste im Dritten Reich. Eine Dokumentation, Gütersloh 1963. Diel, Axel: Die Kunsterziehung im Dritten Reich, München 1969. Frankfurter Kunstverein (Hg.): Kunst im 3. Reich. Dokumente der Unterwerfung, Frankfurt am Main 1974. Hinkel, Hans: Zur Funktion des Bildes im deutschen Faschismus, Gießen/Wißmar 1974. Hinz, Berthold: Die Malerei im deutschen Faschismus. Kunst und Konterrevolution, München 1974. Müller-Mehlis, Reinhard: Die Kunst im Dritten Reich, München 1977. Thomae, Otto: Die Propagandamaschine. Bildende Kunst und Öffentlichkeitsarbeit im Dritten Reich, Berlin 1978. Hinz, Berthold und andere: Die Dekoration der Gewalt – Kunst und Medien im Faschismus, Gießen 1979. Pröstler, Viktor: Die Ursprünge der nationalsozialistischen Kunsttheorie, München 1982. Merker, Reinhard: Die bildenden Künste im Nationalsozialismus, Köln 1983. Petsch, Joachim: Kunst im Dritten Reich. Architektur. Plastik. Malerei, Köln 1983. Toeplitz, Jerzy: Geschichte des Films 1895 – 1933 –

1945, München 1983. Rabenalt, Arthur Maria: Joseph Goebbels und der »Großdeutsche Film«, München 1985. Drewniak, Boguslaw: Der deutsche Film 1938–1945, Düsseldorf 1987. Fehlemann, Sabine: Nazi-Ungeist gegen »Entartete Kunst«. Das Wüten der Kunstbanausen im Dritten Reich, in: Freiheit und Recht 2/1987. Neue Gesellschaft für Bildende Kunst (Hg.): Inszenierung der Macht. Ästhetische Faszination im Faschismus, Berlin 1987. Backes, Klaus: Hitler und die bildenden Künste. Kulturverständnis und Kunstpolitik im Dritten Reich, Köln 1988. Deuchler, F.: Die große Mühe mit der Vergangenheit. Deutsche Kunstgeschichte 1933–1945, in: Neue Zürcher Zeitung, 10./11. Dezember 1988. Hinz, Berthold (Hg.): NS-Kunst: 50 Jahre danach, Marburg 1989. Hinz, Berthold: Bildende Kunst – NS-Kunst und »Entartete Kunst«: Ästhetik als soziale Norm, in: Hoffmann, Hilmar/Klotz, Heinrich (Hg.): Die Kultur unseres Jahrhunderts. Band 3, Düsseldorf/Wien/New York/Moskau 1991, S. 139ff. Ley, Astrid: »Deutsch sein heißt klar sein ...« Kultur- und Kunstverständnis bei Adolf Hitler. Eine Quellenarbeit, Fürth 1991. Petsch, Joachim: »Unersetzliche Künstler«. Malerei und Plastik im Dritten Reich, in: Hoffmann, Hilmar/Klotz, Heinrich (Hg.), a.a.O., S. 245ff. Adam, Peter: Kunst im Dritten Reich, Hamburg 1992. Rümpel, Chr. (Hg.): Deutsche Bildhauer 1900–1945. Entartet, Zwolle 1992. Nicholas, Lynn H.: »Der Raub der Europa«. Das Schicksal europäischer Kunstwerke im Dritten Reich, München 1995. Zuschlag, Christoph: Entartete Kunst. Ausstellungsstrategien im Nazi-Deutschland, Worms 1995. Olivier, Antje/Braun, Sevgi: Anpassung oder Verbot. Künstlerinnen und die 30er Jahre, Düsseldorf 1998. Bollenbeck, Georg: Tradition, Avantgarde, Reaktion. Deutsche Kontroversen um die kulturelle Moderne 1880–1945, Frankfurt am Main 1999: »Der Nationalsozialismus kann nach der Machtübernahme eine Aufbruchsstimmung entfachen, weil er ins Dreistadienmodell von der vergangenen Größe, vom gegenwärtigen Zerfall und von der nahen Rettung passt.« Held, Jutta/Papenbrock, Martin (Hg.): Kunstgeschichte an den Universitäten im Nationalsozialismus, Göttingen 2003. »Es gab eine Prädisposition für das Eintauchen in den Strom der ›Bewegung‹, die in die Weimarer Republik zurückreichte. Das war auf der einen Seite die Ablehnung jeglicher analytisch ›zersetzenden‹ Annäherung an die Kunst zu Gunsten ganzheitlicher und irrationaler ›Wesensschau‹. Aus dieser Einstellung heraus konnte das ausscheiden von rational – oder ›rabulistisch‹ argumentierenden jüdischen Kollegen begrüßt werden, wie Pinder es in der Festschrift zum 50. Geburtstag des ›Führers‹ aussprach. Da war auf der anderen Seite der gekränkte Nationalismus der Frontkämpfer von 1819/18, welcher die Frage nach dem ›Deutschen‹ in der Kunst mit traumatisierter Heftigkeit aufwarf. 1927 hatte Pinder das Antlitz des Bamberger Reiters als ›Führer ins Ungewisse‹ von der voltairianischen Bosheit französischer Physiognomien unterschieden, Jantzen begegnete in der Bamberger Skulptur einer ›Seherin aus der Edda‹.« (Sauerländer, W.: Rückruf in die deutsche Wesentlichkeit. Salonlöwen und Antisemiten: Ein wichtiger Sammelband über die Kunsthistoriker im Nationalsozialismus, in: Süddeutsche Zeitung, 22. März 2004.) Domarus, Max: Hitler. Reden und Proklamationen 1932–1945. Band 1, Würzburg 1962, S. 232.

323 Domarus, Max, a.a.O, S. 878.

324 Vgl. Rutschky, Katharina: Schwarze Pädagogik – Quellen und Naturgeschichten der bürgerlichen Erziehung, Frankfurt am Main/Berlin/Wien 1977. Vgl. Clinefelter, Joan L.: Artists for the Reich: Culture and Race from Weimar to Nazi Germany. Oxford 2005. Die moderne Kunst war vor allem seit Beginn des 20. Jahrhunderts Angriffsziel völkisch-rassistischer, antisemitischer und antidemokratischer Kreise. Der Begriff »modern« umfasste dabei ein weites Spektrum künstlerischer Artikulationen, eben alles, was die seit dem Wilhelminismus durch eine schwarze Pädagogik im dumpfen Provinzialismus gehaltene breite Masse der Bevölkerung nicht akzeptierte.

325 »Böcklin in seiner ganzen Seelenkraft war Alemanne und spricht als solcher zu jedem blutmäßig Deutschen. Denn der Beschauer erfaßt je nach seiner blut-mäßigen Art eben die Strahlen, die ihm blutmäßig am nächsten stehen«, meinte die NS-Kunstkritik. (Zitiert nach: Wulf, Josef: Die bildenden Künste im Dritten Reich, Gütersloh 1963, S. 269.)

326 Zitiert nach: Hofmann, Werner: Das irdische Paradies. Kunst im 19. Jahrhundert, München 1960, S. 346.

327 Freilich glitt der Blick (zumindest der »schräge Blick«) bald von der »milesischen Venus«, die viele Plüschschlafzimmer der Jahrhundertwende zierte, von »ihrer aufrecht starken, unbesiegbar heiteren Reine« auch zu »besiegbaren«, »ähnlich vollkommenen, aber irdischeren Weibern«. (Boelsche, Wilhelm: Das Liebesleben in der Natur, Leipzig 1901, S. 40f.)

328 Sternberger, Dolf: Panorama oder Ansichten vom 19. Jahrhundert, Hamburg 1955, S. 151.

329 Blüher, Hans: Die Rolle der Erotik in der männlichen Gesellschaft, Stuttgart 1962, zum Beispiel S. 26.

330 Über Georges Maximin-Erlebnis vgl. Schonauer, Franz: Stefan George, Reinbek 1960, S. 103ff.

331 Sternberger, Dolf: Über den Jugendstil und andere Essays, Hamburg 1956, S. 104.

332 Wolters, Friedrich: Stefan George und die Blätter für Kunst, 1930. Zitiert nach: Pross, Harry, a.a.O., S. 73.

333 So George. Vgl. Schonauer, Franz, Stefan George, a.a.O., S. 23.

334 Mann, Thomas: Tristan, Stuttgart 1950, S. 42.

335 Schiller, Friedrich: Über die ästhetische Erziehung des Menschen in einer Reihe von Briefen, in: Sämtliche Werke in zwei Bänden, Band 2, Leipzig/Wien 1870, S. 704.

336 Zitiert nach: Roh, Franz, a.a.O., S. 47. Vgl. auch: Hitler, Adolf: Reden des Führers am Parteitag Großdeutschlands 1938, München 1938, S. 35.

Vgl. auch: Tank, Lothar: Deutsche Plastik unserer Zeit, München 1942. Wolbert, Klaus: Die Nackten und die Toten des »Dritten Reiches«. Folgen einer politischen Geschichte des Körpers in der Plastik des deutschen Faschismus, Gießen 1983. Davidson; Mortimer: Kunst in Deutschland 1944–1945, Band 1, Tübingen 1989.

337 Rosenberg, Alfred: Der Mythus des 20. Jahrhunderts, München 1934, S. 151.

338 »Wer noch so tat, ›als ob die Behandlung seines Körpers jedes einzelnen Sache selber wäre‹ (Hitler), hatte weder von der Erotik noch der Politik des Nationalsozialismus etwas begriffen. Der Leib war ein Politikum, Reih' und Glied des Volkskörpers; weder Liebe noch Tod, waren Privatsache. Das ›gesunde, kraftvolle‹ Weib war staatliche Gebärmaschine und Mutter, der Mann Zeug-Wart einer neuen, ›aufgenordeten‹ Rasse von·Helden der Arbeit und des Kriegs. Für eine von der Fortpflanzung abgekoppelte Sexualität war in ihren gleichgeschalteten Beziehungen sowenig Platz, daß selbst die Onanie als ›Keimkraftvernichtung‹ von Volksschädlingen verpönt war.« (Halter, M.. in: Frankfurter Rundschau, 15. August 1992) Vgl. Pini, Udo: Leibeskult und Liebeskitsch. Erotik im Dritten Reich, München 1992.

339 Vgl. auch: Harles, Michael: Große Spießer-Revue unterm Hakenkreuz, in: Süddeutsche Zeitung, 11. September 1989. »Es gibt kaum ein Münchner Ereignis aus dem Dritten Reich, über das noch heute soviel Gerüchte und Mutmaßungen im Umlauf sind wie über die größte und erfolgreichste Freilichtrevue der dreißiger Jahre, die ›Nacht der Amazonen‹. Seinen ebenso legendären wie zweifelhaften Ruf erhielt das Fest, das nur viermal und zuletzt vor 50 Jahren stattfand, weil es angeblich Nacktorgien inszenierte und eine Veranstaltung für die Elite des nationalsozialistischen München war.«

340 Kölnische Zeitung vom 17. Juli 1938.

341 MK, S. 138.

342 Vgl. hierzu: Bloch, Ernst: Erbschaft dieser Zeit, Frankfurt am Main 1962, S. 62.

343 MK, S.138.

344 Seraphim, Hans-Günther (Hg.): Alfred Rosenberg. Das politische Tagebuch aus den Jahren 1934, 1935 und 1939, Göttingen 1956.

345 Frymann, Daniel (= Claß): Das Kaiserbuch. Geschrieben 1912; hier zitiert nach der Neuauflage, Berlin 1935, S. 86. (»Vieles von dem, was Frymann zur Rettung Deutschlands vorschlug, ist durch den Sieg der NSDAP Wirklichkeit geworden.«) Vgl. auch Bonhard, Otto: Geschichte des Alldeutschen Verbandes, o. O. 1922. Kruck, Alfred, a.a.O.

346 Rede Wilhelms II. bei der Enthüllung der letzten Gruppe der Denkmäler in der Siegesallee; 18. Dezember 1901. Zitiert nach: Buchholz, Erich: Was ist Kunst? Ein Jahrhundert obrigkeitlicher Proklamationen und Definitionen, in: Die Zeit, 22. Juni 1962.

347 Vgl. hierzu: Nietzsche, Friedrich: Unzeitgemäße Betrachtungen, Stuttgart o. J., S. 4.

348 Chamberlain, Houston Stewart, a.a.O., S. 1180.

349 Friedell, Egon: Kulturgeschichte der Neuzeit, Band 3, München 1931, S. 50.

350 Vgl. Roeder, Peter Martin, a.a.O., S. 132.

Reichel, Peter: Der schöne Schein des Dritten Reiches. Faszination und Gewalt des Faschismus, München/Wien 1991. »In drei Thesen skizziert der Autor sein Grundanliegen: 1. Die preußisch-deutsche Nationenbildung basierte auf einem stark kulturreligiös gefärbten Begriff von Politik. Dieses ästhetisch und religiös überhöhte, voluntaristisch verkürzte und von der gesellschaftlichen Wirklichkeit abgehobene Politikverständnis des Kaiserreiches führte sowohl zu einer Überhöhung als auch zu einer Verachtung der politisch gesellschaftlichen Realitäten. 2. Auch der Nationalsozialismus versuchte durch die Ästhetisierung des politisch-gesellschaftlichen Lebens die überkommenen Widersprüche, insbesondere die nationale und soziale Frage, nur zu überspielen, ohne sie zu lösen. Auf die problematische ›Entzauberung‹ der modernen Welt antwortete er mit expressiv-imaginären und emotionalen Ersatzhandlungen, um so dem Bedürfnis ›nach konkreter Anschauung, nach Erlebnis, nach Erweckung und Gewißheit‹ nachzukommen. Neben der brutalen Gewaltanwendung war es gerade die massenkommunikative Ästhetisierung des öffentlichen Lebens, die permanente Inszenierung von Scheinwirklichkeiten, der das NS-Regime seine Stabilität verdankte. Diese sollte außerdem darüber hinwegtäuschen, daß das Regime vor allem ein Ziel verfolgte: die Entfesselung eines ›totalen‹ Eroberungs- und Vernichtungskrieges. 3. Vom ›internationalen Kommunismus‹ und vom ›internationalen Kapitalismus‹ gleichermaßen bedroht, verlangten die Deutschen nach ›Wiederherstellung von Glanz und Größe der Nation und nach dem ausdrucksvollen Leitbild einer homogenen, stabilen und konfliktfreien Ordnung‹.« (Ogan, Bernd: Aufstand gegen die Moderne, in: Neue Lehrerzeitung Nr.15/1991)

351 Vgl. Schmidt, Doris: Bilder sind wehrlos. Vor 50 Jahren wurde in München die Ausstellung »Entartete Kunst« gezeigt, in: Süddeutsche Zeitung, 18./19. Juli 1987. Haftmann, Werner: Kriegserklärung an die moderne Kunst. Nachdenklicher Bericht zur Wiederkehr des 50. Jahrestages der »Entarteten«-Ausstellung, in: Frankfurter Allgemeine Zeitung, 4. Juli 1987. »Der Besuch der ›Schandausstellung‹ war ein sehr sonderbares Erlebnis. Sie war von entwürdigender Aufmachung. Da hingen die armen Bilder, große Meisterwerke unter ihnen, die heute die Museen in aller Welt zieren, lieblos über die Nägel gehängt, grob beleidigt durch dümmliche Parolen, die plakativ zwischen ihnen aufgespannt waren, dort mit Erwerbungspreisen versehen, wo die ehemaligen Inflationspreise besondere Affekte der Empörung versprachen, ohne jeden Sinn für Zusammengehörigkeit und Qualität, einzig darauf bedacht, das Aggressive, Hochgesteigerte, gelegentlich auch Monströse, das der modernen Kunst zur Definition unserer Wirklichkeit auch und notwendig eigen ist, haßerfüllt hervorzuheben. In

diesem Durcheinander war eine Ordnung nicht zu erkennen. Ein miserabel aufgemachter, schlecht geschriebener ›Ausstellungsführer‹ versuchte bestimmte Gruppierungen herauszuheben. Unter dem Oberbegriff des ›Kunstbolschewismus‹ stellte dieses Heft einige Anklagepunkte zusammen: stümperhafte Barbarei der Darstellung (wofür die Expressionisten herhalten mußten), die Verhöhnung des Religiösen (wofür auch Noldes religiöse Bilder standen), die Abtötung des Rassebewußtseins (wofür der für das 20. Jahrhundert wichtige Einfluß der Naturvölker Afrikas und der Südsee herangezogen wurde), der ›zersetzende‹ Einfluß der Juden (obwohl diese für die Entwicklung der modernen Kunst nun wahrlich nicht verantwortlich zu machen waren), die Unterwühlung der politischen Strukturen durch die ›bolschewistische‹ Proletkunst (wozu man auch Grosz rechnete) oder die die Wehrkraft zersetzende Antikriegshaltung (die durch den ›Schützengraben‹ von Otto Dix repräsentiert wurde. [...] Wie die irritierte Reaktion der braunen Machthaber war, enthüllt ein Erlaß des Präsidenten der ›Reichskammer für bildende Künste‹ vom 23. April 1941: ›Aus gegebener Veranlassung weise ich letztmalig darauf hin, daß die Erzeugung, Verbreitung und Vervielfältigung von Werken der bildenden Künste [...], die den in der Führerrede anläßlich der Eröffnung des Hauses der Deutschen Kunst im Jahre 1931dargelegten kunstpolitischen und gestalterischen Grundsätzen des Nationalsozialismus widersprechen, verboten ist. Ich werde in Zukunft nunmehr unerbittlich gegen jeden vorgehen, der Werke der Verfallskunst erzeugt oder solche als Künstler oder Händler verbreitet.‹ Anschließend fordert der Erlaß zur Denunziation auf unter Verweisung auf die befohlene Anzeigepflicht.«

»Hitler betrachtete die ›Große Deutsche Kunstausstellung‹ als persönliches Gestaltungsfeld – und sich selbst als ersten Kurator des Reiches. Keine Kunstjury konnte es ihm recht machen – vor der Eröffnung des Hauses der Kunst feuerte er gar ein prominent besetztes Auswahlgremium, in dem mit dem linientreuen Maler Adolf Ziegler, seit 1936 Präsident der Reichskammer der bildenden Künste, und der Architektenwitwe Gerdy Troost eigentlich unantastbare Stützen des Systems saßen. Paul Ludwig Troost war 1934, noch vor der Vollendung seines Baus, gestorben.

Es geschah am 5. Juni 1937, wie Goebbels in seinen Tagebüchern notiert. ›Wir schauen uns die Auslese der Jury an [...]. Man hat hier Stücke aufgehängt, die einem direkt das Grausen beibringen. So geht es bei einer Künstlerjury. Da schauen alle nach der Schule, nach Namen und Wollen und haben meist den Sinn für eine wirkliche Malkunst verloren. Der Führer tobt vor Wut.‹ Die Jury wurde prompt abgesetzt; an ihrer Stelle setzte Hitler seinen Leibfotografen Heinrich Hoffmann für die Selektion der Kunstwerke ein – dieser war zwar kein Kunsthistoriker, muss aber intuitiv den Kunstgeschmack des ›Gröfaz‹ begriffen haben, war er doch auch als Berater Hitlers in künstlerischen Dingen tätig. Bei der Vorauswahl soll Hoffmann mit motorisiertem Rollstuhl durch die mit Gemälden bestückten Säle gerast sein, den hinterherhechelnden Vasallen jeweils ein knappes ›Angenommen!‹ oder ›Abgewiesen‹ zubellend – eine Szene, die, wenn sie stimmt, Stanley Kubrick im ›Dr. Seltsam‹ nicht besser hätte erfinden können. Am 22. Juni, so Goebbels, war das Haus der Deutschen Kunst ›aufgeräumt‹. Am Ende kontrollierte Hitler persönlich noch einmal die Auswahl – er schritt die Gemälde ab wie bei einer Militärparade. (Liebs, Holger: Angenommen! Abgewiesen! Diktatur des Geschmacks: Im »Haus der deutschen Kunst« bereitet Hitler den Krieg mit den Mitteln der Kunst vor, in: Süddeutsche Zeitung, 14./15. Juli 2007).

352 Zitiert nach: Entartete Kunst, Ausstellungskatalog, München 1962 (Erinnerungsausstellung), S. XXI.

353 Buchholz, Erich, a.a.O.

354 Zitiert nach: Brinckmann, Albert Erich: Geist im Wandel. Rebellion und Ordnung, Hamburg 1946, S. 106.

355 Vgl. Vox populi – Geflüstertes. Die Hitlerei im Volksmund, Heidelberg 1946.

356 Haus der Kunst, München: Entartete Kunst. Bildersturm vor 25 Jahren. Katalog der Ausstellung 25. Oktober – 16. Dezember 1962, S. XXII.

357 Zitiert nach: Brenner, Hildegard, a.a.O., S. 202f. Vgl. auch: Haftmann, Werner: Kriegserklärung an die moderne Kunst. Nachdenklicher Bericht zur Wiederkehr des 50. Jahrestages der »Entarteten«-Ausstellung, in: Frankfurter Allgemeine Zeitung, 4. Juli 1987; Schmidt, D.: Bilder sind wehrlos. Vor 50 Jahren wurde in München die Ausstellung »Entartete Kunst« gezeigt, in: Süddeutsche Zeitung, 18./19. Juli 1987.

358 »Als in einer Juninacht 1931 in München der Glaspalast am Alten Botanischen Garten mit einer Ausstellung von Meisterwerken der romantischen Malerei niedergebrannt war, hatte die Kunststadt München ihr repräsentatives Ausstellungsgebäude verloren. Die Vorbereitungen für einen Neubau – ein Wettbewerb war veranstaltet worden – wurden 1933 von Adolf Hitler abgebrochen: Er gab seinem Favoriten Paul Ludwig Troost den Direktauftrag für ein ›Haus der Deutschen Kunst‹« an der Prinzregentenstraße, dem später ein ›Haus der Deutschen Architektur‹ als Pendant gegenübergestellt werden sollte. Der bayerische Staat spendierte das Grundstück am Englischen Garten; die Stadt München und zahlreiche Firmen beteiligten sich mit großen Spenden an dem Bau. Von der Eröffnung im Jahr 1937 bis 1944 wurde in diesem grob-klassizistischen Tempelbau, der nach Meinung der Reichskunstverwalter germanische Tektonik ausstrahlte, die repräsentative Kunst des Dritten Reichs ausgestellt und gefeiert. Nach dem Zweiten Weltkrieg zogen die Neue Pinakothek und die Staatsgalerie moderner Kunst in die veränderten Räume des Westtrakts; der Mittel- und Osttrakt blieb frei für große Wechselausstellungen, die von der Ausstellungsleitung Haus der Kunst, also von Präsidiumsmitgliedern der drei Künstlerverbände ›Neue Gruppe‹, ›Secession‹ und ›Neue Münchner Künstlergenossenschaft‹, unter der Leitung eines Direktors und häufig in Zusammenarbeit mit den Staatsgemäldesammlungen geplant und orga-

nisiert werden. Da das Haus der Kunst über keinen festen Subventionsetat verfügt, kann es als die einzige frei finanzierte Kunsthalle in der Bundesrepublik gelten. In diesen Tagen tritt die neue Direktorin Magdalena Huber-Ruppel ihr Amt an. (G.K.: Haus der Kunst, in: Süddeutsche Zeitung, 27. Juni 1986)

Exkurs zur Situation des Films im »Dritten Reich«

Auch der Film wurde mit Hitlers Machtantritt »gleichgeschaltet« und »gereinigt«. Sein Schicksal unterschied sich nicht grundsätzlich von demjenigen der anderen Kunstgattungen – war der Rolle des Rundfunks besonders ähnlich. Zum einen sollte zelotischer Rassismus, verbunden mit Hass auf Juden und »Minderwertige« angestachelt und gestärkt werden, zum anderen die Leichtigkeit des Daseins in Kompensation der ständig abverlangten Mühen und Entbehrungen suggeriert werden. »Kino im Nationalsozialismus war vor allem stimmungsselige Simulation des Ernstfalls, war der Versuch, Bedürfnisse wie die Sehnsucht nach Liebe, Geborgenheit, Abenteuer und Erhabenheit zu wecken und alle Energien auf eine Sache hin zu bündeln: der Sieg des Herrenmenschen über den Rest der Welt. Dazu brauchte man Soldaten, die sich gehorsam, ja freudig bis zum Letzten als willenlose Masse benutzen lassen, bis in den eigenen Tod.« (Hoffmann, Hilmar: Film – »... und zähle nicht die Toten!« Die Funktion von Film und Kino im Dritten Reich, in Hoffmann, Hilmar/Klotz, Heinrich (Hg.): Die Kultur unseres Jahrhunderts. Band 3, Düsseldorf/Wien/New York/Moskau 1991, S. 151.) Als Sedativum gegenüber solcher anthropologisch-psychologischen Überforderung – wer wollte schon sein Leben als ständig hoch geputschte Bereitschaft zum heroischen Opfergang begreifen – wurden eine Vielzahl von Unterhaltungsfilmen in den Genres Komödie, Klamotte, Posse, Boulevard, Revue den »Hakenkreuzfilmen« beziehungsweise den historischen Monumentalfilmen zur Seite gestellt. In ihnen brillierten Schauspieler und Schauspielerinnen wie Heinz Rühmann, Theo Lingen, Hans Moser, Fita Benkhoff, Grete Weiser, unter der Regie versierter Filmemacher wie Helmut Käutner, Wolfgang Liebeneiner, Kurt Hoffmann. Es gelangen durchaus anspruchsvolle Unterhaltungsfilme, wie etwa Josef von Bakys »Münchhausen« (das Drehbuch durfte der mit Berufsverbot belegte Erich Kästner unter Pseudonym schreiben) und Helmut Käutners »Große Freiheit Nr. 7« – beides Farbfilme mit Hans Albers. Von Goebbels wurde die Parole ausgegeben, dass Optimismus genauso wichtig sei wie Kanonen und Gewehre.

Ende März 1933, zwei Wochen nach seiner Ernennung zum Reichspropagandaminister, hatte Joseph Goebbels in einer Rede vor Filmschaffenden heuchlerisch festgestellt, dass die Kunst frei sei und frei bleiben solle; allerdings müsse sie sich an bestimmte Normen gewöhnen. Was damit gemeint war, zeigte dann das Filmkammergesetz vom 14. Juni 1933; die »Gleichschaltung« des zu Zeiten der Weimarer Republik international anerkannten deutschen Films wurde dadurch eingeleitet; die Berufsausübung konnte nun denjenigen entzogen werden, die nicht die »erforderliche Zuverlässigkeit« besaßen. Das waren vor allem jüdische Produzenten, Regisseure, Schauspieler und Schauspielerinnen. Das Reichslichtspielgesetz vom Februar 1934 bot die Handhabe, Filme zu verbieten, die »nationalsozialistisches Empfinden« verletzten. Bereits im ersten Jahr betraf dies mehr als 100 Streifen. (Vgl. auch Becker, Wolfgang: Film und Herrschaft. Organisationsprinzipien und Organisationsstrukturen der nationalsozialistischen Filmpropaganda, Berlin 1973.)

Unter dem von 1933 bis 1945 als »Schirmherr des deutschen Films« fungierenden Goebbels – er war von der Montagetechnik des russischen Films beeindruckt und schätzte die »Rezepte Hollywoods« – sorgte dann der Reichsfilmintendant und Leiter der Abteilung Film im Reichspropagandaministerium Dr. Fritz Hippler dafür, dass die im »Dritten Reich« hergestellten etwa 1100 abendfüllenden Spielfilme sowie die 66 deutsch-ausländischen Produktionen und die 600 importierten ausländischen Filme (darunter »King Kong«, »Meuterei auf der Bounty« und »Anna Karenina«) ihren Zweck als Propagandamittel erfüllten. – Der künstlerische Verlust aufgrund der Unterdrückungspolitik des NS-Regimes (ca. 5000 Berufsverbote) war auch im Filmbereich ungemein groß: Es emigrierten neben den schon erwähnten Stars Asta Nielsen, Ernst Deutsch, Curt Goetz, Fritz Kortner, Peter Lorre, Ernst Lubitsch, Alexander Moissi, Max Ophüls, Erich Pommer, Otto Preminger, Robert Siodmak, Conrad Veidt, Billy Wilder, Adolf Wohlbrück (insgesamt über tausendfünfhundert Filmschaffende). Es kam vor, dass Schauspieler mit jüdischen Ehepartnern oder solche mit teiljüdischer Abstammung eine – freilich jederzeit widerrufbare – Sondergenehmigung für ihre Arbeit erhielten. 1941 bezichtigte die Gestapo die Frau des beliebten jungen Schauspielers Joachim Gottschalk der »Rassenschande« und gab ihr und dem acht Jahre alten Sohn einen Tag, um das Land zu verlassen. Die Eltern töteten das Kind und begingen gemeinsam Selbstmord. Der tragische Tod löste tiefe Erschütterung in Künstlerkreisen aus. (Vgl. Liebe, Ulrich: Verehrt verfolgt vergessen. Schauspieler als Naziopfer, Weinheim/Berlin 1992.)

Auch Fritz Lang hatte 1933 Deutschland verlassen, obwohl er mit seinen Filmen »Metropolis«, »Das Testament des Dr. Mabuse« und »Die Nibelungen« Elemente des nationalsozialistischen heroischen Monumentalstils vorweggenommen hatte (weshalb ihm Goebbels anbot, Leiter der deutschen Filmwirtschaft zu werden). Lang war in der Stummfilmzeit zunächst auch die Regie des Films »Das Kabinett des Dr. Caligari« übertragen worden, die er jedoch wegen einer anderen Arbeit wieder abgab. Diese vom Konzept her revolutionäre, die Allmacht der Staatsautorität brandmarkende Schauergeschichte in der Nachfolge E.T.A. Hoffmanns wurde – dem antidemokratischen Denken weiter Kreise der Weimarer Republik entsprechend – bei der Verwirklichung des Films »umgedreht«: Verherrlicht wurden nun autoritäre Verhaltensweisen, und deren Widersacher wurden des Wahnsinns bezichtigt. Für Siegfried Kracauer ereignete sich dann 1933 in Deutschland, was der expressionistische Film seit Anbeginn hatte ahnen lassen: Die von ihm beschworenen Gestalten traten aus der Leinwand heraus und ins Leben hinein. Selbstherrliche »Caligaris« schwangen sich zu Hexenmeistern auf. Tobsüchtige »Mabuses« begingen straflos grausame Verbrechen, und wahnsinnige Despoten erdachten unerhörte Folterungen. (Kracauer, Siegfried: Von Caligari zu Hitler. Schriften, Frankfurt am Main 1977)

Dass die kinofreundlichen Deutschen der Droge des nationalsozialistischen Films zunehmend verfielen – 1939 gingen sie 624 Millionen Mal ins Kino, vier Jahre später war die Zahl der Filmbesuche auf 1,1 Milliarden angestiegen –, war nicht nur eine Folge der allgemeinen Identifikation mit dem NS-Regime, sondern auch ein Erfolg der von Goebbels raffiniert gehandhabten Filmpolitik. Er setzte weniger auf plump-direkte, sondern vielmehr auf latent-unterschwellige Beeinflussung. Paradox war auch, dass er als einer der zynischsten und autoritärsten Verfechter der NS-Ideologie dem Film (wie auch dem Theater) einen gewissen Spielraum einräumte, was ihm eine Phalanx von Gegnern aus Partei, Wehrmacht und dem Amt Rosenberg einbrachte. Allerdings wirkte auch die Filmwirtschaft mäßigend: »Bis zum Ende des Dritten Reiches wurden Filme in privatrechtlicher Verantwortung produziert; auch die Reichsführer konnten ihren Einfluss nur durch indirekten Druck geltend machen. Eine Schlüsselrolle spielten dabei die Produktionschefs der sieben wichtigen Gesellschaften – allesamt keine gestandenen Nazis, sondern zuerst versierte Geschäftsleute und Verhandlungspartner. In Goebbels' Diktat heißt es im Februar 1943 beinahe resigniert: ›Wen einsetzen, wenn man niemand hat.‹ Ohne geeigneteres Personal an Bord fuhr der Unterhaltungsdampfer ›Deutsches Kino‹ einen steten, wenn auch nicht rekordverdächtigen Kurs, der die Forderungen der Politik nie schnell genug nachzeichnete und dies in der Regel weder wollte noch – strukturell – konnte. Ein weiteres Hemmnis war der oberste Lotse: Adolf Hitler hat im Kino schwerblütige Melodramen und leichte Unterhaltung, auch Krimis geliebt, ansonsten wurde er schnell müde. Was die Propaganda betraf, forderte er, der dann den ganzen Krieg über keinen einzigen Spielfilm mehr gesehen haben soll, die eindeutige, sichtbare Tendenz. Hier war ihm Goebbels eindeutig überlegen – ohne es je besser als der ›Führer‹ wissen zu wollen –, der an der Stelle des ideologischen Holzhammers immer wieder ein ästhetisches Programm postulierte.« (Meder, Thomas: Auferstanden aus Zelluloidruinen? In: Frankfurter Allgemeine Zeitung, 26. August 1999)

Das war auch der Hauptgrund dafür, dass die Nationalsozialisten hinreichend bedeutsame Protagonisten und Regisseure fanden, die sich auf ein künstlerisches »Doppelleben« in der Diktatur einließen (Vgl. Moeller, Felix: »Ich bin Künstler und sonst nichts«. Filmstars im Propagandaeinsatz, in: Sarkowicz, Hans (Hg.): Hitlers Künstler. Die Kultur im Dienste des Nationalsozialismus, Frankfurt am Main, Leipzig 2004, S. 135ff.) – zum Beispiel Hans Albers, Josef von Baky, Willy Birgel, Heinrich George,

Gustaf Gründgens, Emil Jannings, Helmut Käutner, Wolfgang Liebeneiner, Theo Lingen, Hans Moser, Erich Ponto, Arthur Maria Rabenalt, Heinz Rühmann, Paul Wegener, Käthe Haack, Heidemarie Hatheyer, Brigitte Horney, Zarah Leander, Marika Rökk, Ilse Werner. Andere Künstler und Regisseure wiederum waren dem Nationalsozialismus besonders ergeben, wie Heinz Steinhoff (»Hitlerjunge Quex«), Karl Ritter (»Urlaub auf Ehrenwort«), Veit Harlan (»Jud Süß«), Luis Trenker (ein Spezialist für Bergfilme) und der Senior der Regisseure, Carl Froelich (»Es war eine rauschende Ballnacht«). Leni Riefenstahl, die in den 1920er-Jahren in den von dem Regisseur Arnold Fanck entwickelten Bergfilmen mitgewirkt hatte und dann zur führenden Filmregisseurin des »Dritten Reichs« aufstieg, setzte die nationalsozialistische Euphorie in faszinierende Bilder um. Deren Suggestion trug wesentlich dazu bei, dass sich der Einzelne, obwohl Element der Massenchoreografie, nicht unterjocht, sondern als Teil eines höherwertigen Ganzen und somit aufgewertet fühlte. (Loiperdinger, Martin: Rituale der Mobilmachung. Der Parteitagsfilm »Triumph des Willens« von Leni Riefenstahl, Opladen 1987)

Nach Hilmar Hoffmann kann man die Filme des »Dritten Reichs«, mit deren Hilfe das Regime die Bevölkerung weltanschaulich ausrichtete oder sich ihr anbiederte, in elf Kategorien gliedern:

- der genuin ideologische Film
- der historische Film
- der gemeinschaftsbildende Film
- der Film gegen den gewollten Feind
- der antisemitische Film
- der Wehrertüchtigungsfilm
- der Jugendfilm
- der patriotische Film
- der Kriegsfilm
- der Durchhaltefilm
- der Unterhaltungsfilm.

Die Grenzen waren fließend. Es dominierten Themen, die Führertum, Rasse, »Volksgemeinschaft« und Heimat glorifizierten und dabei große Gestalten aus Kunst, Medizin, Politik und Militär für den nationalen Mythos vereinnahmten. Der auf die Rolle des Preußenkönigs Friedrich II. spezialisierte Theater- und Filmschauspieler Otto Gebühr dürfte den »großen König« (unter anderem auch Titel eines Filmes von Veit Harlan, 1943) wohl über 50 mal gespielt haben.

Hetzfilme wie »Jud Süß« (unter der Regie von Veit Harlan mit Ferdinand Marian, Werner Krauss, Kristina Söderbaum) wurden noch untertroffen von Machwerken wie »Der ewige Jude«, ein »Dokumentarfilm« (1942), für den Fritz Hippler – nach dem Krieg weiterhin publizistisch tätig – verantwortlich zeichnete. Er drehte in einem von der SS eingerichteten polnischen Ghetto, in dem er die erniedrigten, geschundenen, für die Massenvernichtung vorgesehenen Menschen als »Parasiten« und »Schädlinge« diffamierte (der Film wurde allein in Berlin gleichzeitig in 66 Kinos gestartet). »Wo Ratten auftauchen, verbreiten sie Krankheiten und tragen Vernichtung ins Land. Sie sind hinterlistig, feige und grausam und treten meist in großen Scharen auf – nicht anders als die Juden unter den Menschen.« Den Film sahen etwa 20 Millionen. (Zitiert nach: Hoffmann, Hilmar: Und die Fahne führt uns in die Ewigkeit. Propaganda im NS-Film, Frankfurt am Main 1988, S. 166)

Exkurs zur Situation der Journalisten im »Dritten Reich«

Was die Journalisten betraf, so erwiesen sie sich – soweit sie nicht emigrierten, durch Berufsverbot und sonstige Schikanen mundtot gemacht oder ermordet wurden – als »Schreibmaschinentäter«, die vielfach an die Tradition des rechtskonservativen Zeitungswesens des späten 19. Jahrhunderts und an das der Weimarer Republik anknüpften. In »Mein Kampf« wütet Hitler nicht nur gegen die »jüdisch-verseuchte« Presse, auch die liberalkonservative (die Kraftworte meidet) ist ein Stein des Anstoßes. Als Objekt seiner Invektiven hat er sich die »Frankfurter Zeitung«, auch das »Berliner Tageblatt« auserkoren, die er wohl weil sie »Intelligenzblätter« ohne rüde Schreibweise (»Inbegriff von Anständigkeit«) sind, als »verjudet« abqualifiziert. »Verwendet sie doch niemals rohe Ausdrücke, lehnt jede körperliche Brutalität ab und appelliert immer an den Kampf mit den ›geistigen‹ Waffen, der eigentümlicherweise gerade den geistlosesten Menschen am meisten am Herzen liegt. Das ist ein Ergebnis unserer Halbbildung, die die Menschen von dem Instinkt der Natur loslöst, ihnen ein gewisses Wissen einpumpt, ohne sie aber zur letzten Erkenntnis führen zu können, da hierzu Fleiß und guter Wille allein nichts zu nützen vermögen, sondern der nötige Verstand, und zwar als angeboren, da sein muß. Die letzte Erkenntnis aber ist immer das Verstehen der Instinktursachen – das heißt: der Mensch darf niemals in den Irrsinn verfallen, zu glauben, daß er wirklich zum Herrn und Meister der Natur aufgerückt sei – wie der Dünkel einer Halbbildung dies so leicht vermittelt –, sondern er muß die fundamentale Notwendigkeit des Waltens der Natur verstehen und begreifen, wie sehr auch sein Dasein diesen Gesetzen des ewigen Kampfes und Ringens nach oben unterworfen ist. Er wird dann fühlen, daß in einer Welt, in der Planeten und Sonnen kreisen, Monde um Planeten ziehen, in der immer nur die Kraft Herrin der Schwäche ist und sie zum gehorsamen Diener zwingt oder zerbricht, für den Menschen nicht Sondergesetze gelten können. Auch für ihn walten die ewigen Grundsätze dieser letzten Weisheit. Er kann sie zu erfassen versuchen, sich von ihnen zu lösen vermag er niemals.

Gerade für unsere geistige Halbwelt aber schreibt der Jude seine sogenannte Intelligenzpresse. Für sie sind die ›Frankfurter Zeitung‹ und das ›Berliner Tageblatt‹ gemacht, für sie ist ihr Ton abgestimmt, und auf diese üben sie ihre Wirkung aus. Indem sie alle scheinbar äußerlich rohen Formen auf das sorgfältigste vermeiden, gießen sie das Gift aus anderen Gefäßen dennoch in die Herzen ihrer Leser. Unter einem Geseire von schönen Tönen und

Redensarten lullen sie dieselben in den Glauben ein, als ob wirklich reine Wissenschaft oder gar Moral die Triebkräfte ihres Handelns seien, während es in Wahrheit nur die ebenso geniale wie gerissene Kunst ist, dem Gegner auf solche Weise die Waffe gegen die Presse überhaupt aus der Hand zu stehlen. Denn indem die einen vor Anstand triefen, glauben ihnen alle Schwachköpfe um so lieber, daß es sich bei den anderen nur um leichte Auswüchse handle, die aber niemals zu einer Verletzung der Pressefreiheit – wie man den Unfug dieser straflosen Volksbelügung und Volksvergiftung bezeichnet – führen dürften. So scheut man sich, gegen dieses Banditentum vorzugehen, fürchtet man doch, in einem solchen Falle auch sofort die ›anständige‹ Presse gegen sich zu haben; eine Furcht, die auch nur zu begründet ist. Denn sobald man versucht, gegen eine dieser Schandzeitungen vorzugehen, werden sofort alle anderen deren Partei ergreifen, beileibe nicht etwa, um ihre Art des Kampfes gutzuheißen, Gott bewahre – nur um das Prinzip der Pressefreiheit und der Freiheit der öffentlichen Meinung dreht es sich; allein dieses soll verteidigt werden. Vor diesem Geschrei aber werden die stärksten Männer schwach, kommt es doch aus dem Munde von lauter ›anständigen‹ Blättern.« (Hitler, Adolf: Mein Kampf, München 1934, S. 267f.)

Nach der Gleichschaltung der deutschen Presse durch Joseph Goebbels konnte Hitler sicher sein, dass nun die jüdische Erfindung von Aufklärung und Moral keine Rolle mehr spielten, wobei freilich sogar der Propagandaminister offensichtlich den Eindruck gewann, dass die NS-Gängelung und NS-Indoktrination keine journalistischen Qualität mehr zulassen. So stimmte Goebbels zu, dass der Vorschlag mit der Wochenzeitung »Das Reich« (ab Mai 1940) ein Blatt von erhobenerem Niveau, das auch im Ausland gelesen werde, zu schaffen – zumal er selbst gegen gutes Honorar als regelmäßiger Leitartikelschreiber verpflichtet wurde, was auch seiner Eitelkeit schmeichelte.

Mit Hilfe rigoroser Unterdrückungsmaßnahmen konnten die Nationalsozialisten jedoch schon in den ersten eineinhalb Jahren ihrer Herrschaft erreichen, dass ungefähr fünfhundert Zeitungen ihr Erscheinen einstellten; die Gesamtauflage der deutschen Presse wurde halbiert. Verfolgung, Emigration, Ermordung war das Schicksal vieler freiheitlich gesinnter Journalisten, die nicht die Marionetten des Regimes sein wollten, wie Hitler es forderte. Aus dessen Sicht war es notwendig, »daß gerade die Presse sich ganz blind zu dem Grundsatz bekennt: die Führung handelt richtig. Das heißt mit anderen Worten: es ist notwendig, daß – ohne überhaupt die Möglichkeit von Fehlern zu bestreiten oder auch des Diskutierens – es ist notwendig, daß grundsätzlich die Richtigkeit der Führung immer betont wird. Das ist das Entscheidende. Vor allem, wissen Sie, das ist notwendig des Volkes wegen; denn ich höre so oft, auch heute noch – das sind so liberalistische Rückfälle – die Frage, die mir vorliegt: ›Ja, soll man das nicht etwa doch jetzt einmal dem Volk anheimstellen?‹« (Zitiert nach: Domarus, Max: Hitler. Reden und Proklamationen 1932–1945. Geheimrede vor der Presse München, Würzburg 1962, S. 976)

Zudem gab es, trotz Monopolisierung des Informationsmaterials und mittelbarer wie unmittelbarer Einwirkung auf die einzelnen Redaktionen, noch Spielräume (Zu Nachfolgendem: Glaser, Hermann: Kleine Kulturgeschichte Deutschlands im 20. Jahrhundert, München 2002, S. 198ff.). So konnte etwa die »Frankfurter Zeitung« bis 1943 einigermaßen gemäßigt-kritisch berichten. Beim »Berliner Tageblatt« – in der Weimarer Republik eine jüdisch-liberale Zeitung, von bürgerlichen Intellektuellen für ein anspruchsvolles Publikum gemacht – vermochte der Chefredakteur Paul Scheffer dem Blatt gewisse Schutzwinkel, zu denen vor allem das Feuilleton gehörte, zu erhalten. In ihrem Buch »Wir lügen alle. Eine Hauptstadtzeitung unter Hitler«, einer Mischung von Autobiografie, kritischer Reflexion und Dokumentation, gibt Margret Boveri, die bis 1937 als außenpolitische Redakteurin dort arbeitete (später war sie Auslandskorrespondentin der »Frankfurter Zeitung«), einen Einblick in die damaligen Bedingungen journalistischer Arbeit. (Boveri, Margret: Wir lügen alle. Eine Hauptstadtzeitung unter Hitler, Olten/Freiburg 1965) Des täglichen Kampfes und Wettlaufs mit den Sprachregelungen des Propagandaministeriums offensichtlich müde, zog sich Scheffer 1936 von der Leitung zurück und ging als Auslandskorrespondent nach New York, von wo aus er für das »Berliner Tageblatt« und, als dieses eingestellt wurde, für die 1940 gegründete NS-Wochenzeitung »Das Reich« schrieb.

Im Gegensatz zu dem täglich erscheinenden »Völkischen Beobachter«, dem Zentralorgan der NSDAP – ein Rabaukenblatt: aggressiv, brüllend, hart, grob und zynisch (Vgl. Noller, Sonja/Kotze, Hildegard (Hg.): Faksimile-Querschnitt durch den Völkischen Beobachter, München/Bern/Wien 1967, S. 13) –, war »Das Reich« nach dem Grundprinzip konzipiert, dass hier die besten Köpfe der Nation – ausschließlich aufgrund ihrer Qualifikation, ohne Rücksicht auf Parteizugehörigkeit ausgewählt – die wichtigsten Fragen der Nation behandeln und in Berichten aus dem Ausland möglichst viele Informationen bieten sollten; das Feuilleton war darauf aus, der »Frankfurter Zeitung« Konkurrenz zu machen.

Die treibende Kraft für das mitten im Krieg, allerdings in einer Zeit großer militärischer Erfolge verwirklichte Projekt anspruchsvoller Publizistik war Rolf Rienhardt, Hauptamtsleiter in der Reichspressekammer, die von Max Amann, einem brutalen und sich rücksichtslos bereichernden Funktionär, der in Personalunion auch Vorsitzender des Zeitungsverlegerverbandes war, geleitet wurde. Eigenartigerweise gelang es Rienhardt, Goebbels und dessen Staatssekretär Otto Dietrich von der Zeitungsneugründung zu überzeugen; offensichtlich schmeichelte es dem Propagandaminister, dass er, der wohl intellektuell genug war, um die Ödnis der deutschen Presselandschaft zu beurteilen, in einem Blatt mitarbeiten sollte, das, zunächst unter der Chefredaktion von Eugen Mündler (dem letzten Hauptschriftleiter des »Berliner Tageblatts«), eine illustre Gesellschaft begabter Journalisten versammelte – darunter Max Bense, Will Grohmann, Theodor Heuss, Karl Korn, Oskar Loerke, Eduard Spranger, W.E. Süskind, Benno von

Wiese, Ernst Schnabel, August Scholtis, Egon Vietta, Wolfgang Weyrauch und Werner Höfer. Zu den Kriegsberichterstattern gehörten Clemens Graf Podewils, Lothar-Günther Buchheim, Joachim Fernau, Walter Henkels, Christoph Freiherr von Imhoff, Erich Peter Neumann (der später die junge *Reich*-Redakteurin Elisabeth Noelle heiratete), Jürgen Petersen und Jürgen Schüddekopf. Goebbels hatte sich ausbedungen, den jeweiligen Leitartikel selbst zu schreiben, was mit zweitausend Reichsmark honoriert wurde. (Vgl. Müller, Hans Dieter (Hg.): Faksimile-Querschnitt durch das Reich, München/Bern/Wien 1964)

Vgl. auch Müller, Hans Dieter: Hoch über Grab und Gram und Tod und Qual. Das Reich – Porträt einer deutschen Wochenzeitung, in: Der Spiegel Nr. 34/1964, S. 32ff.

359 »Am ›Tag der Deutschen Kunst‹ gab es 1937 einen Festzug durch München, der die Idee der Nation und der Führerschaft Hitlers darstellen sollte. Da wurde die ganze deutsche Geschichte auf Wagen gestellt und vorbeigerollt, am Schluß des Festzugs eine Reihe allegorischer Figuren von ›Opfer‹, ›Glaube‹, ›Treue‹, der ›Mutter Erde‹ und dem ›Vater Rhein‹ unter dem Motto der Gegenwart. Damit sind die Hauptthemen der NS-Kunst umschrieben.« (Hermann Bauer in: PAN)

360 Domarus, Max, a.a.O., S. 709.

361 Vgl. Speer, Albert: Erinnerungen (Unter Mitarbeit von Joachim C. Fest), Berlin/Frankfurt am Main 1969. Ders.: Spandauer Tagebücher, Berlin 1975. Reif, Adelbert: Albert Speer. Kontroversen um ein deutsches Phänomen, München 1978. »Speer verstand es, sich beim Nürnberger Prozess als unpolitischer Technokrat herauszustellen, der seit 1944 auf Distanz zu Hitler gegangen sei. Vom Judenmord habe er nichts gewusst. An dieser Legende hat dann nach Speers Entlassung aus dem Spandauer Gefängnis der Publizist Joachim C. Fest weitergewoben. Er stand Speer im Auftrag des damaligen Chefs des Ullstein-Verlags Wolf Jobst Siedler bei der Abfassung seiner Autobiographie als Ghostwriter zur Seite und schrieb später dessen Biographie, bei der er alles negierte, was die wahre Natur dieses NS-Schergen hätte beleuchten können.« (Schwendemann, Heinrich: Architekt des Todes. Im Herbst 1944 stand NS-Rüstungschef Albert Speer auf dem Höhepunkt seiner Macht. Auch heute noch gern zum »verführten Bürger« umgelogen, gehörte Speer tatsächlich zu den brutalsten Führern des Regimes. In: Die Zeit, 28. Oktober 2004.) »An einer Stelle wird Joachim Fest gefragt, ob er sich im Lichte neuer Forschungsergebnisse von Speer betrogen fühle. Ja, sagt er, er fühle sich betrogen. Hat Speer die berüchtigte Posener Rede von Heinrich Himmler gehört? Speer hat das immer bestritten. Aus gutem Grund: Himmler hat in dieser Rede vor Gauleitern sich des Massenmordes an den Juden gerühmt. ›Natürlich war er dabei‹, sagt Siedler ganz trocken. Speer war der aufgeklärte Nazi, der ›Engel, der aus der Hölle kam‹, wie Siedler unnachahmlich sagt. Und deshalb war er eine Identifikationsfigur für Nachkriegsdeutschland. Es könnte sein, dass nach

Breloers Film vor allem Hölle bleibt. Der zentrale Satz der Dokumentation wird von Breloer im Gespräch mit Siedler gesprochen: ›Speer war nicht das Rädchen im Getriebe des Terrors. Er war der Terror.‹« (Schirrmacher, Frank: Der Engel Nachkriegsdeutschlands fährt zur Hölle. Heinrich Breloers Film wird uns verändern, in: Frankfurter Allgemeine Zeitung, 18. März 2005)

362 Domarus, Max, a.a.O., S. 529. Vgl. Janßen, Karl-Heinz: »Sonderauftrag Linz«. Immer noch geheim gehalten: der Kunstraub im Auftrag Adolf Hitlers, in: Die Zeit, 2. Januar 1987. Wiedemann, Erich: Die Kunsträuber. Die Nazis plünderten systematisch Museen, Galerien und Depots in ganz Europa, in: Der Spiegel 25/2001, S. 150ff. Schwarz, Birgit: Hitlers Museum. Die Fotoalben Gemäldegalerie Linz: Dokumente zum »Führermuseum«, Wien 2004. »Es wäre falsch, allein diese Handlanger an den Pranger zu stellen. Die Raublust grassierte unter den Museumsleuten. Im Buch wird geschildert, wie sich die Wiener Museen um die Beute rissen, als die Sammlungen Rothschild, Bondy, Lederer und Zsolnay aufgelöst wurden. Selbst Nationalsozialisten waren von solcher Habgier angewidert. Auch Leiter nobler deutscher Häuser kauften mit Sonderetats, die aus dem Erlös jüdischer Enteignungen resultierten, auf dem wilden Amsterdamer oder Pariser Kunstmarkt. Nach dem Krieg stilisierten sie sich zu Opfern des Regimes, weil die Nationalsozialisten die modernen Bestände ihrer Museen verschleudert hatten. Alle diese Zusammenhänge harren noch der Aufklärung.« (E. Beaucamp) Günther, Sonja: Design der Macht. Möbel für die Repräsentanten des »Dritten Reiches«, Stuttgart 1992, S. 35ff., 43, 71.

363 Günther, Sonja, a.a.O., S. 97.

364 Zitiert nach: Kraus, Karl: Die dritte Walpurgisnacht, München 1952, S. 51.

365 Zitiert nach: Brenner, Hildegard, a.a.O., S. 159.

366 Rosenberg, Alfred, Der Mythus des 20. Jahrhunderts. Eine Wertung der seelisch-geistigen Gestaltenkämpfe unserer Zeit, München 1935, S. 280.

367 Rosenberg, Alfred, a.a.O., S. 282, 284.

368 Rosenberg, Alfred, a.a.O., S. 291.

369 Rosenberg, Alfred: Beethoven, in: Völkischer Beobachter, 10. März 1927.

370 Rosenberg, Alfred: Der Mythus des 20. Jahrhunderts, a.a.O. S. 298.

371 Schultze-Naumburg, Paul: Kunst und Rasse, München 1935, S. 120f.

XI Der Wahn als Buch

Der mit einem Österreich-Trauma neurotisierte Adolf Hitler findet in München die Stadt seiner Verwirklichung: Zum einen, weil er von hier in den Krieg aufbricht, zum anderen, weil er nach seiner Rückkehr in der Festungshaft Zeit und Unterstützung für die Niederschrift seiner Hetzschrift »Mein Kampf« findet. Die von ihm später als »Stadt der Bewegung« gepriesene Landeshauptstadt ist der Ort, da der Diktator nach den »Wiener Lehrjahren« zum »Schreibtischtäter« sich entwickelt: Als Verfasser eines weltanschaulichen Pandämoniums, fruchtbare Brutstätte für alle bösen Geister und Perversionen, die aus verderbter deutscher Kultur herauskrochen und vom Diktator inkorporiert wurden. »Mein Kampf« war der Amoklauf eines zwar nicht von der Staatsangehörigkeit, aber vom Ungeist her gesehen, typischen Kleinbürgers, mit den Deutschen brüderlich verbunden.

Am 9. November 1923, 12 Uhr 30 Minuten nachmittags, fielen vor der Feldherrnhalle sowie im Hofe des ehemaligen Kriegsministeriums zu München folgende Männer im treuen Glauben an die Wiederauferstehung ihres Volkes:

Alfarth, Felix, Kaufmann, geb. 5. Juli 1901
Bauriedl, Andreas, Hutmacher, geb. 4. Mai 1879
Casella, Theodor, Bankbeamter, geb. 8. Aug. 1900
Ehrlich, Wilhelm, Bankbeamter, geb. 19. Aug. 1894
Faust, Martin, Bankbeamter, geb. 27. Januar 1901
Hechenberger, Ant., Schlosser, geb. 28. Sept. 1902
Körner, Oskar, Kaufmann, geb. 4. Januar 1875
Kuhn, Karl, Oberkellner, geb. 26. Juli 1897
Laforte, Karl, stud. ing., geb. 28. Oktober 1904
Neubauer, Kurt, Diener, geb. 27. März 1899

Pape, Claus von, Kaufmann, geb. 16. Aug. 1904
Pfordten, Theodor von der, Rat am obersten Landgericht, geb. 14. Mai 1873
Rickmers, Joh., Rittmeister a.D., geb. 7. Mai 1881
Scheubner-Richter, Max Erwin von, Dr. ing., geb. 9. Januar 1884
Stransky, Lorenz Ritter von, Ingenieur, geb. 14. März 1899
Wolf, Wilhelm, Kaufmann, geb. 19. Oktober 1898

Sogenannte nationale Behörden verweigerten den toten Helden ein gemeinsames Grab.

So widme ich ihnen zur gemeinsamen Erinnerung den ersten Band dieses Werkes, als dessen Blutzeugen sie den Anhängern unserer Bewegung dauernd voranleuchten mögen.

Landsberg a. L., Festungshaftanstalt, 16. Oktober 1924.
Adolf Hitler

Am 1. April 1924 hatte ich, auf Grund des Urteilsspruches des Münchner Volksgerichts von diesem Tage, meine Festungshaft zu Landsberg am Lech anzutreten.
Damit bot sich mir nach Jahren ununterbrochener Arbeit zum ersten Male die Möglichkeit, an ein Werk heranzugehen, das von vielen gefordert und von mir selbst als zweckmäßig für die Bewegung empfunden wurde. So habe ich mich entschlossen, in zwei Bänden nicht nur die Ziele unserer Bewegung klarzulegen, sondern auch ein Bild der Entwicklung derselben zu zeichnen. Aus ihr wird mehr zu lernen sein als aus jeder rein doktrinären Abhandlung.
Ich hatte dabei auch die Gelegenheit, eine Darstellung meines eigenen Werdens zu geben, soweit dies zum Verständnis sowohl des ersten als auch des zweiten Bandes nötig ist und zur Zerstörung der von der jüdischen Presse betriebenen üblen Legendenbildung über meine Person dienen kann
Ich wende mich dabei mit diesem Werk nicht an Fremde, sondern an diejenigen Anhänger der Bewegung, die mit dem Herzen ihr gehören und deren Verstand nun nach innigerer Aufklärung strebt.
Ich weiß, daß man Menschen weniger durch das geschriebene Wort als vielmehr durch das gesprochene zu gewinnen vermag,

daß jede große Bewegung auf dieser Erde ihr Wachsen den großen Rednern und nicht den großen Schreibern verdankt. Dennoch muß zur gleichmäßigen und einheitlichen Vertretung einer Lehre das Grundsätzliche derselben niedergelegt werden für immer. Hierbei sollen diese beiden Bände als Bausteine gelten, die ich dem gemeinsamen Werke beifüge.

Landsberg am Lech,
Festungshaftanstalt ...

Am 9. November 1923, im vierten Jahre ihres Bestehens, wurde die Nationalsozialistische Deutsche Arbeiterpartei (NSDAP) für das ganze Reichsgebiet aufgelöst und verboten. Heute, im November 1926, steht sie wieder im gesamten Reiche frei vor uns, stärker und innerlich fester als jemals zuvor.
Alle Verfolgungen der Bewegung und ihrer einzelnen Führer, alle Lästerungen und Verleumdungen vermochten ihr nichts anzuhaben. Die Richtigkeit ihrer Ideen, die Reinheit ihres Wollens, die Opferwilligkeit ihrer Anhänger haben sie bisher aus allen Unterdrückungen kräftiger denn je hervorgehen lassen.
Wenn sie in der Welt unserer heutigen parlamentarischen Korruption sich immer mehr auf das tiefste Wesen ihres Kampfes besinnt und als reine Verkörperung des Wertes von Rasse und Person sich fühlt und demgemäß ordnet, wird sie auf Grund einer fast mathematischen Gesetzmäßigkeit dereinst in ihrem Kampfe den Sieg davontragen. Genau so wie Deutschland notwendigerweise die ihm gebührende Stellung auf dieser Erde gewinnen muß, wenn es nach gleichen Grundsätzen geführt und organisiert wird.
Ein Staat, der im Zeitalter der Rassenvergiftung sich der Pflege seiner besten rassischen Elemente widmet, muß eines Tages zum Herrn der Erde werden.
Das mögen die Anhänger unserer Bewegung nie vergessen, wenn sie die Größe der Opfer zum bangen Vergleich mit dem möglichen Erfolg verleiten sollte.[372]

Nach »Hitlers Wien« – »den Lehrjahren eines Diktators«, die in dessen Kopf die Konturen seiner eklektischen, dann in seinem Buch »Mein Kampf« formulierten, aus pervertiertem deutschem Geist gespeisten Weltanschauung generierten –, nach dieser Phase des Entstehens eines wirren, aber dem Denken der Mehrheit des deutschen Volkes zumindest im Unterbewusstsein entsprechenden Ressentiment-Bündels brachte »Hitlers München« dann die »Reifungsphase« des Diktators.

Die Übersiedlung von Wien nach München führte zunächst nicht zu einer Veränderung des Lebenswandels: faul und launisch, hemmungslosen Tagträumen hingegeben (die wenigen Freunde berichten davon), versuchte Hitler durch Gelegenheitsarbeit so viel zu verdienen, wie er gerade für das Notwendigste brauchte. »Wenn er sich beim Diskutieren aufregte, schrie er auf und fuchtelte mit den Armen, bis die andern im Raum zu fluchen begannen oder der Verwalter kam, um Ruhe zu gebieten. Manchmal lachten die Leute über ihn, manchmal fühlten sie sich auch seltsam berührt. ›Eines Abends‹, berichtet Hitlers Freund Hanisch, ›ging Hitler in ein Kino, in dem Kellermanns ›Tunnel‹ gegeben wurde. In diesem Film tritt ein Volksredner auf, der die arbeitenden Massen durch seine Reden in Aufruhr versetzt. Hitler wurde fast verrückt. Der Eindruck war so stark, daß er tagelang von nichts anderem sprach als von der Macht der Rede.‹ Solchen Ausbrüchen heftiger Streitsucht folgten indessen häufig Stimmungen der Verzagtheit.«[373]

Im Rückblick schreibt Hitler in »Mein Kampf«: »In dieser Zeit bildete sich mir ein Weltbild und eine Weltanschauung, die zum granitenen Fundament meines derzeitigen Handelns wurden. Ich habe zu dem, was ich einst mir so schuf, nur weniges hinzulernen müssen, zu ändern brauchte ich nichts.«[374] Diese Weltanschauung ist die typische »Philosophie« des Deklassierten, Arbeitsscheuen und Obdachlosen: »Nicht durch die Prinzipien der Humanität lebt der Mensch oder ist er fähig, sich neben der Tierwelt zu behaupten, sondern einzig und allein durch die Mittel brutalsten Kampfes. [...] Welches Ziel auch immer der Mensch erreicht hat, er verdankt es seiner Schöpferkraft und seiner Brutalität.«[375]

In München fand Hitler Quartier bei dem Schneidermeister Popp. Es begann die »glücklichste und weitaus zufriedenste Zeit« seines

Lebens.[376] Zeichnungen von Anzeigen und Plakaten verschafften ein sehr wechselndes Einkommen. Viel Zeit verwandte Hitler aufs Lesen, wie er es verstand: Er baute aus diffusen Lesefrüchten sein Weltbild weiter aus, er verfocht es mit dem Absolutheitsanspruch eines Dilettanten. Hitler bietet »das Bild eines Mannes mit vorgefaßter Meinung, der nur liest, um bestätigt zu sehen, was er ohnehin schon glaubt, doch ignoriert, was nicht in sein Schema paßt«.[377]

Der Kriegsausbruch 1914 wurde von Hitler in München als Befreiung aus dem Dilemma seiner Existenz begrüßt. Er machte eine Eingabe an König Ludwig III. von Bayern, trotz seiner österreichischen Staatsangehörigkeit in einem bayerischen Regiment als Freiwilliger dienen zu können. Die Antwort war zustimmend: »Als ich mit zitternden Händen das Schreiben geöffnet hatte [...] kannte Jubel und Dankbarkeit keine Grenze. Wenige Tage später trug ich dann den Rock, den ich erst nach nahezu sechs Jahren wieder ausziehen sollte.«[378]

Hitler war als Meldegänger an der Westfront. Nach einer Beinverwundung und erneutem Fronteinsatz wurde er wegen eines Augenleidens ins Lazarett nach Pasewalk/Pommern gebracht. Eine Erblindung durch Gasangriff, wie Hitler angab, ist unwahrscheinlich. Während der Rekonvaleszenz erreichte ihn die Nachricht vom Waffenstillstand.

> *In dieser Zeit jagten in meinem Kopfe endlose Pläne einander. Tagelang überlegte ich, was man nur überhaupt tun könne, allein, immer war das Ende jeder Erwägung die nüchterne Feststellung, daß ich als Namenloser selbst die geringste Voraussetzung zu irgendeinem zweckmäßigen Handeln nicht besaß.*[379]

Hitler, der schon vor 1914 den Weg einer persönlichen Daseinsgestaltung nicht beschritten hatte, musste angesichts des militärischen, politischen und wirtschaftlichen Zusammenbruchs in eine existentielle Panik geraten, aus der heraus er mit dem Mut des Verzweifelten den Ausbruch versuchte: »Ich aber beschloß nun, Politiker zu werden.«[380] Dort setzte er auf die richtige Karte. Ungewöhnliche Glücksumstände begünstigten seine Karriere, das heißt, er konnte von der ungewöhnlichen Unglückslage profitieren, in die Deutschland – durch eigenes Zutun – geraten war. Hitler brach – nach seinem Absinken ins Proletarierelend – nach »oben« durch, aber auch als »Führer« des »Großdeutschen Reiches« blieb er, was er vorher gewesen war: Kleinbürger in Gestalt, Fühlen, Denken und Sprache. Er rückte in den Mittelpunkt einer Tragödie, die er selbst inszenierte und in deren Verlauf sich die Abgründe seiner Spießerseele offenbarten – die verdrängten Triebe seiner entwurzelten Psyche sich in einem Wortrausch der Gemeinplätze beziehungsweise Vorurteile und schließlich in ruchlosen Handlungen entluden. »Ein primitiver, seinen Affekten ausgelieferter, partiell sehr begabter, partiell mit Blindheit geschlagener, ausgesprochen arbeitsscheuer, dabei aber immer wieder heftig tätiger Mensch gelangt durch die Leidenschaften des Kollektivs als Verkörperung des Mythos vom Manne aus dem Volk zu unbeschränkter Macht. Diese Macht, ausgestattet mit den fast unbegrenzten Mitteln des modernen Staates und der Dynamik eines organisatorisch und in bezug auf Arbeitsleistung einzigartigen Volkes, verleiht jeder Reaktion seines Wesens unmeßbare Hebelwirkung. Er ist ein Erniedrigter und Beleidigter, durch jeden seiner Entschlüsse, jede seiner Taten will er etwas wettmachen, will er ein undefinierbares ›Gegenüber‹, einen unsichtbaren, allgegenwärtigen Feind, den er für total verantwortlich hält, in die Knie zwingen und aufs härteste bestrafen. Überall, wo er eine Überlegenheit zu spüren glaubt, erwacht seine Rachsucht; noch gehört diese Überlegenheit jenem ›Gegenüber‹ an, das an allem schuld ist. Er mißtraut allem und jedem, wirft jedem vor, mit seinem Feind in Kontakt zu stehen oder gerade dabeizusein, zu diesem überzulaufen. Es ist ihm schlechterdings unmöglich, in bezug auf irgendeinen Zeitgenossen, auf irgendwelche Gruppe von Zeitgenossen sich anders zu verhalten als nach dem Grundsatz, der unheimlich genug, nur einen Gott und keinem Menschen zur Verfügung steht, dem Grundsatz: ›Wer nicht für mich ist, ist wider mich.‹ Die Angst vor dem potentiellen Widersacher läßt ihn besinnungslos rasch von Entschluß zu Entschluß, von Tat zu Tat vorwärtsstürzen. Letzten Endes verschafft ihm, wenn er an jenes ›Gegenüber‹ denkt, nur die Ausrottung völlige Ruhe.«[381]

Die Tage der Räteregierung erlebte Hitler in München. In »Mein Kampf« spricht er davon, dass er verhaftet werden sollte, die drei Männer des betreffenden Kommandos aber in die Flucht getrieben habe. Nach Niederschlagung des Putsches gab er der Untersuchungskommission des 2. Infanterieregiments, welche die Todesurteile und Erschießungen von Aufständischen vorbereiteten, Informationen; er wurde daraufhin bei der Presse- und Nachrichtenabteilung der 7. Armee eingestellt und nach einem Lehrgang zum »Bildungsoffizier« ernannt. Seine Aufgabe bestand unter anderem darin, die Soldaten vor sozialistischen, pazifistischen und demokratischen Gedanken zu »beschützen«. Als Spitzel besuchte er eines Tages die Versammlungen einer kleinen Gruppe, die sich »Deutsche Arbeiterpartei« (DAP) nannte.[382]

Die DAP war von dem Schlosser Anton Drexler 1918 ins Leben gerufen worden; Januar 1919 ergab sich eine Fusion mit anderen ähnlich orientierten Gruppen. Der Journalist Karl Harrer wurde Erster Vorsitzender. Hitler wohnte einer Veranstaltung der Partei am 12. September 1919 bei. Am 16. September wurde er als siebtes Mitglied in den Ausschuss der DAP aufgenommen. »Was diese Menschen empfanden«, heißt es in »Mein Kampf«,

> [...] *kannte auch ich: es war die Sehnsucht nach einer neuen Bewegung, die mehr sein sollte als Partei im bisherigen Sinne.* [...] *Je länger ich nachzudenken versuchte, um so mehr wuchs in mir die Überzeugung, daß gerade aus einer solchen kleinen Bewegung heraus dereinst die Erhebung der Nation vorbereitet werden konnte.*[383]

Bald wird Hitler zum wichtigsten Mann der Partei. Er verdrängt Karl Harrer, der bereits mit 36 Jahren (1926) stirbt. Hitlers Reden hinterlassen großen Eindruck; sie ziehen die Massen an und helfen somit auch, die Partei auf eine breitere Mitgliederbasis zu stellen. Es stoßen zur DAP: Ernst Röhm, politischer Berater des Chefs der Reichswehr in München, Dietrich Eckart, ein Dichter geringen Könnens, Alfred Rosenberg, baltischer Emigrant und Architekturstudent, Gottfried Feder, ein skurriler Wirtschaftsfantast (»Brechung der Zinsknechtschaft«), Rudolf Hess, ehemaliger Fliegerleutnant, Student, Hans Frank, Jurastudent, Gregor Strasser, Apotheker, als entlassener Artillerieleutnant Leiter des von ihm gegründeten Frontkämpferverbandes Niederbayern, Erich Ludendorff, Generalquartiermeister des Weltkriegsheeres.[384] Auf einem Parteitag 1920 in Salzburg schließen sich die »Deutsche Arbeiterpartei«, die »Deutsch-Sozialistische Partei« und die in Österreich und dem Sudentenland wirkende »Deutsche Nationalsozialistische Partei« zu der »Nationalsozialistischen Deutschen Arbeiterpartei« (NSDAP) zusammen, die schwarzweißrote Fahne mit dem Hakenkreuz, das Hitler von dem eigenartigen Sektierer Adolf Lanz (Wien) übernahm, sowie der Heilgruß mit erhobener rechten Hand werden zu den wichtigsten Symbolen der Bewegung. Julius Streicher, Hauptlehrer und Reserveleutnant, wird mit seiner von pathologischem Judenhass bestimmten Gruppe aufgenommen. Die Mitgliederzahl steigt auf 3000, viele ehemalige Freikorpskämpfer sind darunter. 1929 erwirbt Dietrich Eckart den »Münchner Beobachter«, der – in »Völkischer Beobachter« umgetauft – zum Parteiorgan wird.

Offiziell übernimmt Hitler am 29. Juli 1921 die Führung der NSDAP. Der Bankbeamte Max Amann wird Geschäftsführer, Philipp Bouhler rangiert als NS-Verlagskaufmann, Hermann Esser als Propagandaleiter; eine Ordnertruppe, die »Sturmabteilung« der Partei (SA), wird aufgestellt. 1922 taucht als neues Mitglied der ehemalige Fliegerhauptmann Hermann Göring auf. Als letzter Kommandeur des Jagdgeschwaders Richthofen und Träger des »Pour le mérite« scheint er der geeignete Mann, die SA zur militärischen Kadertruppe auszubauen.

Begünstigt von verschiedenen »national« gesinnten Männern der bayerischen Verwaltung und Regierung (Ernst Pöhner, Richter am Obersten Landesgericht, Dr. W. Frick, Leiter der Politischen Polizei in München, Dr. Franz Gürtner, bayerischer Justizminister), wagt Hitler immer mehr, ein Putschversuch am 8./9. November 1923 schlägt jedoch fehl. In dem nachfolgenden Gerichtsverfahren lässt man größte Milde walten: Ludendorff wird freigesprochen und Hitler erhält fünf Jahre Festungshaft, wird jedoch schon Weihnachten 1924 amnestiert.[385]

Eine Neugründung der Partei ist notwendig geworden, da einige Gruppen (Ludendorff, Drexler und die Norddeutschen) aus verschiedenen Gründen ausscheren. Rückschläge werden wettgemacht durch den starken Zulauf, den die NSDAP auf Grund der agitatorischen Tätigkeit von Strasser und Dr. phil. Joseph Goebbels im

Rhein-Ruhrgebiet bekommt. Gauleiter von Rheinland-Süd wird Dr. Robert Ley, ein Chemiker, der schon damals wegen seiner notirischen Trunksucht bekannt war.

1928 übernimmt Baldur von Schirach, Sohn eines Hoftheaterintendanten, die Leitung des NS-Studentenbundes, Walther Darré baut eine Bauernorganisation auf. Mitglieder des Adels (des Kleinadels zunächst) und der Industrie (Thyssen, Sir Henry Deterding), einflussreiche Frauen der »höheren Gesellschaft« (Winifred Wagner, Magda Quandt, die später Goebbels heiratete, Elsa Bruckmann, Helene Bechstein) ebnen Hitler den Weg. 1929 organisiert der frühere Fahnenjunker Heinrich Himmler die SS als Parteielite und Parteipolizei. Er ist der Sohn eines Studienprofessors, der sich als Antisemit hervorgetan hatte. Der ehemalige Oberleutnant zur See, Reinhard Heydrich, wird Himmlers engster Vertrauter.

Von den anderen Parteien unterstützt vor allem Alfred Hugenberg, der Führer der Deutschnationalen Volkspartei, die politischen Umsturzversuche Hitlers. Als Großindustrieller beherrscht er fast die gesamte Rechtspresse. Nach Konflikten mit seiner Partei glaubt er in Hitler den »Trommler« für die eigenen antidemokratischen Staatsstreichabsichten gefunden zu haben. Große Geldbeträge fließen der NSDAP zu. Franz von Papen, ein eitler, »schneidiger« Reserveoffizier, getreuer Anhänger Hindenburgs, mit guten Beziehungen zum katholischen Klerus, sucht auf seine Weise Hitler einzuspannen. Er hofft, in der NSDAP einen starken Bundesgenossen bei dem beabsichtigten Kampf gegen die »Linken« zu haben. »Was wollen Sie denn«, meinte Papen zu dem Konservativen Kleist-Schmenzin: »Ich habe das Vertrauen Hindenburgs. In zwei Monaten haben wir Hitler in die Ecke gedrückt, daß er quietscht.«[386] Das war am 30. Januar 1933 – an diesem Tage hatte Hindenburg Adolf Hitler zum Reichskanzler ernannt.

372 MK, Vorwort, Schlusswort, S. 782.

373 Bullock, Alan: Hitler. Eine Studie über Tyrannei, Düsseldorf 1959, S. 31.

374 MK, S. 21. »In Deutschland ordneten sich all diese Stücke wie auf einem Magnetfeld in einer ›Weltanschauung‹ auf der Grundlage des Rassenantisemitismus.« (Brigitte Hamann)

375 Zitiert nach: Bullock, Alan, a.a.O., S. 32.

376 MK, S. 138.

377 Bullock, Alan, a.a.O., S. 45.

378 MK, S. 179. Weber, Thomas: Hitlers erster Krieg, Berlin 2011. Hitler stilisierte sich als pflichtbewusster und tapferer Soldat; als Meldegänger war er nicht in vorderster Front eingesetzt.

379 MK, S. 226.

380 MK, S. 225.

381 Burckhardt, Carl J.: Meine Danziger Mission 1936–1939, München 1960, S. 268.

382 MK, S. 236ff.

383 MK, S. 242f. Vgl. auch: Werth, Christoph H.: Sozialismus und Nation. Die deutsche Ideologiediskussion zwischen 1918 und 1945, Wiesbaden 1996. »Der Nationalsozialismus, der 1933 mit Hitler an die Macht kam, bezog einen wesentlichen Teil seiner ideologischen Wirkung und Attraktivität aus der Zusammenführung von zwei mächtigen Ideenbewegungen des 19. Jahrhunderts, dem Nationalismus und dem Sozialismus, die ursprünglich gegeneinander standen und sich bekämpften, aber im 20. Jahrhundert in der Ideenbewegung eines Nationalen Sozialismus miteinander verbunden und verschmolzen wurden. Gewiß bot der historische Nationalsozialismus zu keiner Zeit eine klare, in sich schlüssige Ideologie des nationalen Sozialismus, und für Hitler selbst, der an ernsthaften ideologischen Diskussionen nicht interessiert war, bedeutete Sozialismus lediglich eine Phrase unter vielen, mit der er sich schmückte; wenn es ihm gerade paßte. Dennoch kamen die ideologischen Versuche der Zusammenführung von Nationalismus und Sozialismus, die in der geistig-politischen Welt der Weimarer Zeit im Schwange waren, dem historischen Nationalsozialismus zugute, der dieser Diskussion ideologische und konzeptionelle Versatzstücke entnahm, aber selbst jeder geistigen Originalität entbehrte.« (Kurt Sontheimer, in: Die Zeit, 14. März 1997)

384 Über die frühen »Mitkämpfer« ausführlich Grebing, Helga: Der Nationalsozialismus, München 1959, S. 53ff.

385 Dazu auch Deuerlein, Ernst (Hg.): Bayerische Dokumente zum 8./9. November 1923. Quellen und Darstellungen zur Zeitgeschichte, Band 9, Stuttgart 1962. Dornberg, John: Hitlers Marsch zur Feldherrnhalle München, 8. und 9. November 1923, München 1983. Gordon, Harold: Hitlerputsch 1923. Machtkampf in Bayern, München 1979. Gritschneder, Otto: Bewährungsfrist für den Terroristen Adolf H.. Der Hitler-Putsch und die bayerische Justiz, München 1990. Hofmann, Hanns Hubert: Der Hitlerputsch. Krisenjahre deutscher Geschichte 1920–1924, München 1961. Sigmund, Anna Maria: Als Hitler auf der Flucht war, in: Süddeutsche Zeitung, 8./9. November 2008. Zank, Wolfgang: Milde Strafe für einen Terroristen. Der Prozeß gegen Hitler, Ludendorff & Co 1924, in: Die Zeit, 1. April 1994.

Der rechtslastige Richter sagte in Hinblick auf eine Ausweisung nach Österreich, Hitler sei gar kein Ausländer; er sei sozusagen ein »gefühlter Deutscher«. Auf einen Mann, der so deutsch denkt und fühlt wie Hitler, der freiwillig viereinhalb Jahre lang im deutschen Heere Kriegsdienste geleistet, der sich durch hervorragende Tapferkeit vor dem Feind hohe Kriegsauszeichnungen erworben habe, könne nach Auffassung des Gerichts die Vorschrift des republikanischen Schutzgesetzes keine Anwendung finden. Hitler betrachte sich selbst als Deutscher, deshalb sei er es auch.

Am 30 April 1925 erfolgte die Entlassung aus der österreichischen Staatsbürgerschaft. Hitler wurde in Braunschweig zum Regierungsrat im Landeskultur- und Vermessungsamt ernannt. Am 25. Februar 1932 erhielt er auch die deutsche Staatsbürgerschaft. Einem Gratulanten gegenüber sagte er: »Mir brauchen Sie nicht zu gratulieren, aber Deutschland.« Über Putsch, Prozess, Haft und Amnestie ausführlich Ullrich, Volker: Adolf Hitler. Biographie, Band 1, Frankfurt am Main 2013, S. 153ff.

»Mit dem Hitler-Urteil, das vor nun 70 Jahren am 1. April 1924 vom Volksgericht München gefällt und von den Zuhörern und Hitler-Sympathisanten frenetisch bejubelt wurde, verhält es sich genau umgekehrt: Der vorbestrafte Hochverräter Adolf Hitler aus dem österreichischen Braunau wurde praktisch freigesprochen, denn die ›Strafe‹ (fünf Jahre ehrenvolle Festungshaft) stand nur auf dem Papier. Bereits nach acht Monaten haben die Gerichte, zuletzt das Bayerische Oberste Landesgericht, den landfremden Hochverräter ›auf Bewährung‹ entlassen. Diese Richter waren sozusagen umgekehrte Pilatusse, sie haben mit ihren Fehlentscheidungen nicht einen Unschuldigen verurteilt, sondern einen gemeingefährlichen Terroristen in die Freiheit entlassen.

Es gibt in der deutschen Rechtsgeschichte kein politisch so folgenschweres Fehlurteil wie dieses Hitler-Putsch-Urteil. Alles, was an ihm falsch zu machen war, und alles, was man durch Rechtsbeugung noch verschlechtern konnte, ist hier von zwei bayerischen Berufsrichtern (Georg Neithardt, August Leyendecker) und drei Laienrichtern (Leonhard Beck, Christian Zimmermann, Philipp Hermann) praktiziert worden.

Das begann schon mit einem grundlegenden Rechtsfehler: Das Bayerische Volksgericht war gar nicht zuständig. Hitler hatte mit bewaffneten Haufen am 8. November 1923 im Bürgerbräukeller die Regierung stürzen und eine ›provisorische Deutsche Nationalregierung‹ unter seiner Führung konstituieren wollen und hat diesen Versuch am nächsten Morgen mit einem Aufmarsch etwa 2000 schwerbewaffneter Anhänger zur Feldherrnhalle fortgesetzt. Dabei haben die Putschisten die Banknotendruckerei Gebrüder Parcus ausgeraubt und vier Polizeibeamte erschossen (Rudolf Schraut, Friedrich Fink, Nikolaus Hollweg, Max Schoberth). Für dieses mörderische Hochverratsunternehmen war nach dem Republikschutzgesetz von 1922 der Staatsgerichtshof des Reichsgerichts in Leizpig zuständig. Die bayerische Regierung unter dem unglücklich taktierenden Generalstaatskommissar August von Kahr und seinem Justizminister Franz Gürtner hat sich aber geweigert, Hitler nach Leipzig zu überstellen, wo er hätte zum Tode verurteilt werden können. Wie sehr Hitler selbst damit rechnete, hat er nach seiner Verhaftung (11. November 1923) dem Strafanstaltspsychologen Alois Maria Ott in Landsberg eindrucksvoll gestanden, als er eine Pistole erbat, um sich selbst zu richten. Statt eines dem Gesetz entsprechenden Strafverfahrens arrangierten die bayerischen Richter über einen Monat lang eine spektakuläre Diskussionsrunde mit Hitler und seinen Helfershelfern (Ludendorff, Frick, Röhm, Kriebel u. a.). Dabei konnte Hitler in stundenlangen Reden ungehindert die deutsche und die bayerische Regierung aufs gröblichste verunglimpfen.

In der (verfahrenswidrig nur vom Vorsitzenden Neithardt unterschriebenen) 44seitigen Urteilsbegründung sind die schwerstwiegenden Verbrechen einfach weggelassen worden, zum Beispiel die Ermordung der vier Polizisten vor der Residenz. Man hat den Angeklagten mildernde Umstände zugebilligt, weil sie ›bei ihrem Tun von rein vaterländischem Geiste und dem edelsten selbstlosen Willen geleitet waren‹.

In zwei wichtigen Punkten beging das Gericht schlicht Rechtsbeugung:

Es unterließ es entgegen dem ausdrücklichen Hinweis des Oberstaatsanwalts Ludwig Stenglein, den Österreicher Hitler auszuweisen, obwohl das Republikschutzgesetz zwingend vorschreibt, daß gegen einen wegen Hochverrats verurteilten Ausländer ›auf Ausweisung aus dem Reichsgebiet zu erkennen‹ ist.

Der zweite Verstoß gegen eindeutige gesetzliche Vorschriften war die Inaussichtstellung von Bewährungsfrist für Hitler. Das Bayerische Oberste Landesgericht hat bereits acht Monate nach dem Urteilsspruch, im Dezember 1924, diese Bewährungsfrist auch tatsächlich bewilligt, weil Hitler sich gut geführt habe und kein Risiko mehr darstelle. Dabei verschwieg man schon im Urteil des Volksgerichts und auch später beim Bayerischen Obersten Landesgericht, daß Hitler ja bereits unter Bewährung stand. Er hatte nämlich 1922 wegen Landfriedensbruchs eine Gefängnisstrafe von drei Monaten bekommen, von der zwei Monate bis 1928 ›auf Bewährung‹ ausgesetzt waren. Wer während der Bewährungsfrist eine neue Straftat begeht, kann nicht noch einmal Bewährung bekommen; er muß vielmehr die vorige und die neue Strafe absitzen.« (Gritschneder, Otto: 1. April 1924. Urteilsverkündung im Hitler-Prozeß, in: Süddeutsche Zeitung, 31. März/1. April 1994)

386 Zitiert nach: Helga Grebing: Der Nationalsozialismus, München 1959, S. 65.

Epilog
Der aktuelle Mangel an mentalitätsgeschichtlicher Deutung

Man kann sagen, dass Hitlers Festungshaft in Landsberg unter günstigen Bedingungen mit »Mein Kampf« als fatalem Ergebnis den Weg ins tiefste Unheil der deutschen Geschichte »markiert«. Im Zeichen eines konfusen Buches, vor allem eines darin propagierten Menschenbildes und einer apodiktisch vertretenen Gesellschaftsauffassung vollzog sich die von den Nationalsozialisten als *unio mystica* begriffene Vereinigung von Volk und »Führer«.

Dem Verfasser des hier vorliegenden Buches ist es ein Rätsel, warum die umfangreiche aktuelle Forschungsliteratur zu Hitler, seinem Buch »Mein Kampf« und zum Nationalsozialismus in ihrem Paradigma (»wissenschaftlichen Weltbild«) die Mentalitätsgeschichte der Bewegung weitgehend außer Acht lässt. Dies ist umso erstaunlicher, als frühere Werke sehr präzise und konkret auf die Psychohistorie des Nationalsozialismus eingegangen sind. Diese sind aber offensichtlich vergessen oder werden verdrängt beziehungsweise negiert. Sie zeigen, dass der weit ins 19. Jahrhundert zurückreichende und dann immer stärker werdende kulturelle Degenerationsprozess des Bildungsbürgers die Deutschen für den Hitlerismus prädestinierte. Metaphorisch gesprochen: Die Wegweiser, auf denen die Richtung für die Forschung aufgezeigt ist, nämlich der Genealogie von Hitlers Wahngebäude nachzugehen – was dann deutlich machen kann, warum Volk und Führer »verschmolzen« –, sind an sich überdeutlich. Plakative aphoristische Zitate – einige seien hier nochmals wiederholt – können unterstreichen, auf was es ankäme; etwa Franz Grillparzers Diktum, dass der deutsche Bildungsweg von der Humanität durch Nationalitiät zur Bestialität führe, Friedrich Nietzsches Feststellung von der »Exstirpation des deutschen Geistes zugunsten des deutschen Reiches, Hannah Arendts (eigenartigerweise sehr bekämpfe), ungemein aufschlussreiche Analyse des Nationalsozialismus als der »Banalität des Bösen«.

Wenn man einen Blick auf aktuelle Standardwerke der Hitler-Forschung wirft, so wird der Mangel an Psychohistorie besonders deutlich:

In Othmar Plöckingers umfangreicher, akribisch genauer »Geschichte eines Buches: ›Mein Kampf‹ 1922–1945«[387] erfährt man zwar, was übrigens auch anderweitig beschrieben wird: dass Hitler von der Direktion der Festungshaftanstalt Landsberg am Lech bei der Abfassung seines Buchs unterstützt wurde (er bekam Papier, eine Schreibmasschine, Schreibmaterial etc., auch von Winifred Wagner); genau untersucht werden Vorarbeiten, Entstehen, Mitarbeiter und Helfer bei der Publikation, man wird über die Rezeptionsgeschichte von »Mein Kampf« im In- und Ausland informiert. Aber Fehlanzeige, was die jahrzehntelange, von den »Agenturen« der Gesellschaft betriebene Ideologisierung der deutschen Bevölkerung betrifft.

Trotz Plöckingers fleißigen Aktenstudiums und der Absicht, »auf die ideologischen Kontinuitäten nicht gänzlich zu verzichten«, wird diese kaum verwirklicht, da der Verfasser offensichtlich nicht begreift, welche Bedeutung für Hitler die im 19. Jahrhundert sich durchsetzende »Spießer-Ideologie« hat: sie katapultierte ihn nach oben. Im Register des Buchs von Plöckinger erscheint nicht einmal die für die Aufklärung von Hitlers Wurzeln so wichtige Autorin Brigitte Hamann. Die Sekundärliteratur, welche die Ideologisierung des deutschen Geistes zum Thema hat, an die dann Hitler anknüpft, taucht nicht auf. Er behandelt »Mein Kampf« wie einen literarischen Text, der auf geradezu literar-kriminalistische Weise aufgeschlüsselt, aber nicht auf seinen Wurzelgrund befragt wird. Die psychohistorische Dimension liegt außerhalb des Forschungsinteresses.

So auch beim jüngsten Beispiel der Hitler-Literatur: Volker Ullrichs 2013 erschienenem ersten Band seiner Biografie des Diktators (»Die Jahre des Aufstiegs«).[388] Einige Stellen (Zitate) in der Einleitung zu dem eindrucksvoll umfang- und faktenreichen Buch könnten zwar als »Wetterleuchten« für das Paradigma der Mentalitätsforschung verstanden werden. Der erste Satz der Einleitung zitiert zum Beispiel Thomas Manns Essay »Bruder Hitler« und setzt damit auf eine Fährte, die, wenn man sie verfolgte, zu den tiefen seelischen Verbindungen von Volk und »Führer«, ihre Verwandtschaft nämlich, führen könnte. An anderer Stelle zitiert Ullrich Harry Graf Kessler, der davon sprach, dass sich ein gescheiterter Mann und ein gescheitertes Volk verbunden hätten. Aber statt diesem doch eindeutigen (lapidaren) Diktum, welches das »Rätsel« der Faszination Hitlers verstehen hülfe, zu folgen, ordnet (sortiert) der Autor dann sein umfangreiches Material um die These, dass Hitler »komplexer und vielschichtiger« gewesen sei als allgemein angenommen werde und somit darin seine Wirkung läge. »Er war kein ›Mann ohne Eigenschaften‹, sondern ein Mann mit vielen Eigenschaften und Gesichtern. Hinter der öffentlichen Figur, die sich sowohl aus den Selbstinszenierungen des ›Führers‹ als auch den Zuschreibungen seiner gläubigen Anhänger zusammensetzte, wird der Mensch sichtbar – mit seinen gewinnenden und abstoßenden Zügen, seinen unbestreitbar großen Begabungen und Talenten ebenso wie mit seinen nicht zu verkennenden tiefsitzenden Komplexen und Affekten, seinen destruktiven Energien und mörderischen Antriebskräften. Das Ziel ist es, den Hitler-Mythos, der als negative ›Faszination durch das Monstrum‹ in der Literatur und öffentlichen Diskussion nach 1945 in vielfältiger Weise nachwirkte, zu dekonstruieren. In gewisser Weise wird Hitler hier ›normalisiert‹, was ihn jedoch nicht ›normaler‹, sondern im Gegenteil eher noch abgründiger erscheinen lässt.«[389]

Nach Meinung des Autors dieses hier vorliegenden Buchs war »Bruder Hitler« aber als ein jede Humanität niedermetzelnder Amokläufer genau das Gegenteil: nämlich ein mieser abgründiger Spießer, der zum Schicksal eines Volks werden konnte, weil er alle Untugenden und Ressentiments dieses Volks inkorporierte. Wer »Mein Kampf« liest und alle seine Reden und Proklamationen, die Max Domarus in zwei dicken Bänden gesammelt vorgelegt hat,[390] kann keine Spur von einem »Mann mit Eigenschaften« erkennen, außer eben, dass er von außerordentlicher Mediokrität war.

Dass so viele neuere ForscherInnen dies nicht erkennen (wie auch

Barbara Zehnpfennig[391]) und damit auch nicht thematisieren, mag damit zusammenhängen, dass sie das »Dritte Reich« nicht als Zeitzeugen erlebten oder als Ausländer nicht erleben konnten.[392] Selbst wer nur als Jugendlicher in der Zeit von 1933 bis 1945 aufwuchs (wie der Verfasser dieses Buchs, freilich durch die Eltern sensibilisiert und aufgeklärt), konnte die für die heute in der Demokratie aufgewachsenen Menschen nicht vorstellbare Verblödung und Ideologisierung der Deutschen geradezu traumatisch wahrnehmen – mit einem mörderischen Wahn-Sinnigen an der Spitze.

Recht hat Volker Ullrich freilich, wenn er feststellt: Auch der tote Hitler werde »immer mit den Deutschen sein – mit den überlebenden, mit den nachlebenden und sogar mit den noch ungeborenen, nicht so wie mit den mitlebenden, aber als ewiges Denkmal des Menschenmöglichen«.[393]

387 Plöckinger, Othmar: Geschichte eines Buches: Adolf Hitlers »Mein Kampf« 1922–1945, München 2011.

388 Ullrich, Volker, a.a.O., S. 7.

389 Ullrich, Volker, a.a.O., S. 9.

390 Ullrich, Volker, a.a.O., S. 21.

391 Einem möglichen Missverständnis soll vorgebeugt werden: Die Bemerkungen zu den Büchern von Plöckinger, Ullrich und Zehnpfennig, noch dazu kursorisch, sind nicht einmal als Ansatz zu einer Rezension gedacht. Markiert soll nur werden, dass bei diesen Werken – charakteristisch für die gegenwärtige Tendenz der Hitler- und Nationalsozialismus-Forschung – das Interesse an Mentalitätsgeschichte beziehungsweise Psychohistorie fehlt. Dementsprechend fehlt in den Bibliografien der Hinweis auf die relevante Sekundärliteratur.

Barbara Zehnpfennig scheint mit »Hitlers ›Mein Kampf‹ – Eine Interpretation« (München 2000) und »Adolf Hitlers ›Mein Kampf‹. Weltanschauung und Programm – Studienkommentar« (München 2011) weitgehend das vorweg zu nehmen, was offensichtlich das Münchner »Institut für Zeitgeschichte« sich mit der für 2015 oder 2016 geplanten »kommentierten Gesamtausgabe« von Hitlers »Mein Kampf« vorgenommen hat. (Vgl. Christian Staas: »Wir drehen den Zünder raus. Hitlers »Mein Kampf« wird neu verlegt. Muss das sein? Fünf Münchner Wissenschaftler wollen die Hassschrift mit Fußnoten unschädlich machen«, in: Die Zeit, 26, September 2013)

Meines Erachtens führt der Begriff »kommentiert« auf einen Irrweg. Laut lexikalischer Definition ist ein »Kommentar« die Erläuterung einer wissenschaftlichen Abhandlung, einer Dichtung oder eines Gesetzestextes, immer eines Druckwerks, das solche Erörterungen verdient. Hitlers »Mein Kampf« ist nichts von allem; das Buch ist zum einen eine Ansammlung von wüsten Schimpftiraden, zum anderen eine trübe Suada, die ihre Elemente aus dem zerstörten deutschen Geist vorwiegend des 19. Jahrhunderts bezieht (Thema dieses Buchs). Auch ist eine Gesamtausgabe überflüssig, Auszüge zur Entlarvung des Pamphlets genügen, da Hitler seine wenigen Ideologeme ständig inhaltlich wiederholt. (Man bekämpft Alkoholismus auch nicht damit, dass man Koma-Saufen empfiehlt!)

Die bayerische Staatsregierung, die ursprünglich für das Projekt verantwortlich zeichnen wollte – der Landtag hat 500000 Euro dafür bewilligt – hat inzwischen ihre Absicht aufgegeben.

Bei Zehnpfennigs Büchern ist das Denkmuster insofern komplexer zu sehen, als sie ausführlich und mehrdimensional ihre Intention vorstellt. Ein Diskurs müsste also extensiv veranstaltet werden und kann hier nicht geleistet werden. Reduziert man ihre Axiomatik auf die für sie bei ihrer Forschung wesentlichsten Wahrheiten (nachfolgend ein diese summierendes Zitat aus ihrem Studienkommentar), so führt dessen »Exegese« zu einer klaren Abgrenzung zu der von mir eingenommenen, allerdings keinen Ausschließlichkeitsanspruch erhebenden Position.

»Sechsundsechzig Jahre nach dem Zusammenbruch des Dritten Reichs ist das Bekenntnisbuch seines Führers Adolf Hitler *Mein Kampf* noch immer nicht für die Öffentlichkeit freigegeben. Erst wenn die Rechte an dem Buch erlöschen, ist ein Nachdruck und freier Vertrieb möglich. Solche Vorsicht erstaunt angesichts der Tatsache, dass *Mein Kampf* meist als Ansammlung von Banalitäten, Idiosynkrasien und ermüdend oft wiederholten Plattitüden eingeschätzt wird, als ›unerträglich und schrecklich langweilig‹, wie auch die Historikerin Brigitte Hamann urteilt. Welche Gefahr, aufgrund derer volkspädagogische Zurückhaltung bei der Verbreitung geboten wäre, sollte also von einem solchen Werk ausgehen? Konsequent fordert deshalb der bekannte NS-Forscher Hans Mommsen eine wissenschaftliche Edition von *Mein Kampf*, gerade um ›den Mythos der ideologischen Originalität und intellektuellen Qualität von Hitlers Suada endgültig aus[zu]räumen.‹ Doch ist Hitlers Denken wirklich so banal wie hier unterstellt? Wie passt die Banalität des Buches zur Dämonie der Person, die das Bild Hitlers in der Öffentlichkeit prägt? Und wieso konnte der Nationalsozialismus auch unter Intellektuellen Anklang und Anhänger finden, ja sogar einen so großen Geist wie Martin Heidegger zu dem Glauben motivieren, es hier mit einer zukunftsweisenden Bewegung zu tun zu haben, wenn die Gedanken ihres Führers nichts weiter als dumm und flach waren? Natürlich reichen solche Indizien, dass die Sachlage doch etwas komplizierter sein könnte, nicht aus. Es bedarf eines Nachweises. Dieser Nachweis soll im Folgenden geführt werden – durch einen Kommentar zu einem Buch, das nicht unmittelbar zugänglich ist und daher während der Kommentierung mit dargestellt werden muss.«

Seit die amerikanische Militärregierung 1945 die Rechte von Hitlers »Mein Kampf« an den Freistaat Bayern übergab, hat dieser sie für einen Neudruck, auch zu Forschungszwecke, nicht freigegeben. Man befürchtete, das Buch könnte noch fatalen Einfluss ausüben. Gerade weil es eine »Ansammlung von Banalitäten, Idiosynkrasien und ermüdenden oft wiederholten Plattitüden« (und noch anderen, zum Beispiel Gemeinheiten, Hassorgien und übelsten Verleumdungen) ist, kann man diese Vorsicht verstehen. Denn die Geschichte der Bundesrepublik zeigt in den 1950er- und 1960er-Jahren noch viele faschistoide Züge. Nicht mit Sicherheit war abzuschätzen, ob die Deutschen bei der in ihrer Mehrheit jahrzehntelang gezeigten dominanten Anfälligkeit für Autoritarismus und Ideologie sich gewandelt haben und zur Humanität im Rahmen der Reeducation zurückgefunden hatten.

»Erwacht Deutschland schon wieder?« war lange Zeit eine bedrückende, heute freilich wohl nicht mehr aktuelle Frage. Deshalb ist die Verwahrung von »Mein Kampf« im Giftschrank wohl nicht mehr ein probates Mittel, aber auch nicht die ungezügelte Giftverstreuung durch eine Gesamtausgabe. Politische Bildungsarbeit im Sinne des Nachworts zu diesem Buch von Doris Katheder tut not.

Banalität passt durchaus zur Dämonie – die oft missverstandene Formulierung »Banalität des Bösen« von Hannah Arendt benennt dies am Beispiel von Adolf Eichmann. Die »Banalität des Bösen« macht das Wesen des Spießers aus, wie er in der deutschen belletristischen kritischen Literatur charakterisiert wird. Auch Heinrich Himmler war ein abgründiger Spießer, darüber sind sich seine Biografen einig.

Wieso, so Zehnpfennig ziemlich naiv, konnte der Nationalsozialismus auch unter Intellektuellen Anklang finden, wenn er so banal war und – so kann man mit Ullrich fortfahren –, wenn Hitler ein Mann »ohne Eigenschaften« gewesen wäre? Wie konnte der Nationalsozialismus zum Beispiel Martin Heidegger beeindrucken? (Gottfried Benn kann man hinzufügen.) Geschichte und Wesen des Intellektuellen im 19. und 20. Jahrhundert zeigen – oftmals beschrieben und belegt –, dass Fachkompetenz und Ideologieverfallenheit Hand in Hand gingen. Die Diskrepanz zwischen anerkannter Bedeutung im Fach stand oft im krassen Gegensatz zur weltanschaulichen Verführbarkeit.

Was die Erwähnung Heideggers in diesem Zusammenhang betrifft: Abgesehen davon, dass die positive Beurteilung seiner Philosophie zur Revision ansteht – die Aura seines mystifizierenden, vernunftfeindlichen Wurzeldeutschs haben bislang nur wenige (wie Paul Hühnerfeld und Theodor W. Adorno) in ihrer Hohlheit aufgezeigt; die Diskussion um seine »schwarzen Hefte« hat nun seit 2013/14 auch seinen schäbigen Charakter offenbart, der bestenfalls (in wohlwollender Beurteilung) »flach« genannt werden mag.

Der Versuch aufzuzeigen, dass »Mein Kampf« »mehr ist als die wirren Ergüsse eines mediokren Geistes«, dürfte Folge einer »deformation professionelle« des demokratischen Historikers und Politikwissenschaftlers sein: Da er nun einmal entschlossen ist, Hitler und den Nationalsozialismus zu kommentieren, also wissenschaftlich zu analysieren und zu erklären, muss das Objekt seiner Forschung »auf Augenhöhe« sein (also entsprechend aufgewertet werden). Natürlich muss man Hitler ernst, ja sehr ernst, »todernst« nehmen – schlimm, dass man dies 1933 nicht tat. Aber nicht mit der Axiomatik des seine Bedeutung vermutenden Geisteswissenschaftlers kommt man ihm auf die Schliche, sondern mit der des Sozial- beziehungsweise Psychopathologen und Mentalitätsforschers.

Ich bin kein (oder nur in einigen Gebieten) Forscher, habe auch keine wissenschaftlichen Assistenten oder ein Institut zur Seite: Ich bin Vermittler – all derjenigen, die solche Forschungsarbeit geleistet haben, verfüge also über eine gut sortierte Bibliothek. Aber ich fühle mich legitimiert als Zeitzeuge zu sprechen, der die heute kaum mehr nachvollziehbare Verblödung und Brutalisierung (Bestialisierung) der Deutschen erlebt hat.

In Hinblick auf mein Geburtsjahr (1928) bedarf diese Feststellung eines kurzen autobiografischen Exkurses. Ich hatte das Glück, in einem Elternhaus aufzuwachsen, das von vorneherein eindeutig und ohne jedes Schwanken gegen das Hitler-Regime eingestellt war. So sorgte mein Vater in völliger familiärer Offenheit dafür, dass ich schon als Kind und dann vor allem als Jugendlicher über das Unheil, das ab 1933 über Deutschland hereingebrochen war, aufgeklärt war. Auch wenn mein Vater nicht zu denjenigen gehörte, die offenen Widerstand leisteten, sondern der »inneren Emigration« angehörte, hat er als Gymnasiallehrer an einem Mädchengymnasium doch manches gewagt, was ihm dann, nach der Befreiung, jüdische Schülerinnen, die mit ihren Eltern emigrieren konnten, sehr dankten. Seine Schwäche war nach Kriegsende, dass er, der immer den Eintritt in die NSDAP erfolgreich abgelehnt hatte, als Vorsitzender einer Spruchkammer, von Mitleid bewegt, bei vielen ehemals brutalen »Volksgenossen« meinte, sie seien doch nur verführte Mitläufer gewesen.

Alle Bemühungen der Nationalsozialisten, mich für die Jugendorganisation HJ zu gewinnen – ich entsprach dem »rassischen Idol« (groß, schlank, blond, »blaue Augen«) –, prallten an unserer geschickten Ablehnungsstrategie ab. Das führte zu Konflikten mit den beiden Großeltern, die dem Regime zuneigten, was zum Abbruch der Beziehung mit ihnen durch meine Eltern führte. All dies sensibilisierte mich so, dass ich mich nach 1945 als Pädagoge und Publizist für »Spurensuche« engagierte und 1961 das wohl erste Taschenbuch über das »Dritte Reich« (Untertitel: »Anspruch und Wirklichkeit«) mit sehr großer Resonanz und vehementen konservativen Angriffen schrieb. – In den 1950er- und 1960er-Jahren hatte ich Gelegenheit, immer wieder Gespräche mit Hans Kohn, Max Horkheimer und Jean Améry zu führen; auch mit vielen anderen, vor allem ehemaligen Emigranten (wie Fritz Stern, Fritz Bauer, Hans G. Adler, Schalom Ben-Chorin, Eleonore

Sterling, Norman Birnbaum), die, wie auch weitere bedeutende in Deutschland tätige Wissenschaftler der damaligen Zeit (etwa Kurt Sontheimer, Harry Pross) wichtige Werke zum Nationalsozialismus geschrieben hatten; sie waren Mitwirkende bei den »Nürnberger Gesprächen«, die ich als Schul- und Kulturdezernent der Stadt Nürnberg von 1965 bis 1970 über Deutschlands Vergangenheit, Gegenwart und Zukunft veranstaltete. Tenor dieser Gespräche war häufig die Notwendigkeit der Mentalitätsgeschichte bzw. Psychohistorie; nur mit deren Hilfe könne man das Entstehen, die Entwicklung und den Erfolg des Nationalsozialismus, dessen Wurzeln weit ins 19. Jahrhundert zurückreichten, verstehen. Das verstärkte meine Arbeit auf diesem Gebiet, die zu meinem Buch »Spießer-Ideologie« führte, das nach langer Vorbereitung 1964 erschien und eine Woge der Zustimmung sowie heftige Ablehnung bei konservativen, wütenden Hass bei rechtsradikalen Kreisen erfuhr. Zum Titel hatte mich Hans Kohn ermutigt; der 1891 in Prag geborene Historiker übersiedelte 1925 nach Palästina und 1934 in die USA, wo er unter anderem das Buch »Wege und Irrwege. Vom Geist des deutschen Bürgertums« schrieb.

392 So etwa Kershaw, Ian: Hitler, Stuttgart 1998/2000.

393 Ullrich, Volker, a.a.O., S. 21.

Nachwort
Wie war »es« möglich? Für eine Didaktik der Kontroversität

Von Doris Katheder

Noch ein Buch zum Nationalsozialismus? Ist inzwischen nicht längst alles gesagt und geschrieben, was das »Unfassbare«, auf welche Art auch immer, »fassbar« – oder wenigstens »fassbarer« – macht?

Warum braucht es immer noch und immer wieder neue Anlässe, sich damit auseinanderzusetzen?

Historie – das steht fest – hat längst aufgehört, für eine größere Anzahl von Menschen Medium reflexiver Selbstvergewisserung zu sein. Nur die Zeit des Nationalsozialismus scheint mit Vehemenz gegen den Trend zu laufen. Knapp sieben Jahrzehnte nach dem Ende des Zweiten Weltkriegs ist die Erinnerung an die Verbrechen, die während der NS-Zeit verübt wurden, und die Opfer, die zu beklagen sind, fest in der politischen Kultur der Bundesrepublik und der europäischen Nachbarn verankert und bildet inzwischen so etwas wie das Paradigma kollektiver Erinnerung schlechthin.

Wie sehr die normativen Grundlagen unserer sich herausbildenden Weltgesellschaft gerade in der Auseinandersetzung mit den während der NS-Zeit erfolgten Verbrechen geschaffen worden sind, wird an einer reflexiv werdenden »Erinnerungsgeschichte« immer deutlicher. Das Bewusstsein dafür, warum speziell die Erinnerung an den Holocaust bleibender Bestandteil deutscher Identität ist (so Bundeskanzlerin Angela Merkel 2008 in Israel), muss jedoch – soll es von den nachkommenden Generationen nicht als Diktat und (»ungerechtes«) Verhängnis empfunden werden – stets neu erzeugt, plausibilisiert und zugleich diskutierbar gemacht werden.

Und so gehört die Frage nach dem »Wie war ›es‹ möglich?« zu den entscheidenden Erkenntnisfragen unserer Zeit. Keine andere Epoche der deutschen Geschichte wurde und wird anhaltend so intensiv erforscht wie die NS-Zeit.

Wie kam es zu diesen immensen Dynamiken der Herstellung von Gemeinschaft im Alltag? Wie konnte es zu diesem historischen Vorgang einer kategorialen Ausgrenzung in so extrem kurzer Zeit kommen – ohne relevante Gegenmacht? Und wie konnten sich in einer Gesellschaft mit ihrer rechtsstaatlichen Tradition, modernen industriestaatlichen Leistungsfähigkeit und ihrem kulturellen Reichtum derartige kriminelle Verfolgungs- und Vernichtungsenergien entfalten und radikalisieren, bis hin zur Realisierung des Utopischen.

Erst in den letzten rund zwei Jahrzehnten wurde nach und nach das »Betriebsgeheimnis« deutscher Vergangenheitsbewältigung, dass es sich beim »Dritten Reich« um eine »Zustimmungsdiktatur« gehandelt hat, so etwas wie öffentlicher common sense. Hitler, bis zu seinem 30. Lebensjahr ein politischer und sozialer Niemand, konnte bis zu seinem Ende auf eine gläubige Gefolgschaft und Zustimmungsbereitschaft der großen Mehrheit der Deutschen setzen. Das Konstrukt der »Volksgemeinschaft« war damit offensichtlich weitaus mehr als nur ein raffinierter Propagandatrick, sodass der Zusammenhang zwischen Faszination und Verbrechen der NS-Gesellschaft weiterführender Erklärungen bedarf. Nicht zuletzt angeregt durch den Generationenwechsel unter den Historikerinnen und Historikern, aber auch durch neu zugängliche Forschungslandschaften im Zuge der Beendigung des »Kalten Krieges«,wird die Geschichte der NS-Verbrechen immer konkreter auch unter der Perspektive des »Fußvolks der Endlösung« betrachtet, das eine Durchführung des Holocaust erst realisierbar gemacht hat. Wer waren »diese Deutschen«? Wie »ticken« sie? Was treibt sie an, dass sogar Massenmord zur Alltagsroutine werden kann? Das, was wir als den Holocaust umschreiben, war ganz offensichtlich ein komplexes, oft aus kleinteiligen Initiativen sich speisendes Unternehmen, das auf allen Ebenen willige Partizipatorinnen und Partizipatoren benötigte – und fand: Menschen nämlich, die sich aus praktisch allen Schichten und Gruppen der deutschen Bevölkerung – aus deren Mitte – rekrutierten, Menschen – von ganz wenigen Ausnahmen abgesehen – ohne Bewusstseinsspaltung und pathologische Prädispositionen. Sich selbst dabei dennoch »anständig« zu finden und das, was man tat, als zwar schwer, aber notwendig anzusehen, wird nicht zuletzt aus den unzähligen Verteidigungsprotokollen in den nach dem Krieg stattfindenden Prozessen erschreckend deutlich.

Und Sätze wie der eines SS-Mannes, der nach der Erschießung von zweihundert Juden, mit denen er zum Teil selbst bekannt war, die Worte ausruft. »Verflucht noch mal. Eine Generation muss dies halt durchstehen, damit es unsere Kinder besser haben.« (Browning 2003), verweisen – ähnlich wie auch die berühmt-berüchtigte Rede Himmlers in Posen, in der er vom trotz allem »anständig geblieben sein« der mit der brutalsten Vernichtung beschäftigten SS-Angehörigen spricht – zeugen von der auf allen Ebenen stattfindenden moralischen Legitimation des eigenen (verbrecherischen) Tuns.

Formeln wie Propaganda, Ideologie und Gewalt, aber auch anonyme Systemdynamiken reichen als Erklärungsansätze, für die Realisierung eines Völkermordes, damit der »Vernichtung« ganzer Bevölkerungsgruppen im nationalsozialistisch beherrschten Europa, nicht aus. Allein das breite und immens ausdifferenzierte Spektrum neuerer und neuester wissenschaftlicher Erklärungskonzepte und Forschungsergebnisse mag eine Einsicht in die Komplexität der NS-Geschichte vermitteln, die über das lange Zeit übliche gesellschaftlich tradierte monokausale Masternarrativ »Terror und Propaganda« weit hinausgeht.

Eine (kultur-)historische, dabei stringent auf die »Resonanzfläche Hitler« rekurrierende, Mentalitätsgeschichte der Deutschen, wie Hermann Glaser sie mit dem vorliegenden Forschungswerk vorlegt, ist deshalb ein längst überfälliger und elementarer Baustein in diesem Spektrum und darf in einem aufrichtigen Bemühen um Analysen keinesfalls fehlen. Auch wenn diesem Erklärungszugang auf den ersten Blick ein latenter Vorwurf von Entlastung inhärent sein mag (»Die Deutschen sind so.«, »Die Deutschen wurden so erzogen.«), muss er im Forschungsspektrum Platz haben, will man dem

Anspruch auf größtmögliche Offenheit bei der Suche nach Erklärungen ernst nehmen.

Die Frage nach dem »Wie war ›es‹ möglich?« bedarf aller Zugänge, die dazu beitragen können, sich solider Antworten zu nähern.

Was heißt das für die pädagogisch-didaktische Auseinandersetzung mit der NS-Vergangenheit?

Grundlage muss dabei ein Selbstverständnis von historisch-politischer Bildungsarbeit sein, das sich dem Beutelsbacher Konsenses aus dem Jahr 1976 – einer Art »Grundgesetz« der politischen Bildung – verpflichtet fühlt. Darin sind die Grundaxiome Kontroversegebot, Überwältigungsverbot und schließlich daraus abgeleitet die Befähigung, eine politische Situation und die jeweils eigene Interessenlage zu analysieren und beeinflussen zu können, festgeschrieben.

»Übersetzt« auf die Auseinandersetzung mit der NS-Vergangenheit stellt dies anspruchsvolle Anforderungen an die pädagogisch-didaktische Vermittlungsarbeit. Fordert es nämlich, dass, was in Wissenschaft, Gesellschaft und Politik kontrovers ist, auch in dieser Kontroversität dargestellt und vermittelt werden muss. Bezogen auf die Frage nach dem »Wie war ›es‹ möglich?« heißt das: ein grundsätzliches Einbeziehen der gesamten Bandbreite an möglichen Erklärungsansätzen und Antworten, in all ihrer Ausdifferenziertheit und Kontroversität. Hier darf der Zugang über die »Mentalitätsgeschichte« der Deutschen als wichtiger Baustein nicht ausgespart werden.

Im Mittelpunkt – und, wenn man so will, als »Lernziel«, – steht eine verbesserte Befähigung zur Teilnahme am gesamtgesellschaftlichen Erinnerungsdiskurs, wie man sie im Begriff einer aus kognitiven, sozialen, emotionalen und ästhetischen Zugängen bestehenden Erinnerungskompetenz zusammenfassen kann. Erinnerungskompetenz umfasst somit – wie das oft eingeforderte »Geschichtsbewusstsein« – das Vermögen, die Gegenwart zu reflektieren, reicht aber darüber hinaus und ist zugleich spezifischer, da es vor allem um die Teilnahme am Diskurs eines »negativen Gedächtnisses« geht, für das die Geschichte vor Auschwitz keine Beispiele kennt. Neben ausreichenden historischen Kenntnissen über die NS-Zeit gehören dazu auch ein Wissen über die Geschichte des Umgangs mit dieser Vergangenheit sowie die Kenntnisse der (unterschiedlich motivierten) Bedeutungszuschreibungen, mit denen diese Epoche der Geschichte bis heute versehen wird. Entscheidend umfasst Erinnerungskompetenz darüber hinaus aber auch eine Verinnerlichung der moralischen Bedeutung von Erinnerung an Menschheitsverbrechen, vor allem deren Opfer – von einem deutschen wie – rekurrierend auf Hannah Arendt – auch von einem gattungsgeschichtlichen Standpunkt aus.

Erinnerungskompetenz heißt in diesem Zusammenhang, sich auch der eigenen Position in der Geschichte und zur Geschichte bewusst zu werden, diese Position in Auseinandersetzung mit dem bislang Tradierten und Erkannten zu definieren und zu artikulieren. Ziel entsprechender pädagogisch-didaktischer Arbeit ist die Förderung eines reflektierten Selbst-Bewusstseins, das zum Dialog befähigt und den öffentlichen Umgang mit der Vergangenheit mit gestalten will. Erinnerungskompetenz bedeutet dabei nicht zuletzt die kritische Auseinandersetzung mit der gegenwärtigen »Erinnerungskultur« und ihrer Geschichte.

Dabei bleibt gerade in einer sich mit dem Nationalsozialismus beschäftigenden politischen Bildungsarbeit die historische Dimension unverzichtbar, insbesondere gilt es, den Eigenwert einer Epoche zu bewahren, die aufgrund millionenfach erlittenen Unrechts nicht zur drastischen Fabel für pädagogische Zwecke gemacht werden darf. Die Verbrechen des Nationalsozialismus wurden, um es auf den Punkt zu bringen, nicht begangen, die Leiden nicht durchlitten, damit wir heute um so eindringlicheren Demokratie-Unterricht gestalten können. Angesichts des »Abschieds von den Zeitgenossinnen und Zeitgenossen« und des vollständigen Übergangs in eine mediale Form des Gedächtnisses gilt es mehr denn je im Bewusstsein zu halten, dass das, was nie hätte geschehen dürfen (Hannah Arendt), eben doch tatsächlich geschehen ist und wir es uns und Anderen – im Sinne von Benjamins gegen den Strich gebürsteter Geschichte – schuldig sind, uns immer erneut darüber zu verständigen, wie mit dieser Tatsache umzugehen ist.

Die aufklärende Kraft geschichtlicher und didaktischer Analyse muss deshalb offen Erklärungszugänge in ihrer Diversität und Kontroversität aufgreifen, um Antworten auf ein »Wie war ›es‹ möglich?« geben zu können. Hermann Glasers Buch bietet hierfür ein immenses Reservoir an Anknüpfungspunkten und in der bisherigen Forschung kaum aufgeschlüsselten Erklärungszusammenhängen. Es ist damit ein kulturhistorischer Meilenstein und eine inhaltliche Steilvorlage für die historisch-politische Bildung zum Nationalsozialismus und seinen Folgen.

Dr. Doris Katheder, Nürnberg, im März 2014

Dr. Doris Katheder, Kulturhistorikerin, Leitung des Ressorts Erinnerung und Menschenrechte an der Akademie CPH in Nürnberg. Zahlreiche Publikationen in den Bereichen Politische Bildung und Erinnerungsgeschichte. Zuletzt: Doris Katheder/Matthias Weiß:»Jenseits der Faszination? Die Ausstellung zum Nationalsozialismus in der Nürnberger Zeppelintribüne von 1984–2001.« (Würzburg 2013) und Otto Böhm/Doris Katheder:»Grundkurs Menschenrechte. Die 30 Artikel. Kommentare und Anregungen für die Politische Bildung in fünf Bänden« (Würzburg 2012–2014).

Anhang

Anmerkung des Autors zu den Fußnoten

Die Anmerkungen am Ende jeden Kapitels haben einen beträchtlichen Umfang, da sie auch eine größere Anzahl von Exkursen, die der Abstützung der im Textteil vorgetragenen Ausführungen dienen, enthalten. Diese Anmerkungen sind sozusagen ein zweites Buch im Buch, dürften aber – da sie kleingedruckt vorgestellt werden und ihnen ein fortlaufender Duktus fehlt, geringeres Interesse hervorrufen. Weil sie aber, wie bei einem Bauwerk das in die Erde versenkte (unsichtbare) Mauerwerk, das tragfähige Fundament des Buchs abgeben, wurde darauf nicht verzichtet, zumal deren Betrachtungsaspekt – die Mentalitätsgeschichte beziehungsweise Psychohistorie – zurzeit wenig wissenschaftliche Aufmerksamkeit erfährt (was das Thema des XI. Kapitels ist).

So sollen die Anmerkungen auch dazu dienen, die durchaus gut bestellte Sekundärliteratur-Landschaft, die sich um den nationalsozialistischen historischen Unter- und Herkunftsgrund kümmert, wieder stärker in den Fokus der Aufmerksamkeit zu rücken. Das biete (wenn schon die dominante professionelle Historiografie die Thematik vernachlässigt) Schülerinnen und Schülern und Studentinnen wie Studenten viele interessante Anregungen für Facharbeiten, die sich unter anderem dem lokalen Umfeld widmen können. So begreifen sich die Anmerkungen nicht nur als »Anhängsel«, sondern als dem Kern der Argumentation dieses Buchs dienendes wesentliches Element, auch wenn seine Lektüre eine die Diversifikation überwindende Energie notwendig macht.

Ergänzende Literatur*

* Soweit es sich um Werke handelt, die nicht in den Anmerkungen erwähnt werden.

Ackermann, Josef: Himmler als Ideologe, Göttingen 1970.

Adolph, Walter: Die Katholische Kirche im Deutschland Adolf Hitlers, Berlin 1974.

Adorno, Theodor W./Frenkel-Brunswik, Else und andere: The Authoritarian Personality, New York 1950.

Adorno, Theodor W.: Versuch über Wagner, München/Zürich 1964.

Adorno, Theodor W.: Jargon der Eigentlichkeit, Frankfurt am Main 1964.

Adorno, Theodor W.: Studium zum autoritären Charakter, Frankfurt am Main 1973.

Ahrens, H.: Die deutsche Wandervogelbewegung von den Anfängen bis zum Weltkrieg, Hamburg 1939.

Aley, P.: Jugendliteratur im Dritten Reich, Gütersloh 1967.

Allemann, Beda von (Hg.): Literatur und Germanistik nach der Machtübernahme, Bonn 1983.

Aly, Götz: Hitlers Volksstaat. Raub, Rassenkrieg und nationaler Sozialismus, Frankfurt am Main 2005.

Aly, Götz: Warum die Deutschen? Warum die Juden? Gleichheit, Neid und Rassenhass, Frankfurt am Main 2012.

Aretin, Karl Otmar Freiherr von/Fauth, Gerhard: Die Machtergreifung, in: Arbeitsheft für Mittler der politischen Bildung der Bayerischen Zentrale für Heimatdienst, München 1959.

Assel, Hans-Gunther: Die Perversion der politischen Pädagogik im Nationalsozialismus, München 1969.

Backes, Uwe/Janßen, Karl-Heinz und andere (Hg.): Reichstagsbrand – Aufklärung einer historischen Legende, München 1986.

Bajohr, Frank/Wildt, Michael (Hg.): Volksgemeinschaft. Neue Forschungen zur Gesellschaft des Nationalsozialismus, Frankfurt am Main 2009.

Baeyer-Katte, Wanda von: Das Zerstörende in der Politik. Eine Psychologie der politischen Grundeinstellung, Heidelberg 1958.

Barron, Stephanie (Hg.): Entartete Kunst. Das Schicksal der Avantgarde im Nazi-Deutschland. Katalog zur Ausstellung des Los Angeles Country Museum, Berlin/München 1992.

Bartetzko, Dieter: Illusion in Stein. Stimmungsarchitektur im Deutschen Faschismus, Reinbek 1985.

Bartetzko, Dieter: Zwischen Zucht und Ekstase. Zur Theatralik von NS-Architektur, Berlin 1985.

Bauer, Kurt: Nationalsozialismus. Ursprünge, Anfänge, Aufstieg und Fall, Wien/Köln/Weimar 2008.

Becker, E.D. (Hg.): Schiller in Deutschland 1781–1970. Frankfurt am Main, München 1972.

Becker, Josef und Ruth (Hg.): Hitlers Machtergreifung 1933. Vom Machtantritt Hitlers 30. Januar 1933 bis zur Besiegelung des Einparteienstaates 14.Juli 1933, München 1983.
Becker, Peter Emil: Zur Geschichte der Rassenhygiene – Wege ins Dritte Reich, Stuttgart/New York 1988.
Bedürftig, Friedemann: Lexikon III. Reich, München/Zürich 1998.
Benz, Wolfgang: Herrschaft und Gesellschaft im nationalsozialistischen Staat, Frankfurt am Main 1990.
Benz, Wolfgang: Geschichte des Dritten Reiches, München 2000.
Benz, Wolfgang (Hg.): Wie wurde man Parteigenosse? Die NSDAP und ihre Mitglieder, Frankfurt am Main 2009.
Beradt, Charlotte: Das Dritte Reich des Traums, München 1966.
Berghahn, Volker Rolf: Der Stahlhelm. Bund der Frontkämpfer 1919–1935, Düsseldorf 1966.
Bergsträsser, Ludwig: Die Geschichte der politischen Parteien in Deutschland, München 1960.
Bernhardi, Dietrich: Das Hakenkreuz. Seine Geschichte, Verbreitung und Bedeutung, Leipzig 1936.
Berning, Cornelia: Vom »Abstammungsnachweis« zum »Zuchtwart«. Vokabular des Nationalsozialismus, Berlin 1964.
Best, Otto F. (Hg.): Die Deutsche Literatur, Stuttgart 1974.
Binion, Rudolph: »Wenn alles in Scherben fällt.« Hitler und die Deutschen in psychohistorischer Sicht, Stuttgart 1978.
Bleuel, Hans Peter: Deutschlands Bekenner. Professoren zwischen Kaiserreich und Diktatur, Bern/München 1968.
Boehlich, Walter: Ein Pyrrhussieg der Germanistik, in: Der Monat Nr. 154/1961.
Böhme, Helmut (Hg.): Probleme der Reichsgründungszeit 1848–1879, Köln 1968.
Bork, Siegfried: Mißbrauch der Sprache. Tendenzen nationalsozialistischer Sprachregelung, Bern/München 1970.
Bracher, Karl Dietrich: Adolf Hitler (Archiv der Weltgeschichte), Bern,/München/Wien 1964.
Bracher, Karl Dietrich: Deutschland zwischen Demokratie und Diktatur. Beiträge zur neueren Politik und Geschichte, München 1964.
Bracher, Karl Dieter: Die deutsche Diktatur. Entstehung, Struktur, Folgen des Nationalsozialismus, Köln 1976.
Bracher, Karl Dietrich/Funke, Manfred/Jacobsen, Hans-Adolf (Hg.): Nationalsozialistische Diktatur 1933–1945. Eine Bilanz, Düsseldorf 1983.
Brandenburg, Hans-Christian: Die Geschichte der HJ, Köln 1968.
Breit, Ernst (Hg.): Aufstieg des Nationalsozialismus. Untergang der Republik, Köln 1985.
Brock, Bazon/Preiß, Achim: Kunst auf Befehl? München 1980.
Brodersen, Ingke/Humann, Klaus/Paczebsky, Susanne von (Hg.): 1933. Wie die Deutschen Hitler zur Macht verhalfen, Reinbek 1983.

Broszat, Martin: Betrachtungen zu Hitlers Zweitem Buch, in: Vierteljahreshefte für Zeitgeschichte Nr. 4/1961.
Broszat, Martin/Buchheim, Hans/Krausnick, Helmut: Anatomie des SS-Staates, Freiburg 1964.
Broszat, Martin: Soziale Motivation und Führer-Bindung des Nationalsozialismus, in: Vierteljahreshefte für Zeitgeschichte Nr. 18/1970.
Broszat, Martin/Frei, Norbert (Hg.): Das Dritte Reich – Ursprünge, Ereignisse, Wirkungen, Freiburg 1983.
Broszat, Martin/Schwabe, Klaus/Herbst, Ludolf und andere (Hg.): Die deutschen Eliten und der Zweite Weltkrieg, München 1989.
Broszat, Martin: Der Staat Hitlers – Grundlagen und Entwicklung seiner inneren Verfassung, Wiesbaden 2007.
Bry, Carl Christian: Der Hitler-Putsch, Nördlingen 1987.
Buchheim, Hans: Das Dritte Reich – Grundlagen und politische Entwicklung, München 1960.
Burger, Heinz Otto: Annalen der deutschen Literatur, Stuttgart 1952.
Bussche, Hendrik van den (Hg.): Medizinische Wissenschaft im Dritten Reich. Kontinuität, Anpassung und Opposition an der Hamburger Medizinischen Fakultät, Berlin 1989.
Campbell Bartoletti, Susan: Jugend im Nationalsozialismus. Zwischen Faszination und Widerstand, Berlin 2007.
Carr, William: Adolf Hitler – Persönlichkeit und politisches Handeln, Stuttgart 1980.
Cohn, Willy: Kein Recht – nirgends. Breslauer Tagebücher 1933–1941. Eine Auswahl, Köln/Weimar,/Wien 2008.
Conze, Werner: Staats- und Nationalpolitik. Kontinuitätsbruch und Neubeginn, in: Lepsius, Rainer (Hg.): Sozialgeschichte der Bundesrepublik, Stuttgart 1983.
Corni, Gustavo/Giess, Horst: Brot – Butter – Kanonen. Die Ernährungswirtschaft in Deutschland unter der Diktatur Hitlers, Berlin 1997.
Courtade, Francis: Geschichte des Films im Dritten Reich, München 1975.
Cowles, Virginia: Wilhelm, der Kaiser, Frankfurt am Main 1965.
Dahrendorf, Ralf: Gesellschaft und Demokratie in Deutschland, München 1965.
Denkler, Horst (Hg.) Die Deutsche Literatur im Dritten Reich, Stuttgart 1976.
Denzler, Georg: SS-Spitzel mit Soutane. Wie die katholischen Bischöfe im Dritten Reich mitschuldig wurden, in: Die Zeit, 3.9.1982.
Deschner, Karlheinz: Mit Gott und dem Führer. Die Politik der Päpste zur Zeit des Nationalsozialismus, Köln 1988.
Deuerlein, Ernst (Hg.): Die Gründung des Deutschen Reiches 1870/71, Düsseldorf 1970.
Die Sünde des Antisemitismus (J.K.), in: Süddeutsche Zeitung, 17./18. Januar 1959.
Diner, Dan (Hg.): Zivilisationsbruch. Denken nach Auschwitz, Frankfurt am Main 1988.

Dorpalen, Andreas: Hindenburg in der Geschichte der Weimarer Republik, Berlin/Frankfurt am Main 1966.
Dülffer, Jost/Thies, Jochen/Henke, Josef: Hitlers Städte. Baupolitik im Dritten Reich. Eine Dokumentation, Köln/Wien 1978.
Eich, Hermann: Die unheimlichen Deutschen, Düsseldorf/Wien 1963.
Eilers, Rolf: Nationalsozialistische Schulpolitik. Die Schule im Zugriff des totalitären Staates, Köln/Opladen 1963.
Emmerich, Wolfgang: Zur Kritik der Volkstumsideologie, Frankfurt am Main 1971.
Eikmeyer, Robert (Hg.): Adolf Hitler. Reden zur Kunst- und Kulturpolitik 1933–1939, Frankfurt am Main 2004.
Ericksen, Robert P.: Theologen unter Hitler. Das Bündnis zwischen evangelischer Dogmatik und Nationalsozialismus, München/Wien 1987.
Erklärung zur historischen christlichen Judenfeindschaft des Vatikans: »Wir erinnern. Eine Reflexion über die Shoah«, in: Süddeutsche Zeitung, 17. März 1998.
Evans, Richard J.: Das Dritte Reich, München 2004.
Falter, Jürgen/Lichtenberger, Thomas/Schumann, Siegfried: Wahlen und Abstimmungen in der Weimarer Republik. Materialien zum Wahlverhalten 1919–1933, München 1986.
Falter, Jürgen W.: Hitlers Wähler, München 1991.
Fischer, Fritz: Krieg der Illusionen. Die deutsche Politik von 1911–1914, Düsseldorf 1969.
Fischer, Fritz: Griff nach der Wehrmacht. Die Kriegszielpolitik des kaiserlichen Deutschland 1914–1918, Düsseldorf 1971.
Fischer, Fritz: Bündnis der Eliten. Zur Kontinuität der Machtstrukturen in Deutschland 1871–1945, Düsseldorf 1979.
Fijalkowski, Jürgen: Die Wendung zum Führerstaat – Die ideologischen Komponenten in der politischen Philosophie Carl Schmitts, Köln/Opladen 1958.
Flitner, Andreas (Hg.): Deutsches Geistesleben und Nationalsozialismus, Tübingen 1965.
Focke, Harald/Reimer, Uwe: Alltag unterm Hakenkreuz. Wie die Nazis das Leben der Deutschen veränderten, Reinbek 1979.
Fraenkel, Heinrich: Goebbels. Eine Biografie, Köln 1960.
Frank, Hans Joachim: Geschichte des Deutschunterrichts. Von den Anfängen bis 1945, München 1973.
Franz-Willing, Georg: Die Hitlerbewegung. Der Ursprung 1919–1922, Hamburg/Berlin 1962.
Frecot, Janos/Geist, Johann Friedrich/Kerbs, Diethart: Fidus. 1868–1948. Zur ästhetischen Praxis bürgerlicher Fluchtbewegungen, München 1972.
Frei, Norbert/Schmitz, Johannes: Journalismus im Dritten Reich, München 1989.
Frei, Nobert: Volksgemeinschaft – Ausgrenzungsgemeinschaft. Die Radikalisierung Deutschlands ab 1933. 4. Internationale Konferenz zur Holocaustforschung, Berlin 2013.

Frei, Norbert: Der Führerstaat. Nationalsozialistische Herrschaft 1933–1945. München 2013.
Freyh, Richard: Stärke und Schwäche der Weimarer Republik, Hannover 1960.
Friedländer, Saul: Der Papst [Pius XII.] und die Juden. Eine Dokumentation, in: Die Zeit, 19. Februar 1965 f.
Friedländer, Saul: Kitsch und Tod. Der Widerschein des Nazismus, München/Wien 1984.
Friedländer, Saul/Kenan, Orna: Das Dritte Reich und die Juden. 1933–1945, München 2010.
Friedrich, Jörg: Freispruch für die Nazi-Justiz, Reinbek 1984.
Frietsch, Elke/Herkommer, Christina (Hg.): Nationalsozialismus und Geschlecht, Bielefeld 2009.
Fröhlich, Elke (Hg.): Die Tagebücher von Joseph Goebbels, München 1987.
Gailus, Manfred: Nolzen, Armin (Hg.): Zerstrittene »Volksgemeinschaft«. Glaube, Konfession und Religion im Nationalsozialismus, Göttingen 2011.
Gamm, Hans-Jochen: Der Flüsterwitz im Dritten Reich, München 1963.
Gamm, Hans-Jochen: Führung und Verführung. Die Pädagogik des Nationalsozialismus, München 1964.
Gamm, Hans-Jochen: Aggression und Friedensfähigkeit in Deutschland, München 1968.
Gay, Peter: Die Republik der Außenseiter – Geist und Kultur in der Weimarer Zeit 1918–1933, Frankfurt am Main 1970.
Geißler, Rolf: Dekadenz und Heroismus. Zeitroman und völkisch-nationalsozialistische Literaturkritik, Stuttgart 1964.
Glaser, Hermann: Eros in der Politik. Eine sozialpathologische Untersuchung, Köln 1967.
Glum, Friedrich: Philosophen im Spiegel und Zerrspiegel. Deutschlands Weg in den Nationalismus und Nationalsozialismus, München 1954.
Glum, Friedrich: Der Nationalsozialismus, München 1962.
Görlitz, Walter (Hg.): Der Kaiser. Aufzeichnungen des Chefs des Marinekabinetts Admiral G. A. v. Müller über die Ära Wilhelm II., Göttingen 1965.
Götz, Albrecht: Bilanz der Verfolgung von NS-Straftaten, Köln 1986.
Gotto, Klaus/Repgen, Konrad (Hg.): Die Katholiken und das Dritte Reich, Mainz 1990.
Graml, Hermann: Europas Weg in den Krieg. Hitler und die Mächte 1939, München 1990.
Graml, Hermann: Reichskristallnacht. Antisemitismus und Judenverfolgung im Dritten Reich, München 1998.
Grimm, Gerhard: Der Nationalsozialismus, München 1981.
Greß, Franz: Germanistik und Politik. Kritische Beiträge zur Geschichte einer nationalen Wissenschaft, Stuttgart 1971.
Gross, Raphael: Anständig geblieben. Nationalsozialistische Moral, Frankfurt am Main 2010.
Grube, Frank/Richter, Gerhard: Alltag im Dritten Reich. So lebten die Deutschen 1933–1945, Hamburg 1982.

Gumbel, Emil Julius: Vom Fememord zur Reichskanzlei, Heidelberg 1962.
Haack, Friedrich-Wilhelm: Wotans Wiederkehr. Blut-, Boden und Rasse-Religionen, München 1981
Haarer, Johanna: Die deutsche Mutter und ihr erstes Kind, Berlin 1938.
Haffner, Sebastian: Anmerkungen zu Hitler, München 1978.
Hammer, Wolfgang: Adolf Hitler – ein deutscher Messias? München 1970ff.
Hauck, Wolfgang Fritz: Die Faschisierung des bürgerlichen Subjekts. Die Ideologie der gesunden Normalität und die Ausrottungspolitik im deutschen Faschismus, Berlin 1986.
Heiber, Helmut (Hg.): Heinrich Himmler. Reichsführer! Briefe an und von Himmler, Stuttgart 1968.
Heidenreich, Bernd/Neitzel, Sönke (Hg.): Medien im Nationalsozialismus, Paderborn 2010.
Heigert, Hans: Deutschlands falsche Träume, Hamburg 1968.
Helmers, Hermann: Geschichte des deutschen Lesebuchs in Grundzügen, Stuttgart 1970.
Helwig, Werner: Die blaue Blume des Wandervogel, Gütersloh 1960.
Herbert, Ulrich: Best. Biographische Studien über Radikalismus. Weltanschauung und Vernunft 1903–1989, Bonn 1996.
Herbst, Ludolf: Das nationalsozialistische Deutschland 1933–1945. Die Entfesselung der Gewalt: Rassismus und Krieg, Frankfurt am Main 2005.
Hermand, Jost: Der alte Traum vom neuen Reich. Völkische Utopien und Nationalsozialismus, Frankfurt am Main 1988.
Herz, Rudolf: Hoffmann – Etappen der photographischen Führerpropaganda – Hitlers Idolisierung in der Photo-Publizistik des Dritten Reiches, München 1994.
Hildebrandt, Klaus. Das Dritte Reich, München/Wien 2009.
Himmler, Heinrich Luitpold: Reichsführer! München 1968.
Höfele, Karl Heinz: Geist und Gesellschaft in der Bismarckzeit, Göttingen 1968.
Höhne, Heinz: Die Zeit der Illusionen. Hitler und die Anfänge des Dritten Reiches 1933–1936, Düsseldorf/Wien/New York 1991.
Höver, Ulrich: Joseph Goebbels – ein nationaler Sozialist, Bonn/Berlin 1992.
Hoffmann, Heinrich: Gesichter eines Diktators. Hg. von Joachim von Lang, Hamburg 1968.
Holzbach, Heidrun: Das »System Hugenberg«. Die Organisation bürgerlicher Sammlungspolitik vor dem Aufstieg der NSDAP, Stuttgart 1981.
Holzbach-Linsenmaier, Heidrun: Der tiefere Sinn des deutschen Paradenmarsches, in: Die Zeit, 19. März 1993.
Horn, Wolfgang: Der Marsch zur Machtergreifung; die NSDAP bis 1933, Königstein/Düsseldorf 1980.
Hornung, Klaus: Etappen politischer Pädagogik in Deutschland, in: Beilage zur Wochenzeitung »Das Parlament«: Aus Politik und Zeitgeschichte, 1. und 8. März 1961.
Huber, Karl-Heinz: Jugend unterm Hakenkreuz, Berlin 1982.

Hühnerfeld, Paul: In Sachen Heidegger. Versuch über ein deutsches Genie, München 1961.

Institut für Zeitgeschichte (Hg.): Hitler-Reden, Schriften, Anordnungen Februar 1925 bis Januar 1933, München/London/New York/Paris 1992.

Irving, David: Göring. Eine Biographie, München/Hamburg 1989.

Italiaander, Rolf (Hg.): Wir erlebten das Ende der Weimarer Republik. Zeitzeugen berichten, Düsseldorf 1982.

Jäckel, Eberhard/Kuhn, Axel (Hg.): Hitler. Sämtliche Aufzeichnungen 1903 bis 1924, Stuttgart 1980.

Jäckel, Eberhard: Hitlers Weltanschauung. Entwurf einer Herrschaft, Stuttgart 1981.

Jäckel, Eberhard: Hitlers Herrschaft. Vollzug einer Weltanschauung, Stuttgart 1981.

Jasper, Gotthard: Die gescheiterte Zähmung. Wege zur Machtergreifung Hitlers 1930–1934, Frankfurt am Main 1986.

Jeismann, Michael: Der letzte Feind. Was hat die deutsche Nationalgeschichte mit dem Holocaust zu tun? In: Frankfurter Allgemeine Zeitung, 2. Mai 1998.

Jetzinger, Franz: Hitlers Jugend, Wien 1956.

Jochmann, Werner: Nationalsozialismus und Revolutions-Ursprung und Geschichte der NSDAP in Hamburg 1922–1933, Frankfurt am Main 1963.

Jochmann, Werner (Hg): Adolf Hitler. Monologe im Führerhauptquartier 1941–1944. Aufgezeichnet von Heinrich Heim, Hamburg 1980.

Just-Dahlmann, Barbara/Just, Helmut: Die Gehilfen. NS-Verbrechen und die Justiz nach 1945, Frankfurt am Main 1988.

Kahlweit, Cathrin: Sein Haus. Adolf Hitler kam aus Braunau am Inn, in: Süddeutsche Zeitung, 16. November 2012.

Kalow, Gert: Hitler – das deutsche Trauma, München 1974.

Kater, Michael H.: Hitler-Jugend, Darmstadt 2005.

Kern, Erich: Adolf Hitler und der Krieg. Der Feldherr, Oldendorf 1973.

Kern, Erich: Adolf Hitler und seine Bewegung. Der Parteiführer, Oldendorf 1970.

Kern, Erich: Adolf Hitler und das Dritte Reich. Der Staatsmann, Oldendorf 1974.

Kershaw, Ian: Der Hitler-Mythos. Volksmeinung und Propaganda im Dritten Reich, Stuttgart 1980.

Kershaw, Ian: Der NS-Staat. Geschichtsinterpretationen und Kontroversen im Überblick, Reinbek 2009.

Kershaw, Ian: Volksgemeinschaft. Potential und Grenzen eines neuen Forschungskonzepts, in: Vierteljahreshefte für Zeitgeschichte Nr. 59/2011.

Ketelsen, Uwe K.: Heroisches Theater, Bonn 1968.

Ketelsen, Uwe K.: Von heroischem Sein und völkischem Tod, Bonn 1970.

Kirchhoff, Jochen: Nietzsche, Hitler und die Deutschen, Berlin 1990.

Kinne, Michael: Nationalsozialismus und deutsche Sprache, München 1981.

Klee, Ernst: Die SA Jesu Christi. Die Kirche im Banne Hitlers. Frankfurt am Main 1989.

Klee, Ernst: Mörderische Vordenker [Euthanasie. Alfred Hoche und Karl Binding.], in: Die Woche, 17. Februar 1995.
Klemperer, Klemens von: Konservative Bewegungen zwischen Kaiserreich und Nationalsozialismus, München/Wien 1962.
Kleßmann, Christoph (Hg.): Nicht nur Hitlers Krieg. Der Zweite Weltkrieg und die Deutschen, Düsseldorf 1989.
Klönne, Arno: Hitler-Jugend. Die Jugend und ihre Organisation im Dritten Reich, Hannover/Frankfurt am Main 1958.
Klose, Werner: HJ.: Generation im Gleichschritt, Oldenburg 1982.
Koch, Hannsjoachim W.: Geschichte der Hitler-Jugend. Ihre Ursprünge und Entwicklung 1922–1945, Köln 1975.
Koepke, Wulf/Winkler, Michael (Hg.): Deutschsprachige Exilliteratur, Bonn 1984.
Kogon, Eugen: Der SS-Staat, Reinbek 1974.
Kohn, Hans: Idea of Nationalism, New York 1961.
Kompisch, Kathrin: Täterinnen. Frauen im Nationalsozialismus, Köln/Weimar/Wien 2008.
Koselleck, Reinhart: Glühende Lava, zur Erinnerung geronnen. Vielerlei Abschied vom Krieg, in: Frankfurter Allgemeine Zeitung, 6. Mai 1995.
Kotowksi, Georg/Pöls, Werner/Ritter, Gerhard A.: Das Wilhelminische Deutschland. Stimmen der Zeitgenossen, Frankfurt am Main 1965.
Kratzsch, Gerhard: Kunstwart und Dürerbund. Ein Beitrag zur Geschichte der Gebildeten im Zeitalter des Imperialismus, Göttingen 1969.
Kringels-Kemen, Monika/Lemhöfer, Ludwig: Katholische Kirche und NS-Staat. Aus der Vergangenheit lernen, Frankfurt am Main 1981.
Kreutzberger, Wolfgang: Studenten und Politik. 1918–1933, Göttingen 1972.
Kube, Alfred: Pour le mérite und Hakenkreuz: Hermann Göring im Dritten Reich, München 1986.
Kubin, Ernst: Sonderauftrag Linz. Die Kunstsammlung Adolf Hitler. Aufbau, Vernichtungsplan, Rettung, Wien 1989.
Kubizek, August: Adolf Hitler, mein Jugendfreund, Graz/Stuttgart 1966.
Kühnl, Reinhard: Das Dritte Reich in der Presse der Bundesrepublik, Frankfurt am Main 1966.
Lang, Jochen von: Der Sekretär. Martin Bormann, der Mann, der Hitler beherrschte, München 1977.
Lang, Jochen von: Der Hitler-Junge. Baldur von Schirach – der Mann, der Deutschlands Jugend erzog, Hamburg 1986.
Langer, Walter C.: Das Adolf-Hitler-Psychogramm. Eine Analyse seiner Person und seines Verhaltens, Wien/München/Zürich 1973.
Lauzemis, Laura: Essener Museum Folkwang: Wie Klaus Graf von Baudissin das Museum moderner Kunst zerstörte, in: Die Zeit, 18. März 2010.
Lehmann, Hans: Die Weimarer Republik. Darstellung und Dokumente, München 1960.
Leiser, Erwin: »Deutschland erwache!« Propaganda im Film des Dritten Reiches, Reinbek 1968.

Leppmann, Wolfgang: Goethe und die Deutschen. Vom Nachruhm eines Dichters, Stuttgart 1962.
Lewy, Guenter: Die katholische Kirche und das Dritte Reich, München 1965.
Loewy, Ernst: Literatur unterm Hakenkreuz. Das Dritte Reich und seine Dichtung, Frankfurt am Main 1966.
Longerich, Peter: Die braunen Bataillone. Geschichte der SA, München 1989.
Longerich, Peter: Heinrich Himmler. Biographie, München 2008.
Lucács, Georg: Deutsche Literatur im Zeitalter des Imperialismus, in: Skizze einer Geschichte der neueren deutschen Literatur, Berlin 1953.
Lucács, Georg: Die Zerstörung der Vernunft. Der Weg des Irrationalismus von Schelling zu Hitler, Berlin 1955.
Marcuse, Ludwig: Mein Zwanzigstes Jahrhundert, München 1960.
Marcuse, Ludwig: Obszön. Geschichte einer Entrüstung, München 1962.
Martens, Stefan: Hermann Göring: »Erster Paladin des Führers« und »Zweiter Mann im Reich«, Paderborn 1985.
Maschmann, Melita: Fazit, München 1960.
Maser, Werner: Hitlers Mein Kampf. Entstehung, Aufbau, Stil – Änderungen, Quellen, Quellenwert – kommentierte Auszüge, München/Esslingen 1960.
Maser, Werner: Hitlers Briefe und Notizen. Sein Weltbild in handschriftlichen Dokumenten, Düsseldorf/Wien 1973.
Maser, Werner: Adolf Hitler. Legende – Mythos – Wirklichkeit, München/Esslingen 1973.
Maser, Werner: Adolf Hitler. Biographie, München 1978.
Maser, Werner: Adolf Hitler – das Ende einer Führerlegende, Düsseldorf/Wien 1980.
Masson, Philippe: Die deutsche Armee. Geschichte der Wehrmacht 1935–1945, München 1996.
Matthias, Erich/Morsey, Rudolf (Hg.): Das Ende der Parteien 1933, Düsseldorf 1960.
Mau, Hermann: Die deutsche Jugendbewegung, in: Jahrbuch der Jugendarbeit, München o.J.
Maurer, Emil Hermann: Der Spätbürger, Bern/München 1963.
Mendlewitsch, Doris: Volk und Heil. Vordenker des Nationalsozialismus im 19. Jahrhundert, Rheda-Wiedenbrück 1988. [u.a. Johann Gottlob Fichte, Julius Langbehn, Paul Legarde]
Messerschmidt, Manfred: Die Wehrmacht in der Endphase. Realität und Perzeption, in: Aus Politik und Zeitgeschichte. Beilage zur Wochenzeitung »Das Parlament«, 4. August 1989.
Metcalfe, Philip: Berlin 1933. Das Jahr der Machtergreifung. Lebensläufe zu Beginn des Nationalsozialismus, Stuttgart 1989.
Minder, Robert: Kultur und Literatur in Deutschland und Frankreich, Berlin 1962.
Minuth, Karl-Heinz (Hg.): Die Regierung Hitler. Teil I: 1933/34. Boppard 1983.
Mitscherlich, Alexander: Auf dem Wege zur vaterlosen Gesellschaft, München 1963.

Michalka, Wolfgang (Hg.): Die nationalsozialistische Machtergreifung, Paderborn 1984.
Moeller, Felix: Der Filmminister. Goebbels und der Film im Dritten Reich, Berlin 1998.
Moll, Helmut (Hg.): Zeugen für Christus. Das deutsche Martyrologium des 20. Jahrhunderts, Paderborn 1999.
Morsey, Rudolf (Hg.): Das Ermächtigungsgesetz vom 24.3.1933, Düsseldorf 1992.
Mosse, Georg L.: Ein Volk, ein Reich, ein Führer, Frankfurt am Main/Bonn 1979.
Mosse, Georg L.: Der nationalsozialistische Alltag. So lebte man unter Hitler, Königstein/Ts. 1979.
Mosse, Georg L.: Nationalismus und Sexualität. Bürgerliche Moral und sexuelle Normen, München/Wien 1985.
Muchow, Hans Heinrich: Jugend und Zeitgeist. Morphologie der Kulturpubertät, Hamburg 1962.
Müller, Hans: Katholische Kirche und Nationalsozialismus. Dokumente, München 1965.
Neebe, Reinhard: Großindustrie, Staat und NSDAP 1930–1933, Göttingen 1981.
Neumann, Franz Leopold: Behemoth. The Structure ans Pracitice of National Socialism, New York 1963.
Neumann, Sigmund: Die Parteien der Weimarer Republik, Stuttgart 1965.
Neupert, Jutta (Hg.): Vom Ducken und Aufrechtgehen. Ein Lesebuch über Christen im Dritten Reich, für den BDKJ, Landesarbeitsgemeinschaft Bayern, Regensburg 1989.
Nitsche, Roland: Der häßliche Bürger. Leistung, Versagen, Zukunft, Gütersloh 1969.
Noack, Paul: Die Intellektuellen. Wirkung, Versagen, Verdienst, München 1961.
Nolte, Ernst: Der Nationalsozialismus, Berlin 1973.
Nolte, Ernst: Der europäische Bürgerkrieg 1917–1945. Nationalsozialismus und Bolschewismus, Frankfurt am Main 1989.
Norden, Günther van: Kirche in der Krise. Die Stellung der Evang. Kirche zum Nationalsozialistischen Staat im Jahre 1933, Düsseldorf 1963.
Pädagogisches Institut der Stadt Nürnberg (Hg.): Faszination und Gewalt. Zur politischen Ästhetik des Nationalsozialismus, in: Beiträge zur politischen Bildung Nr. 5/1986.
Paul, Gerhard: Aufstand der Bilder. Die NS-Propaganda vor 1933, Bonn 1990.
Paul, Johannes: Ernst Moritz Arndt, Göttingen 1971.
Pehle, Walter H. (Hg.): Der Judenpogrom 1938. Von der »Reichskristallnacht« zum Völkermord, Frankfurt am Main 1988.
Pehle, Walter (Hg.): Der historische Ort des Nationalsozialismus. Annäherungen, Frankfurt am Main 1990.
Petsch, Joachim: Baukunst und Stadtplanung im Dritten Reich, München 1976.

Peukert, Detlev/Reulecke, Jürgen (Hg.): Die Reihen fast geschlossen. Beiträge zur Geschichte des Alltags unterm Nationalsozialismus, Wuppertal 1981.
Peukert, Detlev: Volksgenossen und Gemeinschaftsfremde. Anpassung, Ausmerze und Aufbegehren unter dem Nationalsozialismus, Köln 1982.
Pohl, Dieter: Verfolgung und Massenmord in der NS-Zeit: 1933–1945, Darmstadt 2011.
Poliakov, Léon/Wulf, Joseph: Das Dritte Reich und seine Diener, Berlin 1956.
Poliakov, Léon/Delacampagne, Christian/Girard, Patrick: Über den Rassismus. Zur Anatomie, Geschichte und Deutung des Rassenwahns, Frankfurt am Main/Berlin/Wien 1984.
Pool, James u. Suzanne: Hitlers Wegbereiter zur Macht. Die geheimen deutschen und internationalen Geldquellen, die Hitlers Aufstieg zur Macht ermöglichten, Bern/München/Wien 1979.
Plöckinger, Othmar: Unter Soldaten und Agitatoren. Hitlers prägende Jahre im deutschen Militär 1918–1920, Paderborn/München/Wien/Zürich 2013.
Price, Billy F.: Adolf Hitler als Maler und Zeichner, München 1983.
Prieberg, Fred K.: Musik im NS-Staat, Frankfurt am Main 1982.
Reck-Malleczewen, Friedrich Percyval: Tagebuch eines Verzweifelten. Zeugnis einer inneren Emigration, München 1963.
Reichhardt, Hans J./Schäche, Wolfgang: »Von Berlin nach Germania.« Über die Zerstörung der »Reichshauptstadt« durch Albert Speers Neugestaltungsplanungen, Berlin 1984.
Ressing, Gerd: Ein Putsch, der keiner war. Röhm und der 30. Juni 1934, in: Rheinischer Merkur/Christ und Welt, 22. Juni 1984.
Reuth, Ralf Georg: Goebbels München, München 1990.
Richardi, Hans-Günter: Hitler und seine Hintermänner. Neue Fakten zur Frühgeschichte der NSDAP, München 1991.
Riedl, Joachim: Hitlers Lehrmeister [in Österreich], in: Die Zeit, 6. Juni 1986.
Riefenstahl, Leni: Memoiren, München 1987.
Ritter von Rudolph, Ludwig: Die Lüge, die nicht stirbt. Die Dolchstoßlegende von 1918, Nürnberg o.J.
Röhm, Eberhard: Evangelische Kirche zwischen Kreuz und Hakenkreuz, Stuttgart 1981
Rose, Romani (Hg.): Der nationalsozialistische Völkermord an den Sinti und Roma, Heidelberg 1995.
Ruck, Michael: Bollwerk gegen Hitler? Arbeiterschaft, Arbeiterbewegung und die Anfänge des Nationalsozialismus, Köln 1988.
Sänger, Fritz: Politik der Täuschung. Mißbrauch der Presse im Dritten Reich, Wien 1975.
Sandvoss, Ernst R.: Hitler und Nietzsche, Göttingen 1969.
Schäfer, Hans Dieter: Das gespaltene Bewußtsein. Deutsche Kultur und Lebenswirklichkeit 1933–1945, München/Wien 1981.
Schäfer, Wilhelm: NSDAP. Entwicklung und Struktur der Staatspartei des Dritten Reiches, Hannover,/München 1956.

Schenck, Ernst Günther: Patient Hitler. Eine medizinische Biographie, Düsseldorf 1989.
Schieder, Theodor: Hermann Rauschnings »Gespräche mit Hitler« als Geschichtsquelle (1972) sowie die Rezension von Eberhard Kessel, in: Historische Zeitschrift 220/1975.
Schmidt, Matthias: Albert Speer. Das Ende eines Mythos. Speers wahre Rolle im Dritten Reich, Berlin/München 1982.
Schmiechen-Ackermann, Detlef (Hg.): Volksgemeinschaft: Mythos, wirkungsmächtige Verheißung oder soziale Realität im Dritten Reich? Paderborn 2012.
Schönbaum, David: Die braune Revolution. Eine Sozialgeschichte des Dritten Reiches, München 1980.
Schönberger, Angela: Die neue Reichskanzlei von Albert Speer. Zum Zusammenhang von nationalsozialistischer Ideologie und Architektur, Berlin 1981.
Scholdt, Günter: Kassandra war einäugig. Das Hitler-Bild deutschsprachiger Schriftsteller, in: Süddeutsche Zeitung, 7./8. August 1993.
Scholz, Robert: Architektur und Bildende Kunst, Oldendorf 1977.
Schreiber, Gerhard: Hitler. Interpretationen 1923–1983. Ergebnisse, Methoden und Probleme der Forschung, Darmstadt 1984.
Schreiber, Gerhard: Der Zweite Weltkrieg in der internationalen Forschung. Konzeptionen, Thesen und Kontroversen, in: Aus Politik und Zeitgeschichte. Beilage zur Wochenzeitung »Das Parlament«, 4. August 1989.
Schüssler, Wilhelm: Kaiser Wilhelm II. Schicksal und Schuld, Berlin/Frankfurt am Main, Zürich 1962.
Schütz, Erhard: Das Dritte Reich als Mediendiktatur: Medienpolitik und Modernisierung in Deutschland 1933–1945, in: Monatshefte Nr. 2/1995.
Schulz, Gerhard: Aufstieg des Nationalsozialismus, Frankfurt am Main, Berlin/Wien 1975.
Schumacher, Martin: Mittelstandsfront und Republik. Die Wirtschaftspartei – Reichspartei des deutschen Mittelstandes 1919–1933, Düsseldorf 1972.
Schwabe, Klaus: Zur politischen Haltung der deutschen Professoren im Ersten Weltkrieg, in: Historische Zeitschrift Nr. 3/1961.
Schwarz, Gudrun: Die Frau an seiner Seite. Ehefrauen in der SS-Sippengemeinschaft, Hamburg 1997.
Schwedhelm, Karl (Hg.): Propheten des Nationalismus, München 1969.
Seeliger, Rolf: Braune Universität. Hochschullehrer zwischen gestern und heute, München 1964.
Seidler, Franz W.: Fritz Todt. Baumeister des Dritten Reiches, München 1986.
Sereny, Gitta: Das Ringen mit der Wahrheit. Albert Speer und das deutsche Trauma, München 1996.
Shirer, William L.: Aufstieg und Fall des Dritten Reiches, Köln 1961.
Siemens, Daniel: Horst Wessel. Tod und Verklärung eines Nationalsozialisten, München 2009.
Smelser, Ronald/Syring, Enrico/Zitelmann, Rainer (Hg.): Die braune Elite, Darmstadt 1993.

Smith, Bradley F./Peterson, Agnes F. (Hg.): Heinrich Himmler – Geheimreden 1933 bis 1945, Frankfurt am Main/Berlin/Wien 1974.
Smith, Bradley F.: Adolf Hitler. His Family, Childhood and Youth, Stanford 1967.
Soer, Josh van (Hg.): Marinus van der Lubbe und der Reichstagsbrand, Hamburg 2013.
Speer, Albert: Architektur-Arbeiten 1933–1942, Berlin/Frankfurtam Main/Wien 1978.
Stark, Joachim (Hg.): Raymond Aron: Über Deutschland und den Nationalsozialismus. Frühe politische Schriften. 1930–1939, Opladen 1993.
Steinbacher, Sybille (Hg.): Volksgenossinnen. Frauen in der NS-Volksgemeinschaft, Göttingen 2007.
Stellrecht, Helmut: Adolf Hitler – Heil und Unheil. Die verlorene Revolution, Tübingen 1974.
Stephan, Alexander/Wagener, Hans (Hg.): Schreiben im Exil, Bonn 1985.
Sterling, Eleonore: Judenhaß. Die Anfänge des politischen Antisemitismus in Deutschland 1815–1850, Frankfurt am Main 1969.
Stern, Joseph Peter: Hitler. Der Führer und das Volk, München/Wien 1978.
Stippel, Fritz: Die Zerstörung der Person. Kritische Studien zur nationalsozialistischen Pädagogik, Donauwörth 1959.
Stöver, Bernd (Hg.): Berichte über die Lage in Deutschland. Die Meldungen der Gruppe Neu Beginnen aus dem Dritten Reich 1933–1936, Bonn 1996.
Strohm, Christoph: Die Kirchen im Dritten Reich, München 2011.
Strothmann, Dietrich: Nationalsozialistische Literaturpolitik, Bonn 1963.
Stürmer, Michael: Das kaiserliche Deutschland. Politik und Gesellschaft 1870 bis 1918, Düsseldorf 1970.
Stürmer, Michael: Das ruhelose Reich. Deutschland 1866–1918, Berlin 1983.
Süß, Dietmar/Süß, Winfried (Hg.): Das »Dritte Reich«. Eine Einführung, München 2008.
Sultano, Gloria: Wie geistiges Kokain ... Mode unterm Hakenkreuz, Wien 1995. [»Weltmodell Dirndl. Die furchtbare Biederkeit.«]
Taylor, R.R.: The World in Stone. The Role of Architecture in the Nation-Socialist Ideology. Berkely, Los Angeles, London 1974.
Teut, Anna: Architektur im Dritten Reich 1933–1945. Berlin, Frankfurt am Main/Wien 1967.
Tewes, Ludger: Jugend im Krieg. Von Luftwaffenhelfern und Soldaten, Essen 1989.
Thamer, Hans-Ulrich: Faszination und Manipulation. Die Nürnberger Reichsparteitage der NSDAP, München 1988.
Thamer, Hans-Ulrich/Erpel, Simone (Hg.): Hitler und die Deutschen: Volksgemeinschaft und Verbrechen, Dresden 2010.
Thayer, Charles W.: Die unruhigen Deutschen, Bern/Stuttgart/Wien 1958.
Theweleit, Klaus: Männerphantasien, Frankfurt am Main 1977f.
Timm, Albrecht: Der Kyffhäuser im deutschen Geschichtsbild, Göttingen 1961.
Töpner, Kurt: Gelehrte Politiker und politisierende Gelehrte – die Revolution

von 1918 im Urteil deutscher Hochschullehrer, Göttingen/Zürich/Frankfurt am Main 1970.
Tooze, Adam: Ökonomie der Zerstörung. Die Geschichte der Wirtschaft im Nationalsozialismus, München 2008.
Treue, Wolfgang/Schmädeke, Jürgen (Hg.): Deutschland 1933. Machtzerfall der Demokratie und nationalsozialistische Machtergreifung, Berlin 1984.
Trevor-Roper, Hugh: Hitlers letzte Tage, Zürich 1948.
Ullrich, Wolfgang/Naumburg, Uta von: Eine deutsche Ikone, Berlin 1998.
Vondung, Klaus: Magie und Manipulation: Ideologischer Kult und politische Religion des Nationalsozialismus, Göttingen 1971.
Weber, Jürgen/Steinbach, Peter (Hg.): Vergangenheitsbewältigung durch Strafverfahren? NS-Prozesse in der Bundesrepublik Deutschland, München 1984.
Wehler, Hans-Ulrich: Der Nationalsozialismus. Bewegung, Führerherrschaft, Verbrechen, München 2009.
Weingart, Peter/Kroll, Jürgen/Bayertz, Knut: Rasse, Blut und Gene – Geschichte der Eugenik und Rassenhygiene in Deutschland, Frankfurt am Main 1988.
Weißmann, Karlheinz: Der Weg in den Abgrund. Deutschland unter Hitler 1933–1945, Berlin 1995.
Werner, Karl Ferdinand: Das NS-Geschichtsbild und die deutsche Geschichtswissenschaft, Stuttgart/Berlin 1971.
Westphalen, L. Graf von: Geschichte des Antisemitismus in Deutschland im 19. und 20. Jahrhundert, Stuttgart 1962.
Wette, Wolfram: Die schwierige Überredung zum Krieg. Zur psychologischen Mobilmachung der deutschen Bevölkerung 1933–1939, in: Aus Politik und Zeitgeschichte. Beilage zur Wochenzeitung »Das Parlament«, 4. August 1989.
Wheeler-Bennett, John W.: Die Nemesis der Macht. Die deutsche Armee in der Politik 1919–1945, Düsseldorf 1954.
Whiteside, Andrew G.: Georg Ritter von Schönerer – Alldeutschland und sein Prophet, Graz/Köln/Wien 1981.
Wildt, Michael: Generation des Unbedingten. Studienausgabe. Das Führungskorps des Reichssicherheitshauptamtes, Hamburg 2003.
Wildt, Michael: Volksgemeinschaft als Selbstermächtigung, Hamburg 2007.
Wildt, Michael: Geschichte des Nationalsozialismus, Göttingen 2008.
Wildt, Michael: Volksgemeinschaft – Ausgrenzungsgemeinschaft. Die Radikalisierung Deutschlands ab 1933. 4. Internationale Konferenz zur Holocaustforschung, Berlin 2013.
Winkler, Heinrich August: Vom Mythos der Volksgemeinschaft, in: Archiv für Sozialgeschichte Nr. 17/1977.
Winkler, Heinrich August: Mittelstand, Demokratie und Nationalsozialismus. Die politische Entwicklung von Handwerk und Kleinhandel in der Weimarer Republik, Köln 1972.
Winkler, Michael (Hg.): Deutsche Literatur im Exil 1933–1945, Stuttgart 1977.

Wippermann, Wolfgang: Der konsequente Wahn. Ideologie und Politik Adolf Hitlers, München 1989.
Wistrich, Robert: Wer war wer im Dritten Reich? Ein biographisches Lexikon, Frankfurt am Main 1993.
Wortmann, Michael: Baldur von Schirach – Hitlers Jugendführer, Köln 1982.
Wulf, Joseph: Aus dem Lexikon der Mörder, Gütersloh 1963.
Wulf, Joseph: Theater und Film im Dritten Reich. Eine Dokumentation, Gütersloh 1964.
Wulf, Joseph: Literatur und Dichtung im Dritten Reich, Reinbek 1966.
Wulf, Joseph: Presse und Funk im Dritten Reich. Eine Dokumentation, Frankfurt am Main1983.
Wulf, Joseph: Kultur im Dritten Reich, Berlin 1989.
Wulf, Joseph: Musik im Dritten Reich. Eine Dokumentation, Frankfurt am Main 1989.
Wunder, Thomas: Das Reichsparteitagsgelände in Nürnberg. Entstehung, Kennzeichen, Wirkung, Nürnberg 1984.
Zeitz, Lisa: Auf der Spur der Bilder. Von den Nationalsozialisten enteignet, von uns vergessen, in: Frankfurter Allgemeine Zeitung, 27. Januar 2009.
Zeller, Bernhard (Hg.): Klassiker in finsteren Zeiten. 1933–1945. Eine Ausstellung des Deutschen Literaturarchivs im Schiller-Nationalmuseum Marbach am Neckar, Band 1 und 2 Marbacher Kataloge 38, Marbach 1983.
Zentner, Christian: Adolf Hitlers »Mein Kampf«. Eine kommentierte Auswahl, Berlin 1974.
Zitelmann, Rainer: Adolf Hitler. Eine politische Biographie. Persönlichkeit und Geschichte, Göttingen 1989.

Personenregister*

*einschließlich der Namen in den Exkursen

Abbildungsnachweis

S. 17: Karl Arnold, unbekannter Titel, 1923 (© VG Bild-Kunst, Bonn 2014)
S. 41: Sepp Hilz, »Eitelkeit«, 1939
S. 61: Der wilhelminsche Mann, Kinderzeichnung aus dem Jahr 1905
S. 75: Titelblatt der Zeitschrift »Ostara«, 1930, die der österreichische rassistische Sektierer Jörg Lanz von Liebenfels zwischen 1905 und 1930 veröffentlichte.
S. 97: Deutsche Gemütlichkeit im Schützengraben, Privatfoto, Frühjahr 1916
S. 123: Antisemitische Karikatur aus dem »Stürmer«, der 1923 von Julius Streicher in Nürnberg gegründeten antisemitischen Wochenzeitung.
S. 181: Plakat zur von den Nationalsozialisten ab November 1937 veranstalteten Wanderausstellung »Der ewige Jude«, München 1937.
S. 221: Porträts Adolf Hitler in Rednerposen, September 1930 (Bundesarchiv Koblenz, Bild: 102-10460 / Fotograf: Heinrich Hoffmann)
S. 247: »Entartete Musik«, Plakat zur NS-Propaganda-Ausstellung aus dem Jahr 1938 in Anlehnung an die Münchner Ausstellung »Entartete Kunst« von 1937.
S. 293: Umschlag von Adolf Hitlers »Mein Kampf« (privat)

Ebenfalls erhältlich:

Alexander Krause

Arcisstraße 12

Palais Pringsheim – Führerbau – Amerika Haus – Hochschule für Musik und Theater München

Die Schwiegereltern von Thomas Mann, Alfred und Hedwig Pringsheim, residierten in einer Neo-Renaissance-Villa in der Nähe des Königsplatzes. Später nutzten die Nationalsozialisten den Platz für ihre Selbstinszenierung und errichteten zwei 1937 eingeweihte zentrale Parteigebäude an der Kreuzung Arcisstraße /Brienner Straße, das südliche für die Verwaltung, das nördliche als so genannter »Führerbau« für Hitler und seinen Stab – die heutige Arcisstraße 12. Nach 1945 war im ehemaligen »Führerbau« zunächst das Amerika Haus untergebracht, seit 1957 ist es das Hauptgebäude der heutigen Hochschule für Musik und Theater München.

Alexander Krause recherchiert mit zahlreichen Abbildungen die wechselvolle Geschichte der Adresse Arcisstraße 12 – nicht nur ein Stück Münchner Kultur- und Geistesgeschichte.

128 S., Paperback, ISBN 978-3-86906-777-3